José Saramago.
La consistencia
de los sueños

Fernando Gómez Aguilera

José Saramago. La consistencia de los sueños

BIOGRAFÍA CRONOLÓGICA

ALFAGUARA

JOSÉ SARAMAGO. LA CONSISTENCIA DE LOS SUEÑOS
D. R. ©José Saramago, 2010

ALFAGUARA

De esta edición:
D. R. © Santillana Ediciones Generales, S.A. de C.V., 2010
Av. Universidad 767, Col. del Valle
México, 03100, D.F. Teléfono 5420 7530
www.alfaguara.com.mx

Diseño de la publicación: Alberto Corazón
Maquetación: Macarena Guerrero

© del texto: Fernando Gómez Aguilera
© de las fotografías: sus autores
© de la traducción del portugués: Pilar del Río y Fernando Gómez Aguilera
© Fotografía de la cubierta; Chema Prado

Reservados todos los derechos de esta edición
para la Fundación César Manrique.
Taro de Tahíche, 33507 TAHÍCHE, Lanzarote, Islas Canarias

Primera edición: octubre de 2010

ISBN: 978-607-11-0713-8

Impreso en México

Índice

Prefacio

I. Las vidas milagrosas estimulan la confianza en el ser humano. Argumentan la eventualidad optimista de la libertad, la esencia de nuestro deseo y, por tanto, de nuestra dicha y de nuestra desgracia. Pero el milagro, a pesar de su origen improbable, arraiga en sólidas motivaciones. Lo imprevisible se anuncia sigilosamente. Exige nuestra mayor disponibilidad para la indagación y la apertura hacia los delicados orígenes de lo que, no siendo evidente, es. La fuerza deslumbrante de las vidas que desbordan el límite impuesto banalmente por la rutina nos reconcilia también con el destino racional del hombre y, por su proximidad con las figuras extremas del albedrío y el azar condicionado, lo exaltan, nos exaltan. De algún modo, convierten al sujeto que procede de esa turbulencia en una obra de arte, en un soplo de creatividad vuelto sobre sí mismo. Y en una necesidad abrumadora. Nuestra existencia reclama seres extraordinarios.

Nada en el origen de José Saramago predecía a Saramago: pero todo estaba contenido en la estructura de la semilla, un germen al que el hombre, el ciudadano y el escritor han regresado permanentemente para vivir días inexplorados, reconocidos en el signo y la aventura del porvenir. Allí mana una energía moral constituyente, una suerte de raíz centenaria de la que brotan yemas de lealtad y, al mismo tiempo, de disidencia con los desvíos del error. También de trabajo, de infatigable insistencia en el oficio de ser y de escribir, de cumplir, rigurosamente, con la responsabilidad propia. El decurso paradójico de la vida de Saramago está gobernado por un secreto hilo de fidelidad a las convicciones, a la naturaleza que nos constituye, incluyendo, asimismo, los que nos han sido y, quizás, parte de aquellos para quienes se será. Tenacidad, coherencia, trabajo, confianza en lo imprevisible… sostienen el peso de su vigorosa figura literaria, intelectual y ética. Pero lo soporta también, y con consistencia, el brillo denso y expansivo del genio: el resplandor de una llama extrema y cegadora, que toma la forma de la fábula y la expresión inaugural. Una llama soñadora, pero intensamente humana, arrai-

gada en la imaginación, en el mundo —sea la Historia, sea el tiempo contemporáneo—
y en la razón moral. Vida de carne por vida de palabra, vida de palabra por vida de
carne: cuerpo a cuerpo, porque, aunque la escritura no sea la vida —como ha manifestado el Premio Nobel distanciándose de cualquier mitificación romántica de la literatura—, en ocasiones las letras ofrecen una parte nada desdeñable de vida buena.

Al autor reverenciado que es Saramago desde hace años —muchos menos de los que
caben en su ya dilatada respiración—, le gusta rendir tributo a su arqueología rural y
familiar, subrayar su prolongada época de anonimato y lucha por la existencia, abra-
zarse a su filiación ideológica y anotar a pie de página la aparición abrupta y tardía de
su explosivo e inopinado reconocimiento. Detrás de toda luz, busca el silencio y la oscuridad que la preceden, como anteceden a la propia condición del ser. No duda en
darle ventaja al río de la vida, frente a la horma del proyecto y la asfixia de la meta:
"Cuando tenía 18 años recuerdo haber dicho algo absolutamente impensable en un
chico con esa edad, y fue: 'Lo que tenga que venir, a mis manos llegará'. Y creo que
esa ha sido, de una manera inconsciente, la regla de oro de mi vida. No he sido nunca
una persona ambiciosa que se pusiera metas, he vivido mi vida haciendo simplemente
lo que quería. Soy una persona feliz, que no ha buscado la felicidad, pero que a lo
mejor mi sabiduría o mi ciencia infusa ha hecho que estuviera en el momento y en el
lugar donde algo podría ocurrir". Como nada es regalo en casa del pobre, Saramago
pone énfasis en el valor de la decisión y de la ruptura: decir hasta aquí he llegado
—en su caso, ocurrió en noviembre de 1975, cuando decidió dedicarse tan sólo a la literatura— y, sin viento ni salvavidas, arrojarse a los borrascosos mares del acaso. Aparentemente, ofrece una fórmula de conciliación entre la costumbre del trabajador
cotidiano y la anomalía de la celebridad. Para que sea convincente, practica una vida
austera, sostiene sus fidelidades, defiende sus ideas de siempre, escribe con la dedicación sencilla de quien se debe a un oficio y habla con la voluntad de cercanía de quien
nunca se movió de su lugar en la plaza pública del pueblo y allí dijo sus verdades sin
dejar de mirar a los ojos de los demás. Interpreta la realidad y tiende puentes. Con el
matiz añadido de que su pueblo es un mundo, el ancho mundo. Podría decirse así: el
príncipe de la literatura que es José Saramago no rechaza la compañía del obrero de las
letras que en todo momento fue conocedor de que el príncipe ilumina al obrero con la
antorcha de su biblioteca, en tanto que el obrero le ofrece al príncipe el amparo moral
de su sacrificio y su humilde tesón.

II. Su vida resulta inabarcable, tomando la forma, en su segunda etapa —a partir de
los años ochenta del siglo pasado—, de un torrente de admiración, de tributos y también de desafectos, pues la neutralidad no es virtud que procure, si algún día fue don
la tibieza. Pero no siempre ocurrió así. Saramago atravesó por décadas difíciles, de
anonimato y dedicación fatigada a sobrevivir: la lucha del día a día, el acoso de la circunstancia, la incertidumbre del futuro, el malestar, la palabra que no encontraba ni voz
propia ni resonancia, la zozobra en años de oscuridad para Portugal…

La cronobiografía que sigue a estas palabras surgió del proceso preparatorio, de la investigación que dio soporte a la exposición *José Saramago. La consistencia de los sueños*, producida por la Fundación César Manrique que me encargué de comisariar, y que pudo verse no sólo en Lanzarote (23 de noviembre de 2007-20 de enero de 2008), sino también en Lisboa (23 de abril-27 julio de 2008), y en São Paulo (28 noviembre de 2008-2 de marzo de 2009). Una iniciativa organizada con el propósito de conmemorar el 85 aniversario del Premio Nobel de Literatura portugués y de reconocer, una vez más, ahora mediante un discurso visual, la grandeza de su obra y la solvencia de su compromiso público, de su actitud *engagée*. El repertorio de acontecimientos que aquí se suministra, acompañado de valiosos documentos gráficos, no es ni total ni definitivo, pero sí exhaustivo y contrastado, incluyendo la colaboración del escritor y de su esposa, Pilar del Río. Proporciona una trama amplia y organizada de hechos sobre la que añadir y encajar nuevas hebras, en el futuro, hasta completar un tejido humano, un latido, que se antoja inabarcable, por sus multiplicadas ramificaciones, su riqueza y su dispersión universal, que encuentran su mejor acomodo en una obra abierta. En el periodo que se circunscribe a su infancia y juventud, se presentan mayores dificultades para precisar con exactitud la ubicación de ciertos sucesos, que podrían estar sometidos a ligeras variaciones temporales, pero, en todo caso, esta eventualidad, no resulta tan sustantiva para la biografía como la confirmación del hecho y su emplazamiento aproximado, mediando la supervisión del protagonista.

La colección de teselas vitales y literarias que el lector tiene en sus manos ha sido elaborada a partir de diversas fuentes cruzadas y armonizadas, unas, preexistentes: cronologías, bibliografía pasiva, bibliografía activa —*Cuadernos de Lanzarote*, *Las pequeñas memorias* y *El equipaje del viajero*, en particular—, entrevistas y noticias publicadas en la prensa de diversos países; y otras nuevas: materiales inéditos conservados en el archivo del escritor, agendas personales, cuadernos de apuntes y cartas. A las dataciones e informaciones concretas, he querido añadir, con frecuencia, declaraciones de Saramago que confirman las constataciones, las amplían o precisan su contenido, e incluso algunos comentarios interpretativos, ahora míos, en particular referidos al carácter de sus obras publicadas. Debo aceptar que la elección de las citas, un elemento discursivo central de esta propuesta, constituye en sí misma un acto plenamente consciente de énfasis o construcción biográfica, cuyo resultado práctico es sólo atribuible a quien las ha seleccionado de entre otras muchas posibles. No es otro el propósito que dejar constancia, a través de ellas, de los rasgos centrales que caracterizan el pensamiento literario, político y social del personaje retratado, su complexión moral e intelectual.

Junto al acervo de datos estrictamente biográficos, se han incorporado alusiones y reseñas de poemas, cuentos, novelas incompletas, textos de militancia política, piezas de teatro, notas de trabajo, cartas cruzadas con colegas y materiales preparatorios, todos inéditos y desconocidos hasta la inauguración de la exposición *José Saramago. La consistencia de los sueños*, que permitió conocer su existencia, sacándolos a la luz. Se toma, pues, conocimiento específico de ellos por primera vez, publicándose algunos, bien de forma íntegra, bien fragmentariamente. La mayoría corresponde a la fase inicial de su etapa de formación como escritor —lo que podría denominarse su *periodo arqueológico*—, desde la segunda mitad de los cuarenta —se han podido identificar y fechar, en 1944, sus textos literarios más antiguos conocidos— hasta 1953, año en que concluye su novela inédita *Claraboya*. En su totalidad, un conjunto significativo de documentos que, con independencia de su alcance literario, suponen un valioso corpus para matizar los orígenes de la escritura de Saramago y de su personalidad creativa, pues constituyen páginas en las que se atisban rasgos emergentes de su actitud posterior y de su visión del mundo. La red de imágenes que dialoga y se entreteje con el texto se ofrece como un aporte complementario.

Sin renunciar a la exigencia de rigor en los datos, he optado por perfilar un texto cronobiográfico de corte divulgativo —en general, se omiten las referencias bibliográficas de prensa—, que acerque a un público amplio, con distintos intereses, el decurso vital de Saramago, espigado sobre el humus de su propia voz. Las citas del autor que abren y cierran el libro se suman al propósito de que la arquitectura del retrato cronológico respire con mayor plenitud en compañía de la voz autobiográfica. Soy consciente de que una experiencia desbordante como la de José Saramago excede al armazón sintético y temporal de estas páginas. Confío en que no la menoscaben —tampoco las expectativas del lector— y sirvan para que, en el futuro, otras aportaciones la completen, maticen y enriquezcan, como corresponde a una personalidad que, por su capacidad para intervenir en su época y crear una opinión pública susceptible de convertirse en latido mundial, nos pertenece a todos sin dejar de ser nunca fiel a sí misma.

Por último, quiero señalar que esta edición española, que se publica prácticamente dos años después de que apareciera la homónima portuguesa (*José Saramago: A Consistência dos Sonhos. Cronobiografia*, Caminho, Lisboa, 2008. Traducción de António Gonçalves), corrige aspectos puntuales del texto precedente y lo amplía, por extenso, con nuevas informaciones. Asimismo, se actualiza la cronobiografía hasta octubre de 2009, poniendo al día la actividad literaria, personal y profesional del escritor. En realidad, podría convenirse que se trata de otro libro.

F.G.A.

Citas de José Saramago

Mi arte consiste en intentar mostrar que no existe diferencia entre lo imaginario y lo vivido. Lo vivido podría imaginarse y al contrario.

1985

Benedetto Croce escribió un día: "Toda la historia es historia contemporánea". A la luz, también, de estas reveladoras palabras he ido haciendo mi trabajo de escritor.

1990

Gracias a este modo de concebir el tiempo histórico —proyectándolo en todas direcciones—, me autorizo a pensar que mi trabajo literario, en el terreno de la novela, producirá una especie de juego continuo en que el lector participa directamente, por medio de una sistemática provocación que consiste en ser negado, por la ironía, lo que había sido dicho antes, llevándole a percibir que se va creando en su espíritu una sensación de dispersión de la materia histórica en la materia ficcionada, lo cual, no significando desorganización de una ni de otra, pretende ser una reorganización de ambas.

1990

Hemos llegado a una conclusión pesimista, la irresponsabilidad esencial de la literatura. No se le pueden imputar ni el bien ni el mal de la humanidad, por lo tanto, no está obligada a prestar declaración en ningún juicio de opinión.

1993

Todos somos unos pobres diablos, hasta los genios. La ironía siempre la utilizo no como truco, sino como alguien que estuviera dentro de mí y me estuviera diciendo "no te creas cosas".

1993

Quiero decir que no encuentro ningún motivo para dejar de ser lo que he sido siempre: alguien que está seguro de que el mundo en que vivimos no está bien hecho; seguro de que la aspiración legítima y única que justifica la vida, la felicidad del ser humano, está siendo defraudada todos los días; y que la explotación del hombre por el hombre sigue existiendo. Los seres humanos no podemos aceptar las cosas como son, porque esto nos lleva directamente al suicidio. Hay que creer en algo y, sobre todo, hay que tener el sentimiento de responsabilidad colectiva, según el cual cada uno de nosotros es responsable de todos los demás. Y esto no lo puedo encontrar en el capitalismo. ¿Por qué el capitalismo no decepciona? Porque no promete nada. ¿Por qué el socialismo decepciona, decepcionó y quizá vuelva a decepcionar? Porque promete. Ésta es la gran diferencia.

1994

El retrato fiel de lo que soy lo dejó escrito Gramsci: "Pesimista por la razón, optimista por la voluntad". Eso lo dice todo.

1994

Yo no separo nunca el escritor del ciudadano. Y esto no significa que quiera convertir mi obra en un panfleto. Significa que no escribo para el año 2427, sino para hoy, para la gente que está viva. Mi compromiso es con mi tiempo.

1994

Quizás yo no soy un novelista, porque en el fondo no me interesa contar historias. Lo que de verdad soy es un ensayista, pero escribo ensayos con personajes.

2001

Mi estilo, por llamarlo así, siempre ha sido muy digresivo. Soy incapaz de narrar algo en línea recta. No es que me pierda en el camino: si encuentro un desvío, entro por él y luego vuelvo por donde iba. Si hay un antepasado mío directo en la literatura portuguesa, es un poeta, dramaturgo y novelista del siglo XIX que se llamó Almeida Garrett. Mi gusto por la digresión lo he recibido de ese autor.

2003

Toda mi obra puede ser entendida como una reflexión sobre el error. Sí, sobre el error como verdad instalada y por eso sospechosa, sobre el error como deturpación intencionada de hechos, sobre el error como ilusión de los sentidos y de la mente, pero también sobre el error como punto necesario para llegar al conocimiento.

2007

Biografía cronológica

José de Sousa y Maria da Piedade, padres de José Saramago, 1920.
Archivo Fundación José Saramago

1922-1929

Aprendí a leer con rapidez. Gracias a los cuidados de la instrucción que había comenzado a recibir en la primera escuela, la de la calle Martens Ferrão, de la que apenas soy capaz de recordar la entrada y la escalera siempre oscura, pasé, casi sin transición, a frecuentar de forma regular los niveles superiores de la lengua portuguesa en las páginas de un periódico, el Diário de Notícias, *que mi padre traía todos los días a casa y que supongo que se lo regalaba algún amigo, un repartidor de periódicos de los de buena venta, tal vez el dueño de un estanco. Comprar, no creo que lo comprara, por la pertinente razón de que no nos sobraba el dinero para gastarlo en semejantes lujos.*

José Saramago, *Las pequeñas memorias*, 2006

1922 Hijo de José de Sousa, entonces jornalero, y Maria da Piedade, ama de casa, nace el 16 de noviembre —y no el día 18 como consta en el Registro Civil—, a las 14:00 horas, en la Rua da Alagoa, Azinhaga (Golegã, Ribatejo, Portugal), en el seno de una familia campesina. El propio Saramago ha explicado la razón del desajuste cronológico oficial: "Ocurrió que en aquellas fechas mi padre estaba trabajando fuera de la aldea, lejos, y, aparte de no haber asistido al nacimiento del hijo, sólo pudo regresar a casa después del 16 de diciembre, muy probablemente el 17, que era domingo. Entonces, y supongo que también hoy, la inscripción de un nacimiento debía realizarse en el plazo de treinta días, bajo pena de multa en caso de infracción [...] se esperó a que regresara, y, para no tener que pagar la multa (cualquier cuantía, incluso pequeña, hubiera sido excesiva para la economía de la familia), se puso dos días más tarde la fecha real del nacimiento, y el caso quedó solucionado".

Sin que nadie se lo indique, el oficial del Registro Civil de Golegã que inscribe su nacimiento añade al nombre del recién nacido el apodo por el que su rama paterna era conocida en Azinhaga: Saramago. La intención del cabeza de familia era que su segundo hijo se llamara como él, José de Sousa, pero, por obra del funcionario, pasará a ser José de Sousa Saramago, sin que, en su entorno, se tome conciencia de lo sucedido hasta algunos años más tarde, en 1930, al escolarizarse Zezito —así lo llamaban de niño en el círculo familiar, y también, con el apelativo Zé—. El episodio, una vez descubierto, provoca disgusto en su padre, que no sentía gran estima por el mote, en tanto que Saramago siempre ha agradecido la aportación. El escritor se ha ocupado de esclarecer el origen de su "apellido" en sus memorias de infancia y en sus diarios, así como en numerosas entrevistas: "La verdad —comentaría en 2008— es que, como cualquiera de nosotros, me acostumbré al nombre que tengo. Debo decir que estoy muy agradecido al oficial del registro civil que, por su propia cuenta —y no porque estuviese bebido, como decía mi padre—, decidió mi nombre. Mi padre tenía todo el derecho a gustarle o a no gustarle. Efectivamente, no le gustaba mucho el mote de su familia, mi familia paterna. Tanto es así que, llamándose apenas José de Sousa, quiso que yo también me llamase José de Sousa. Pero no lo formuló con suficiente claridad. Y eso fue lo que llevó al señor Silvino, que así se llamaba, a añadir, por su cuenta y riesgo, el apodo familiar. Y yo se lo agradezco mucho, porque si yo iba a ser escritor, tengo que decir que no hubiera usado, como escritor, el nombre de José de Sousa". No obstante, siempre se sentirá orgulloso de sus orígenes humildes, convertidos en energía moral y fuente de fantasía: "Un bisabuelo bereber, otro abuelo abandonado en el hospicio —hijo oculto de una duquesa, ¿quién sabe?—, una abuela maravillosamente bella, unos padres serios y hermosos, una flor en un retrato, ¿qué otra genealogía podría importarme? ¿A qué mejor árbol podría arrimarme?", declarará al periódico *La Nación* de Buenos Aires en 1996. En el discurso pronunciado en Estocolmo con ocasión de la recepción del Premio Nobel, en 1998, reivindicó explícitamente su ascendencia.

1924 **En** primavera, se traslada a Lisboa en compañía de su madre y su hermano, para reunirse con su padre, que se había adelantado unos meses con el propósito de incorporarse a su nuevo trabajo en la Policía de Seguridad Pública. Se instalan en la Quinta do Perna-de-Pau (Picheleira), de donde pronto se trasladarán. Desde este momento y durante trece años, su familia vivirá en pisos compartidos.

Su hermano Francisco, *el Chico*, muere de bronconeumonía a la edad de cuatro años el 22 de diciembre. Lo entierran en el cementerio de Benfica dos días más tarde. Vivían por entonces en la Rua E, de donde se desplazarán, aproximadamente un año más tarde, a la Rua Sabino de Sousa, en el Alto do Pina, y, más tarde, a la Rua Carrillo Videira. En una entrevista concedida a *Elle* en 2007, recordará Saramago: "[Mi hermano] murió cuando yo tenía dos años. Mi madre decía que era un niño guapo, que tenía los mofletes coloreados, que era vitalista. Cuando me contaban esto, me dolía porque yo he sido siempre pálido. Sentía como si mi madre me estuviese comparando con él".

En *Las pequeñas memorias* [*As Pequenas Memórias*], publicadas en 2006, recuerda episodios de su infancia desde los cuatro hasta los dieciséis años, proporcionando información sobre su relación con Azinhaga, la vida familiar en Lisboa —marcada por las dificultades—, anécdotas de su formación escolar… en un rico y entrañable dispensario de remembranzas y evocaciones que dibujan las fuentes de su vida y el origen de su personalidad.

1928 Vive ya en la Rua dos Cavaleiros.

Antes de que la familia se mude a la Rua Fernão Lopes, recibe clases en una escuelita particular ubicada en la Rua Morais Soares, donde aprende sus primeras letras, como anota en *Las pequeñas memorias*: "Sentado en una silla bajita, dibujaba [las letras] lenta y aplicadamente en la piedra, que era el nombre que se le daba entonces a la pizarra […] Escribía en la pizarra con un pizarrín que se vendía en las papelerías, donde los había de dos calidades, una, la más barata, dura como la piedra en que se escribía, mientras que la otra, más cara, era blanda, suave, y le decíamos 'de leche', debido a su color…".

Afectado de anginas y rinitis, lo ingresan en el Instituto Bacteriológico Câmara Pestana el 3 de abril. Le darán el alta ocho días más tarde. Resucitará este episodio en los *Cuadernos de Lanzarote II (1996-1997). Diario IV. 1996*: "Es en el Instituto Bacteriológico Câmara Pestana, precisamente, donde se sitúa aquel que es el tercer recuerdo más antiguo de mi infancia: aislado, mirando a mis padres a través del cristal de separación, jugando con una piel de plátano, moviéndola como si se tratase de un abanico. Sobre la cama, no sé por qué, dado que no se trataba de un juguete de niños, tenía una hornilla de barro. ¿Me pertenecía realmente? ¿O sería de alguna compañera de padecimientos, vecina de cama, y que nunca más volvería a ver?".

Olivar de Golegã, *c.* 1880.
Fotógrafo: Carlos Relvas.
Cedida por el Ayuntamiento de Golegã

Es un niño asustadizo, que teme la oscuridad y las sombras de la noche, como reconocerá muchos años después, en 1996, relacionando sus miedos de infancia con su temprana afición al cine: "A los seis años, aproximadamente, entré en un periodo muy difícil, porque me convertí en una criatura miedosa. El miedo aumentaba por la noche. La oscuridad me traía una ansiedad y una angustia tremendas. La noche me parecía llena de cosas monstruosas. No duró mucho, pero fue un periodo muy complicado. Coincidió con la fase en que vivimos en la Rua dos Cavaleiros, en Lisboa [...] Sólo puedo entenderlo como una reacción al hecho de haber comenzado a ir al cine muy pronto".

A pesar de su corta edad, en efecto, suele frecuentar el Cine Salón Lisboa, conocido como "Piojo", en el barrio de Mouraria, donde disfruta de películas de terror y de cine cómico. De vez en cuando, también va al Cine Animatógrafo, en la Rua do Arco do Bandeira. Las imágenes y las impresiones provocadas por la gran pantalla influirán en sus temores infantiles, tal y como confiesa en *Las pequeñas memorias*: "Recuerdo que dormía en el suelo, en la habitación de mis padres (que era la única, como ya dije), y desde allí los llamaba temblando de miedo porque debajo de la cama, o en un abrigo colgado en la percha, o en la forma contorneada de la cómoda, o en una silla, seres indescriptibles se movían y amenazaban con saltar sobre mí para devorarme. La responsabilidad de tales pavores, creo, la tuvo aquel famoso cine 'Piojo', en la Morería, donde, con mi amigo Félix, me alimenté espiritualmente de las mil caras de Lon Chaney, de gente malvada y cínicos de la peor especie, de visiones de fantasmas, de magias sobrenaturales, de torres malditas, de subterráneos lóbregos, en fin, de toda la parafernalia, entonces todavía en el jardín de la infancia, del susto individual y colectivo a bajo precio". Pero también ve cine cómico, sobre todo en el Cine Animatógrafo. Recordará las películas de Charlot, Pamplinas, Bucha y Estica, el Gordo y el Flaco, y, en particular, las de sus favoritos Pat y Patachon —los daneses Carl Schenstrom (alto y flaco) y Harold Madsen (bajo y gordo)—.

La madre de su amigo Félix —familia con la que compartían residencia en el último piso de la Rua dos Cavaleiros, n.º 57—, les lee en voz alta, semanalmente, a él y a su madre, Maria da Piedade, las entregas semanales de *María, hada de los bosques* [*Maria, Fada dos Bosques*], una novela muy popular, en los años veinte, en los barrios humildes lisboetas.

1929 Mantiene con sus padres una relación relativamente distante, sin huellas de ternura en su memoria, más volcada, en todo caso, hacia la figura de sus abuelos maternos: "Son ellos, mucho más que mi padre y mi madre, quienes influyeron en mí". En las conversaciones que dieron lugar, en 1998, al libro *José Saramago: El amor posible,* le comentaría a su autor, Juan Arias: "Con mi padre tuve una relación normal, sin más, y con mi madre creo que fue una relación más complicada. Tuve un hermano dos años mayor que yo, que murió muy pronto, y recuerdo que mi madre, evidentemente de una forma inconsciente, me hizo sufrir cuando era pequeño, comparándonos y elogiando al hijo desaparecido. La vida le hizo ser una mujer dura, austera. Recuerdo que le pedía un beso y no me lo daba nunca. Eso, que es lo más normal en la relación entre madre e hijo, sobre todo cuando eres un niño chico, que la madre siempre está acariciándote y besándote, yo no lo tuve. Eso me dolía mucho, y, al final, cuando, ante mi insistencia, mi madre me daba un beso, me lo daba de refilón, y mira que me quería mucho, pero la expresión del amor conmigo se le bloqueaba. Posiblemente la muerte de mi hermano

fue la causa de ese comportamiento, pero
tampoco estoy seguro. Quizá por eso yo
tengo más referencias de mis abuelos maternos que de mi padre y de mi madre,
aunque tampoco puedo idealizar mucho
esas relaciones porque eran gente de pueblo, con la vida muy dura, que no tenían
mucho espacio en la sensibilidad para el
cariño".

Por esta época, la familia se traslada a
vivir de la Rua dos Cavaleiros a la Rua
Fernão Lopes.

Recibe las primeras instrucciones de
lectura en la *Cartilla maternal* [*Cartilha
Maternal*] de João de Deus, pero aprende
a leer practicando en las páginas del periódico *Diário de Notícias*, que su padre
llevaba a casa diariamente.

José Saramago de niño.
Archivo Fundación José Saramago

A pesar de que su vida se desarrolla en Lisboa, donde establece su círculo de amistades infantiles y juveniles, serán sus estancias veraniegas en la aldea natal, Azinhaga,

Río Tajo. Recogida
de algas, *c.*1880.
Fotógrafo:
Carlos Relvas.
Cedida por el
Ayuntamiento de Golegã

las que le proporcionen las emociones más profundas y los recuerdos más intensos e imborrables. Constituirá un argumento central de su memoria, reiterado en su escritura. En 1996, reuniendo los iconos de su mitología de infancia y juventud, anota en los *Cuadernos de Lanzarote II (1996-1997). Diario IV. 1996*: "... no elegimos el sitio donde nacemos, por tanto no puede haber sentimientos de orgullo por haber nacido aquí o allí. Pero es cierto que Azinhaga me dio lo que Lisboa no me podría haber dado: aquellos campos, aquellos olivares, la campiña, el río Almonda (el Almonda de aquel tiempo, no el de hoy que es una cloaca), el Tajo y los bancos de arena, los cerdos que mi abuelo Jerónimo cuidaba, los paseos en barca, las mañanas de pesca, los baños. Mi sentimiento no es de orgullo, sino de felicidad por haber tenido una infancia que pudo comenzar a aprender así la vida".

1930-1939

*Hay imágenes que están ahí. Y la imagen de las cosas tiene mucho que ver
con la persona que somos, con la mirada que tenemos, con la sensibilidad
que transportamos dentro. Cuando yo me encontré con la naturaleza en mi
aldea de Azinhaga, era un niño. Era un niño sencillo y pobre, ni siquiera
precoz. Eso sí, sensible y serio. Y un niño serio era un bicho un poco raro.
Estaba lleno de melancolía, a veces de tristeza. Me gustaba la soledad. Los
largos recorridos por los campos de olivos, bajo la luna. Solo. Esa imagen
de la naturaleza intervenida por el cultivo del hombre era mi imagen del
mundo. Cuando me fui a Lisboa, con dos años, me pasaba los días soñando
el momento en que podría volver a la aldea, que era donde yo descubría las
cosas pequeñas. ¡El subir a un árbol por primera vez! Yo creo que la sensación fue idéntica a la del señor Hillary cuando llegó al Everest y se quedó
ahí, en el techo del mundo. Yo me agarré fuerte al tronco, con miedo porque el árbol se movía, pero el mundo era aquello y no otra cosa.*

José Saramago, 2007

1930 **Se** matricula en el primer curso de la
Escuela Primaria de la Rua Martens Ferrão
(1930-31). Es ahora cuando se advierte la alteración oficial de su nombre.

En la casa donde viven —compartida con otras
dos familias, en el sexto piso de la Rua Fernão
Lopes—, además de una guía de conversación
portugués-francés, en donde lee por primera vez
a Molière, se guarda un solo libro, *La Curruca
del molino* [*A Toutinegra do Moinho*], de Émile
de Richebourg, grueso, encuadernado en azul celeste, envuelto en papel de seda, previamente publicado en fascículos, propiedad de Conceição
Barata. Constituirá su "primera gran experiencia
de lector". En la crónica "Molière y la Curruca"
["Molière e a Toutinegra"], incluida en *El equipaje del viajero* [*A Bagagem do Viajante*], haría
memoria: "También tenía libros: había una guía
de conversación portugués-francés que había ido

José Saramago a los 8 años.
Archivo Fundación José Saramago

a parar allí no sé cómo y cuyas páginas, divididas en tres columnas, eran para mí un enigma que sólo parcialmente descifraba, pues tenía a la izquierda una que podía entender, en portugués, luego otra en francés, que era como chino, y, finalmente, la pronunciación figurada, mucho peor que todos los criptogramas del mundo. Había otro libro, uno solo, muy grande, encuadernado en azul, que yo posaba sobre mis rodillas para poder leerlo y en el que se narraban profusamente las aventuras románticas de una chiquilla pobre que vivía en un molino y que era tan hermosa que la llamaban la curruca. Por eso el libro se titulaba *La Curruca del molino* […] cuando no estaba en uso, pasaba el tiempo en un cajón de la cómoda, envuelto en papel de seda, y dejaba, al sacarlo de allí, un olor a naftalina que provocaba mareos. Mi madre me lo entregaba con unción y mil recomendaciones. Tal vez venga de ahí el respeto supersticioso que aún tengo por los libros: no soporto que los doblen, los subrayen o los maltraten en mi presencia".

Hace una excursión a Mafra con sus padres y un grupo de vecinos. En un texto escrito en la década de los ochenta, con ocasión de una visita que hizo el presidente de la República, a la cual fue invitado, recordaría: "Mafra empezó por ser, para mí, un hombre desollado. Tenía siete u ocho años cuando mis padres me trajeron aquí, de excursión con algunos vecinos. El desollado era, y continúa siéndolo, aquel San Bartolomé que está ahí dentro, sujetándose con la mano derecha, mientras el mármol dure, la piel arrancada. Me acuerdo de la complacencia del guía, en esa altura, que se alargaba en minuciosas consideraciones sobre la manera como el escultor había reproducido en la piedra la triste flacidez de la piel desgarrada y la mísera carne expuesta. Como si tal fuese necesario para que no olvidase esa imagen de pesadilla, encontré, más tarde, en el Museo de Arte Antiguo, al que me gustaba llamar de las Janelas Verdes, el mismo pobre santo desollado, esta vez de la mano de un pintor, Lucas Giordano, el *Fa Presto*". Fueron las páginas de ese breve discurso leído en la biblioteca del Convento las que luego sirvieron de referencia al edil de Cultura del Ayuntamiento de Mafra para denunciar que Saramago había calumniado al pueblo mafrense, provocando un largo, polémico y desafortunado desencuentro entre las autoridades municipales del lugar y el escritor.

1931 **Se** traslada de la Escuela Primaria de la Rua Martens Ferrão a la Escuela Primaria de Largo do Leão. Realizará tres cursos en dos años académicos: 1931-32 —segundo— y 1932-33 —tercero y cuarto—.

Por entonces, ya lee con soltura, como recordará en las páginas de *El equipaje del viajero*: "Tenía ocho años y ya sabía leer muy bien. Escribir, no tanto, pero cometía pocos errores para mi edad. Sólo la caligrafía era mala, y así se quedó hasta hoy".

Desde su llegada a Lisboa y durante los años siguientes, la familia Sousa lleva una vida con dificultades, alojándose en habitaciones realquiladas, y moviéndose a diversas calles de Lisboa. Atendiendo al testimonio del propio Saramago en *Las pequeñas memorias*, ésta es su itinerancia: Quinta do Perna-de-Pau (Picheleira) —por donde comenzaron—, Rua E —en el Alto do Pina, luego llamada Rua Luís Monteiro—, Rua Sabino de Sousa, Rua Carrilho Videira, Rua dos Cavaleiros, Rua Fernão Lopes, Rua dos Hérois de Quionga, de nuevo la Rua Carrillo Videira, Rua Padre Sena Freitas y Rua Carlos Ribeiro, donde ya vivían independientes y de donde José Saramago saldrá para casarse en 1944.

En 1996, haciendo memoria de su infancia escribe en los *Cuadernos de Lanzarote II (1996-1997). Diario IV. 1996*: "Les diré [...] que mi familia era de gente pobre, que por eso mis padres emigraron a Lisboa. Los primeros años fueron muy difíciles, y nos mudamos muchas veces de casa (vivíamos en cuartos realquilados), y sólo cuando tenía siete u ocho años las cosas empezaron a mejorar un poco. Aunque sólo comenzamos a vivir en un piso entero para la familia cuando tenía trece o catorce años".

Reconocerá siempre que la Lisboa de los años treinta, la respirada en la infancia, circunscrita al perímetro reducido de las calles en que vivió, una suerte de ciudad-barrio exprimida por las necesidades y sostenida en la intensidad de las relaciones humanas, será la de referencia para él, al tiempo que le producirá insatisfacción la transformación moderna que va sufriendo la capital. En 2003, manifestará que "vivimos en un espacio, pero habitamos en una memoria", precisando en lo que concierne a su relación con Lisboa: "La Lisboa que veo como algo mío no tiene nada que ver con la de ahora. El espacio que ocupa la misma ciudad tampoco tiene que ver con 'mi ciudad': es ancha, ha crecido, es otra. Por tanto, la Lisboa que llevo dentro es la Lisboa de los años 30; y el pueblo que llevo dentro no tiene nada que ver con el pueblo que está ahí".

José es un niño melancólico, callado, tímido, sosegado, serio.

1932 **Aún** guarda su cuaderno de calificaciones del curso 1932-1933, en el que, con frecuencia prácticamente diaria, se anotaban los resultados académicos firmados tanto por el profesor Vairinho —director de la escuela de Largo do Leaõ— como por su padre. En las notas que fue tomando para la eventual redacción de *El libro de las tentaciones* [*O Livro das Tentações*] —nunca editado con ese título, sino con el de *Las pequeñas memorias*—, deja constancia de ese recuerdo: "De las clases particulares del profesor Vairinho, lo que mejor recuerdo es el momento en que, acabada la lección, él escribía, con abre-

José Saramago, primero por la izquierda, Caparica, 18 de septiembre de 1932. Archivo Violante Saramago Matos

José Saramago a los 10 años.
Archivo Fundación José Saramago

viaturas, M., S., B. y Òpt., en un cuadernito de cubierta negra, las notas del día: malo, suficiente, bueno, óptimo. Todavía conservo ese cuaderno, y en él se puede ver que era buen alumno por entonces: los 'malos' fueron pocos, dos o tres como máximo; los 'suficientes' no muchos; los 'buenos' abundaban; y no faltaban los 'óptimos'. Mi padre firmaba en la parte de abajo de cada página diaria, firmaba Sousa, pues a él nunca le gustó el Saramago, tal vez por recordarle demasiado la aldea y sus trabajos. Cuando iba de vacaciones a Azinhaga, se lo pasaba bien con los amigos de su tiempo, pero él era siempre el que venía de Lisboa, era policía y contaba historias de mujeres".

Muere su abuela Carolina da Conceição, nacida en 1871. Con sus abuelos paternos, no disfrutó de una relación próxima, rozándose escasas veces con ellos: "Todavía no he hablado de mis abuelos paternos. Como solía decir el poeta Murilo Mendes del infierno, existir, existían, pero no funcionaban. Se llamaban João de Sousa él y ella Carolina da Conceição, y para cariñosos les faltaba todo, aunque, la verdad sea dicha, fueran poquísimas las ocasiones que tuvimos, unos y otro, de averiguar hasta qué punto hubieran podido llegar nuestras mutuas disposiciones en lo que concierne a intercambios de afecto" —confesará en *Las pequeñas memorias*—.

1933 En su infancia, adolescencia y primera juventud, pasa temporadas prolongadas en Azinhaga durante los periodos de vacaciones, con sus abuelos maternos, Jerónimo Melrinho —expósito, recogido en el torno de la casa de misericordia de Santarém— y Josefa Caixinha, en su humilde "Casalinho" —así se llamaba su pequeña casa—, en las Divisões, donde criaron a sus cinco hijos: Maria da Piedade, Maria Elvira, Carlos, Manuel y Maria da Luz. Saramago no ha dejado de subrayar los vínculos con su pueblo de origen, un espacio afectivo fundamental en su vida, asociado a la libertad y a la plenitud emocional: "Hasta mis veintitantos años, pasé todas las vacaciones en la aldea. Hasta los treintaitantos, regresaba a Azinhaga por lo menos una vez al año. En Azinhaga, están guardadas mis impresiones fundamentales. Cuando llegaba a la aldea, la primera cosa que hacía era quitarme los zapatos. Y la última, antes de regresar a Lisboa, era ponérmelos. Los zapatos, y su ausencia, se convertían en un símbolo muy fuerte. En la aldea, todos andaban descalzos, menos los hombres, que usaban sus botas de trabajo". La metáfora de los zapatos, de su presencia y de su ausencia, encarna la imagen de la libertad, en un periodo de la vida del escritor rico en experiencias y en impresiones, siempre idealizado.

Cuadernillo escolar de José Saramago, 1933.
Archivo Fundación José Saramago

José Saramago, *c.*1934
Archivo Fundación José Saramago

Zé se desplazaba en tren desde Lisboa, hasta la estación de Mato de Miranda, donde lo recogía su abuela, su tía Maria Elvira o ambas. Desde allí, se trasladaban a Azinhaga, situada a unos cuatro kilómetros, caminando o en un carruaje tirado por un caballo. Disfruta de la compañía de su abuelo, "hombre toda la vida secreto, de pocas palabras, también delgado y alto como una vara", un campesino que "tuvo en contra el rencor de toda la aldea, porque venía de fuera, porque era hijo de las hierbas", pero de quien se enamora "la jovencita más bella de aquel tiempo", Josefa, su abuela.

En 2009, mientras realiza en un autobús la ruta portuguesa de Salomón, el protagonista de *El viaje del elefante* [*A Viagem do Elefante*], rememorará con nostalgia aquellos míticos viajes: "Uno de los recuerdos más dulces es el de los primeros viajes de mi vida: todos los años, la mañana después del último día de colegio, estaba en la estación del Rossio para coger el tren de las 5:55 horas. Recordaré toda la vida esa hora… Por la tarde, llegaba a mi pueblo…". Y allí, en Azinhaga, permanecería hasta septiembre, libre de ataduras.

En el libro *José Saramago: El amor posible* (1998), que recoge las conversaciones mantenidas con el escritor Juan Arias, confesará: "Son ellos [mis abuelos], si hablo de los faros de mi infancia, son ellos, mucho más que mi padre y que mi madre, quienes influyeron en mí. Los recuerdos de mi niñez son mucho más los recuerdos del pueblo. Las sensaciones que tienes marcadas profundamente son, en mi caso, las del pueblo más que las de Lisboa con mis padres".

De niño, escucha la historia de su bisabuelo materno, bereber, oriundo del norte de África, de quien se contaban sucesos fabulosos: "Lo describían como un hombre alto, delgadísimo y oscuro, de rostro de piedra, donde una sonrisa, por tan infrecuente, era un fiesta. Me dijeron que mató a un hombre en circunstancias dudosas, en frío, como quien arranca una hierba. Y también me dijeron que era la víctima la que llevaba la razón, pero no tenía escopeta". Un bisabuelo guardarríos, misterioso, exótico, rodeado de leyenda, que "vivía lejos de la aldea, en un chozo entre sauces, y tenía dos perros que miraban a los extraños fijamente, sin ladrar, y no dejaban de mirar hasta que los visitantes se apartaban, temblando". Y que descubrió pronto "la oscura fascinación que sobre las mujeres ejercía su misterio de hombre que venía del otro lado del mundo", según escribió en la crónica "Retrato de antepasados" ["Retrato de antepassados"].

Tanto en las crónicas literarias como en las páginas de *Las pequeñas memorias*, incorporará pasajes emotivos, de intenso lirismo, dedicados a exhumar vivencias relacionadas con el entorno de sus abuelos maternos. Escribirá en su libro de recuerdos de infancia: "También ha desaparecido en un montón de escombros la otra [casa], la que durante diez o doce años fue el hogar supremo, el más íntimo y profundo, la pobrísima morada de mis abuelos maternos, Josefa y Jerónimo se llamaban, ese mágico capullo donde sé que se generaron las metamorfosis decisivas del niño y del adolescente. Esta pérdida, sin embargo, hace mucho tiempo que dejó de causarme sufrimiento porque, por el poder reconstructor de la memoria, puedo levantar en cualquier momento sus paredes blancas, plantar el olivo que daba sombra a la entrada, abrir y cerrar el postigo de la puerta y la verja del huerto donde un día vi una pequeña culebra enroscada, entrar en las pocilgas para ver mamar a los lechones, ir a la cocina y echar del cántaro a la jícara de latón esmaltado el agua que por milésima vez me matará la sed de aquel verano. Entonces le digo a mi abuela: 'Abuela, me voy a dar una vuelta por ahí'. Ella responde: 'Vete, vete".

Asimismo, en las memorias de niñez, son frecuentes las alusiones a sus solitarios paseos campestres, a la estrecha relación que mantenía con el paisaje y la naturaleza de Azinhaga —olivos, barcas, ranas, fuentes, cerdos, pesca, lodo, pájaros, lagartos, bueyes, chopos, higuera…—, un contexto de edad de oro, en la mayor pobreza, en el que el río Almonda, uno de los ejes fundamentales de su mitología rural, desempeñará un papel mayor, hasta impregnar su poesía: "Meto un trozo de pan de maíz y un puñado de aceitunas e higos secos en la alforja, elijo un palo por si se diera el caso de tener que defenderme de un mal encuentro canino, y salgo al campo. No tengo mucho donde elegir: o el río, y la casi inextricable vegetación que cubre y protege las márgenes, o los olivares y los duros rastrojos del trigo ya segado, o la densa mata de rosáceas, hayas, fresnos y chopos que bordean el Tajo, después del punto de confluencia con el Almonda, o, por último, hacia el norte, a unos cinco o seis kilómetros de la aldea, Paul de Boquilobo, un lago, un estanque, una alberca que al creador de los paisajes se le olvidó llevarse al paraíso. No había mucho donde elegir, es cierto, pero, para el niño melancólico, para el adolescente contemplativo y tan frecuentemente triste, éstas eran las cuatro partes en que se dividía el universo, de no ser cada una de ellas el universo entero".

No resulta infrecuente que, aquí y allá, el escritor reflexione sobre estas intensas experiencias, directas, instintivas, sostenidas en "pequeñísimas cosas", que le servirían para regresar del campo a la casa de los abuelos "con la cabeza llena de cosas, pero no con una especie de intuición de la naturaleza, del misterio de la vida y de la muerte… No, no, yo era más bien como un pequeño animal que se sentía a gusto en aquel sitio". En *José Saramago: El amor posible*, insistirá en afirmar su relación profunda con el campo de Azinhaga, su disfrute de la naturaleza sin cortapisas: "A mí, lo que me gustaba era eso, la soledad, y pararme a ver algo, un lagarto que estaba allí, o un pájaro, o nada, estar sentado en la orilla del río, matar unas cuantas ranas. Esas pequeñísimas cosas me gustaban, la sensación del lodo en los pies descalzos, de la que hablo en un cuento, que es una sensación que siento aún ahora: los pies en aquel lodo del río, la tierra empapada. Es curioso cómo se me quedó grabada de aquel tiempo una cosa tan banal como es la sensación del lodo entre los dedos de los pies. Pero así es como lo recuerdo, igual que las pequeñísimas fuentes que estaban en la orilla del río y el agua que subía de la fuente, que removía la arena con su impulso, todas esas pequeñísimas cosas. A mis abuelos, mi comportamiento no les preocupaba nada. Si hubiesen sido gente de ciudad, quizá hubiesen estado preocupadísimos, pero ellos sabían que salía de casa por la mañana o por la tarde y podía estar horas y horas fuera". Tiempo, en fin, de plenitud, también de aprovisionamiento en lo que concierne a modelos de conducta, a valores y a sensibilidad, como ha reconocido: "No me gusta mucho la retórica, pero hay que decirlo de alguna forma: a las temporadas en el pueblo las llamo mi formación espiritual". Un cúmulo de experiencias que, más adelante, a partir de los años cuarenta, se convertirán en motivos poéticos, en estímulos para sus primeros versos y en materia de su escritura tanto para las crónicas periodísticas y cuentos como para las novelas.

Se matricula en el Liceo Gil Vicente —instalado por entonces en el Monasterio de San Vicente de Fora—, donde comienza la Escuela Secundaria, estudiando allí dos cursos: 1933-34 y 1934-35.

Coincidiendo con sus estudios en el Liceo, su familia reside en la calle Hérois do Quionga.

1935 **La** falta de recursos económicos fuerza su traslado a la Escuela Industrial de Afonso Domingues, donde recibirá una formación técnico-industrial durante cinco años, desde el curso 1935-36 hasta el año académico 1939-40. Pasado el tiempo, seguirá valorando la formación humanística y, en particular, literaria, que se recibía en las aulas, así como a algunos de sus profesores: Jorge O'Neill, Vicentino, Teixeirinha, Gião… Aquí aprende francés, que luego le servirá para su trabajo de traductor. En los *Cuadernos de Lanzarote I (1993-1995). Diario III. 1995*, revivirá la Escuela y su aprendizaje: "La publicación de lo que escribí sobre mi descubrimiento de Ricardo Reis me hizo recordar, con una intensidad inhabitual, la vieja Escuela de Afonso Domingues, en especial los talleres de cerrajería mecánica, los de los primeros años, iluminados por altos ventanales que daban a la calle de la Madre de Deus, los otros interiores, pero todos con luz natural. Ahora mismo soy capaz de ver con la memoria los tornos del taller en el que trabajé, las fresas, los tornos mecánicos, oigo el rugir del fuego en la forja, los golpes del martillo con el que teníamos que modelar un grueso cilindro de hierro incandescente, hasta hacer del mismo una esfera más o menos perfecta, según la habilidad y la fuerza de cada uno. Siento en la cara el vapor que subía del balde de agua cuando lo metíamos dentro, para ganar temple, un hierro al rojo, paso las manos por el tejido azul del mono para que con el sudor no se me escurra el mango del martillo.

Mercado de Xabregas, situado junto al viaducto ferrovial y el edificio de la Escuela Industrial de Afonso Domingues. 1935. Fotógrafo: Eduardo Portugal. Archivo Fotográfico Municipal de Lisboa

Afilo el ángulo del corte de las navajas del torno, le pongo calzas para que el ataque del filo se haga a la altura justa, veo enroscarse las limaduras, ya gruesas y dentadas, ya finas y lisas, según el adelantamiento y el esmero del trabajo, detrás de mí aparece el Maestro Vicentino para ver cómo se está comportando el aprendiz de tornero. Había dos profesores más de taller, Teixeira, Teixeirinha le llamábamos por ser bajo, que llegó a darme, benévolamente, en la minúscula casa en la que vivía, en Alfama, lecciones de álgebra y con el que, algunos años después, ya adulto, 'conspiré' un poco, y Gião, del último curso, hombre gordo, alto, de pocas palabras y ninguna confianza".

Su madre le regala el primer libro de su propiedad: *El misterio del molino* [*O Mistério do Moínho*], de J. Jefferson Farjeon. Saramago recordaría aquel episodio, en 1997, en las conversaciones que mantuvo con Carlos Reis, origen de su libro *Diálogos con José Saramago* [*Diálogos com José Saramago*]: "Un libro de mi propiedad, mi primer libro, debo haberlo tenido hacia los doce años. En cierto momento en que me iba de vacaciones a Azinhaga, donde nací, mi madre fue a una papelería en la plaza de Chile porque quería que el hijo tuviese un libro y que se lo llevase cuando fuera de vacaciones. Entramos en aquello que era mitad papelería mitad librería, o mejor, ni siquiera entramos, porque mi timidez era grande y la de mi madre era producto de ser aquel un mundo con el que ella nunca se había rozado. Y entonces, como en las estanterías laterales de la puerta se exhibían algunos libros, me limité a señalar uno. Era una cosa llamada *El misterio del molino*, de las ediciones Europa (más tarde supe que estaban dirigidas por João Gaspar Simões). No me acuerdo cómo se llamaba el autor".

1936 **Vive** con su familia en la Rua Padre Sena Freitas, adonde probablemente se habían trasladado a finales del año anterior. Saramago recuerda que su estancia en el piso de esta calle coincidió con el levantamiento militar del 18 de julio que dio lugar a la guerra civil española.

1937 **A** esta altura, pasan a ocupar, por primera vez, un piso de alquiler individual, muy pequeño, en la Rua Carlos Ribeiro, n.º 11, barrio de Penha de França.

El joven José Saramago es un adolescente contemplativo y retraído, triste, aficionado a dar largas caminatas por el campo en su pueblo natal, a disfrutar en solitario del río, de los árboles y de los animales.

Refiriéndose a su ligera tartamudez, recordaría, en 1999, una anécdota sucedida en la clase de Física y Química de la Escuela de Afonso Domingues: "En efecto, soy un poco tartamudo, pero esto obliga a cierta disciplina, a un autocontrol continuo sobre las palabras que se van a decir, sobre ciertas sílabas con las que es necesario tener cuidado. A partir de cierto momento, pude controlarlo. Pero ponga esto en un joven ya de por sí melancólico, un poco introvertido, como yo era y hasta cierto punto continuo siéndolo... Cuando estaba en la Escuela Industrial Afonso Domingues, un gran hombre, un gran demócrata y un gran profesor, Ferreira de Macedo, mi profesor de Física y Química, un día que estábamos en el aula, cuando yo debía de tener 15 años, me preguntó algo. Completamente bloqueado, no conseguí soltar ni una sola sílaba. Ferreira de Macedo, que pertenece a la galería de las figuras inolvidables, preguntó a otro, que respondió bien. Pero después se volvió para mí y me dijo: '¿Pero tú lo sabías, verdad?'. Y yo sólo pude asentir con la cabeza".

1939 **Comienza** su último curso de cerrajería mecánica en la Escuela Industrial de Afonso Domingues y descubre la literatura. En los *Cuadernos de Lanzarote I (1993-1995). Diario III. 1995*, insistirá en glosar y elogiar implícitamente la enseñanza recibida en el centro de formación profesional: "La escuela era industrial, pero está claro que no preparaba industriales: preparaba gente para los talleres. También, habiendo en la familia suficientes haberes y cumplidos los necesarios exámenes de admisión a las escalas siguientes —Instituto Industrial e Instituto Superior Técnico—, se podía llegar a ingeniero. La mayor parte tenía que contentarse con los cinco años básicos de Maestría Industrial (que podía ser Cerrajería Mecánica, Cerrajería Metálica o Carpintería) y lanzarse a la vida. Llevaba unas luces generales de Matemáticas y de Mecánica, de Dibujo de Máquinas, de Física y Química, de Francés, de Ciencias Naturales, lo suficiente de Portugués para escribir sin errores y Literatura. Sí, en los remotos años treinta se aprendía literatura portuguesa en la enseñanza industrial. Ahora, quien dice literatura, dice biblioteca: la Afonso Domingues tenía una biblioteca, un lugar oscuro y misterioso, con altos estantes acristalados y muchos libros allí dentro. En esto de libros, mis amores (estaba en la edad, tenía cerca de dieciséis o

Carné de estu-
diante de José
Saramago,
Escuela Industrial
de Afonso
Domingues, curso
1939-1940.
Archivo Fundación
José Saramago

diecisiete años) me encaminaban sobre todo hacia la Biblioteca Municipal del Palacio
de las Galveias, en Campo Pequeno, pero fue en Xabregas, en la Escuela de Afonso
Domingues, donde empezó a escribirse *El año de la muerte de Ricardo Reis*. Un día,
en una de mis incursiones en la biblioteca de la escuela (estaba llegando el fin de
curso) encontré un libro encuadernado que tenía dentro, no un libro como se espera
que un libro sea, sino una revista. Se llamaba *Athena* y fue para mí como otro sol que
hubiese nacido".

Jerónimo Melrinho y Josefa Caixinha, abuelos maternos de José Saramago, Azinhaga, años 30.
Archivo Fundación José Saramago

1940-1949

Durante los dos años que frecuenté el instituto, en la asignatura de Portugués, tuve un libro muy poco atractivo —nada atractivo se podría decir—, la Selecta. *La* Selecta literaria *era la biblioteca de quien no tenía otra. Allí aparecían poesías, cuentos, fragmentos de novelas... En el fondo, era una biblioteca en un solo libro. Después, cuando pasé a la Escuela Industrial Afonso Domingues, donde sólo esperaba encontrar técnicas y ciencias, también tuve Portugués y Francés [...] Sólo mucho más tarde fui en busca de la gran biblioteca, las Galveias, que quizás no fuera tan grande, pero que para mí era el mundo...*

José Saramago, 2005

1940-41 **En** efecto, en una de sus incursiones a la biblioteca de la Escuela Industrial de Afonso Domingues, encuentra un libro encuadernado dentro del cual aparece un ejemplar del primer número de la revista *Athena* —octubre de 1924-febrero de 1925—, dirigida por Fernando Pessoa y Ruy Vaz, en la que se publican veinte odas de Ricardo Reis, cuya lectura le marcará. Al joven Saramago le deslumbran aquellos versos: "Tenía delante de mí la belleza en estado puro", manifestaría en 2002. Desconoce entonces que Ricardo Reis es un heterónimo de Pessoa, creyendo que se trata de un poeta autónomo. En 1984, con ocasión de la aparición de la novela *El año de la muerte de Ricardo Reis* [*O Ano da Morte de Ricardo Reis*], comentaría en una entrevista: "Mi conocimiento de Ricardo Reis viene de los poemas que aparecieron en la revista *Athena*, de eso hace muchos años. Mi relación con Fernando Pessoa comenzó siendo mi relación con la poesía de Ricardo Reis. Sólo más tarde descubrí y seguí otras rutas que me condujeron a Fernando Pessoa, Alberto Caeiro o Álvaro Campos. Ricardo Reis me acompaña tal vez desde los 19 años. Ha estado siempre conmigo, pero, a medida que el tiempo pasaba, iba teniendo un sentimiento ambivalente con Ricardo Reis. Por un lado, me irritaba ese desprendimiento del mundo, de las cosas y de las personas, ese amor que no llega a ser porque no se realiza nunca. Pero, por otro lado, me fascinaba el rigor, la expresión medida, incluso cuando el verso tenía que ser violentado. Me conmocionaba que él fuera el señor de la palabra en vez de ser la palabra la que lo influyera a él". A Saramago le impactan profundamente las odas de Ricardo Reis, en particular, las que comienzan por "Seguro asiento en la columna

Jerónimo Melrinho, Azinhaga,
principios de los años 40.
Archivo Fundación José Saramago

José Saramago a los 18 años.
Archivo Fundación José Saramago

firme / De los versos en que quedo…" ["Seguro assento na coluna firme / Dos versos em que fico..."], "Pongo en la altiva mente el fijo esfuerzo / De la altura..." ["Ponho na altiva mente o fixo esforço / Da altura…"] y "Mejor destino que el de conocerse / No goza quien mente goza…" ["Melhor destino que o de conhecer-se / Não frui quem mente frui..."]. Son poemas que, al mismo tiempo, le "fascinaban y asustaban".

Concluye los estudios de cerrajería mecánica en la Escuela Industrial de Afonso Domingues en 1940 y empieza a trabajar como mecánico: "A los 17 o 18 años fui a trabajar a un taller mecánico, donde estuve unos dos años. Desmontaba y mantenía motores, regulaba válvulas y cambiaba juntas de motores".

Cuelga una entrada titulada "La junta del motor" en su *blog*, *El cuaderno de Saramago*, el 28 de agosto de 2009, en la que alude a la familiaridad que tuvo de joven con la reparación de motores: "Hace más de sesenta años que debería saber conducir un automóvil. Conocía bien, en aquellos remotos tiempos, el funcionamiento de tan generosas máquinas de trabajo y de paseo, desmontaba y montaba motores, limpiaba carburadores, afinaba válvulas, investigaba diferenciales y cajas de cambio, instalaba pastillas de frenos, remendaba cámaras de aire pinchadas, en fin, bajo la precaria protección de un mono azul que me defendía lo mejor que podía de las manchas de aceite, efectué con razonable eficiencia casi todas las operaciones por las que tiene que pasar un automóvil o un camión a partir del momento en que entra en un taller para recuperar la salud, tanto la mecánica como la eléctrica".

Escribe una cuarteta de corte popular dirigida a su futura esposa, Ilda Reis, que un antiguo vecino alfarero, pintor en una fábrica de cerámica, de apellido Chaves, le ca-

Foto izquierda: José Saramago, *c.* 1940. Archivo Fundación José Saramago

Foto derecha: José Saramago a los 18 años. Archivo Fundación José Saramago

ligrafía en un platillo decorativo, con forma de corazón, para regalárselo a su novia: "Cuidado, que nadie oiga / El secreto que te digo: / Te doy un corazón de loza / Porque el mío está contigo" ["Cautela, que ninguém ouça / O segredo que te digo: / Dou-te um coraçao de louça / Porque o meu anda contigo"].

Lee a Eça de Queirós, Raul Brandão —le impresiona, en particular, *Humus* [*Húmus*], que le influirá por encima del resto de lecturas—, Almada —*Nombre de guerra* [*Nome de Guerra*], sobre todo—, Montaigne, Fernando Pessoa y Camões.

El 10 de noviembre, es contratado como cerrajero mecánico de los Servicios Industriales de los Hospitales Civiles de Lisboa, con un salario de 8 escudos, que pronto pasa a ser de 9 escudos.

1942 Adolfo Casais Monteiro publica, en la editorial Confluencia, una antología histórica de Fernando Pessoa —*Poesías de Fernando Pessoa* [*Poesias de Fernando Pessoa*]—, que leerá el joven Saramago, asumiendo como emblema de vida unos versos del hetérónimo Ricardo Reis: "Para ser grande, sé íntegro: nada / Tuyo exageres o excluyas. / Sé todo en cada cosa. Pon cuanto eres / En lo mínimo que hagas. / Así en cada lago la luna entera / Brilla, porque alta vive" ["Para ser grande, sê inteiro: nada / Teu exagera ou exclui. / Sê todo em cada coisa. Põe quanto és / No mínimo que fazes. / Assim em cada lago a lua toda / Brilha, porque alta vive"]. En 1995, escribirá para el periódico *Público* un pequeño texto sobre las circunstancias en que leyó por primera vez a Ricardo Reis. En esa referencia, transcrita en sus *Cuadernos de Lanzarote I*

José Saramago, c. 1943.
Archivo Fundación José Saramago

(1993-1995). Diario III. 1995, confiesa: "[Esos versos] se me impusieron como una divisa, un timbre de honor, una regla imperativa que iba a ser mi deber, para todo y siempre, cumplir y acatar […] Duró unos años. Hice lo que pude para no quedar atrás de lo que se me ordenaba. Después comprendí que no podían llegarme las fuerzas para tanto, que sólo algunos serían capaces de 'ser todo en cada cosa'. El mismo Pessoa, que fue de verdad grande, aunque con otra manera de grandeza, nunca fue entero… Así pues… no tuve otro remedio que tornarme humano".

Saramago ha valorado la influencia que tuvo en él la antología de Casais Monteiro: "Cuando más tarde avancé en el conocimiento de toda aquella 'gente' —fue muy importante la antología organizada por Adolfo Casais Monteiro, cuya segunda edición, la que tengo, apareció en 1945— y sobre todo comencé a penetrar con más intensidad en el espíritu de Reis…".

Con el dinero prestado por un amigo —300 escudos—, hace su primera compra personal de libros. Se trata de diversos ejemplares de la popular Biblioteca Cosmos, que publicó libros de divulgación científica y cultural; a los que añadirá volúmenes de la colección Cuadernos Culturales difundidos por la editorial Inquérito, y novelas de la Colección Centauro, también editadas por Inquérito. Progresivamente, irá acrecentando su pequeña biblioteca, en la que reúne títulos como *Lisandro e a Supremacia de Esparta*, de Plutarco; *A Vida de Washington*, de Agostinho da Silva; *Introdução a Lógica*, de Edmundo Curvelo; *Pequena História da Itália*, de G. M. Trevelyan; *Pequena História da Inglaterra*, de David Somerwell; *Emilio*, de J. J. Rousseau; *O Pintor da Vida Moderna*, de Charles Baudelaire; *Em Tôrno da Expressão Artística*, de José Regio; *Péricles, Reformador de Atenas*, de Plutarco; *História da Imprensa Portuguesa*, de Rocha Martins; *História Breve da Literatura Alemã*, de Gilbert Waterhouse; *Os Sistemas Filosóficos*, de André Cresson; *Kant*, de Emílio Boutroux; *O Problema da Filosofia Portuguesa*, de Álvaro Ribeiro; *Vermelho e Negro*, de Stendhal; *A Mãe*, de Pearl S. Buck… En 2007, en las páginas de la revista *Visão*, manifestará que hubo cuatro momentos decisivos que favorecieron su "entrada en los libros": la antología literaria —la *Selecta*— que leía en el instituto, las clases de Portugués en la Escuela Industrial de Afonso Domingues, la primera colección de libros que adquirió, y la Biblioteca del Palacio de las Galveias. Con el paso de los años, no olvidará esos momentos: "Cuando pasé a la Escuela Industrial Afonso Domingues, donde sólo esperaba encontrar técnicas y ciencias, también tuve Portugués y Francés. Fue después cuando fui en busca de la gran biblioteca, las Galveias, que tampoco era tan grande, pero que para mí era un mundo… Antes de ese, hubo, sin embargo, otro momento: cuando tenía 19 años y ya no estaba en las cerrajerías de los hospitales, un colega mío, mayor, me prestó 300 escudos para comprar unos cuantos libros de aquella colección de divulgación literaria publicada por la editorial Inquérito. Todavía los conservo todos, son como una especie de reliquia".

El 21 de noviembre, consigue un empleo de auxiliar en los Servicios Administrativos de los Hospitales Civiles de Lisboa. En las conversaciones mantenidas con João Céu e Silva, luego recogidas en el libro *Un largo viaje con José Saramago* [*Uma Longa Viagem com José Saramago*] (2009), observará Saramago: "Las circunstancias quisieron que yo hubiera sido cerrajero mecánico en los talleres de los Servicios Industriales del Hospital de San José. Sucedió durante un año y algunos meses, hasta que alguien que

José Saramago durante una acampada con un grupo de amigos, Lagoa de Albufeira, verano de 1941.
Archivo Fundación José Saramago

me conocía en la casa me llamó para los Servicios Administrativos, donde entré con una categoría, que por aquel entonces se usaba, denominada aprendiz de escribiente".

Trabaja también en la Caja de Ayuda de Familia del Personal de la Industria de la Cerámica, donde continuará hasta 1949: "Más tarde llegó la Caja de Ayuda de Familia del Personal de la Industria de la Cerámica. Una señora que era amiga de mi madre y que tenía influencia en ese medio me dijo: 'Vas a trabajar allí. Hay una persona importante que conozco'. Y yo sólo respondí: 'De acuerdo'. Entré como jefe de los Servicios de la Caja. No sabía nada de aquella materia —pero tampoco era tan complicado— y allí estuve hasta los 27 años, que hubo una campaña electoral. Aquello era un reducto de amiguetes, alguien que enchufó en aquellos Servicios a éste y a aquel por influencias políticas de las que también, hasta cierto punto, me beneficié, aunque todo el mundo supiese que yo era del bando contrario".

1943 Por las noches, frecuenta la Biblioteca Municipal del Palacio de las Galveias, en Campo Pequeno, leyendo al azar, "sin orientación, sin alguien que me aconsejase, con el mismo asombro creador del navegante que va inventando cada lugar que

Palacio de las Galveias, 1935. Fotógrafo: Eduardo Portugal.
Archivo Fotográfico Municipal de Lisboa

descubre", según sus propias palabras. Siempre tendrá presente esta biblioteca: "Antes [de comprar los primeros libros] ya había leído muchísimo en las bibliotecas públicas. Leía por la noche. Después de cenar iba caminando, a pesar de que estaba lejos de mi casa, a las Galveias, y hasta la hora de cerrar leía todo lo que podía sin ninguna orientación, sin nadie que me dijera si aquello era demasiado o poco para mí. Leía todo lo que me parecía interesante. Los autores nuestros los conocía por las clases, pero todo lo que tenía que ver con autores de otros países, nada, no tenía ni idea…". Visita también la biblioteca de la Escuela Industrial de Afonso Domingues.

O homem diz que sabe o caminho
Mas não o acrediteis porque o homem não sabe o caminho

E o que o homem disse
E o que o homem diz
E o que o homem dirá
Nada tem de comum com o que o homem disse e diz e dirá

E o homem teima que sabe o caminho
Mas o pobre do homem não sabe, não sabe o caminho

E o que o homem disse
E o que o homem diz
E o que o homem dirá
Nada tem de comum com o que o homem disse e diz e dirá

E há sessenta séculos que o homem diz: Eu sei o caminho
Mas nós sabemos que o homem não sabe o caminho

E o que o homem disse
E o que o homem diz
E o que o homem dirá
Nada tem de comum com o que o homem disse e diz e dirá

E outros sessenta séculos ouviremos o homem dizer: Eu sei
                                                       o caminho
Mas o pobre do homem não soube não sabe nem saberá jamais o
                                                       caminho

E o que o homem disse e diz e dirá
Nada tem de comum com o que o homem disse
Com o que o homem diz
Com o que o homem dirá

6/44

Mecanoscrito del poema inédito
"El hombre dice que sabe el camino…", junio de 1944.
Archivo Fundación José Saramago

1944-46 Se casa con la pintora Ilda Reis, que, por entonces, trabajaba como mecanógrafa en las oficinas de los ferrocarriles de Portugal.

El día 1 de abril de 1944, concluye su contrato en los Hospitales Civiles de Lisboa. Sigue trabajando en la la Caja de Ayuda de Familia del Personal de la Industria de la Cerámica.

Comienza a escribir poesía y seguirá haciéndolo durante, al menos, los dos años siguientes (1945-1946). Permanece inédita, conservándose cuarenta y cuatro poemas mecanoscritos. Hasta la exposición *José Saramago. La consistencia de los sueños* [Fundación César Manrique, Lanzarote, 2007. Comisario: Fernando Gómez Aguilera], se desconocía su existencia. Representan, muy probablemente, sus primeros balbuceos literarios, escritos cuando tenía entre 22 y 24 años, antes de publicar en 1947 su primera novela, *Tierra del pecado* [*Terra do Pecado*]. Los dos textos datados más antiguos llevan por título "El hombre dice que sabe el camino" ["O homem diz que sabe o caminho"], fechado en junio de 1944, , y "Oh escepticismo heroico navegante…" ["Oh cepticismo heroico navegante…"], julio de 1944.

Aparte de nueve anotaciones manuscritas de textos poéticos, algunos incompletos —"Siete palmos de tierra…" ["Sete palmos de terra…"], "Sólo la memoria…" ["Só a memória…"], "Tal vez señal de muerte, o de otra vida…" ["Talvez sinal de morte, ou doutra vida…"], "Del tiempo, ya sabía..." ["Do tempo, já sabia..."], "Anti-poema" ["Anti-Poema"], "Contra las montañas del viento…" ["Contra as montanhas do vento…"]…—, se conservan otros cuarenta y dos poemas, alumbrados entre los años 1944 y 1946. Son textos inmaduros, melancólicos, intimistas, en ocasiones, vinculados al paisaje y a sus experiencias vitales de la aldea: "La laguna", ["A lagôa"], octubre de 1944; "Entierro durante una inundación" ["Entêrro durante uma cheia"], 8 de marzo de 1945; "Tierra anegada" ["Terra alagada"], 26 de marzo de 1945; "Mi pesca" ["A minha pescaria"]; "Aguas verdes, inmensas, reflejos de oro…" ["Águas verdes, imensas, reflexos de oiro…"]…

Otros manifiestan su personalidad y sus emociones de juventud: "Oh escepticismo heroico navegante…" ["Oh cepticismo heroico navegante…"], julio de 1944; "Nosotros" ["Nòs"], enero de 1945; "Después de casado" ["Depois de casado"], febrero de 1945; "Voces silenciosas de mi instinto…"

Mecanoscrito del poema inédito "Mi pesca", *c.* 1945.
Archivo Fundación José Saramago

Mecanoscrito del poema inconcluso
"Digo la sombra de seda…", *c*. 1945.
Archivo Fundación José Saramago

Mecanoscrito del poema inédito
"Después de casado", febrero de 1945.
Archivo Fundación José Saramago

["Vozes silenciosas do meu instinto…"], 3 de marzo de 1945; "Prometeo encadenado" ["Prometeu agrilhoado"], 19 de julio de 1946; "¿Dónde estáis, ilusiones de mi juventud?..." ["Ilusões da minha mocidade onde parais?..."]; "Impotencia" ["Impotência"]; "Misantropía" ["Misantropia"]; "Hago versos como quien llora..." ["Eu faço versos como quem chora..."]; "¿Para qué?" ["Para quê?"]…

Hay poemas que muestran una incipiente visión social de la realidad: "Aquellos que no tienen pan para comer…" ["Aquêles que não têm pão para comer…"], enero de 1945; "Yo amo las calles estrechas…" ["Eu amo as ruas estreitas…"]; y "Balada de la fea triste" ["Balada da triste feia"].

No faltan composiciones de escenografía y pasiones románticas: "El brillo aislado del farol solitário..." ["O brilho isolado do lampeão solitário..."], 19 de marzo de 1945; "Noche negra" ["Noite negra"], diciembre de 1945; "Pesadilla" ["Pesadelo"], 16 de julio de 1946; "Por las noches tenebrosas e invernales..." ["Pelas noites tenebrosas e invernais..."]; "Elegía de la niña muerta" ["Elegia da menina morta"]...

Otros poemas son: "La creación" ["A criação"], julio de 1944; "Pasado mañana..." ["Depois de amanhã..."], 24 de noviembre de 1944; "Mi poesía" ["A minha poesia"], fe-

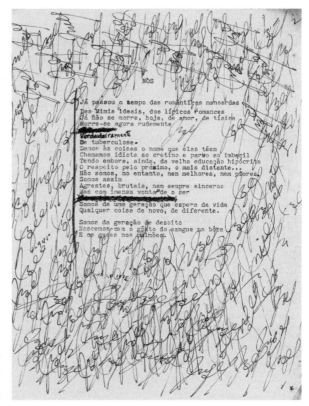

NÒS

Já passou o tempo das românticas mansardas
Das Mimis ideais, dos líricos romances
Já não se morre, hoje, de amor, de tísica
Morre-se agora rudemente
Verdadeiramente
De tuberculose.
Damos às coisas o nome que elas têem
Chamamos idiota ao cretino e parvo ao imbecil
Tendo embora, ainda, da velha educação hipócrita
O respeito pelo próximo, o mais distante...
Não somos, no entanto, nem melhores, nem piores
Somos assim
Agrestes, brutais, nem sempre sinceros
Mas com imensa vontade o ser

Somos de uma geração que espera da vida
Qualquer coisa de novo, de diferente.

Somos da geração de dezoito
Nascemos com o gôsto do sangue na bôca
E os gases nos pulmões.

Mecanoscrito del poema inédito
"Nosotros",
enero de 1945.
Archivo Fundación José Saramago

brero de 1945; "La muerte llorando" ["A morte chorando"], febrero de 1945; "En el hogar" ["Na lareira"], febrero de 1945; "La marea" ["A maré"], 3 de marzo de 1945; "Cortinas de casada" ["Cortinas de cassa"], 8 de marzo de 1945; "Corre-corriendo" ["Roda-de-roda"], 26 de marzo de 1945; "El idiota" ["O idiota"], marzo de 1945; "Mar" ["Mar"]; "Línea quebrada de contornos duros..." ["Linha quebrada de contornos duros..."]; "Danza del viento y de las horas" ["Dança do vento e das horas"], 17 de julio de 1946; "Creencia" ["Crença"]; "1939-1945", 22 de julio de 1946; "Invocación" ["Apelo"]; "Ruido de pasos que se alejan..." ["Ruído de passos que se afastam..."]; "Indiferencia" ["Indiferença"]; "Los pasos que suenan" ["Os passos que sôam"]; "El visitante" ["O visitante"]; y "Jorobado" ["Corcunda"].

Se reproducen a continuación tres poemas, los dos primeros —fechados en febrero de 1945— relacionados con constantes temáticas de este conjunto de versos: la aldea natal, el paso del tiempo y el universo de los abuelos maternos, Jerónimo y Josefa, y el tercero, de corte existencial:

"Después de casado": "Agua del río Almonda que me viste desnudo / antes que cualquier mujer / Agua del río Almonda que, suavemente, / acariciaste mi cuerpo desnudo /

Ya no me tiendo junto a ti / Ya no me sumerjo en ti, agua de mi río // Tengo miedo de ti, de tus celos…".

["Depois de casado": "Água do rio Almonda que me viste nú / Antes de qualquer mulher / Água do rio Almonda que, cariciosamente / Afagaste o meu corpo nú / Já não me dispo junto de ti / Já não mergulho em ti, água do meu rio // Tenho medo de ti, dos teus ciúmes…"]

"En el hogar": "En el alto hogar de ladrillos negros / Donde de niño yo subía, ágil, / Arde un leño partido / Un leño arrancado de un chopo de ribera / Que fue llevado a casa a rastras / Abandonando por el camino, aquí y allá, las hojas verdes / Como un padre que perdiese a sus hijas // Las llamas que queman la rama de chopo / No difieren de aquellas que hace más de diez años / (¿Diez? ¿Cuántos más no serán?…) / Quemaban otra rama de otro chopo / O quién sabe, tal vez del mismo chopo / Hermana de otra rama // Las llamas son iguales / La misma inquietud, el mismo deseo inmenso / De limpiar el hollín del hogar / Los mismos tonos dorados en los rostros arrugados / De mis abuelos // ¡Sólo yo he cambiado, y tanto!...". [Traducción: Fernando Gómez Aguilera]

["Na lareira": "Na lareira alta de ladrillos negros / Para onde em crianza eu subia, lesto, / Arde um tronco fendido / Um tronco arrancado a um choupo da maracha / Que foi para casa levado de rastos / Deixando no caminho, aquí, ali, as fôlhas verdes / Como um pai a quem morressem as filhas // As chamas que queimam o ramo do choupo / Não diferem daquelas que há mais de dez anos / (Dez? Quantos não serão mais?...) / Queimavam outro ramo doutro choupo / Ou, quem sabe?, talvez do mesmo choupo / Irmão do outro ramo // As chamas são iguais / A mesma inquietação, o mesmo desejo imenso / De aclarar a fuligem da lareira / Os mesmos tons dourados nas faces enrugadas / Dos meus avós // Só eu mudei, e tanto!...")]

"Los pasos que suenan": "Los pasos de la muerte que viene / Los pasos de la vida que se va / Son pasos que suenan iguales / Que para siempre se van / Y no se oirán ya más".

["Os passos que sôam": "Os passos da morte que vem / Os passos da vida que vai / São passos que sôam iguais / Que vão para sempre / E não se ouvirão mais."]

Aparecen, en determinados poemas, ideas y actitudes vitales que sostendrán al Saramago de la época de madurez. Así en "Llamada" ["Apelo"], escribe: "El dolor del mundo no es el tuyo: / A ti te duelen los nervios, al mundo le duele el estómago" ["A dor do Mundo é outra que não a vossa: / A vós doi-vos nos nervos, ao Mundo dói-lhe no estômago"]; y en "¿Dónde estáis, ilusiones de mi juventud?" ["Ilusões da minha mocidade onde parais"], confesará: "Consumí en cuatro años mi idealismo / Y para compensar creé en cuatro meses / El pesimismo" ["Gastei em quatro anos o meu idealismo / E para compensar criei em quatro meses / O pesimismo"].

Por lo general, se trata de una poesía sentimental, de tono neorromántico, apoyada en emociones de desplazamiento y desarraigo existencial, en la exaltación del campo o en el apego a un mundo pobre y marginal, con cuya poética de la exclusión se identifica la psicología de juventud del autor. Aparece el escepticismo, la ironía y, en ocasiones, una imaginería de raíz onírica. No es infrecuente que evite los signos de puntuación.

Va adquiriendo conciencia política.

1947 **Publica** *Tierra del pecado*, su primera novela, de trescientas treinta páginas. En palabras del autor, "es la historia de una señora viuda (el marido muere al principio) que tiene dos hijos; todo eso pasa en un medio cercano más o menos a mis lugares de origen. La aldea se llama Miranda y es una finca (llamada finca de Miranda) que está al lado de mi aldea. Se trata de propietarios rurales, personas que realmente no conocía porque nunca frecuenté ese medio. En fin, que me lo imaginé todo. Y hay una muchacha de servicio, Benedita, que procede, en línea directa, de la Juliana de *El primo Basilio* [la novela de Eça de Queirós], es decir, es el mismo tipo de persona".

Titulada inicialmente *La viuda* [*A Viúva*], el autor explicaría el episodio que rodeó tanto su publicación como el cambio de título, en 1997, en las páginas de *Jornal de Letras, Artes e Ideias* —que le dedica un amplio reportaje coincidiendo con sus 50 años de escritor—:

Tierra de pecado, Lisboa, Editorial Minerva, 1947, primera novela publicada por José Saramago

"... se llamaba *La viuda*, pero el editor... quien me telefoneó para decirme que estaba interesado en el libro no fue el editor al que yo envié el original. El libro dio una vuelta que no consigo entender. Envié el original a la editorial Parceria António Maria Pereira, que, si mal no recuerdo, o no me respondió o dijo que no tenía interés. Pero después apareció la editorial Minerva diciéndome que le interesaba. En una carta (no fue por teléfono, que yo no lo tenía), me comentó que lo había recibido a través de la Librería Pax, de Braga. Yo nunca envié el libro a Braga, y mucho menos para la tal Pax, que, por el nombre, tiene todo el aire de ser una librería o una editorial católica. Qué vueltas dio ese original es algo que no sé. También es verdad que podría haberle preguntado a Manuel Rodrigues, de Minerva, pero nunca lo hice. Por entonces, estaba interesado en que el libro saliese por lo que no hablé de nada más con el editor, no fuese a arrepentirse. Y así fue: me dijo que estaba interesado en el libro, pero que yo no era conocido y que no me podía pagar derechos de autor". Se trata de una novela correcta, pero "sedimentaria", en la órbita del Neorrealismo.

Nace su hija, Violante, en noviembre.

En la segunda mitad de los cuarenta y hasta 1953, escribe poemas, cuentos —algunos de los cuales son publicados en revistas y periódicos—, obras de teatro y aborda la redacción de cuatro novelas inconclusas.

1948 **Muere** su abuelo Jerónimo Melrinho, una de las grandes referencias morales y sentimentales de su vida. Sus restos son enterrados en el cementerio de Benfica. Tras haberse referido a él, particularmente, en alguna crónica y en el discurso de recepción del Premio Nobel, lo recordará con intensidad en *Las pequeñas memorias*: "Es un hombre como tantos otros en esta tierra, en este mundo, tal vez un Einstein aplastado bajo una montaña de imposibles, un filósofo, un gran escritor analfabeto. Algo que no podrá ser nunca. Recuerdo aquellas noches templadas de verano, cuando dormíamos debajo de la higuera grande, lo oigo hablar de la vida que tuvo, del Camino de Santiago que resplandece sobre nuestras cabezas, del ganado que criaba, de las historias y leyendas de su infancia distante. Nos dormíamos tarde, bien enrollados en nuestras mantas para defendernos del frío de la madrugada. Pero la imagen que no me abandona en esta hora de melancolía es la del viejo que avanza bajo la lluvia, obstinado, silencioso, como quien cumple un destino que no podrá modificar. A no ser la muerte. Este viejo, que casi toco con la mano, no sabe cómo va a morir. Todavía no sabe que pocos días antes de su último día tendrá el presentimiento de que ha llegado el fin, e irá, de árbol en árbol de su huerto, abrazando los troncos, despidiéndose de ellos, de las sombras amigas, de los frutos que no volverá a comer".

Los abuelos maternos constituyen también una alusión frecuente en sus entrevistas, en particular a partir de los años noventa. El escritor siempre se ha reconocido, y lo ha expresado de manera continuada, en sus orígenes. En 2006, Saramago declaró a *El País*: "Si hay algo en mi vida que se quedó como un referente es el hecho de que [mis abuelos Jerónimo y Josefa] me transmitieron unos valores. Fueron mis mejores maestros por su austeridad y rigor moral".

Publica el cuento "La muerte de Julián" ["A Morte de Julião"] en el número 39 de la revista de entretenimiento *Ver e Crer*.

1949 **Se** inició en la formación musical durante un breve periodo de tiempo. Hará referencia a este aspecto en una entrevista de 2005: "Cuando era mucho más joven, comencé a estudiar música en la Academia de los Amantes de la Música con la idea de aprender a tocar el violonchelo. Nunca le puse las manos encima, pero siempre me quedó dentro ese deseo por tratarse de un instrumento cuyo sonido es el que más se aproxima a la voz humana".

Góis Mota le presiona en su empleo de la Caja de Ayuda del Personal de la Industria de la Cerámica para que vote la candidatura del Gobierno, liderada por Óscar Carmona, en las elecciones presidenciales del 13 de febrero de 1949. Saramago lo rechaza y apoyará la campaña electoral de José Maria Mendes Ribeiro Norton Matos, el candidato de la oposición a la Presidencia de la República.

Recordará este episodio en los *Cuadernos de Lanzarote II (1996-1997). Diario IV.*

1996: "... a raíz de la campaña presidencial de Norton Matos, me despedí, antes de que me despidieran, de la Caixa de Previdência donde trabajaba. Un cierto doctor Góis Mota, ayudante de la Procuradoría General de la República, comandante de la Brigada Naval de la Legión Portuguesa y 'fiscal' del comportamiento político de los empleados de la Caixa, de la que era asesor jurídico, nos abrió, a un colega y a mí, una caricatura de proceso disciplinario, durante el cual me dijo (sic) que si mis camaradas hubieran ganado, él estaría colgado de una farola de la Avenida... Mi culpa visible había sido, simplemente, la de no acatar la orden de que todo el personal debería concen-

Página del mecanoscrito del cuento "Bandera negra", *c*. 1950. Archivo Fundación José Saramago

trarse, el día de la elección, ante la puerta de la sección de voto del Liceo Camões, porque él, Góis Mota, según decía, había requerido y tenía en su poder todos nuestros certificados de elector, para que así pudiésemos ir a votar a una sección que no fuera la nuestra. El legionario Góis Mota, ayudante de Procurador de la República, estaba mintiendo: voté en Graça, como debía, y nadie me dijo que, por haberse facilitado un certificado de elector, no podía votar allí. (En la siguiente elección, mi nombre dejaría de constar en los registros electorales.)".

Debe dejar la Caja de Ayuda de Familia del Personal de la Industria de la Cerámica.

Es ya lector de *Seara Nova* y admirador de Raul Proença.

En su casa de Parede, finales de los años 50. Archivo Fundación José Saramago

1950-1959

Quiero, sin duda, escribir una novela de amor, pero quiero también, y eso no es menos importante, escribir la historia de unos cuantos representantes de una generación fallida e inútil ¿O estaré generalizando un hecho que sólo a mí me incumbe? Creo que no. Esta sensación de somnolencia, de apatía, de "apagada y vil tristeza" no es sólo mía. Sobrevuela la atmósfera, la respiramos, la absorbemos y nos hundimos en ella.

José Saramago, Notas preparatorias de la novela inconclusa
Los emparedados, c. 1953

1950 **Comienza** a trabajar en la Compañía Previdente [Companhia Previdente], calculando subsidios y pensiones, gracias a la mediación de su antiguo profesor Jorge O'Neill, que impartió Mecánica y Matemáticas en la Escuela Industrial de Afonso Domingues. En el libro de conversaciones *Un largo viaje con José Saramago*, recordará: "En ese periodo, me acordé de que en la Compañía de Seguros Previdente, con sede en Conde Barão, estaba un antiguo profesor de Mecánica y Matemáticas de la Escuela Afonso Domingues, que era un hombre que me tenía mucha estima y a quien le escribí una carta exponiéndole la situación y preguntándole si tenía alguna cosa que yo pudiera hacer. Me pidió que me pasara por allá, hablamos largamente sobre el pasado y sobre lo que me había sucedido [problemas políticos y laborales] y le conté con toda franqueza lo que había pasado. Tenía información al respecto y me dijo: 'Te doy un empleo pero con una condición: no harás propaganda [política] dentro de la Compañía'. Yo le respondí: 'Despreocúpese, vengo aquí a ganarme la vida'. Y así fue, estuve allí diez años y, al final de ese tiempo, es cuando empecé a colaborar con la editorial Estúdios Cor, con mi gran amigo Nataniel Costa […] Después me cansé de la Compañía Previdente porque salía todos los días a las seis de la tarde y todavía tenía que ir a la editorial, en el Barrio Alto".

Desde finales de los cuarenta y durante la primera mitad de los cincuenta, escribe numerosos cuentos, algunos de los cuales publica en revistas y periódicos como *Seara Nova*, *Diário Popular*, *Jornal Magazine da Mulher*, *Vértice* y *Ver e Crer*: "Los bendi-

Página del mecanoscrito del
cuento "Inundación",
10 de enero de 1951.
Archivo Fundación José Saramago

tos señores" ["Os Benditos Senhores"], 9.12.1950; "Muerte de hombre" ["Morte de Homem"], enviado a *Diário de Lisboa* el 28.12.1950; "Inundación" ["Cheia"], enviado a *Vértice* el día 10.1.1951; "Ocultación de una herencia" ["Sonegação de Espólio"], 13.9.1951; "Historia de crímenes" ["História de Crimes"], 2.7.1951; "La deuda todavía no se ha pagado" ["A Dívida Ainda Não Foi Paga"]; "Ladrón de maíz" ["Ladrão de Milho"]; "João Violão" ["João Violão"]; "Sr. Cristo" ["O Sr. Cristo"]; "Parábola" ["Parábola"]; "Navidad" ["Natal"]; "Encuentro" ["Encontro"]; "El mentiroso" ["O Mentiroso"]; "Larga es la carretera" ["Longa É a Estrada"]; "La eminente dignidad" ["A Eminente Dignidade"]; "Enfermedad súbita y mortal" ["Doença Súbita e Mortal"], 19.9.1951; "Teratología" ["Teratologia"], enviado a *Seara Nova*; "Bandera negra" ["Bandeira Negra"]; "Colecciones" ["Colecções"]; "El heroísmo cotidiano" ["O Heroísmo Cuotidiano"], publicado en *Vértice*, n.º 119, en julio de 1953; y "La historia del señor Manuel Pedro" ["A História de Senhor Manuel Pedro"].

Firma algunos cuentos con el pseudónimo *Honorato*.

Página del mecanoscrito de la novela inacabada *Calle, c.* 1951.
Archivo Fundación José Saramago

1953 **El** día 5 de enero, termina la novela *Claraboya [Clarabóia]*, firmada también con el pseudónimo *Honorato*, en cuyo mecanoscrito, de trescientas diecinueve páginas, consta la siguiente dedicatoria: "En memoria de Jerónimo Hilário, mi abuelo". Antepone una cita de Raul Brandão: "En todas las almas, como en todas las casas, además de fachada, hay un interior escondido". La obra, según el propio Saramago: "Es la historia de un edificio con seis inquilinos sucesivamente envueltos en un enredo. Encuentro —apuntará en 1997— que el libro no está mal construido. En fin, es un libro ingenuo, pero que, por lo que recuerdo, tiene cosas que están ya relacionadas con mi modo de ser". Una vez finalizada, la remite a la editorial, que terminará por desecharla. Su amigo el pintor Figueiredo Sobral, que trabajaba entonces para *Diário de Notícias*, se ofreció a llevarle el libro a la Editora Nacional de Publicidade (ENP) para que se interesase por su publicación. El mecanoscrito de la novela fue entregado, pero el autor no recibió ni el original devuelto ni respuesta alguna, hasta la segunda mitad de los ochenta. En alguna ocasión, Saramago se ha referido a esta circunstancia, como hiciera en 1997, en las páginas de *Jornal de Letras, Artes e Idéias*: "Y el libro no sólo no fue publicado sino que tampoco lo volví a ver. Hasta que, cerca de

José Saramago, 2 de julio de 1951.
Archivo Fundación José Saramago

José Saramago, Ilda Reis y su hija Violante, c. 1951.
Archivo Fundación José Saramago

TERATOLOGIA

Não importa como se chamava: cego, não podia reconhecer o seu nome escrito; surdo, não podia ouvi-lo; mudo, não podia pronunciá-lo. Resultara inútil, portanto, todo o trabalho e todo o cerimonial da igreja e do registo civil. Mas quem poderia saber, então ? Fora baptizado na idade em que todos somos, de certa maneira, cegos, surdos e mudos... O nome lá ficou nos arquivos paroquiais e civis. Deu que fazer a padres e conservadores. (Há ainda quem se lembre da amável prédica feita junto da pia baptismal pelo sacerdote que augurou as maiores felicidades ao neófito...) Preencheram-se fichas e verbetes, notas e participações. A Estatística tomou conhecimento da existência de mais um indivíduo do sexo masculino nascido aos tantos dias do mês de tal do ano de mil e muitos.
Um ser mais para deambular na Terra. Um génio ou um criminoso em potência. Ou, quem sabe ?, um criminoso genial ou um génio criminoso.
Hipóteses falhadas, porém. Ele cresceu e, com o crescimento, rasgou-se o véu que o cobria aos olhos dos outros. Todos o olharam com um misto de compaixão e repugnância que é o sentimento com que se reage perante as grandes disformidades.
Não foi à escola: não valia a pena. Ninguém lhe falava: não valia a pena. Ninguém esperava ouvi-lo: não valia a pena.
Também não valia a pena alimentá-lo, mas isso era forçoso. Que diria o mundo se o deixassem morrer à fome ? É verdade que esse mundo - pelo menos o mundo que o rodeava - suspiraria de alívio se ele desaparecesse. Mas... e as aparências ? Ah, essas doces e inefáveis aparências que é preciso respeitar e conservar !...
Alguém de entre os que o rodeavam - dado, segundo se pode depreender, a lucubrações filosóficas - declarou ser aquele o estado físico ideal do homem: a Torre de Marfim, a Ilha Desconhecida...
Mas o filósofo constituía uma excepção. Os outros aborreciam-se. É certo que ele era pouco mais que uma coisa e as coisas não incomodam ninguém. Mas é preciso que essas coisas não se movam e, movendo-se, não tropecem. E ele movia-se e quando se movia tropeçava. E tinha fome e

Primera página del mecanoscrito del cuento "Teratología",
c. 1950. Archivo Fundación José Saramago

40 años más tarde, recibí una carta de ENP, entonces propietaria del *Diário de Notícias* en la que me decían que, en una reorganización de sus archivos, habían encontrado el original de *Claraboya*. Me informaban de eso y sobre todo de que estaban interesados en publicarlo. Esto, ya después de *Memorial del convento* e incluso de *El año de la muerte de Ricardo Reis*. Por tanto, cuando el autor de *Claraboya* era ya conocido por haber hecho otras cosas. Entonces fui a la ENP y les dije: 'Soy fulano, vengo a buscar mi original, se lo agradezco mucho, pero no estoy interesado en publicarlo'. Y lo tengo por ahí".

En los primeros años de esta década, aborda diversas tentativas narrativas en títulos que deja incompletos, desconocidos hasta hoy. Su datación precisa ofrece dudas y requiere estudios textuales. En el caso de *La miel y la hiel* [*O Mel e o Fel*], los primeros diez capítulos fueron concluidos el 4 de diciembre de 1951, mientras que el plan de escritura de los capítulos XV a XXII lo cerró el 9 de diciembre de ese mismo año, según consta en los manuscritos. Cabe la posibilidad, sin embargo, de que la redacción de la novela fuera interrumpida y luego continuada, tras concluir *Claraboya*, porque el autor añadió una nota, posterior al manuscrito, en la que apunta, junto a la variación de títulos: "Se trata de un intento que siguió a *Claraboya*". Confirmará este encaje cronológico en 1990, en declaraciones a José Carlos de Vasconcelos, una de las escasas referencias públicas a estas obras inacabadas: "Después de esa antigua novela [*Tierra del pecado*], de la que no tengo ningún ejemplar, escribí otra que no publiqué [*Claraboya*], y después tuve otras dos ideas, que deben de andar por ahí en algunos papeles. Pero, en fin, todo eso se agotó, a los treinta años ya no estaba pensando en novelas, me limité a escribir unos cuentos. Supongo que no tenía estímulos, no tenía madurez suficiente. A veces pienso que tuve una adolescencia muy prolongada…". Con independencia de los problemas de concreción de fechas, lo cierto es que, en la primera mitad de los cincuenta —muy probablemente, entre 1950 y 1953—, escribe las novelas inconclusas *La miel y la hiel* y *Los emparedados* [*Os Emparedados*], y esboza, además, *Calle* [*Rua*] y *El sistema* [*O Sistema*].

De *La miel y la hiel* —también titulada *Luis, hijo de Tadeo* [*Luís, Filho de Tadeo*] y *Larga es la carretera* [*Longa É a Estrada*]—, se conserva un mecanoscrito de ciento cuarenta y una páginas —hasta el capítulo XV—. Se guarda también un manuscrito de se-

Página del mecanoscrito de la novela inédita *Claraboya*, 1953.
Archivo Fundación José Saramago

Página del mecanoscrito de la novela inconclusa
La miel y la hiel, 1951. Archivo Fundación José Saramago

tenta y una páginas, notas preparatorias y resúmenes a mano del capítulo XV a XXII, fechados en diciembre de 1951. La acción comienza en 1921 y termina en 1942, desenvuelta en un cierto aire naturalista. Los personajes iniciales de la novela son: Señor Bonifacio (60 años), Jesuino (25 años), Tadeo (tabernero de 38 años), Maria das Dores (mujer de Tadeo, de 35 años). Se inicia en un ambiente de cantina, con una discusión entre Bonifacio y Jesuino sobre la conveniencia o no de manifestarse para reivindicar salir de la pobreza; pero el cantinero no permite hablar de política. Se relata también un episodio de prostitución y una escena de sexo entre Tadeo y Maria das Dores.

De *Los emparedados,* redacta sesenta y un folios manuscritos y un sustantivo documento preparatorio. El fondo del relato será confesional, vinculado a la psicología del joven Saramago, un aspecto sobre el que las notas preparatorias inéditas constituyen un verdadero tratado íntimo —dieciséis folios mecanoscritos encabezados con un verso de Louis Aragon, perteneciente a su poema "La noche de Dunkerque" ["La Nuit de Dunkerque"] a la que el escritor portugués inviste de alcance político: "Su sueño tiene el aire de un presentimiento" ["Leur sommeil a toujours l'air d'un pressentiment"]—. Manifiesta la intención de escribir "una historia que fuese al mismo tiempo una historia de amor y una discusión de ideas. Mejor que una discusión de ideas, una discusión de temperamentos, de caracteres". Dibuja el perfil del protagonista masculino, sobre la pauta de su propio retrato: "Él, introvertido, laberíntico, algo masoquista en la disección de sus sentimientos, un cierto gusto por 'sumergirse' en sí mismo. Simultáneamente, una tremenda y constante necesidad de comunicación. Una angustiosa conciencia de su aislamiento, una angustiosa búsqueda de otra persona, alguien con quien comunicarse, alguien a quien poder darse sin reservas. Toda su vida fue rechazado.

No que los otros lo rechazasen deliberadamente. La aceptación no era la deseada". Y continúa poniendo el relato en relación consigo mismo: "Tal vez no consiga escribir esta novela. Tendría que poner excesivamente de mí para que fuera creíble. Hace quince años que buceo dentro de mí mismo. ¿Para qué seguir? Pregunta sin respuesta. Creo que no tengo otra salida que no sea seguir buceando. No conozco nada más".

En otro momento, profundiza en la raíz autobiográfica de su proyecto narrativo: "Estoy apartándome de la novela. La novela en resumen será esto: yo y la vida que no viví, la vida que aprendería si todavía estuviera a tiempo o si el mañana cortara o debilitara los lazos que el hábito y la cobardía tejieron año tras año.

Página manuscrita de la novela inacabada
Los emparedados, c. 1951. Archivo Fundación José Saramago

Si no quiero que esto se convierta en una obsesión tengo que escribir la novela". En este contexto, se interroga sobre la naturaleza de su futura obra, sobre el género: "Hay que elegir. ¿Memorias o novela? ¿Confesión o ficción? Sé que mis confesiones completas valdrían por todas las novelas que hasta hoy se han escrito, no por ser mías, sino por ser completas […] Soy un hombre sencillo, dubitativo y desgraciado, mortificado por la vida y por la cobardía. No hay en mí nada de lo que hace grandes a los hombres. Tal vez (debe ser eso) la existencia del monstruo dentro de mí…".

Son años de zozobra y de desasosiego, de incertidumbre profesional, en una época también de penumbra para su país: "Fuera hace mucho sol, dentro de mí hace mucho frío. El frío de la desesperanza, del fracaso sin remedio, de la impotencia, Dios mío en el que no creo, ¡de la impotencia!". Saramago incluye, en este texto de intenciones, frecuentes consideraciones sobre su propio estado emocional, sobre su subjetividad, trazando un retrato moral de indudable interés: "Estoy siempre tan ocupado con los dolores que me incumben que no me sobran ojos y comprensión para los dolores de otros y,

Uma história que fosse ao mesmo tempo uma história de amor e uma discussão de ideias. Melhor que discussão de ideias, uma discussão de temperamentos, de caracteres. Ele, introvertido, labiríntico, algo de masoquista na dissecação dos seus sentimentos, um certo gosto em "chafurdar" em si mesmo. Simultaneamente, uma tremenda e constante necessidade de comunicação. Uma angustiosa consciência do seu isolamento, uma angustiosa procura de outra pessoa, alguém com quem comunicar, alguém a quem possa dar-se sem reservas. Toda a sua vida foi repelido. Não que os outros o repelissem deliberadamente. A aceitação é que não era a desejada. "Quantitativamente", se é permitido a expressão, estaria certa; "qualitativamente", não.

Ela, franca como uma janela aberta, leal como a luz do sol, uma concepção de vida onde não há lugar para a morte. A linha recta, o sorriso claro, a mão firme, algo de masculino no temperamento. Olhos directos, boca firme, corpo bem assente no chão, cabeça bem assente no corpo. Uma impressão de solidez que contrasta com o ar flutuante dele.

Como será possível amarem-se dois seres tão diferentes? Nele, a história poderá começar como uma tentativa mais de comunicação. Nela, a curiosidade que desperta um bicho exótico ou um homem de outra raça e costumes. A luz dela começa a iluminar as sombras dele. As sombras dele dão relevo à luz dela. Ele sente-se bem junto dela. Ela sente-se desejada (não no sentido sexual, por enquanto).

Talvez não consiga escrever este romance. Terei de meter nele excessivamente de mim para ser crível. Há quinze anos que chafurdo dentro de mim mesmo. Para que continuar? Pergunta sem resposta. Creio que não tenho outra saída senão continuar a chafurdar. Não conheço mais nada. Estou sempre tão ocupado com as dores que me dizem respeito que não me sobram olhos e compreensão para as dos outros e quando tal acontece não é para compreendê-las, mas para chorá-las. Introvertido, labiríntico - e egoísta também. Mas como pode deixar de ser egoísta quem toda a vida viveu "dobrado sobre si mesmo"? Quem toda a vida foi repelido, poderá deixar de ser egoísta? Deixem portanto, que eu seja egoísta.

A pergunta a fazer é esta! "Sentes que comunicas com ela (ou com

Material preparatorio de *Los emparedados, c.* 1951.
Archivo Fundación José Saramago

cuando tal sucede, no es para comprenderlos sino para llorarlos. Introvertido, laberíntico —y egoísta también—. ¿Pero cómo puede dejar de ser egoísta quien toda la vida ha vivido 'doblado sobre sí mismo'? ¿Quien toda la vida ha sido repelido, podrá dejar de ser egoísta? Dejen por tanto que yo sea egoísta".

Atenazado por una inmisericorde lucha interior, la inseguridad en su destino como escritor desempeña un papel destacado: "Hay tal vez en mí un fondo de misticismo. ¿Quién sabe? ¿Y la novela? ¿Y la literatura? ¿Para qué escribo? ¿Escritor? Sólo por ironía. Me falta todo para ser escritor menos el conocimiento de la escritura que, por otra parte, es común al cincuenta por ciento de la población. Y, siendo así, ¿por qué escribo? ¿Qué interés tiene responder a esta pregunta? Escribo porque escribo y se acabó. Escribo mal, ya lo sé. Tengo un vocabulario de portero, pero escribo. Si no escribo, ¿qué haré?". Titubeos, pero también determinación.

¿Una novela tan sólo personal, psicológica, terapéutica? Algo más. El propósito de Saramago es el de escribir una obra que responda al malestar de su generación, fracasada, atrapada en un país y un tiempo desnudo de horizontes, una generación embarrancada: "Quiero, sin duda, escribir una novela de amor, pero quiero también, y eso no es menos importante, escribir la historia de unos cuantos representantes de una generación fallida e inútil. ¿O estaré generalizando un hecho que sólo a mí me incumbe? Creo que no. Esta sensación de somnolencia, de apatía, de 'apagada y vil tristeza' no es sólo mía. Sobrevuela la atmósfera, la respiramos, la absorbemos y nos hundimos en ella".

Naturalmente, el clima del salazarismo no es ajeno a ese sentimiento de crisis y decadencia. El joven José Saramago, ya sensibilizado políticamente, muestra su conciencia de rechazo a la dictadura y su confianza en superar y alcanzar la libertad —ahí encuentra pleno sentido la cita introductoria de Louis Aragon—, al tiempo que reprocha, implícitamente, la humillante pasividad con que se espera el futuro. Estas palabras constituyen su testimonio más antiguo de compromiso ideológico, además de una manifiesta y temprana condena de la dictadura de Oliveira Salazar: "Tenemos (nosotros, los que la tenemos) una doctrina y estamos obligados a esconderla, a pesar de la certeza de que su aplicación sería un paso para la plenitud del hombre. Las circunstancias son más fuertes que nuestra voluntad. Nos doblegamos, nos callamos, nos avergonzamos de nosotros mismos y de la tierra en que vivimos. De ahí nuestro aire taciturno, esta melancolía, este pesimismo, este sueño. Pero 'su sueño tiene el aire de un presentimiento'. Y es este presentimiento de algo que vendrá, de algo que será nuestra vida verdadera, para la que nos preparamos en el silencio y en la humillación, lo que nos impide nuestra caída en la derrota. Es esto lo que quiero darle a la novela. Quiero darle el hombre completo, el hombre que ama, piensa y actúa. El marco en el que se insertan los amores de Juan y Sofía se ensancha".

José Saramago y su hija Violante en el río Almonda, Azinhaga, agosto de 1951.
Archivo Violante Saramago Matos

De *El sistema,* escribió tres hojas en un cuaderno pergeñando el propósito de la novela. Allí anota: "Una idea con título es todo. Quiero decir: hay una idea y hay un título. Falta todo. Lo que pretendo hacer es la condena del sistema económico y social en que vivimos, con todas las implicaciones éticas, psicológicas, etc., que eso acarrea. El medio: trasplantar un campesino de su ambiente natal a la ciudad".

Esboza, asimismo, la novela *Calle,* apenas iniciada. Redacta cuatro páginas mecanoscritas, además de notas preparatorias y apuntes sobre los personajes.

Por estos años, se adentra asimismo en el teatro, componiendo al menos tres obras, que permanecen inéditas, cuya existencia se desconocía: *Casi una resurrección* [*Quase uma Resurreição*], un manuscrito de seis folios por dos caras —excepto el último—, compuesta en un acto y siete escenas, seguida de un folio mecanoscrito con abundantes correcciones a mano, introducido con el encabezamiento "Notas para una eventual representación" ["Notas para uma eventual representação"], titulada anteriormente, *El hombre que quería conocer el Infierno* [O *Homem que Queria Conhecer o Inferno*] y *Un personaje de más* [*Um Personagem a Mais*]; *Retrato del natural* [*Retrato do Natural*], una pieza en tres actos, de la que se conserva un manuscrito de dieciséis hojas tamaño cuar-

O SISTEMA

Notas manuscritas para la novela *El sistema*, que no llegó a ser escrita, *c.* 1952.
Archivo Fundación José Saramago

tilla y también una versión previa, identificada como *La copia está conforme* [*A Cópia Está Conforme*]; y, por último, la inacabada *Diálogos de Dios y el Diablo* [*Diálogos de Deus e do Diabo*], un mecanoscrito de seis folios en el que se plantea un "Primer diálogo", de tema religioso.

1955 Introducido por
Humberto d'Ávila, frecuenta el café Chiado, en compañía de amigos. Allí presta atención al grupo de escritores consagrados que hacen tertulia habitualmente: Augusto Abelaira, José Gomes Ferreira, Carlos de Oliveira… Conoce entonces a Nataniel Costa y a Fernando Piteira Santos.

Inicia su labor como traductor, cifrada en más de sesenta títulos, prolongándose hasta mediados de la década de los ochenta. En la segunda mitad de los cincuenta, traduce en torno a dieciséis libros, entre ellos a autores como Colette y Tolstoi.

Establece su residencia familiar en Parede. En años anteriores, la familia ya frecuentaba este pueblo de costa situado a 12 kilómetros de Lisboa.

La editorial Europa-América publica el primer libro traducido por Saramago, *Destello de vida* [*A Centella da Vida*], de Erich Maria Remarque, un autor alemán de la posguerra que

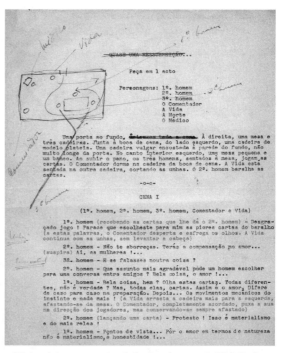

Página del mecanoscrito de la obra de teatro inédita *Casi una resurrección*, c. 1951. Archivo Fundación José Saramago

José Saramago y su hija Violante, Azinhaga, agosto de 1953. Archivo Violante Saramago Matos

relata los horrores del nazismo. Lo traduce del francés, como hará prácticamente siempre —con la excepción de
dos obras que vierte del español—, en
su larga experiencia como traductor,
ejerciendo una actividad profesional
autodidacta que constituirá un medio
fundamental para ganarse la vida.

1956-1958 Continúa tra-
bajando en la Caja de Seguros Previdente y traduciendo libros. Así, en
1956, vierte del francés al portugués el
primer éxito de Hans Hellmut Kirst, la
trilogía *08/15* (*La rebelión del Cabo
Asch, La extraña guerra del Subte-
niente Asch, La victoria final del Teniente Asch*) [*08/15* (*A Caserna, A
Guerra y A Derrota*)], publicada por
Europa-América ese año, excepto la
tercera entrega, que estará en las librerías en 1957.

José Saramago con su amigo Carlos Alberto, *c.* 1955.
Archivo Fundación José Saramago

La misma editorial también imprime
en 1957 sus traducciones: *El delator*
[*O Denunciante*], de Liam O'Fla-
herty; *La URSS con los ojos abiertos* [*U.R.S.S. Depoimento de Um Socialista Francés*],
de Jules Moch; y *Uma Mulher em Berlim*, novela de Christine Garnier.

En marzo de 1958, aparece *Dios duerme en Masuria* [*Deus Dorme en Masúria*], de
Hans Hellmut Kirst, en una versión realizada por Saramago para el sello Europa-
América. Unos meses después, en octubre, Estúdios Cor publica su traducción *Gigi*,
de Colette, y ese mismo año difunde *A Vida de Nijinsky*, de Françoise Reiss.

1959 Sin abandonar aún su trabajo en la Caja de Seguros Previdente, comienza
a colaborar, en los primeros meses del año, con la editorial Estúdios Cor, invitado por
Nataniel Costa. Se dedica a tareas de producción. Su nombre comenzará a ser conocido en el campo de la literatura y la cultura.

En 1995, con ocasión de la muerte de Nataniel Costa, rememoraría en *Cuadernos
de Lanzarote I (1993-1995). Diario III. 1995*: "Nunca encontré otra persona para quien

la lectura representase tanto, hasta el extremo de constituirse, por sí sola, en acción creativa [...] primera colocación en el exterior. Entonces, un caer de tarde, cuando el grupo [de escritores que se reunía en el café Chiado], poco a poco, se iba dispersando y recogiéndose a sus penates, o a tomar fuerzas para la bohemia nocturna, Nataniel me pidió que saliésemos juntos porque que-

Carné de socio del Club Nacional de Gimnasia, Parede, 1956.
Archivo Fundación José Saramago

ría hablar conmigo [...] Dimos unos cuantos pasos en dirección a la librería Sá da Costa y Nataniel me dijo: 'Como usted sabe, voy a ser destinado a Francia. Continuaré dirigiendo desde allí las colecciones de la editorial, pero necesito de alguien que oriente las cosas aquí. ¿Quiere quedarse en mi puesto?'. Se me cayó el alma a los pies y pesaba tanto que tuve que detenerme allí mismo. Me acuerdo que dije apenas: 'Creo que sí, podemos probar'. Había aún una pregunta que yo quería hacer, pero no sabía cómo. Nataniel adivinó cuál era y, serenamente, anticipó la respuesta: 'Claro que no faltan personas que desearían que se lo propusiese, pero es una cuestión de confianza y ésa la tengo en usted. Otros tratarían de aprovechar la situación para darme un navajazo por las espaldas y echarme de la editora'. Así empecé a trabajar en Estúdios Cor".

Aparecen cinco traducciones de Saramago publicadas por la editorial Estúdios Cor: *La mujer infiel* [*A Mulher Infiel*] y *El navegador* [*O Navegador*], de Jules Roy, en enero y junio, respectivamente; *La Sibila* [*A Sibila*], de Pär Lagerkvist; *A Vida de Isabel I da Inglaterra*, de Jacques Chastenet; *La vida de Franz Liszt* [*A Vida de Liszt*], de Guy de Pourtalès; y *Ana Karenina*, de León Tolstoi, en diciembre.

Portada de la versión portuguesa de *Ana Karenina*, de León Tolstoi, traducida del francés por José Saramago, Lisboa, Editorial Estúdios Cor, 1959.
Archivo Fundación José Saramago

José Saramago, 1966. Archivo Fundación José Saramago

1960-1969

¿Hace cuántos meses que no le escribo? Imagino lo que habrá pensado de mí, si es que en medio de sus trabajos alguna vez empleó un minuto en pensar en mi inexplicable silencio. Por mi parte, todos los días he vivido angustiado, con remordimiento (auténtico) por mi proceder. Y cada día que pasaba, peor. Cuanto más tiempo corría, más "corrido" me sentía. Se añade que este año que acaba ha sido para mí un año de complicaciones familiares y sentimentales que me han puesto al borde del colapso nervioso. Obligado a cumplir mis deberes profesionales (y bien sabe qué es esta vida editorial) en un estado de espíritu que rozaba la línea del hundimiento total, la tensión en que he vivido meses y meses me ha dejado verdaderamente arrasado. Aún ahora, sólo yo sé cómo estoy, pues los que me rodean ni saben lo que va por dentro. Esto de vivir tiene lo suyo, sobre todo cuando, a los cuarenta años, todavía se alimentan sueños que la juventud no supo o no pudo realizar. Mal hicieron mis padres, parece, en dejar la tierra cuando yo ni siquiera sabía hablar... Hubiese ido la vida de otra manera, igual estaría yo a estas horas detrás de un mostrador del Vieira, de dependiente, midiendo metros de tela rayada y despachando media cuarta de azúcar (para la azada no tendría físico suficiente...). Pero basta de desahogos, que ni siquiera lo llegan a ser, pues tan sibilinamente los pongo en el papel.

Carta de José Saramago a Jorge de Sena, 24 de febrero de 1963

1960 **Estúdios** Cor publica *Querido* [*Chéri*] y *El fin de Querido* [*O Fim de Chéri*], de Colette, traducidas por Saramago. Siempre respetará la escritura de una autora de la que, en 2007, manifestó que tenía "un estilo de los más perfectos y acabados" de la literatura francesa.

1961 **Trabaja** exclusivamente en la editorial Estúdios Cor encargándose de tareas de producción.

En la abundante correspondencia que se cruza con Jorge de Sena —con quien se relaciona por su trabajo editorial—, empieza a incluir, a partir de 1961, algunos poemas que ha escrito y que significan su regreso a la literatura de la mano de la poesía. El 6 de agosto de 1961, le confiesa: "Al escribir esto, me doy cuenta de que es el momento de hacerle una confesión que da vueltas dentro de mí desde hace tiempo y que hasta hoy no me he atrevido a expresar en voz alta, tal vez por pudor, o por cosas así. Y no lo haría tampoco

EDITORIAL ESTÚDIOS COR, LDA.
TRAVESSA DA ESPERA-8-2ª - LISBOA-2 - TELEF. 35889

confissão que me anda a saltar cá dentro há que tempos e que
até hoje não me atrevi a fazer, talvez por pudor, ou coisa
assim. E não a faria também hoje, se o que escrevi sobre a
"Metamorfose" não me pusesse num estado de espírito que a
torna inevitável. É que, cá na minha lura ao rés da terra,
também me acontece às vezes fazer versos. Os amigos (favores
dizem que gostam, e eu estou naquela conhecida situação da
coruja que adora os seus corujinhos. Atitudes nada críticas,
como vê. Quer o Sena dizer-me francamente o que pensa destas
"produções do meu estro"? Depois disso, prometo-lhe solene-
mente que não volto a roubar espaço nas minhas cartas com
as ditas produções. Aí vão duas amostras - e seja o que Deus
quiser!

MEDUSAS

Tentaculada e branca, morta já,
A medusa apodrece.
Veio na onda maior que se espraiou.
Na areia, onde ficou,
A gelatinosa massa fosforesce.

Um espasmo funde dois corpos ali perto,
E do cómum suor,
Do brilho fosco que da pele lhes irradia,
A noite faz, recria,
A renovada medusa do amor.

PROFUNDIDADE

Gruta marinha, não. Quarto banal,
Mas o azul que o enche é o do mar.
Não corpo de sereia. Antes mulher,
Horizonte de vagas a acenar.

Água escura que a luz do sol trespassa,
Uns olhos se dissolvem, esmorecem,
Cabelos como algas se deslaçam,
Como peixes os membros estremecem.

O vento ergue a espuma e a dispersa,
Tal o leito do mar se levantasse,
No ressoante búzio que nos fecha,
Em ti me afundo, tal se me afogasse.

Página de una carta de José
Saramago a Jorge de Sena,
que incluye dos poemas,
Lisboa, 6 de agosto de 1961.
Archivo Fundación
José Saramago

hoy si lo que escribí sobre *Metamorfosis* no me pusiera en un estado de espíritu que lo hace inevitable. Es que aquí, en esta madriguera mía a ras de tierra, también se me ocurre a veces hacer versos. Los amigos (cortesías) dicen que les gustan, y yo estoy en esa conocida situación de la lechuza que adora a sus lechucitos. Actitudes nada críticas como se ve. ¿Quiere decirme Sena lo que piensa francamente de estas 'producciones de mi estro'? Después, le prometo solemnemente que no volveré a robarle espacio en mis cartas con tales producciones. Ahí van dos muestras —y sea lo que Dios quiera—". Y a continuación transcribe Saramago dos poemas: "Medusas" ["Medusas"] y "Profundidad" ["Profundidade"].

"Medusas": "Tentacular y blanca, muerta ya, / La medusa se pudre. / Vino en la ola más grande derramada / En la arena, donde yace, / Fosforece la masa gelatinosa. // Un espasmo funde dos cuerpos cerca de allí, / Y del sudor compartido, / Del brillo sin lustre que irradia su piel, / La noche hace, recrea, / La renovada medusa del amor."

["Medusas": "Tentaculada e branca, morta já, / A medusa apodrece. / Veio na onda mayor que

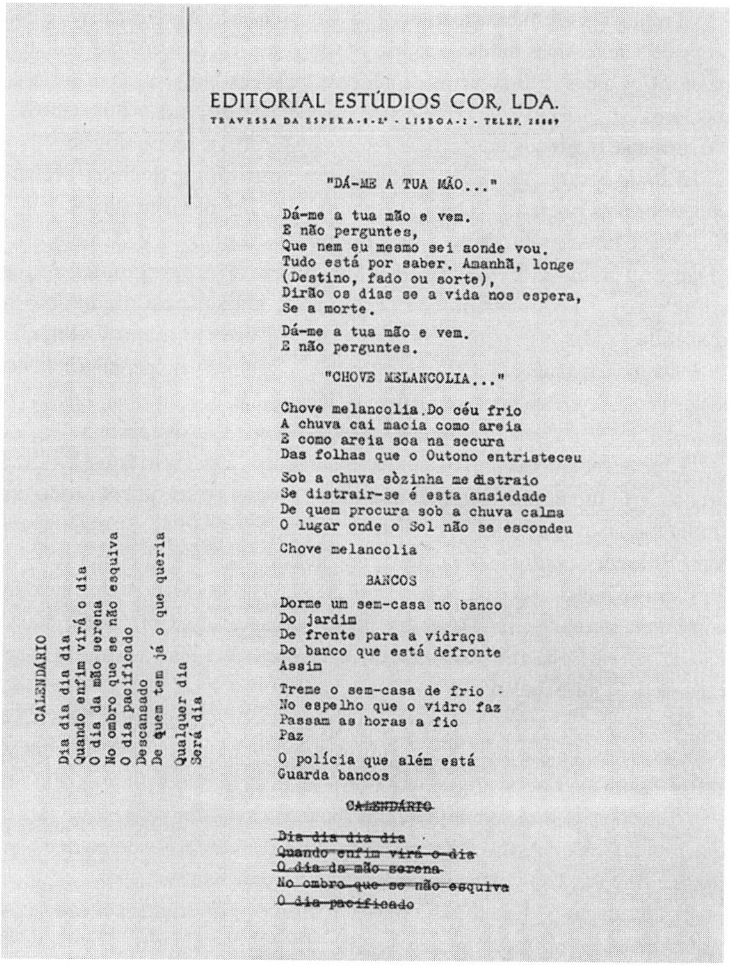

EDITORIAL ESTÚDIOS COR, LDA.
TRAVESSA DA ESPERA-8-2ª - LISBOA-2 - TELEF. 28889

"DÁ-ME A TUA MÃO..."

Dá-me a tua mão e vem.
E não perguntes,
Que nem eu mesmo sei aonde vou.
Tudo está por saber. Amanhã, longe
(Destino, fado ou sorte),
Dirão os dias se a vida nos espera,
Se a morte.

Dá-me a tua mão e vem.
E não perguntes.

"CHOVE MELANCOLIA..."

Chove melancolia.Do céu frio
A chuva cai macia como areia
E como areia soa na secura
Das folhas que o Outono entristeceu

Sob a chuva sòzinha me distraio
Se distrair-se é esta ansiedade
De quem procura sob a chuva calma
O lugar onde o Sol não se escondeu

Chove melancolia

BANCOS

Dorme um sem-casa no banco
Do jardim
De frente para a vidraça
Do banco que está defronte
Assim

Treme o sem-casa de frio .
No espelho que o vidro faz
Passam as horas a fio
Paz

O polícia que além está
Guarda bancos

~~CALENDÁRIO~~

~~Dia dia dia dia .~~
~~Quando enfim virá o dia~~
~~O dia da mão serena~~
~~No ombro que se não esquiva~~
~~O dia pacificado~~

CALENDÁRIO
Dia dia dia dia
Quando enfim virá o dia
O dia da mão serena
No ombro que se não esquiva
O dia pacificado
Descansado
De quem tem já o que queria
Qualquer dia
Será dia

Página de una carta de José Saramago a Jorge de Sena, en la que se incluyen cuatro poemas inéditos, Lisboa, 29 de octubre de 1961.
Archivo Fundación José Saramago

se espraiou. / Na areia, onde ficou, / A gelatinosa massa fosforece. // Um espasmo funde dois corpos ali perto, / E do comum suor, / Do brilho fosco que da pele lhes irradia, / A noite faz, recreia, / A renovada medusa do amor."]

Dice así en "Profundidad": "Gruta marina, no. Cuarto banal, / Pero el azul que lo colma es del mar. / Nunca cuerpo de sirena. Antes mujer, / Horizonte de olas agitadas. // Agua oscura que la luz del sol traspasa, / Se disuelven unos ojos, se apagan, / Cabellos como algas se desatan, / Como peces los miembros se estremecen. // El viento levanta la espuma y la dispersa, / Como si el lecho del mar se alzase, / En la sonora caracola que nos cerca, / En ti me hundo, cual si me ahogase."

["Profundidade": "Gruta marinha, não. Quarto banal, / Mas o azul que o enche é o do mar. / Não corpo de sereia. Antes mulher, / Horizonte de vagas a acenar. // Água escura que a luz do sol tres-passa, / Uns olhos se dissolvem, esmorecem, / Cabelos como algas se deslaçam, / Como peixes os membros estremecem. // O vento ergue a espuma e a dispersa, / Tal o leito do mar se levantasse, / No ressoante búzio que nos fecha, / Em ti me afundo, tal se me afogasse."]

El 29 de octubre de 1961, le remite otra carta a Jorge de Sena, al final de la cual incluye cuatro breves poemas: "Dame tu mano…" ["Dá-me a tua mão…"], "Llueve melanco-lía…" ["Chove melancolia…"], "Bancos" ["Bancos"] y "Calendario" ["Calendario"]: "Dame tu mano…": "Dame tu mano y ven. Y no preguntes, / Que ni yo mismo sé adónde voy. / Todo está por saber. Mañana, lejos / (destino, hado o suerte), / Dirán los días si la vida nos espera, / Si la muerte. // Dame tu mano y ven. / Y no preguntes."

["Dá-me a tua mão…": "Dá-me a tua mão e vem. / E não perguntes, / Que nem eu mesmo sei aonde vou. / Tudo está por saber. Amanhã, longe / (Destino, fado ou sorte), / Dirão os dias se a vida nos espera, / Se a morte. // Dá-me a tua mão e vem. / E não perguntes."]

"Llueve melancolía…": "Llueve melancolía. Del cielo frío / La lluvia cae suave como arena / Y como arena suena en la aridez / De las hojas que el otoño entristeció // Bajo la lluvia me distraigo sola / Si es distraerse esta ansiedad / De quien busca calma bajo la llu-via / El lugar donde el sol no se ha escondido // Llueve melancolía"

["Chove melancolia…": "Chove melancolia. Do céu frio / A chuva cai macia como areia / E como areia soa na secura / Das folhas que o Outono entristeceu // Sob a chuva sòzinha me distraio / Se distrair-se é esta ansiedade / De quem procura sob a chuva calma / O lugar onde o Sol não se escondeu // Chove melancolia"]

"Bancos": "Duerme un sin techo en el banco / Del jardín / De cara a la cristalera / Del banco que está enfrente / Así // Tiembla de frío el sin techo / En el espejo que hace el vi-drio / Pasan las horas sin pausa / Paz // El policía que está más allá / Guarda bancos"

["Bancos": "Dorme um sem-casa no banco / Do jardim / De frente para a vidraça / Do banco que está defronte / Assim // Treme o sem-casa de frio / No espelho que o vidro faz / Passam as horas a fio / Paz // O policía que além está / Guarda bancos"]

"Calendario": "Día día día día / Cuándo por fin vendrá el día / El día de la mano se-rena / En el hombro que si no esquiva / El día pacificado / Descansado / De quien tiene ya lo que quería // Cualquier día / Será el día"

["Calendario": "Dia dia dia dia / Quando enfim virá o dia / O dia da mão serena / No ombro que se não esquiva / O dia pacificado / Descansado / De quem tem já o que queria // Qualquer dia / Será dia."]

Comienza a escribir los primeros poemas del libro *Los poemas posibles* [*Os Poemas Possíveis*], estimulado por la lectura de *Hijo de hombre* [*Filho do Homem*], de José Régio, publicado este mismo año.

Publicará poemas sueltos, entre esta fecha y 1967, en diversas revistas y prensa dia-ria: *Diário de Lisboa* —con el que colabora más regularmente—, *Jornal de Notícias*, *O Século*, *Jornal do Fundão*, *República*, *A Voz do Operário* y *Seara Nova*.

1962 **Nataniel** Costa, que reside en Francia, pero sigue vinculado a la editorial Estúdios Cor, le propone compartir con él labores de dirección literaria. Mantienen una fluida relación epistolar a lo largo del decenio. En una carta dirigida a Saramago, fechada el 29 de diciembre de 1961, en la que le aclara una propuesta suya anterior de alteración del acuerdo profesional que mantenían, Costa reconoce que "si los Estúdios Cor pueden ahora pasar sin mí, que estoy lejos y, por tanto, imposibilitado para realizar el grueso del trabajo visible, no podrá decirse lo mismo de usted, que sostiene en este momento los principales hilos que hacen que se mueva la máquina con regularidad". En consecuencia, le manifiesta: "… lo que desearía es delegar en usted plenos poderes que le permitiesen actuar en nombre de ambos y defender los intereses comunes, de modo que dejen de ser los *míos* para trasformase en los *nuestros*". Saramago responde aceptando la invitación el 14 de enero desde Parede: "Repensando su propuesta, no me queda duda alguna: acepto. Presente donde corresponda la cuestión oficialmente y escríbame una carta de igual contenido…". Y así sucede. El 5 de febrero, Nataniel Costa le responde proponiéndole "una equiparación de nuestras posiciones", que concreta en diversos puntos, entre ellos estos dos: "En lo concerniente a la dirección literaria, pasa a tener poder de elección igual al mío, debiendo, no obstante, para evitar cualquier error, someter a la editorial todas las propuestas surgidas de nuestro acuerdo"; y "pasar a disponer usted, siempre que las circunstancias lo exijan (casos de urgencia, etc.), de la facultad de tomar decisiones en nombre de ambos, con independencia de cualquier consulta previa". La iniciativa causará incomodidad y roces con los socios de la editorial, Fernando Canhão y Manuel Correia.

Atraviesa por un periodo de intenso trabajo profesional —sometido, además, permanentemente a estrecheces económicas por el escaso salario— y de inestabilidad personal, como consecuencia de problemas sentimentales. El 13 de enero de 1963, le dirige una carta a Adolfo Casais Monteiro en la que le confiesa: "El caso es que este año que ha acabado ha sido para mí una sucesión de acontecimientos desagradables que, distribuidos a lo largo de una vida, bastarían para sobrecargarla. Muchas veces me he sentido al borde del colapso nervioso, e incluso ahora no sé si me he apartado suficientemente de este como para respirar tranquilo. No es nada agradable esta sensación de caminar al lado del precipicio, sintiendo la fascinación de la altura, el impulso, que es temor y deseo, de enarbolar la bandera blanca y gritar 'me rindo' ante un enemigo que no se ve, aunque se sabe que está *ahí*. Si usted nunca ha pasado por esto, no se lo puede ni imaginar. Y si no ha pasado, quieran los hados que muera ignorante".

El desgaste laboral, la incomodidad y los problemas afectivos le hacen valorar la posibilidad de emigrar a Brasil. En una carta que le remite a Nataniel Costa el 27 de febrero, expone: "Por todo esto estoy planteándome francamente la posibilidad de irme a Brasil, en busca de una vida mejor, no de mejor vida… Es cierto que, con casi cuarenta años, no se puede decir que sea pronto, pero otros se han ido con más edad y han encontrado su sitio. Todo, sin embargo, está aún en el aire, e incluso puede suceder que de aquí no resulte nada. Me cuesta, a pesar de todo, dejar esta tierra angustiada e infeliz, con un futuro tan negro por delante. Veremos lo que sale de esto". No obstante, a pesar de su malestar, nunca gestionaría esa "hipótesis".

Durante esta década, como consecuencia del cargo que ocupa en la editorial Estúdios Cor, mantendrá una amplia correspondencia profesional con escritores e intelectuales portugueses, entre ellos, Jorge de Sena, José Rodrigues Miguéis, Adolfo Casais Monteiro, Fernando Namora, Urbano Tavares Rodrigues, José Augusto Seabra, Eduardo Prado Coelho, José Gomes Ferreira, José-Augusto França, Luiz Francisco Rebello, Ana Hatherly…

Continúa escribiendo su futuro libro *Los poemas posibles*. En la correspondencia que mantiene este año con Adolfo Casais Monteiro, incluye algunos de sus versos: "Lugar común del cuarentón" ["Lugar-comun do Quadragenário"], fechado el 2 de marzo de 1962, un "poemita" alumbrado, según dice Saramago en su carta, "en un momento de depresión", para añadir que "parece que éste es todavía el gran remedio: la gente hace el poema y así se queda como purgada…"; y "Agua que regresa al agua…" ["Água que à Água Torna…"], escrito el 22 de mayo de 1962.

Entre 1960 y 1962, mantiene una intensa correspondencia laboral, sobre todo, pero también literaria, con Jorge de Sena. En sus misivas, incluye lúcidos juicios y valoraciones sobre la obra del escritor lisboeta —exiliado en Brasil y, posteriormente, en Estados Unidos—, por quien siente confesada admiración.

El 12 de junio de 1978, publica, en las páginas de *Diário de Lisboa*, un artículo dedicado al escritor lisboeta, que recogería luego en *Hojas políticas. 1976-1998* [*Folhas Politicas. 1976-1998*].

1963 **Estúdios** Cor publica *Panorama de las artes plásticas contemporáneas* [*Panorama das Artes Plásticas Contemporâneas*], de Jean Cassou, una monografía de 572 páginas traducida por Saramago; y *Bola de Sebo. La casa Tellier* [*Bola de Sebo. A Casa Tellier*], de Guy Maupassant, vertida al portugués por Jõao Belchior, que incluye un prólogo de Saramago.

José de Sousa y Maria da Piedade, padres de José Saramago, Lisboa, c. 1964.
Archivo Fundación José Saramago

1964 El 13 de mayo, fallece su padre en el Hospital dos Capuchos (Lisboa), a los 68 años.

1965 En julio, firma con Portugália su primer contrato editorial, para la edición de *Los poemas posibles*.

Aparecen dos traducciones de Saramago en el sello Estúdios Cor: *La señorita Fifí/Cuentos de becadas* [*Mademoiselle Fifí/Contos da Galinhola*], de Guy de Maupassant, y *A Vida de Harem Al-Rachid*, de Gabriel Audisio.

1966 En junio, la editorial Estúdios Cor publica el primer volumen de *Civilización griega* [*Civilização Grega*] (vol I: *De la Ilíada al Partenón* [*Da Ilíada ao Partenon*]), de André Bonnard, traducido por José Saramago.

Portugália edita su primer libro de poesía, *Los poemas posibles*, en la colección

Portada de la primera edición de *Los poemas posibles*, Lisboa, Editoral Portugália, 1966

Primer contrato editorial de José Saramago, suscrito para la publicación de *Los poemas posibles*, 24 de julio de 1965.
Archivo Fundación José Saramago

"Poetas de hoy" ["Poetas de Hoje"]. En un principio, lo tituló provisionalmente *La cuenta del tiempo* [*A Conta do Tempo*].

En 1982, la editorial Caminho publicará una segunda edición, revisada y corregida, en su colección "El campo de la palabra" ["O Campo da Palavra"].

Los poemas posibles ha sido traducido al francés (1998), español (2005) y catalán (2005).

Estúdios Cor difunde *Já não há Salomão*, obra de Isabel da Nóbrega precedida de un prefacio de Saramago.

1967-68 **Viaja** a París en marzo. Es su primera salida de Portugal. Sin embargo, Saramago recordará como su "viaje de iniciación" el que efectuó a la capital francesa en diciembre de 1969, que se mantuvo intacto en su memoria mientras el anterior desaparece.

José Saramago, *c*. 1967.
Archivo Fundación José Saramago

Estúdios Cor edita el cuento de Natália Nunes *Ao Menos um Hipopótamo*, con un prefacio de Saramago, en 1967.

Invitado por Rogério Fernandes, colabora mensualmente como crítico literario en la revista *Seara Nova* entre mayo de 1967 y noviembre de 1968. Además de analizar una obra de teatro —*O Inferno*, de Bernardo Santareno—, se ocupa de escribir veintitrés reseñas dedicadas a veintiséis libros de ficción —en una entrega, se ocupa de cuatro títulos—. En 1967, publica diez críticas sobre trece obras de los siguientes autores: Júlio Moreira (*A Execução*), Jorge de Sena (*Novas Andanças do Demónio*), Luís Sobral (*Histórias Maldosas*), Álvaro Guerra (*Os Mastins*), Natália Nunes (*O Caso de Zulmira L.*), Manuela Montenegro (*O Conflito*), Teobaldo Virgínio (*Vida Crioula*), Urbano Tavares Rodrigues (*Despedidas de Verão*), Mapone (*Alvorecer Tardio*), Lima Rodrigues

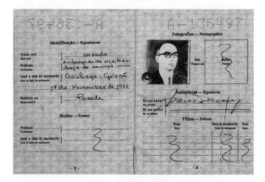

Su primer pasaporte, emitido el 30 de marzo de 1967 y vigente hasta el 29 de marzo de 1972.
Archivo Fundación José Saramago

(*Histórias que Eu Não Contei*), Álvaro Godinho dos Santos (*Quatro Cores*), Rui Nunes (*Ângulo sem Espaço*) y Herberto Sales (*Cascalho*).

En 1968, da a la imprenta otras trece críticas, ocupándose de los siguientes escritores y obras: Agustina Bessa-Luís (*As Relações Humanas* [*Os Quatro Rios, A Dança das Espadas, Canção Diante de Uma Porta Fechada*]), Alice Sampaio (*O Dom de Estar Vivo*), Manuel Pereira (*Vida, Crucificação e Morte dos Cristos*), Mário Braga (*Antes do Dilúvio*), Nelson de Matos (*Giestas da Memória*), Fausto Lopo de Carvalho (*A Contagem para o Fim*), Rentes de Carvalho (*Montedor*), José Marmelo da Silva (*O Ser e o Ter* seguido de *Anquilose*), Ferreira de Castro (*Instinto Supremo*), Augusto Abelaira (*Bolor*), José Cardoso Pires (*O Delfim*), Mário Ventura (*O Despojo dos Insensatos*) y Urbano Tavares Rodrigues (*Casa de Correcção*).

Crítica literaria de José Saramago sobre el libro *Novas Andanças do Demónio* de Jorge de Sena, publicada en la revista *Seara Nova*, Lisboa, nº 1460, junio de 1967.
Archivo Partido Comunista Portugués

El 22 de julio de 1995, hará balance de su actividad crítica en el *Diario II* de sus *Cuadernos de Lanzarote I (1993-1995)*: "Aún hoy estoy por conocer los motivos que llevaron a Rogério Fernandes a invitarme a realizar una tarea para la que yo, pobre de mí, no podría presentar otras credenciales que haber escrito *Os Poemas Possíveis*. (Me acuerdo bien de haber antepuesto una asustada condición: no hacer crítica de libros de poesía…) Ahora heme aquí ante los fantasmas de opiniones que expendí hace casi treinta años, algunas bastante osadas para la época, como decir que Agustina Bessa-Luís 'corre el riesgo muy serio de dormirse al son de su propia música'. A pesar de mi inexperiencia y tanto cuanto soy capaz de recordar, creo no haber cometido gruesos errores de apreciación ni injusticias de mayor calibre".

Años más tarde, en julio de 2009, volvería a recordar este episodio de su vida en su *blog*: "Hace alrededor de cuarenta años, durante algunos meses, ejercí de crítico literario en la revista *Seara Nova*, actividad para la que obviamente no había nacido, aunque la benévola generosidad de dos amigos consideró que podía estar a mi alcance. Fueron éstos Augusto Costa Dias, que tuvo la idea, y Rogério Fernandes, entonces director de la (desde todos los puntos de vista) recordada revista. En líneas generales, supongo que no cometí injusticias graves, salvo el poco cuidado que empleé cuando opiné sobre *El delfín* de José Cardoso Pires. Muchas veces, después, me pregunté dónde estaba mi cabeza aquel día. Se dice que un tropiezo lo puede tener cualquiera, pero aquello no fue un tropiezo, fue (perdóneseme la vulgaridad de la palabra) un trompazo".

José Saramago en Colmeal, *c.* 1967.
Archivo Fundación José Saramago

Redacta una breve nota biográfica el 14 de septiembre de 1967, en la que da cuenta de su trayectoria vital y literaria: "José Saramago, cuyo nombre completo es José de Sousa Saramago, nació en 1922, el 16 de noviembre, aunque en la partida de nacimiento se registre la fecha del 18 de noviembre. Cosas de aldea… Es natural de Azinhaga, concejo de Golegã, ribatejano, por consiguiente. Vino muy niño a Lisboa, pero, durante la infancia y la adolescencia, pasó largas temporadas en el campo. Desciende de campesinos y pastores y tiene un bisabuelo moro, circunstancia de la que presume un tanto… Frecuentó la Escuela Secundaria durante dos años, pero, debido a razones económicas, tuvo que cambiarla por una escuela técnica industrial, de donde salió con una formación que de nada le serviría. Fue durante algún tiempo cerrajero mecánico y, más tarde, funcionario público y oficinista. Hoy, después de andanzas y mudanzas, es director de producción en la editorial Estúdios Cor.

"En 1947 publicó una novela (mediocre) que debería llevar por título *La viuda*, pero que, por consejo del editor (editorial Minerva), salió con el título de *Tierra de pecado*, presuntamente más comercial… Es 'pecado' del que no quiere acordarse. Por entonces y más tarde escribió algunos cuentos, unos publicados (*Seara Nova, Diário Popular, Jornal Magazine da Mulher, Vértice, Ver e Crer*), otros que no se publicaron y que, ciertamente, nunca verán la luz. Hizo alguna poesía, que no publicó ni conservó.

Durante algunos años se dedicó a la traducción y, en cierto modo, fue esa actividad la que le condujo a su actual situación profesional.

"En 1961, inesperadamente, cuando consideraba agotada su capacidad de creación literaria, la lectura del libro *Hijo de hombre* de José Régio despertó en él una imperiosa necesidad de expresión poética. Después de algunos tanteos, que por otra parte nunca se caracterizaron por la osadía ni siquiera por la actualidad formal, encontró (o recuperó) la forma que mejor convenía a su particular naturaleza de indisciplinado que aspira a la disciplina. Es muy posible que el camino así abierto (alerta dada desde el exterior) no lo hubiese llevado mucho más lejos si acontecimientos de carácter personal no hubieran exacerbado su necesidad de expansión. De ahí nació su primer y hasta ahora único libro de poesía (*Los poemas posibles*, 1966, Portugália Editora), que reúne poemas escritos entre 1961 y 1966. Continúa trabajando y tiene ya título para su próximo libro de poesía: *Probablemente alegría*. Cuándo lo publicará, no lo sabe…

"Nunca se preocupó mucho de las colaboraciones poéticas ocasionales. Apenas, y por generosos requerimientos de amigos, publicó poemas en *Diário de Lisboa* (donde más regularmente colabora), *Jornal de Notícias*, *O Século*, *Jornal do Fundão*, *República*, *A Voz do Operário* y *Seara Nova*. Hace crítica literaria (o algo que se le parece) en Seara Nova.

"Después de Camões, 'su' poeta preferido es Ricardo Reis. Pero Camões está por encima de todo y de todos".

A partir de marzo de 1968 hasta agosto de 1969, publica crónicas en el periódico vespertino *A Capital*, en las secciones "Calle arriba, calle abajo" ["Rua acima, rua abaixo"], primero, y, después, "De

"Carta para Josefa, mi abuela", crónica publicada en *A Capital*, Lisboa, 14 de marzo de 1968.
Archivo Fundación José Saramago

este mundo y del otro" ["Deste mundo e do outro"].

La editorial Estúdios Cor saca a la calle el segundo volumen de *Civilización griega* [*Civilização Grega*] (vol II: *De Antífona a Sócrates* [*De Antífona a Sócrates*]), traducido por Saramago.

Hace su primer viaje a España. Al año siguiente, visita de nuevo el país en dos ocasiones y continuará haciéndolo esporádicamente durante la década de los setenta.

Carné de José Saramago de afiliado al Partido Comunista Portugués, al que pertenece desde 1969. Archivo Fundación José Saramago

1969 **Se** afilia al Partido Comunista Portugués el 16 de enero, a sugerencia de su amigo Augusto Costa Dias. Su número de afiliación será el 145.167.

El 29 de junio, fallece su abuela Josefa Caixinha, que, de niño, le contaba historias de la familia, de apariciones y de hombres lobo. De ella, había escrito en las páginas de *A Capital* el 14 de febrero de 1968: "Tienes las manos gruesas y deformadas, los pies como cortezas. Cargaste en la cabeza toneladas de leña y de rastrojo, cántaros de agua. Viste nacer el sol todos los días. Con el pan que has amasado podría hacerse un banquete universal". La crónica se titulaba "Carta a Josefa, mi abuela" ["Carta para Josefa, minha avó"] y sería incluida en su libro de crónicas *De este mundo y del otro* [*Deste Mundo e do Outro*]. Se trata de un hermoso y emotivo retrato dedicado a su abuela: "Te tengo delante, y no entiendo. Soy de tu carne y de tu sangre, pero no entiendo. Viniste a este mundo y no te has preocupado por saber qué es el mundo. Llegas al final de tu vida, y el mundo es aún para ti lo que era cuando naciste: una interrogación, un misterio inaccesible, algo que no forma parte de tu herencia: quinientas palabras, un huerto al que en cinco minutos se le da la vuelta, una casa a teja vana y suelo de tierra apisonada. Aprieto tu mano callosa, paso mi mano por tu rostro arrugado y por tu cabello blanco, quebrado por el peso de las cargas, y sigo sin entender. Fuiste hermosa, dices, y veo muy bien que eres inteligente. ¿Por qué te han robado, pues, el mundo? ¿Quién te lo robó?".

1970-1979

¿Qué era, sobre todo, escribir hasta 1974? Capear la censura, proteger el tema, perfeccionar la entrelínea.

José Saramago, 1978

Cuando anduve por los periódicos, incluso antes de trabajar en las redacciones, expresaba ya las mismas ideas que expreso hoy. A grandes rasgos, la literatura que hoy hago está relacionada con ese tipo de textos. A veces, lo confieso, tengo nostalgia de los periódicos... No soy un caso único, pienso que cualquiera que haya pasado por ellos los recordará hasta el fin, sentirá esa especie de reclamo, esa voz que llama desde lejos, esa sensación de estar dentro de las cosas, que la literatura por regla general no da.

José Saramago, 1983

En el año 1975, yo era director adjunto de un periódico importante, cuando vino un contragolpe militar, de derecha. Como tantos otros, yo estaba muy comprometido con la revolución popular y, por supuesto, me quedé sin trabajo. La posibilidad de encontrar uno nuevo era mínima, así que ni siquiera lo intenté. Había escrito unos cuantos libros, algunos de poesía, otros de crónicas... es decir, tenía libros, pero no tenía una obra. Tenía libros, pero no era un escritor. Y a esas alturas, ya iba yo por los cincuenta y tres años. Al perder el empleo pensé, si acaso consigo uno nuevo, voy a caer en la rutina de entrar a las nueve, salir a las seis, escribir sólo en los fines de semana... Y me dije: no. No voy a buscar ningún trabajo. Voy a intentar ser lo que siempre he querido ser, un escritor. Entonces me decidí a dar un salto en la oscuridad, sin saber en realidad qué me esperaba... Ese, al menos como escritor, ha sido el momento definitivo de mi vida.

José Saramago, 2006

1970 **En** febrero, se casa su hija, Violante.

Se divorcia de Ilda Reis y se traslada a Lisboa, tras quince años viviendo en Parede.

En mayo, recibe de la editorial Libros Horizonte su primer pago en concepto de derechos de autor, por la edición de *Probablemente alegría* [*Provavelmente Alegria*], publicado a comienzos de año.

Recorre diversas ciudades de Italia: Florencia, Pisa, Siena, Venecia... Deja testimonio de sus impresiones en algunas de las crónicas recogidas en *El equipaje del viajero*.

José Saramago con su hija Violante el día de la boda de ésta, Lisboa, 8 de febrero de 1970.
Archivo Violante Saramago Matos

Portada de la primera edición de *De este mundo y del otro*, Lisboa, Editorial Arcádia, 1971

Inicia una relación de convivencia con la escritora, cronista y traductora Isabel da Nóbrega (1925) —pseudónimo de Maria Isabel Bastos Gonçalves—, que durará hasta 1986.

1971 **Bajo** el título *De este mundo y del otro*, en un libro editado por Arcádia en enero dentro de su colección Biblioteca Arcádia de bolsillo, reúne sesenta y una crónicas publicadas inicialmente en el diario *A Capital* (entre mayo de 1968 y agosto de 1969) —en las secciones "Calle arriba, calle abajo" y "De este mundo y del otro"—, cuyo suplemento *A Semana* coordinó. Caminho lo reeditará en 1985.

Los textos tratan de "hechos corrientes, de lo cotidiano, pero también se recurre a la memoria, cosas de infancia", en palabras del propio autor, quien, una vez agrupados los textos, le remitió el libro a Fernando Namora: "Pasado poco tiempo, recibo una carta en la que él me dice una cosa inesperada: que aquel libro, si yo hubiese hecho unas cuantas conexiones, podía haber sido una novela; que aquellos textos, ordenados como estaban, contenían ya, en cierta manera, una construcción ficcional. ¡Me quedé perplejo! Nunca olvidé la generosidad de un hombre como Fernando Namora. La generosidad de alguien que era una gran figura en aquella época […] y se aparta de sus ocupaciones para escribirle aquello a alguien sin obra hecha".

En una entrevista concedida a *O Diário* (Lisboa) en mayo de 1980, valorará la singularidad y el alcance del género, que coloca en el ámbito de lo circunstancial: "Pienso que [la crónica] tiene exigencias muy particulares, entre las cuales destacan una secreta carga poética y la posibilidad de ser rápidamente entendida y descifrada por quien la lee. Por ello, se convierte en un magnífico entrenamiento para el escritor, incluso por la posibilidad que le ofrece de provocar la mayor sensación con los mínimos trazos […] Todo lo que he escrito debe mucho a lo circunstancial y, desde ese punto de vista, mi colaboración en los periódicos ha sido importante".

En efecto, en diferentes momentos, ha señalado el valor de las crónicas literarias y la significación que proyectan sobre su obra futura. En 1997, apuntaría: "Las crónicas dicen todo (y probablemente más que la obra que vino más tarde), lo que soy como persona, como sensibilidad, como percepción de las cosas, como entendimiento del mundo: todo esto está en las crónicas". En sus páginas, brilla el talento del escritor, su capacidad para elevar las experiencias y las cosas pequeñas a mundos de emoción profunda. Contienen el perfil de su universo íntimo, de sus querencias y afinidades electivas, así como los lugares privilegiados de su memoria.

De este mundo y del otro ha sido traducido al catalán, español e italiano.

Continúa publicando crónicas en los periódicos *A Capital* y *Jornal do Fundão* y mantiene viva la sección "De este mundo y del otro".

A finales de octubre, hace un viaje a Londres donde permanece una semana. Visita diversos museos.

Abandona la editorial Estúdios Cor a finales de año. En carta a Jorge de Sena de 29 de noviembre de 1971, le expresa las razones de su ruptura: "Explicar los motivos por los que ha sucedido esto sería muy largo, y usted tiene, con seguridad, más cosas en las que pensar. Pero diré que mientras recientemente estaba de vacaciones entraron nuevos socios en la firma; y que el grupo financiero que tomó posición impuso la entrada de otro director literario, la Sra. Dña. Natália Correia; y que los dos antiguos socios, Srs. Canhão y Correia, aceptaron todas las condiciones impuestas a cambio de un plato de habichuelas; y todo esto se hizo sin consultarme; y doce años de trabajo y de sacrificios no pesaron nada, ni siquiera en la conciencia; y no tuve otro remedio, por una cuestión de limpieza moral, que abandonar; y la mierda continúa".

os homens se retiram, o 2º. actor aparece com uma tira de adesivo ainda mais larga.
    1º. actor (indignado) - Eu pedi que o ajudassem!...
    2º. actor (encolhendo os ombros) - ...
    1º. actor (aflito) - Ninguém nos ajuda? (tom de desespero) - Mas eu preciso dele!...
    Na plateia discute-se. Formam-se grupos. Dois rapazes precipitam-se para o palco, mas são violentamente arrastados para fora do teatro. O 1º. actor conseguiu descolar uma ponta do adesivo e puxa-a com todas as forças. Pouco a pouco, faz-se silêncio na sala. O 1º. actor aproxima-se, indeciso, do 2º. actor. Faz um gesto de auxílio, mas logo retira a mão. O 2º. actor escorrega, cai no chão, e ali, a torcer-se todo, luta com o adesivo. O público levanta-se. Alguns espectadores mais sensíveis retiram-se. O pano de fundo escurece lentamente. Todos os projectores da sala focam agora o 2º. actor. O silêncio é total. Num último esforço, o 2º. actor arranca o adesivo. O 1º. actor recua, assustado. Enquanto o 2º. actor se levanta, devagar, o fundo volta a iluminar-se. É uma tela branca, irradiante. O 2º. actor está de pé, abalado por uma longa vertigem.
    2º. actor (abrindo e fechando a boca como se falasse) - ...
    1º. actor - Fala!
    Vozes na plateia - Cala-te!
    Vozes na plateia - Fala!
    2º. actor (num grito estrangulado) - Pátria!
    Nos bastidores soa outra vez o gongo. Acabou a peça?

JOSÉ SARAMAGO

El diálogo, obra de teatro en un acto, inédita, *c.* 1972.
Archivo Fundación José Saramago

PARA O ESTUDO DA SITUAÇÃO DA CULTURA E DA INFORMAÇÃO EM PORTUGAL
Tese apresentada ao III Congresso da Oposição Democrática

CONCLUSÕES SUMÁRIAS:

- Denunciar por todas as maneiras os processos de repressão intelectual de que o regime tem feito uso sistemático;

- Desmistificar o tipo de cultura preconizada pelo regime, mostrando a sua inadequação aos reais interesses e necessidades do povo português;

- Impedir que passem em claro os atropelos cometidos e a cometer contra a liberdade de expressão e de comunicação, entendida como direito comum a todos os cidadãos;

- Lutar pela cultura do povo contra aquilo a que o regime chama cultura popular;

- Afirmar em todas as circunstâncias, ocasiões e lugares que o povo português tem sido privado das condições mínimas que lhe permitiriam progredir e prosperar em todos os campos de conhecimento e de actividade, e particularmente no domínio de uma cultura ao mesmo tempo nacional e universal;

- Os trabalhadores intelectuais democratas têm o estrito dever de se congregarem por todos os meios, constituindo uma frente unida contra a repressão da inteligência, contra a compressão do pensamento, e não esquecendo nunca que esse esforço, para vingar, terá de ser conduzido em articulação directa com o povo, onde se incluem as minorias relativamente informadas, mas onde avultam, sobretudo, as grandes massas trabalhadoras, alvo principal dos métodos obscurantistas do regime.

José Saramago

Tema geral: EDUCAÇÃO, CULTURA E JUVENTUDE
Sector: Informação e cultura

Rua da Esperança, 76-4º.
Lisboa 2

Conclusiones de la ponencia "Para el estudio de la situación de la cultura y de la información en Portugal", presentada por José Saramago en el III Congreso de Oposición Democrática, Lisboa, febrero, 1973. Archivo Fundación José Saramago

Unos días antes, el 11 de noviembre, había escrito a Nataniel Costa contándole lo sucedido y añadiendo, con satisfacción: "Desgraciadamente para ellos, nací con un testículo suplementario, y me fui. Sorpresa general, expresiones de estima, que podría ganar más, sólo ocupándome de la producción, con menos trabajo, etc. Después […] que yo dirigiría las colecciones de tipo ensayístico y doña Natália sólo la ficción. Y por fin, como quien se tira al agua, la pregunta fatal: qué condiciones ponía para quedarme. Respuesta: ninguna, porque no me quedo. Tuve la satisfacción de decirles a estos señores, durante cinco horas, lo que pienso de ellos. Y ahora, si de aquí a entonces no consigo trabajo, comenzaré el año de cero, sin medios ni reservas. Una hermosa perspectiva… Pero le digo, Nataniel, que hay algo de tonificante en la situación. La mierda ya empezaba a llegarme al cuello. Acuérdese de mí en sus oraciones…".

Durante este decenio, escribirá comunicaciones y ponencias políticas que defiende en congresos de la oposición democrática en Portugal o del PCP: "Del encubrimiento de la cultura y de la cultura encubierta" ["Da Sonegação da Cultura e da Cultura Sonegada"], de principios de los 70, un texto sobre la situación cultural portuguesa y de denuncia de la dictadura portuguesa; "Para el estudio de la situación de la cultura y de la información en Portugal" ["Para o Estudo da Situação da Cultura e da Informação em Portugal"], febrero de 1973, presentada en el III Congreso de Oposición Democrática; "Los intelectuales en el partido y el lenguaje del partido" ["Os Intelectuais no Partido e a Linguagem do Partido"], *c.* 1976, enviada al partido comunista como comentario a un texto sobre política cultural de la propia organización...

1972 Publica numerosas crónicas en *Jornal do Fundão*.

Trabaja como editorialista en *Diário de Lisboa,* recomendado por José Cardoso Pires. Siempre ha valorado positivamente su paso por los periódicos: "Me enseñó a escribir 99 palabras cuando eran necesarias 99 palabras", declarará en 2001; aunque en ningún momento se ha considerado periodista. En diversas ocasiones, ha reflexionado sobre esa circunstancia de su vida. *Jornal de Letras* recogía estas manifestaciones suyas en 1997: "Nunca fui verdaderamente un periodista [...] En el *Diário de Lisboa* mi función era la de editorialista, nunca hice nada más, a no ser, durante algunos meses, en 1972, coordinar el suplemento literario, cuando salió Vítor da Silva Tavares, que parece que trabajaba con Nelson de Matos. Al *Diário de Notícias* entré para ser director adjunto. En cualquier caso, trabajé en periódicos, respiré esa atmósfera que hoy ya es electrónica…".

Viaja a Holanda en octubre.

Nace su primera nieta, Ana, en febrero.

A comienzos de esta década, escribe probablemente la breve obra de teatro *El diálogo* [*O Diálogo*].

Aparecen tres obras vertidas al portugués por Saramago: *Los paraísos artificiales* [*Paraísos Artificiais*], de Charles Baudelaire (Estampa); *Civilización griega* [*Civilização Grega*] (vol. III: *De Eurípides a Alejandría* [*De Eurípedes a Alexandria*]), de André Bonnard (Estúdios Cor); y *A Meta*, de Yves Gibeau (Círculo de Leitores).

1973 Continúa como editorialista en *Diário de Lisboa* hasta los últimos meses del año: "Salí del periódico a finales de 1973 porque, como editorialista, tuve mis problemas con la censura".

Estúdios Cor edita el cuento *El embargo* [*O Embargo*], más tarde incluido en *Casi un objeto* [*Objecto Quase*].

Futura publica *El equipaje del viajero*, segundo volumen de crónicas literarias impresas en los diarios *A Capital* (1969) y *Jornal do Fundão* (1971-72), de entre las cuales recoge cincuenta y nueve. En 1986, Caminho hará una segunda edición.

A propósito de esta compilación, declararía en 1980: "*El equipaje* [*del viajero*] es un libro escrito semana a semana, crónica tras crónica, pequeño sis-

Portada de la primera edición de
El embargo, Lisboa,
Editorial Estúdios Cor, 1973.

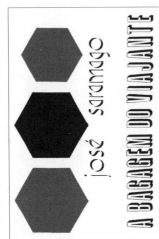

Portada de la primera edición de *El equipaje del viajero*, Lisboa, Editorial Futura, 1973.

Crónica censurada de Saramago, Lisboa, 1974.
Archivo Fundación José Saramago

mógrafo atento a los acontecimientos de fuera y a los recuerdos de dentro". Más tarde, en 1998, se referiría a sus dos colecciones de entregas periodísticas, subrayando su alcance: "...suelo decir que si alguien quiere entender con claridad lo que estoy haciendo ahora, tiene que leer aquellas crónicas de los años setenta. Son las cosas que estaba publicando entonces, reunidas en dos volúmenes: *El equipaje del viajero* y *De este mundo y del otro*. No quiero decir que ellas contengan lo que soy ahora, pero hay que leerlas para entender que el escritor que soy ahora no es algo rarísimo que nació sin saber cómo, sino que ya tenía raíces lejanas".

El equipaje del viajero está traducido al español —también con el título *Las maletas del viajero*— y al italiano.

Viaja a España.

Dirige el suplemento literario de *Diário de Lisboa*.

Toma las primeras notas para el futuro *Manual de pintura y caligrafía* [*Manual de Pintura e Caligrafia*].

Página manuscrita del libro de poesía *El año de 1993*, 1974.
Archivo Fundación José Saramago

Carné de José Saramago, con el n° 96, como miembro de la
Asociación Portuguesa de Escritores, emitido en Lisboa
el 18 de abril de 1974.
Archivo Fundación José Saramago

1974 **Tras** abandonar *Diário de Lisboa*, participa en un proyecto fallido de creación de un medio de comunicación capitalino: "Todavía después [de abandonar el *Diário*] estuve en un periódico que terminó por no salir —era del hombre de la CUF—, en el que Mário Ventura también estaba implicado. Hasta se hizo un número cero, pero no pasó de eso, y quedamos todos sin empleo".

Colabora episódicamente con la revista *Arquitectura*.

Viaja a España en febrero.

El 17 de marzo, un día después del levantamiento de Caldas da Rainha, comienza a escribir *El año de 1993* [*O Ano de 1993*]. Compone el primero de los treinta poemas e interrumpe el libro tras los sucesos revolucionarios del 25 de abril, retomándolo más tarde: "Comencé a escribir *El año de 1993* antes del 25 de Abril, precisamente en el día de la intentona militar de Caldas da Rainha. Fue la desesperación la que me puso a escribir. Después llegó la Revolución, y el libro parecía que había perdido su sentido. Si, como se decía, el fascismo estaba muerto, ¿para qué seguir hablando de dominadores y dominados? Hoy sabemos

En una manifestación de la Asociación Portuguesa de Escritores en los días siguientes a la Revolución del 25 de Abril, Lisboa, 1974. Archivo Fundación José Saramago

que el fascismo está vivo, y yo cumplí con mi deber publicando el libro en febrero de 1975, cuando todavía no habíamos vivido las horas más bellas y exultantes de la Revolución...".

Se afilia a la Asociación Portuguesa de Escritores (APE) el 18 de abril. A lo largo de la segunda mitad de este decenio y en los primeros ochenta, se implicará en las actividades de la Asociación y en la reclamación de un estatuto profesional para los autores de su país.

Saramago en la primera conmemoración del 1.º de Mayo organizada por el Partido Comunista Portugués después de la Revolución de los Claveles, Azinhaga, 1974. Foto Lucas.
Archivo Fundación José Saramago

Pasada la medianoche del 24 de abril, una hija de Augusto Costa Dias le llama por teléfono para avisarle de que la revolución estaba en la calle. Saramago acababa de regresar de España el día antes, por el aeropuerto, tras haber abandonado Portugal el 21 en un vuelo a Madrid. Transcurridos los años, con ocasión del vigésimo aniversario del 25 de Abril, declarará en una entrevista publicada por *Expresso*: "En ese mes dormí algunas noches en casas de amigos no señalados por el régimen. Varios camaradas míos habían sido presos, mi turno podía no tardar. Pasé unos días en Madrid, pero como la policía no se 'manifestó' regresé a Lisboa. Supe después que mi prisión estaba marcada para el día 29…".

Escribe el editorial del primer número libre de la revista *Seara Nova*, aparecido tras la Revolución.

Coordina un equipo del Fundo do Apoio aos Organismos Juveniles (FAOJ), dependiente del Ministerio de Educación.

Colabora como asesor del Ministerio de Comunicación Social.

En la colección Cadernos Seara Nova, Futura edita su primer volumen de crónicas políticas, *Las opiniones que tuve en DL* [*As Opiniões que o DL Teve*], donde recoge cronológicamente ochenta y ocho editoriales, seleccionados de entre los que publicó en *Diário de Lisboa,* sin firmar, en 1972 y 1973, coincidiendo con el fin del "marcelismo".

Deja fuera del libro aquellos más circunstanciales y añade algunos redactados entonces que no vieron la luz debido a la censura. En el prefacio que antepuso a la primera edición, expresa su satisfacción "por el mérito de un trabajo de intervención política (cívica, para no caer en la exageración) que ocupó un lugar digno en el proceso de esclarecimiento en que estamos empeñados".

Participa en el VII Congreso (extraordinario) del Partido Comunista Portugués celebrado en Lisboa el 20 de octubre, en el que el PCP retira de su programa la dictadura del proletariado.

Viaja a Francia en noviembre.

José Saramago, *c*. 1974. Archivo Fundación José Saramago

Interrogado sobre el significado que tuvo para él, como autor, el 25 de Abril, declararía en una entrevista concedida en 2002: "Poder, por fin, escribir libremente. Poder, por fin, escribir con claridad. Poder poner todo en cada palabra escrita. Poder comenzar, aunque fuera en edad tardía, el paciente aprendizaje de los errores y de las verdades, a la luz de trabajos nuevos, de nuevas exigencias, de luchas de las que ignorábamos casi todo. Y aceptar también un tiempo de silencio interior, para procurar percibir el nuevo sentido de la sociedad portuguesa y del hombre portugués".

1975 **Sale** a la calle su libro de poemas *El año de 1993* en marzo, editado por Futura cuyas pruebas ha corregido el 21 de febrero. Se trata de un texto experimental, en el que la fabulación "futurista" y la indagación formal, aliadas, en este caso, con el compromiso social y político, inician el periodo de transición de su escritura. Un tramo éste que, a lo largo de la segunda mitad de los setenta, se completará con otras dos obras fundamentales, *Manual de pintura y caligrafía* (1976) y *Casi un objeto* (1978), ineludibles si se quiere comprender la original y exigente personalidad literaria del autor de éxito que irrumpirá con *Levantado del suelo* [*Levantado do Chão*] en 1980.

Mediante un discurso narrativo alegórico, discontinuo e impregnado de trazas surrealistas, Saramago construye el *collage* de una acción popular dirigida a recuperar una ciudad del futuro (1993) en decadencia ocupada por un ejército.

El año de 1993 expresa "la angustia, el miedo y también la desesperanza de un pueblo que vive bajo la ocupación, primero resignada y sumisa, después, poco a poco, organizando la resistencia hasta la batalla final y el nuevo comienzo de la vida, pagada con el precio de mil muertes", según comenta el propio autor en el prefacio que, en 1993, escribió para la edición italiana de la obra, aparecida en 1997. Y añadía: "Coloqué en el futuro a ese pueblo de un país no nombrado —imagen de cuantos vivieron y viven bajo el dominio y el vejamen de otro país poderoso—, pensando por ventura que estaría describiendo los últimos sufrimientos de una humanidad que por fin iba a comenzar el lento aprendizaje de la felicidad y de la alegría, sabiendo ahora que nada de nosotros quedará debajo de la sombra que vamos proyectando en el suelo que pisamos".

Carné de José Saramago como director-adjunto de *Diário de Notícias*, emitido en Lisboa el 28 de mayo de 1975.
Archivo Fundación José Saramago

La obra está traducida al español, francés e italiano.

En 1987, Caminho lo reeditará con ilustraciones de Graça Morais, y, en abril de 2007, lanzará una nueva edición con dibujos de Rogério Ribeiro.

El 9 de abril, lo nombran director adjunto de *Diário de Notícias*, entonces nacionalizado, cuyo responsable es Luís de Barros. Su propósito es el de convertir el periódico en un "instrumento, en las manos del pueblo portugués, para la construcción del socialismo". Asume el papel de "periodista revolucionario". Sus textos se publican en portada, sin firma, en la sección "Apuntes" ["Apontamentos"] expresando la línea editorial del diario, convergente con el gobierno de Vasco Gonçalves y el PCP. El 27 de agosto, son despedidos 22 periodistas como consecuencia de las protestas internas conocidas como el "Manifiesto de los 24". El suceso provocará una honda polémica.

Tras el *verano caliente*, es acusado de radicalismo marxista y de favorecer la expulsión del periódico de más de una veintena de periodistas críticos con la dirección y la línea ideológica de *Diário de Notícias*. Vive un polémico episodio de crisis, paralelo a la evolución política moderada de la Revolución a partir del 25 de Noviembre —para algunos sectores, involución revolucionaria—, que le aparta del periódico, sin ni siquiera recibir posteriormente el apoyo del PCP.

"Diario de Noticias"
15/4/75

Apontamentos
A novidade da Revolução

"La novedad de la Revolución" crónica publicada en *Diário de Notícias*, Lisboa, 15 de abril de 1975. Fue incluida en el libro *Los apuntes*, 1976. Archivo Fundación José Saramago

Almuerzo con los periodistas de *Diário de Notícias*, Lisboa, 1975. Archivo Fundación José Saramago

Saramago recordará en las páginas de *Extra* en 1978: "Desde el 25 de Noviembre, fecha en que fui clasificado como contrarrevolucionario por el Consejo de la Revolución, vivo de traducciones". Dos décadas más tarde, en 1999, explicaría su visión de lo ocurrido en las páginas de *Jornal de Letras*, procurando aclarar el episodio: "La historia de *Diário de Notícias* es una de las muchas historias mal contadas de este país. Voy a intentar contarla, con la pretensión de que, finalmente, quede bien contada, aunque sin gran esperanza de que ocurra. Estamos en el 75, soy director adjunto, el director, Luís de Barros, está de vacaciones, soy yo quien conduce el periódico. (Hay que decir que en aquellos momentos algunos periodistas habían sido despedidos. Curiosamente sin que nunca el director adjunto hubiera tenido intervención alguna.) Una tarde me entran al despacho tres o cuatro periodistas (no me acuerdo de quiénes). Traían un papel firmado por treinta periodistas (y no sólo periodistas), en que se expresaba su desacuerdo con la orientación del diario. Como denuncia y protesta, se exigía la publicación de ese papel en la edición del día siguiente. Lo leí,

Manuscrito de "Primer y segundo poema de los muertos",
22 de febrero de 1975. Archivo Fundación José Saramago

dije que no estaba de acuerdo ni me parecía que existiesen razones ('Vivimos en el tiempo que vivimos, el periódico tiene esta línea, está al lado de la Revolución'). Añadí: 'No voy a decir que esto no se publica, sólo les recuerdo que en esta casa hay una entidad que está por encima de la dirección y en cierto modo también por encima de la administración y que se llama Consejo General de Trabajadores-CGT' (eran tiempos en que estas cosas existían). 'Voy, por consiguiente, a llamar a los responsables del CGT para que el Consejo se reúna hoy y, si cree conveniente que esto debe de ser publicado, se publicará'. Se fueron, llamé a los responsables del CGT, les conté lo que estaba pasando y les pedí que convocasen a todo el mundo para la medianoche o algo así. A esa hora, me avisaron de arriba, ya estaba todo el mundo, fui, llevé el papel, lo leí, di mi opinión (lo que era normal), y bajé a mi despacho a la espera de las conclusiones del debate, en el que no participé. Cuando aquello terminó, los mismos responsables del CGT vinieron a comunicarme que habían decidido suspender no a los treinta, porque ya eran veintitrés, y habían recomendado a la administración que les abriera procesos disciplinarios. Éste fue el crimen practicado por el director adjunto de *Diário de Notícias*, José Saramago".

Publica en *Diário de Notícias* —Suplemento "Artes e Letras"— el "Primer y segundo poema de los muertos" ["Primeiro e Segundo Poema dos Mortos"] el día 31 de julio de 1975. El texto poético había sido escrito el 22 de febrero.

Dice así: "1 Los hombres son mortales pero no se puede tener la certeza de que todos lo sean sólo aquellos a quienes se les ve morir delante de nuestros ojos / Quién puede saber si dentro del ataúd cerrado está el cuerpo todavía o por el contrario desapareció dejando solo su peso / Tal vez los hombres sean mortales porque en verdad son muchos los que no volvemos a ver y la muerte en tales casos será convengámoslo una razonable probabilidad / Pero muchos otros la mayoría son probablemente inmortales porque están ya vivos cuando los vemos la primera vez / Y así continuarán en otros lugares si dejan de habitar éste / Además no sería concebible otro modo de que los hombres consiguieran estar en cualquier parte como las flores que durante una sola mañana se abren en una llanura / O un bando de aves migratorias repartiendo el cielo sobre el mundo o un veloz y reluciente cardumen de peces que remueve el océano benevolente / Un día los hombres serán inmortales pero no podrá comprobarse hasta que la Tierra se acabe y quizás ni siquiera entonces / Porque los hombres podrán haber desaparecido de ella sin más dejando solamente la memoria como el peso en un ataúd vacío // 2 Hoy tembló la tierra porque los muertos se dieron la vuelta hacia el lado derecho para aliviar su corazón / Es una sacudida diferente de otras que parecería más el suspiro de un cuerpo adormecido que apenas se da la vuelta y fácilmente olvida / Y es también un movimiento tan semejante al de la vida que en los sismógrafos el registro cambia de color y el trazo es como una hebra de sangre / Sin embargo los vivos huyen asustados a la calle y no entienden los cambios y piensan que cualquier sacudida es terremoto o cataclismo / Los muertos enterrados a menos de dos metros de la superficie desahogan su corazón en cuanto escuchan el jadeo del núcleo ígneo de la Tierra / Sonríen sabios a medida que se aleja el rumor de los pies que huyen porque siempre regresan a la palabra interrumpida". [Traducción: Fernando Gómez Aguilera]

[1 Os homens são mortais mas não se pode ter a certeza de que todo o sejam só aqueles que são vistos morrer diante dos nossos olhos / Quem vai saber se dentro do caixão fechado o corpo está ainda ou pelo contrário se ausentou deixando apenas o peso / Os homens são talvez mortais porque em verdade são muitos os que não voltamos a ver e a morte em tais casos será convenhamos uma razoável probabilidade / Mas muitos outros a maiora são provavelmente imortais porque vêm já vivos quando os vemos pela primeira vez / E assim continuarão noutros lugares se neste não habitam mais / Aliás nem seria concebível outro modo de conseguirem estar os homens em toda a parte como as flores numa planície que em uma só manhã se abrem / Ou um bando de aves migradoras repartindo o céu sobre o mundo ou um rápido e rebrilhante cardume de peixes que remexe o oceano benevolente / Os homens serão imortais um dia mas a prova não se fará antes de a Terra se acabar e mesmo assim / Porque poderão os homens ter-se ausentado dela sem mais deixando somente a memória como o peso num caixão vazio // 2 Hoje a terra tremeu porque os mortos se voltarem sobre o lado direito para aliviarem o coração / É um abalo diferente dos outros que mais se julgaria o suspiro de um corpo adormecido que rola um pouco e fácilmente esquece / E é também um movimento tão igual ao da vida que nos sismógrafos o registo muda de cor e o traço é como um fio de sangue / Porém os vivos fogem medrosos para a rua e não entendem as mudanças e pensam que todo abalo é terremoto o cataclismo / Os mortos enterrados a menos de dois metros da superfície desafogam o coração enquanto escutam o arfar do núcleo ígneo da Terra / Sorrindo sabios conforme se afasta o rumor dos pes que fogem porque sempre voltam a palavra interrompida].

En septiembre, viaja a Grecia, vía España.

En la manifestación de apoyo al Partido Comunista Portugués durante la primera campaña electoral posterior a la Revolución del 25 de Abril de 1974, Lisboa, 1975.
Archivo Fundación José Saramago

Se queda sin empleo y abandona el periódico como consecuencia de los sucesos del 25 de Noviembre y el desalojo del PCP del poder. Años más tarde, en 1986, recordaría ese momento que va a determinar su futuro: "Muchas veces me interrogo acerca de lo que habría sido mi vida si no se hubiera producido el 25 de Noviembre. Es verdad que a esa altura ya había escrito algunos libros, pero, con esos, no ocuparía ningún espacio en los manuales de literatura. Tampoco sé bien qué espacio ocuparé con estos… Pero hubo algo decisivo, y fue la situación en que me encontré de repente, sin empleo ni esperanza de conseguirlo. El *verano caliente* de 1975 me había quemado totalmente. Entonces tomé la gran decisión, que no fue una decisión dramática, 'o escribes ahora o decides ya que nunca serás escritor'".

Como él mismo reconocerá con el paso del tiempo, toma, en efecto, una de las decisiones cruciales de su vida: no buscar trabajo y dedicarse exclusivamente a escribir. Nunca perdió la conciencia de ese giro radical, asumido con plena responsabilidad cuando su país comenzaba a sufrir profundas transformaciones. Es el momento en que nace el escritor que será. En una entrevista concedida en 1998, declarará: "Si supiéramos que íbamos a tener una vida larga, tal vez valiese la pena reservar para el tramo final aquello que realmente debemos hacer. Es la circunstancia en que nos encontramos la que nos obliga a decidir, y, en este sentido, hay dos momentos importantísimos en mi vida. Uno es la aparición de Pilar. Fue un mundo nuevo el que se abrió. El otro fue en 1975, cuando era director adjunto de *Diário de Notícias* y, a causa de un movimiento que se puede denominar como contragolpe [político], fui puesto en la calle. En el día 25 de noviembre de 1975, nos encontramos, impulsada por una parte de los militares, una intervención que suspende el curso de la revolución [la llamada Revolución de los Claveles, que el 25 de abril de 1974 puso fin a 48 años de dictadura salazarista] tal y como se venía desarrollando, acción que pone freno a lo que iba a ser un movimiento popular. Fue la primera señal de que Portugal iba a entrar en la 'normalidad'. El periódico pertenecía al Estado y los responsables, entonces, cesaron a la redacción y a la administración. Y es ahí cuando tomo la decisión de no buscar trabajo. Tenía muchos enemigos y no era fácil encontrar trabajo. Pero ni siquiera lo intenté".

Con la nueva situación, que le acarreará enojosas dificultades para sobrevivir, consigue sus únicos ingresos publicando artículos en la prensa y, sobre todo, ejerciendo como traductor, cuya labor intensifica a partir de este año, vertiendo al portugués, entre 1976 y 1979, en torno a 25 obras, no pocas de ellas títulos de carácter político, escritas por autores como Frémontier, Jivkov, Moskovichov, Pranov, Fajon, Grisnoni, Poulantzas, Lazutkine, Hegel… Asimismo, traducirá libros de filosofía y estética, obras de literatura, estudios de psicología o pedagogía, algunos de ellos de indudable relevancia bibliográfica como *Historia de la Estética*, de Raymond Bayer o *Arte de Occidente*, de Henri Focillon, títulos que se suman a traducciones anteriores suyas tan relevantes como *Los paraísos artificiales*, de Charles Baudelaire; *Ana Karenina*, de León Tolstoi; *Civilización griega*, de André Bonnard; o *Panorama de las artes plásticas contemporáneas*, de Jean Cassou. En unas declaraciones a *O Diário*, en 1980, reconocería que, desde diciembre de 1975 hasta entonces, había traducido cerca de diez mil páginas: "Fueron éstas las que me sirvieron de almuerzo y cena. Quien quiera vivir de lo que escribe tiene que tener una disciplina de hierro. El trabajo de traductor es desgastante, frustrante. La capacidad de realizarlo, a la vez que de la obra propia, depende de la disciplina y de la salud. La traducción, como fórmula de supervivencia del escritor profesional, es una especie de trabajo con taxímetro".

Las traducciones le sirven para sobrevivir, aunque sea difícilmente, mientras se centra en la literatura, hacia donde vuelca su vida. En 2009, recapitulará en una amplia entrevista: "Pienso que lo que en tan poco tiempo —desde 1980, o desde 1977 si quisiéramos partir de *Manual de pintura y caligrafía*, o sea, treinta años— me llevó a escribir eso que, entre comillas, he llamado mi obra fue esa dedicación. No llamo obra solamente a lo que escribí, sino también a todos los libros que traduje. No sé cuántos, pero fueron varias docenas porque por entonces un libro, aunque lo publicase y me sintiera muy satisfecho, no me daba para vivir. De lo que vivía era de las traducciones y fueron diez años, o algo similar, en los que trabajé mucho, mucho, mucho. En ocasiones, me gustaba lo que traducía y en otras, no. Había libros que efectivamente eran interesantes, como la *Historia de la Estética*, de Bayer… o *Panorama de las Artes Plásticas*, de Jean Cassou, quien me escribió una carta muy simpática […] y unos cuantos más. El de André Bonnard sobre Grecia, que, de hecho, es una obra admirable; otros, por ejemplo, de Colette, cuyo estilo es de los más perfectos y acabados que nunca ha tenido Francia. En fin, había unos cuantos muy buenos mientras que otros eran simplemente comestibles, nada más".

Reflexionando sobre su vinculación con el periodismo, manifestaría en unas declaraciones a *Diário de Lisboa* en 1980: "En rigor, no soy periodista. Nunca lo he sido. No es periodista un hombre que no ha pasado por los meandros, por los rudimentos de la profesión, por los tribunales, por la policía, por el reportaje de calle, por la entrevista, por la rutina frustrante, por la excitación de sacar una noticia antes que la competencia. Llegué al periodismo por la puerta de la administración, invitado para ejercer función de opinante, en el caso de *Diário de Lisboa*, y de director adjunto del *Diário de Notícias*, con el añadido de la función de editorialista. Con esto no se hace

Saramago durante los preparativos de la primera fiesta del *Avante!*, organizada después de la Revolución del 25 de Abril, Lisboa, 1975. Archivo Fundación José Saramago

un periodista, incluso habiéndome, como lo hice, esforzado en entender los claros y oscuros de una profesión llena de añagazas". En efecto, su proximidad a los periódicos durante los años sesenta y setenta será como articulista, coordinador de páginas culturales, editorialista o directivo, pero nunca como periodista propiamente dicho.

Milita activamente en el PCP, participando en las reuniones de organización habituales del partido. Colabora en los preparativos de la primera fiesta del *Avante!*

Forma parte del Movimiento Unitario de Trabajadores Intelectuales para la Defensa de la Revolución (MUTI).

Mantiene una estrecha relación con la Asociación Portuguesa de Escritores (APE).

1976 **En** los cuatro primeros meses del año, traduce *A Agricultura Búlgara na Época Actual*, de Ivan Pramov (Estampa, 1976); las setecientas páginas de *Lénine, a Arte e a Revolução*, de Jean-Michel Palmier (Moraes, 1976); y *A Unidade Popular na Luta pelo Socialismo* (Estampa, 1976), primer volumen de las *Obras Escolhidas*, de Todor Jivkov, con prefacio de Álvaro Cunhal, cuyo tercer y cuarto tomo, *Trabalho e Economia, Progresso e Bem-estar* y *O Partido Comunista na Sociedade Socialista*, aparecerán en 1979 y 1980, respectivamente —el segundo, *Uma Política de Unidade ao Serviço da Paz*, no fue traducido por Saramago, sino por H. Silva Letra, en 1977—.

Portada de la primera edición de *Los apuntes*, Lisboa, Seara Nova, 1976

Hace una recopilación de noventa y seis crónicas políticas escritas en *Diário de Notícias,* entre el 14 de abril y el 24 de noviembre de 1975 —excepto el artículo "El socialismo" ["O Socialismo"], que no vio la luz entonces—, que da a la imprenta con el título de *Los apuntes* [*Os Apontamentos*]. Inicialmente, lo denominó *Avenida de Liberdade, 226,* dirección de la redacción del periódico. El libro, publicado por Futura-Seara Nova, se distribuye a finales de enero.

Participa en un coloquio sobre la información en la Facultad de Letras de la Universidad de Lisboa a mediados de febrero. Dos semanas más tarde, intervendrá en una mesa redonda organizada por Seara Nova.

A partir de mediados de mayo, vierte al portugués las siguientes obras: *Portugal: os Pontos nos ii*, de Jacques Frémontier (Moraes, 1976); *A Escola e a Sociedade* (Estampa, 1977); *O Sistema de Organização e Gestão Socialista. Análise Crítica das Teorias Capitalistas de Gestão*, de Germain Guichiani (Moraes, 1977); *Los dominios de la Psicología* [*A Psicologia e os seus Domínios: de Freud a Lacan*], de Michel Richard (Moraes, 1977, vol. I, y 1978, vol. II); *Políticas de la Filosofía* [*Políticas da Filosofia. Châtelet, Derrida, Foucault, Lyotard e Serres*], compilado por Dominique Grisoni (Moraes, 1977); y *Para uma Educação em Liberdade*, de Charles Maccio (Moraes, 1977).

Se implica activamente en la campaña del PCP los meses inmediatamente anteriores a la elección del primer presidente democrático de la República portuguesa. Los comicios se celebran el día 27 de junio, con la victoria de António Ramalho Eanes.

Interviene en el lanzamiento de *Escrita e Combate* el 10 de junio, un libro colectivo de escritores comunistas publicado por *Avante!*, órgano de comunicación impreso del PCP. De Saramago, se incluye el cuento "El embargo". Aparecen también textos, entre otros, de Armindo Rodrigues, Baptista-Bastos, Fernando Luso Soares, Maria Alzira Seixo, Maria Velho da Costa, Nelson de Matos y Urbano Tavares Rodrigues.

Participa en la Fiesta del PCP —*Festa do* Avante!— el 25 y el 26 de septiembre y continúa militando e interviniendo con asiduidad en el partido a lo largo de todo el año.

Un día más tarde, el 27, inicia la redacción del cuento "Cosas" ["Coisas"]. El 9 de noviembre, inicia "Silla" ["Cadeira"], concluido cinco jornadas después, coincidiendo prácticamente con las primeras elecciones municipales. El 21 del mismo mes, escribe el principio de "Centauro" ["Centauro"], que finaliza el 5 de diciembre. Seis días más tarde, empieza "Reflujo" ["Refluxo"], que deja en suspenso, para retomarlo el 6 de julio de 1977 y terminarlo al día siguiente. Estos cuatro relatos serán incluidos en el libro *Casi un objeto*, editado en 1978.

El 26 de agosto, cierra la escritura de la novela *Manual de pintura y caligrafía*, que entrega el 8 de septiembre a la editorial Moraes, después de haberla revisado. Se había puesto a reescribirla el 28 de mayo. Corrige las pruebas entre el 18 y el 26 de noviembre. Se publicará en diciembre. En su primera edición, sale con un subtítulo: *Ensayo de novela* [*Ensaio de Romance*], que desaparece en edi-

Portada de la primera edición de *Manual de pintura y caligrafía*, Lisboa, Editorial Moraes, 1976

ciones sucesivas. El autor concibe la obra, según declara a *Extra* en 1978, como "un balance, un recuento de glóbulos, un examen radiológico, una conciencia que se examina a sí misma". En ella "aborda las dudas e inquietudes de un pintor pequeño-burgués sobre el significado del arte". Se trata, a su juicio, de un libro de aprendizaje, y el "más autobiográfico, no por lo que tenga que ver con lo que le ocurre al pintor, que eso es todo pura imaginación, sino por las referencias, pequeñas notas, que, a lo largo del libro, se suceden a manera de *flash*, de iluminaciones".

En otra entrevista a *Diário Popular* ese mismo año, añade: "En *Manual de pintura y caligrafía* está presente esa misma profundidad y seriedad que reivindico. La difumina un poco la pequeña aventura intelectual y política del protagonista, pero lo fun-

Página del mecanoscrito de la novela *Manual de pintura y caligrafía*, 1976. Archivo Fundación José Saramago

damental del libro me parece que es el proceso de investigación textual en sentido amplio, hasta tal punto que el protagonista no puede dejar de leerse en el texto que él mismo es. Lo que yo pienso sólo puede ser hecho de una manera profunda, seria".

Manual de pintura y caligrafía ha sido traducido al alemán, español, francés, hebreo, hindi, inglés, italiano, ruso y turco.

Publica artículos en la revista *Seara Nova*.

Escribe la obra de teatro *Lección de botánica* [*A Lição de Botánica*].

Este año, serán editadas además las siguientes traducciones del escritor: *A União É um Combate: Textos e Documentos de Maurice Thorez, Waldeck Rochet e Georges Marchais*, de Étienne Fajon [compilador] (Moraes); *O Socialismo e a Riqueza*, de E. La-

Página del mecanoscrito de *Lección de botánica*, obra de teatro inédita en un acto, 1976. Archivo Fundación José Saramago

zutkine (Estampa) —vertida del español—; y *Teoria da Desideologização – Ilusões e Realidades (Ensayos Críticos sobre uma Concepção Burguesa em Voga)*, de C. Moskovichov (Estampa).

Según las anotaciones que constan en su agenda personal correspondiente a 1976, ve el siguiente cine: *Juegos nocturnos*, de May Zetterling (15.5.76); *Todo va bien*, de Jean-Luc Godard (14.6.76); *La Spirale*, de Armand Matellart, Valerie Mayoux y Jacqueline Meppiel (29.6.76); *Nathalie Granger*, de Marguerite Duras (23.7.76); *Os Demónios de Alcacerquibir*, de José Fonseca e Costa (29.7.76); *El viejo fusil*, de Robert Enrico (1.10.76); *Tarde de perros*, de Sydney Lumet (18.10.76); *La flauta mágica*, de Ingmar Bergman (27.11.76); y *La guerra ha terminado*, de Alain Resnais (10.12.76).

1977 **Sigue** implicado estrechamente en su militancia política. Asiste varias veces al mes a reuniones de célula y de secretariado del PCP, asambleas, encuentros con Álvaro Cunhal…

Cierra la traducción del libro de Étienne Balibar titulado *Sobre la dictadura del proletariado* [*Sobre a Ditadura do Proletariado*] el 7 de enero. Será editada por Moraes este mismo año.

Colabora activamente en la efímera Cooperativa Editorial Diabril (1975-1977), fundada por Orlando Neves y un grupo de intelectuales portugueses en febrero de 1975, a la que, además del propio Saramago, están vinculados, entre otros, Artur Maurício, Rui Pinheiro, Casimiro de Brito, Orlando Neves y Luso Soares.

Asiste con relativa frecuencia al teatro.

Se traslada al pueblo de Lavre, Montemor-o-Novo, el 19 de marzo. Allí convivirá con los trabajadores de la Unidad Colectiva de Produção Boa Esperanza para preparar su novela *Levantado del suelo*, que verá la luz en 1980. Permanecerá allí hasta el 2 de mayo. En una entrevista que le haría Ernesto Sampaio para las páginas de *Diário de Lisboa* en marzo de 1980, recordará cómo fueron los primeros pasos y la posterior experiencia: "Entonces tuvo lugar el contacto que establecí, a mediados de 1975, con la UCP [Unidad Colectiva de Producción]

Página del mecanoscrito del cuento "Silla", incluido en *Casi un objeto*, 1977. Archivo Fundación José Saramago

Buena Esperanza, de Lavre, con motivo de una entrega de libros a la biblioteca que ellos estaban organizando. Les escribí, pregunté si podía ir, cómo sería eso de comer y dormir, y si había un lugar donde trabajar, un espacio para la máquina de escribir. Ellos me respondieron: 'Venga'. Y yo fui. Estuve en Lavre, la primera vez, dos meses, después, con intervalos, unas cuantas semanas más, y cuando volví traía cerca de doscientas páginas con notas, sucesos, historias, también alguna Historia, imágenes e imaginaciones, episodios trágicos y burlescos o notas del cotidiano banal, acontecimientos diversos, en fin, la cosecha que siempre es posible recoger cuando nos ponemos a preguntar y nos disponemos a escuchar, sobre todo si no hay prisa. Anduve por Lavre, Montemor-o-Novo, Escoural, por lugares habitados y por otros descampados, pasé días enteros al aire libre, solo o acompañado de amigos, charlé con jóvenes y mayores, siempre con la misma actitud: preguntar y oír".

Durante marzo y abril, conversa, escucha historias y realiza numerosas entrevistas a campesinos de Lavre y Montemor-o-Novo —Silvestre António Catarro, Manuel Joaquim Pereira (Abelha), Joaquim Augusto Baladinho, João Machado, Herculano, Marina Amália Basuga, Elvira Basuga, João Basuga...—. Las transcribe meticulosamente y las emplea como material preparatorio de *Levantado del suelo*.

Viaja a París y ve abundante cine [*Casanova, Ferdinand le Radical, La Question...*] del 13 al 20 de mayo.

Traduce *La crisis del Estado* [*A Crise do Estado*], de Nico Poulantzas, entre el 29 de mayo y el 3 de julio. Será impresa por Moraes en 1978.

Se estrena su obra *Lección de botánica* en el teatro La Barraca, de Lisboa, el 4 de julio.

Entrega el manuscrito de *Casi un objeto* a la editorial Moraes el día 15 de julio.

Participa en la Fiesta del *Avante!* el 9 de septiembre, en cuya organización ha intervenido durante los meses previos.

Escribe en *Extra* la columna "Nuevos apuntes" ["Novos apontamentos"].

Concluye el poema "Esta es la altura del hombre" ["Esta é a altura do homem"] —no incluido en la edición de su *Poesía completa* (español)— el 9 de diciembre, en la línea de su escritura 'experimental' de estos años. Aparecen aquí algunos conceptos e imágenes que desarrollará luego en su narrativa: "Ninguna historia es toda la historia...", "...la inmensa balsa...", o rasgos de su convicción política comunista.

Así es el poema: "Esta es la altura del hombre / Es aquí donde los ojos enumeran la corteza vegetal y cuentan las arrugas de un lado y de otro / Hacia la copa está la gloria del árbol que solamente conocen las aves cada vez que se posan en las ramas / Ésta es la altura del hombre / Dos palmos hacia abajo hay un espacio sideral y en el centro el corazón como un sol violento / Y descendiendo infinitamente la sangre espesa se coagula y forma un sexo concreto indiscutible / Por consiguiente todo demasiado alto y humano para la mediación necesaria del hacha / Entonces el hombre le dice al hombre Corta el árbol a la altura del jarrete para que después de caer no pueda levantarse / Ninguna historia es toda la historia y ésta no dice si en verano o sobre la nieve viajó el enorme tronco si frías o tibias fueron las aguas del río que lentamente arrastró la inmensa balsa / Tampoco qué hombres ni sus nombres lo trabajaron y qué formas de metal lo convirtieron en fragmentos y polvo ni el nombre de la ciudad donde sucedieron estas cosas / Se sabe que entre el campo y la fábrica se pagó todo con el sudor y la sangre y la muerte antes de que se acabaran los días / Así dio el árbol sus últimos frutos de casa y mástil de mesa corriente y de mango de martillo y tantas cosas más de vida enriquecida pero precaria / Y también el papel fragilísimo la hoja indestructible en la que Lenin escribió el decreto sobre la tierra". [Traducción: Fernando Gómez Aguilera]

["Esta é a altura do homem / É aquí que os olhos enumeram a crosta vegetal e contam as rugas de um lado e do outro / Para cima é a glória da árvore que somente as aves de cada vez conhecem se nos ramos pousam / Esta é a altura do homem / Dois palmos para baixo há um espaço sideral e no centro o coração como um sol violento / E descendo infinitamente o sangue espesso coagula e faz um sexo concreto indiscutível / Tudo portanto demasiado alto e humano para a mediação necessária do machado / Então o homem disse ao homem Corta a árvore por altura do jarrete para que depois de cair não possa levantar-se / Nenhuma história é toda a história e esta não diz se de verão ou sobre a neve o enorme tronco viajou se frias ou tépidas foram as águas do rio que devagar arrastou a imensa jangada / Também não que homens e seus nomes o trabalharam e que formas de metal o fizeram em fragmentos e poeira nem o nome da cidade onde estas coisas aconteceram / Sabe-se que entre o campo e a fábrica tudo foi pago com o suor e o sangue e a morte antes de acabados os dias / Assim deu a árvore os seus frutos finais de casa e mastro de mesa comum e cabo de martelo e quanto mais seu de vida acrescentada mas precária / E também o papel fragilísimo a folha indestrutível em que Lénine escreveu o decreto sobre a terra"].

La editorial Estampa publica *Cuentos polacos* [*Contos Polacos*], traducidos por Saramago de una edición española, y, en Moraes, aparece su traducción *Organización y gestión* [*O Sistema de Organiçazão e Gestão Socialista: Análise Crítica das Teorias Capitalistas de Gestão*], de Germain Gvichiani.

Según las anotaciones que constan en su agenda personal correspondiente a este año, ve el siguiente cine: *Lenny*, de Bob Fosse (20.3.77); *Noticia de una violación en primera página*, de Marco Bellocchio (22.3.77); *La felicidad*, de Agnès Varda (28.3.77); *El planeta salvaje*, de René Laloux (27.4.77); *El extranjero*, de Luchino Visconti (8.5.77); *Las bodas de Fígaro*, de Jean Meyer (14.5.77); *Casanova*, John Homes (16.5.77); *Ferdinand, el radical*, de Alexander Kluge (17.5.77); *La question*, Laurent Heynemann (18.5.77); y *Barry Lyndon*, de Stanley Kubrick (3.6.77).

1978 **En** los primeros seis meses del año, traduce y entrega a sus editores los siguientes libros: *Destinos personales y estructura de clase* [*Destinos Pessoais e estrutura de classe*], de Daniel Bertaux (Moraes, 1978); *As Grandes Correntes do Pensamento Contemporâneo*, de Michel Richard (Moraes, 1978); *El Estado, el poder, el socialismo* [*O Estado, o Poder, o Socialismo*], de Nicos Poulantzas (Moraes, 1978); y *Arte de Occidente: La Edad Media románica y gótica* [*Arte do Occidente. A Idáde Média Românica e Gótica*], de Henry Focillon (Estampa, 1980).

Viaja a la República Democrática Alemana (RDA) con un grupo de la Asociación de Amigos Portugal-RDA [Associação de Amizade Portugal-RDA] entre los días 15 y 24 de enero.

Concibe la idea de escribir *El año de la muerte de Ricardo Reis* en un hotel de Berlín Oriental durante su estancia en la RDA. Lo recordaría en una entrevista en 2002: "Me tocó hacer de portavoz de la delegación, lo que implicó tener a mi cargo los discursos de agradecimiento en todos los sitios y las instituciones que visitamos. Al final de uno de esos días, fue cuando 'la cosa' sucedió. Había visto en Lisboa una película, *Anno Domini* no se cuántos, no recuerdo el nombre del director, y, no sé por qué, [el título de *El año de la muerte de Ricardo Reis*] me vino a la memoria cuando entré en el hotel. Me senté en la cama para descansar un poco, me dejé caer para atrás, y, en ese momento, 'me cayeron' del techo las palabras 'El año de la muerte de Ricardo Reis' […] La idea de *Memorial del convento* vino después. Si me preguntaran por qué no escribí esos libros por su orden de 'nacimiento', diría que me asustó que los 'pessoanos' me tacharan de advenedizo presuntuoso. El *Memorial* me dio fuerzas y confianza para hacerle frente después a aquel Adamastor…".

O Diário (Lisboa) publica una entrevista el 17 de febrero titulada "José Saramago: poder, por fin, escribir con claridad". Allí, el autor afirma que ve sus libros "como formas de sondeo, como formas exploratorias". Se le pide que haga un balance de su obra publicada hasta el momento y responde vinculando su obra con su implicación social: "Tampoco puedo olvidar algo: la influencia que lo circunstancial tuvo en mi trabajo. Cuatro libros (dos de crónicas y dos de comentarios o ensayos políticos) son, en diferente grado, producto de la circunstancia, del compromiso cívico. Y tal vez sea cierto que, en el conjunto de una obra que nació sin proyecto preconcebido, circule, al final, una coherencia que no es sólo ideológica, sino que es también de estilo, de manera de estar en el mundo (en aquello que va más allá de la ideología), de exigencia ética y estética […] Para mí, escribir es un acto profundo, serio, una responsabilidad".

Continúa con su militancia activa en el PCP.

Moraes edita *Casi un objeto* en febrero. Se trata de un libro experimental y de transición hacia el hallazgo de un lenguaje propio, que, ya en el mismo momento de salida, el autor consideraba que "no era fácil" —"un libro a contracorriente de los tiempos"—, que exigía un lector alejado de la pereza que interrogara y se interrogase. Recibe el primer ejemplar el día 10.

Casi un objeto reúne seis relatos: "Silla" ["Cadeira"], "Embargo" ["Embargo"], "Reflujo" ["Refluxo"], "Cosas" ["Coisas"], "Centauro" ["Centauro"] y "Desquite" ["Desforra"].

Portada de la primera edición de *Casi un objeto*, Lisboa, Editorial Moraes, 1978

A propósito de la publicación, comentó este mismo año: "No me parece que *Casi un objeto* sea una secuencia de cuadros, como tampoco el resultado de una yuxtaposición mecánica de textos escritos al sabor de las circunstancias. El libro responde a un proyecto y un plano, se propone claramente contra la alienación —el epígrafe de Marx y Engels no está ahí por casualidad—. Yo diría, probablemente con alguna exageración, que cada texto procede del texto anterior, y el primero, que materialmente no tiene antecedente, toma como referencia textual otro ausente...". Al frente del libro, coloca, en efecto, una cita de Marx y Engels, extraída de *La sagrada familia*, a la que ha acudido con frecuencia para explicar su concepción del comunismo, convirtiéndola en una máxima de conducta y de acción: "Si el hombre es formado por las circunstancias, entonces es necesario formar las circunstancias humanamente". En una entrevista concedida después de obtener el Premio Nobel, se referirá una vez más a la influencia que en su vida han tenido esas palabras: "En *La sagrada familia*, de Marx y Engels, existen unas cuantas palabras que, para mí, son una regla de oro, y casi diría que todo el pensamiento humanista está condensado allí en diez, doce o quince palabras [...] Jamás se ha dicho tanto en tan pocas palabras. Para generar seres humanos, son precisas circunstancias humanas. Diría que el capitalismo no quiso hacerlo y el comunismo no supo hacerlo".

Casi un objeto está traducido al albanés, alemán, catalán, español, griego, hebreo, italiano y turco. Hay una edición, publicada en México, ilustrada por Juan Sebastián Barberá.

Cuaderno de tapas negras con notas de José Saramago para la redacción de la obra de teatro *La noche*, 1977. Archivo Fundación José Saramago

Sigue apareciendo en *Extra* su columna "Nuevos apuntes".

Empieza a escribir *Levantado del suelo* el 4 de abril, según deja constancia en la portada del mecanoscrito de la novela, y a dar forma literaria a los materiales y la experiencia oral acumulada durante sus estancias en el Alentejo. En marzo de 1980, con ocasión de una entrevista que le haría Ernesto Sampaio para las páginas de *Diário de Notícias*, comentaría el origen de la novela, que, en un principio, quiso vincular a su aldea natal: "Mi primer movimiento, en lo que se refiere a perspectivas de producción literaria, fue el de considerar desplazarme a las tierras ribatejanas donde nací, irme con la traduccioncita en ciernes (por cierto, un voluminoso tratado de psicología), y abordar el libro campestre que sentía la necesidad de escribir. Motivos varios impidieron la realización del proyecto en aquellos lugares. Además, me parecía equivocado emprender una especie de regreso al huevo natal". Saramago escribe, pues, *Levantado del suelo* para resolver una deuda personal, tal y como apuntaría en 1997: "tenía que ver con mi propia vida, con el lugar donde nací; no nací en el Alentejo, pero *mutatis mutandis* la historia es la misma. Era algo así como si tuviese que coger aquellas personas que fueron mis abuelos, mis padres, mis tíos, toda esa gente, analfabetos e ignorantes, y tuviese que escribir un libro".

A petición de Luzia Maria Martins, da comienzo a su obra de teatro *La noche* [*A Noite*] el 20 de abril. Concluirá la primera redacción tres días más tarde. La reescribe el 25 y la cierra definitivamente el 29 de ese mismo mes.

José Saramago y Zeferino Coelho se conocen a finales de este año. El escritor telefonea a quien se convertirá en su editor de por vida para proponerle la publicación de la obra teatral *La noche*, que Caminho imprimirá al año siguiente.

En *Un largo viaje con Saramago*, recordará el editor y amigo del Premio Nobel: "Lo conocía de leerlo en los periódicos, pero el primer contacto que tuve con él fue a finales de 1978 cuando llamó por teléfono a Caminho para decir que tenía un libro que nos quería proponer. En esa primera conversación que tuve con él, le dije que trajera el libro y que, después de leerlo, le comentaría si lo publicábamos o no. Leí la pieza —*La noche*— y me gustó. La encontré bien, con gracia, y podría ser una forma más de

Saramago con su editor portugués Zeferino Coelho, *c*. 1989.
Archivo Zeferino Coelho

conmemorar el 25 de Abril, pues ocurría en una redacción de un periódico (pienso que la de *Diário de Notícias*) la víspera de la Revolución. No tuvo un gran futuro comercial, como mucho se venderían algunos cientos de ejemplares, y acabaría por ser representada por una compañía a cambio de los derechos ofrecidos, pero a esa altura Caminho estaba en sus comienzos y necesitaba autores portugueses".

Entrega su versión del libro de Georges Duby *La época de las catedrales. Arte y sociedad, 980-1480* [*O Tempo das Catedrais. Arte e Sociedade, 980-l480*] a la editorial Estampa en septiembre. Se publicará en 1979. Es un estudio que, como el propio escritor ha reconocido en diversas ocasiones, tendrá gran influencia en su concepción de la Historia y de las relaciones entre Historia y ficción: "Yo traduje a Georges Duby, uno de sus libros, *La época de las catedrales*, que me fascinó. Y ahí pude ver cómo es muy fácil no distinguir lo que llamamos ficción de lo que llamamos Historia. La conclusión, acertada o equivocada, a la que llegué es que, en rigor, la Historia es una ficción. Porque, siendo una selección de hechos organizados de una cierta manera para volver coherente el pasado, es también la construcción de una ficción" (1989).

En el segundo semestre del año, traducirá también las siguientes obras: *Historia de la Estética* [*História da Estética*], de Raymond Bayer (Estampa, 1979); *Otra Historia de España* [*História da Espanha*], de Fernando Díaz-Plaja (Círculo de Leitores, 1979); y *El viajero desnudo* [*A Viagem Nua*], de Juan Bautista Piñeiro (Estampa, 1980).

Interviene en un encuentro sobre "Literatura y transformación social" organizado por la Sociedad Filarmónica Unión Artística Piedense, de Almada, el 27 de octubre.

Entrega su texto "El oído" ["O Ouvido"] el 9 de noviembre, una contribución al libro colectivo *Poética de los cinco sentidos (La dama del unicornio)* [*Poética dos Cinco Sentidos (La Dame à la Licorne)*].

Viaja a París entre el 6 y el 14 de diciembre.

En una entrevista difundida por *Extra* en Lisboa, Saramago declara: "En mi opinión, ser escritor no es solamente escribir libros, es muchos más una actitud ante la vida, una exigencia y un compromiso". Después de señalar que "el lector también escribe el libro cuando entra en su sentido y lo interroga", se refiere al conflicto entre la exigencia en la obra literaria y la aproximación de la literatura al pueblo. Su opinión es taxativa: "Un escritor no tiene derecho a rebajar su trabajo en nombre de una supuesta mayor accesibilidad. La sociedad, esto es, todos nosotros, somos quienes tenemos el deber de resolver los problemas generales de acceso y de disfrute de los bienes materiales y culturales".

Según las anotaciones que constan en su agenda personal correspondiente a este año, ve el siguiente cine: *Confidencias*, de Luchino Visconti (9.4.78); *La guerra de las galaxias*, de George Lucas (10.4.78); *Annie Hall*, de Woody Allen (16.4.78); *Un día muy particular*, de Ettore Scola (23.4.78); *Julia*, de Fred Zinnemann (25.4.78); *Esposamante*, de Marco Vicario (13.5.78); *Excelentísimos cadáveres*, de Francesco Rosi (7.6.78); *Taxi driver*, de Martin Scorsese (18.9.78); *Deliverance*, de John Boorman (21.9.78); *A Confederação-O Povo É Que Faz a História*, de Luís Galvão Teles (24.9.78); *Los tres días del cóndor*, de Sydney Pollack (8.10.78); *Hiroshima, mon amour*, de Alain Resnais (8.10.78); *La gran ilusión*, de Jean Renoir (15.10.78); *Satyricon*, de Federico Fellini (19.10.78); *La huelga*, de Sergei Eisenstein (23.10.78); *Octubre*, de Sergei Eisenstein (25.10.78); *Providence*, de Alain Resnais (16.11.78); *Un día de boda*, de Robert Altman (7.12.78); *Medida por medida*, de Peter Brook (8.12.78); *El hombre de mármol*, de Andrzej Wajda (10.12.78); *El candidato*, de Michael Ritchie (12.12.78); *La sal de la Tierra*, de Herbert Biberman (12.78); y *Fedora*, de Billy Wilder (26.12.78).

1979 **Continúa** militando en el PCP con un compromiso activo.

Ve teatro y cine con frecuencia.

Entre enero y mayo, traduce las siguientes obras: *El viejo negro y la medalla* [*O Velho Preto e a Medalla*], de Ferdinand Oyono (Caminho, 1979); *A Sociedade Civil Burguesa*, de Hegel (Caminho, 1979); *Gobernadores del rocío* [*Governadores do Orvalho*], de Jacques Roumain (Caminho, 1979); *En el corazón de Europa. ¿La "Primavera" o el "Otoño" de Praga?* [*No Coração da Europa... "Primavera" ou "Outono" de Praga?*], de Rober-Jean Longuet (Agência de Imprensa Orbis, 1979); e *História da Alemanha*, de Otto Zierer (Círculo de Leitores, 1980).

Caminho acepta la publicación de la obra de teatro *La noche* el 16 de enero, ocho días después de que Saramago se la hubiera entregado para su valoración. Se trata del primer libro que saca a la calle con el sello que editará sus obras en Portugal de aquí en adelante, dirigido por Zeferino Coelho. Se presenta el 11 de mayo.

Bajo la dirección de Joaquim Benite, el Grupo de Campolide pone en escena la pieza, estrenándola en el Teatro de la Academia Almadense (Almada, Setúbal) el 6 de junio. En la obra, Saramago dramatiza los sucesos desencadenados en la redacción de un periódico lisboeta la noche del 24 al 25 de abril de 1974. Sobre el fondo de la censura, el ansia de libertad y los debates éticos, redactores y editores disputan y mantienen relaciones de conflicto ante los primeros episodios de la Revolución de los Claveles que acabaría con la dictadura de Marcello Caetano.

La noche está traducida al catalán, español, italiano y valenciano.

Es considerada por la Asociación de Críticos Portugueses la mejor pieza de teatro portuguesa representada en 1979.

En una entrevista publicada por *O Diário* en febrero, declara que ya trabaja en las líneas generales de una novela, *El año de la muerte de Ricardo Reis,* mientras escribe *Levantado del suelo* en su piso de la cuarta planta de la Rua da Esperança, 76. Su diálogo literario con Pessoa verá la luz cinco años más tarde, pero las primeras notas se remontan, incluso, a 1978.

Aparece *Poética de los cinco sentidos (La dama del unicornio)* en el sello Bertrand.

Se trata de un encargo de la editorial Bertrand en el que seis autores debían escribir sobre cada uno de los seis tapices de mil flores de "La Dama del Unicornio" ["La Dame à la Licorne"], conservados en el Museo de Cluny, París. Las piezas fueron tejidas en el valle del Loira en torno a 1500. De contenido alegórico, se interpreta que cinco tapices representan los sentidos, en tanto que el sexto, podría constituir una dedicatoria destinada al propietario de la colección.

La colaboración de José Saramago se titula "El oído", Maria Velho da Costa escribió "La vista" ["A Vista"], Augusto Abelaira "El olfato" ["O Olfato"], Nuno Bragança

Página mecanoscrita de
Levantado del suelo, 1979.
Archivo Fundación José Saramago

"El gusto" ["O Gosto"], Ana Hatherly "El tacto" ["O Tacto"] e Isabel da Nóbrega "El sexto" ["A Sexta"].

La edición es de 1.660 ejemplares, en un formato de 24 x 31 cm, encuadernados en tapa dura. Del I al C están firmados por los autores y del 1 al 1.560, van numerados.

Comenzada ese mismo año, concluye su novela *Levantado del suelo* el 25 de julio. Continuará revisando el texto hasta el 2 de octubre, en que la cierra definitivamente, para entregarlo a la editorial Caminho el día siguiente. Empleó poco más de cinco meses en su redacción.

Levantado del suelo fue rechazada por Moraes, hasta ese momento editorial de Saramago, y por Bertrand. Como Caminho había editado la pieza de teatro *La noche*, el autor decidió que, en adelante, publicaría en el sello dirigido por Zeferino Coelho todos sus libros, como ha venido sucediendo hasta la actualidad.

Círculo de Leitores le encarga la escritura de un libro de viajes sobre Portugal a través de Manuel Dias Carvalho. La propuesta inicial fue la de escribir una guía, pero Saramago la reformuló, con el beneplácito de la editorial.

Entre el 23 y el 27 de junio, viaja a Oporto, Guimarães, Citânia de Briteiros, Braga, Caniçada, Lindoso, Monção, Caminha, Valença y Viso. Son los pasos previos de su *Viaje a Portugal* [*Viagem a Portugal*].

Cierra la primera redacción de la pieza teatral *¿Qué haré con este libro?* [*Que Farei com Este Livro?*] el 31 de diciembre, una obra escrita por encargo de Joaquim Benite en el contexto de las conmemoraciones "camonianas". Ese mismo día, le pasa la obra a Benite. En la pieza, de carácter histórico, dramatiza las dificultades que Camões encontró en Lisboa para publicar *Los Lusíadas*, entre abril de 1570 y marzo de 1572, tras su regreso de la India y Mozambique, como consecuencia de la censura (Santa Inquisición), el choque de mentalidades y las difíciles relaciones entre arte y poder.

Además de las obras ya mencionadas, se publica su traducción *Educação e Socialização. Elementos de Psicología da Educação*, de Georges Piaton (Moraes).

Según las anotaciones que constan en su agenda personal, ve el siguiente cine a lo largo de 1979: *El regreso*, de Hal Ashby (28.1.79); *La vía láctea*, de Luis Buñuel (11.2.79); *Agatha*, de Michael Apted (13.5.79); *Messidor*, de Alain Tanner (31.5.79); y *M, el vampiro de Düsseldorf*, de Fritz Lang (10.6.79).

José Saramago, Lisboa, finales de los años 80. Archivo Fundación José Saramago

1980-1989

El 25 de Abril, además de otras cosas que liberó, también liberó la escritura dentro del escritor. Hoy nos sentimos más capaces de abordar con toda madurez temas en que antes ni siquiera osaríamos pensar. Era como si padeciésemos una terrible inhibición, como si no fuésemos capaces de mirar una hoja de papel y pensar que todo puede ser puesto en ella. Por lo menos, ese era mi caso personal. Igual quien estaba inhibido era yo.

José Saramago, 1983

Lo que yo quiero escribir se relaciona con los hechos y los hombres pasados, pero no en términos de arqueología. Lo que quiero es desenterrar hombres vivos.

José Saramago, 1985

Creo en verdad que lo que subyace en esta inquietud es la conciencia de nuestra incapacidad última para reconstruir el pasado. Y que, por eso, no pudiendo reconstruirlo, nos vemos tentados —me veo yo, por lo menos— a corregirlo. Cuando digo corregir, corregir la Historia, no es en el sentido de corregir los hechos de la Historia, pues ésa nunca podría ser tarea de novelista, pero sí de introducir en ella pequeños cartuchos que hagan explotar lo que hasta entonces parecía indiscutible: en otras palabras, sustituir lo que fue por lo que podría haber sido.

José Saramago, 1990

1980 **Continúa** la militancia activa, asistiendo a las reuniones del partido, pero con menor asiduidad, a medida que crece su notoriedad como escritor.

El día 16 de enero, reinicia, en Oporto, el recorrido físico planificado que le servirá para escribir *Viaje a Portugal* —en junio del año anterior, había estado en los alrededores de esta misma ciudad—. A lo largo del año, entre esta fecha y el 1 de septiembre, se desplaza por su país en jornadas discontinuas y en diversos meses (enero, marzo, abril, mayo, julio y agosto). Entre el 16 y el 26 de enero, viaja por los siguientes lugares: Oporto, Espinho, Esmoriz, Santa Maria da Feira, Ovar, Furadouro, Torreira, Murtosa, Estarreja, Aveiro, Vista Alegre, Esgueira, Eixo, Águeda, Trofa, Oiã, Oliveira do Bairro, Mamarrosa, Cantanhede, Palheiros de Mira, Tocha, Figueira da Foz, Buarcos, Serra da Boa Viagem, Maiorca, Montemor-o-Velho, Conimbriga, Lorvão, Penacova, São Silvestre, São Marcos, Tentúgal, Ançã, Coimbra, Lousã, Góis, Luso, Buçaco, Anadia, Oliveira de Azeméis, Vale de Cambra, Arouca, Castelo de Paiva, Cete, Paços de Ferreira y Viana do Castelo.

Cuaderno de tapas negras con notas de Saramago para la redacción del libro *Viaje a Portugal*, 1980.
Archivo Fundación José Saramago

Del 10 al 20 de marzo, visita Belmonte, Sortelha, Sabugal, Cidadelhe, Aldeia Viçosa, Açores, Celorico da Beira, Linhares, Trancoso, Moreira do Rei, Meda, Longroiva, Marialva, Póvoa do Concelho, Castelo Mendo, Castelo Bom, Almeida, Vermiosa, Almofala, Escarigo, Figueira de Castelo Rodrigo, Escalhão, Castelo Rodrigo, Vilar Torpim, Viseu, Castro Daire, São Martinho de Mouros, Lamego, Ferreirim, Ucanha, Salzedas, Tarouca, São João de Tarouca, Moimenta da Beira, Barcos, Tabuaço, Guarda, Lovilhã, Tortosendo, Capinha, Penamacor, Monsanto, Idanha-a-Velha, Idanha-a-Nova, Proença-a-Velha, Fundão, Paúl, Ourondo, São Jorge da Beira, Donas, Alcaide, Alpedrinha, Castelo Novo, Castelo Branco, Oleiros y Abrantes.

Entre el 22 y el 27 de abril, recorre Arruda dos Vinhos, Sobral de Monte Agraço, São Quintino, Dois Portos, Torres Vedras, Turcifal, São Pedro da Cadeira, Varatojo, A dos Cunhados, Lourinhã, Óbidos, Serra d'El-Rei, Atouguia da Baleia, Peniche, Baleal, Ferrel, Lagoa de Óbidos, Caldas da Rainha, Alcobaça, Aljubarrota, Batalha, Calvaria de Cima, Cós, Maiorga, Nazaré y Carvalhal.

Del 18 al 22 de mayo, viaja por Alenquer, Espiçandeira, Meca, Aldeia Gavinha, Aldeia Galega, Merceana, Azambuja, Valada, Pontével, Vale da Pinta, Santarém, Golegã, Atalaia, Tancos, Almourol, Constância, Castelo do Bode, Torres Novas, Tomar, Ourém, Fátima, São Mamede, Leiria, Marinha Grande, São Pedro de Muel, Praia de Leiria y Porto de Mós.

Los días 15 y 16 de julio, recorre Palmela, Vila Fresca de Azeitão, Setúbal, Arraiolos, Pavia, Brotas, Estremoz, Sousel, Fronteira, Alter do Chão, Crato, Flor da Rosa y Monforte. El día 17, Sintra y Janas, y el 20, Queluz.

Entre el 22 y el 24, visita Vimieiro, Évora, Monte, Borba, Vila Viçosa, Juromenha, Alandroal, Terena, Redondo, Reguengos de Monsaraz, Mourão, Moura, Pias, Serpa, Beja, Castro Verde, Mértola, Alcoutim, Vila Real de Santo António y Monte Gordo.

Del 30 de agosto al 1 de septiembre, se desplaza a Alcácer do Sal, Torrão, Alcáçovas, Viana do Alentejo, Alvito, Vidigueira, Vila de Frades, São Cucufate, Cuba, Pulo do Lobo, Aljustrel, Castro Verde, Santiago do Cacém y Alcácer do Sal. Los días 6 y 7, recorre Portinho da Arrábida, Montijo y Borba.

Participa en la Feria del Libro de Lisboa, de Oporto y de Castelo Branco en junio. Interviene en un coloquio desarrollado sobre el tema "*Levantado del suelo*: Recorrido de una novela".

Diário de Notícias difunde una entrevista suya en la que el escritor reflexiona sobre la relación entre realidad y novela: "En mi opinión, todo lo real es fantástico o, para decirlo de una manera que me resulta más adecuada, todo lo real es inquietante. La percepción de lo real mediante los sentidos no alcanza a todo lo real".

Viaja a Madrid entre el 30 de marzo y el 2 de abril.

Entrega el manuscrito de *¿Qué haré con este libro?* a Caminho el 1 de febrero.

Recibe de Caminho los primeros ejemplares de *Levantado del suelo* ese mismo día. La novela fue escrita "en dos periodos: el primero, de dos días para las cuatro páginas iniciales; el segundo, de algunos meses para el resto. Entre esos dos periodos tan desiguales, transcurrió mucho tiempo". Según sus propias palabras, se trata de un libro "cuyo gran protagonista es el pueblo del Alentejo con su lucha secular contra la explotación". En pleno proceso de Reforma Agraria en su país, cuenta la epopeya de tres generaciones de campesinos alentejanos —entre 1910 y 1979—, los Mau-Tempo, su historia de miseria y sometimiento, vidas estragadas por el latifundismo, la explotación, la ignorancia y la represión de que son objeto al rebelarse contra su destino. Denuncia la injusticia y la violencia del poder ejercido por parte del Estado y de la Iglesia y convierte en héroe colectivo a los agricultores, su sufrimiento y su humillación.

Con esta entrega, inicia su peculiar estilo narrativo,

Portada de la primera edición de *Levantado del suelo*, Lisboa, Editorial Caminho, 1980

que encuentra una vez comenzada la novela. Se referirá a ese episodio inaugural en las páginas de *Jornal de Letras, Artes e Idéias* en marzo de 1997, entrevistado por Rodrigues da Silva, con ocasión de sus cincuenta años de escritor: "Entonces me ocurrió uno de esos momentos hermosos que suceden cuando suceden. Iba por la página veinte y tantas, y sin haber pensado en eso, comienzo a escribir liberándome de toda esa historia de la puntuación, escribiendo como después salió el libro. Y hasta tal punto fue así, que, cuando acabé, tuve que volver a las veinte y tantas páginas iniciales para ponerlas de acuerdo con el resto. Pienso que, si en aquel momento hubiese estado escribiendo sobre un asunto ocurrido en una ciudad, el milagro no habría sucedido".

En unos lugares y otros, ha aludido a la circunstancia inopinada del hallazgo de su voz literaria propia, con su peculiar ortografía de la frase y su barroquismo ramificado. Es ésta una fórmula que vincula a la oralidad rural del Alentejo, a lo que escuchó durante su convivencia con las gentes del lugar, mientras se documentaba para escribir la ficción. Así lo ha explicado él mismo: "Creo que fue el hecho de estar contando las historias que me habían sido contadas, como si estuviese contándoselas a quien me las contó, lo que hizo que la narración adquiriese esa especie de expansión oral, ese sentido de 'voy ahora a contaros, con mis propias palabras, aquello que me habéis contado'. De ahí que eso que, a primera vista, puede ser entendido como 'este tipo estuvo pensando cómo podía salirse de la norma, de lo que es lo común, y, después de haber pensado mucho, encontró esto', no ocurrió así. Fue ello lo que me encontró a mí y —repito—, si hubiese tenido que contar un relato sucedido en la calle Agusta, eso no me habría pasado. Sucedió porque fue como si yo les hubiera dicho a aquellos hombres y aquellas mujeres que conocí en el Alentejo: 'Ahora siéntense ahí que les voy a contar su historia". Saramago identifica ya en estas fechas algunas claves del característico perfil de su voz narrativa: "próximo y distanciado, grave e irónico, tierno y brutal, ingenuo y experimentado". Pero, junto al registro conversacional, convive un fondo clásico que procede de su afición a la lectura y que estará invariablemente presente en su producción. Tres meses después de la aparición de la novela, comenta en *O Diário* (Lisboa): "Siempre fui una persona muy proclive a la lectura de los clásicos. Me quedó esa marca de formación y nunca me aparté de esa convivencia. En *Levantado del suelo* eso se vuelve, según creo, más claro. Allí se funden dos corrientes: la del lenguaje clásico y la del lenguaje popular, que, por lo demás, conserva mucho de clásico. Por consiguiente, no tuve que introducir a la fuerza un nuevo lenguaje porque el camino ya estaba abierto por los clásicos".

A propósito de su voz literaria, anotará en una entrevista en 1996: "Mis propias narraciones son o aspiran a ser una especie de fluido continuo. Me gustaría no interrumpir nunca mi escritura, no con signos de puntuación ni con capítulos, que todo fuese simultáneo, lo mismo que ocurre en la realidad: el coche que pasa, el fotógrafo que hace una foto, el viento que mueve las ramas. Cuando yo digo que necesito *oír* mi escritura me refiero a que necesito que la escritura salga con esa fluidez que empleamos cuando hablamos. Necesito escuchar una voz interna, esa misma voz que el lector también tiene que aprender a escuchar para penetrar en mis textos".

Saramago funde la capacidad poética de su escritura con los registros orales y

Con su madre y el presidente de la República de Portugal, Francisco da Costa Gomes, en la presentación de *Levantado del suelo*, 1980.
Archivo Fundación José Saramago

En la presentación de *Levantado del suelo*, con Mariana Basuga, que acogió a Saramago en su casa cuando se estableció en Lavre para documentarse y escribir la novela, Casa del Alentejo, 1980.
Archivo Fundación José Saramago

coloquiales, alumbrando un narrador total que multiplica las perspectivas, diversifica los planos narrativos y ensambla los discursos externos con el diálogo interior de los personajes.

Levantado del suelo ha sido traducida al alemán, árabe, catalán, español, holandés, italiano, ruso y turco.

Levantado *del suelo* se presenta en la Casa del Alentejo el 22 de febrero, con gran afluencia de público.

Considera que comienza su "segunda vida": publica, con éxito, una novela con voz propia, *Levantado del suelo*; adquiere notoriedad en su país; será reconocido como escritor; y acaba de obtener un contrato favorable por parte del Círculo de Leitores, que le permitirá dedicarse por entero a la literatura, profesionalizándose.

En una de las numerosas entrevistas concedidas, declara en mayo que, además de *El año de la muerte de Ricardo Reis,* tiene como proyecto escribir una novela que se denominará *El convento* [*O Convento*] —título inicial de *Memorial del convento* [*Memorial do Convento*]—, una obra "sobre la construcción del convento de Mafra, que es, en cierto modo, nuestras pirámides de Egipto, situación en que un pueblo construye para la gloria y vanidad de un monarca esa obra monstruosa. En su construcción, participaron cuarenta mil hombres, traídos a la fuerza desde varios puntos del país y custodiados por quince mil soldados. Fue una obra plenamente dantesca. Sé que es un proyecto ambicioso [la novela], pero, si tengo manos para agarrarlo, me daré por satisfecho de haberme dedicado a escribir", comentaría.

Publica *¿Qué haré con este libro?*, que el Grupo de Campolide-Compañía de Teatro de Almada, dirigido por Joaquim Benite, estrena el 17 de octubre en el Teatro de la Academia Almadense. A propósito de esta pieza, manifestaría en 1981: "Poner a Camões paseando entre nosotros, mostrar lo que realmente ha sucedido con las personas y las obras era lo que quería hacer, y al mismo tiempo traerlas hasta nuestro presente, hasta el tiempo histórico que estamos viviendo. De hecho, la censura —se llamaba Tribunal del Santo Oficio o Comisión de Examen Previo—, no ha cambiado de objetivos finales, y para nosotros, que hace siete años acabamos de vivir una situación de censura, es importante demostrar eso, como es importante iluminar los aspectos del pasado que persisten en nuestro presente e impiden que se realice, realizándonos en él. Mi pieza no pretende desfigurar o inmovilizar la historia, sino articular dialécticamente al hombre con su tiempo. No he pretendido mistificar ni romantizar a Camões, sino traerlo junto a nosotros para proyectar alguna luz reveladora sobre el presente".

¿Qué haré con este libro? está traducida al español y al italiano.

Firma el contrato de la segunda edición de *Levantado del suelo* el 3 de septiembre.

Asiste con regularidad, a lo largo del año, a las reuniones del PCP.

Se publican sus traducciones *Los padres y la escuela. Cómo colaborar* [*Os Pais e a Escola. Uma Colaboração Necessária e Difícil*], de Serge Honoré (Moraes), y *Trabalho e Economia, Progresso e Bem-estar*, de Todor Jivkov (Estampa).

Según las anotaciones que constan en su agenda personal correspondiente a 1980, ve el siguiente cine: *Padre Padrone*, de los hermanos Taviani (1.1.80); *Manhattan*, de Woody Allen (31.1.80); *Norma Rae*, de Martin Ritt (7.2.80); *Saint Jack*, de Peter Bogdanovich (18.2.80); *El imposible juego de cuatro*, de Michael Soutter (23.2.80); *Il giocattolo,* de Giuliano Montaldo (26.2.80); *Apocalypse Now*, de Francis Ford Coppola (6.3.80); *El joven Torless*, de Volker Schlöndorff (3.5.80); *Don Giovanni*, de Joseph Losey (24.5.80); *Gloria*, de John Cassavetes (25.11.80); *El factor humano*, de Otto Preminger (29.11.80); *Ensayo de orquesta*, de Federico Fellini (1.12.80); y *Diario de una camarera*, de Luis Buñuel (5.12.80).

1981 **Sigue** participando en reuniones del PCP.

Se desplaza a Mafra entre el 11 y el 14 de enero.

Viaja a Megève, en la Alta Saboya, y permanece en la localidad francesa durante la segunda semana de marzo.

Publicado por Círculo de Leitores, se presenta *Viaje a Portugal* en Lisboa el 26 de marzo.

Se trata de un título fundamental en la consolidación de Saramago como escritor profesional. Muestra su forma de "ver y sentir" su país, a través de una mirada viajera demorada, inserta en la tradición literaria. El autor veía así su trabajo en 1995: "[En *Viaje a Portugal*] no hay ninguna intención previa en el sentido de reinventar el país que somos y la cultura que tenemos. Hay ciertas coincidencias, eso sí, con los viajeros del siglo pasado como Eça de Queiroz o Almeida Garrett y quizás con esa obsesión que se ha dado después del 25 de Abril de explicar el propio país. En mi caso, el libro nació de un encargo del Círculo de Lectores de Lisboa que me invitó a hacer una guía, algo que rechacé porque no sería capaz de hacerlo. En cambio, les propuse hacer un viaje en el cual estaría presente toda mi subjetividad, todas mis reacciones y reflexiones. Nunca pensé escribir un libro semejante. Hay mucho de eso ya en *Levantado del suelo* y, si no hubiera escrito este libro, muchos de sus temas aparecerían en libros siguientes. Siendo yo quien soy y pensando aquello que pienso, aunque se trata de un libro de viajes, es un libro de José Saramago".

En la misma entrevista, realizada con motivo de la presentación de la traducción española, añadirá: "He tratado de sustraerme a imágenes del Portugal eterno, conceptos que nadie sabe qué son y que están mucho en la cabeza de los dictadores. Lo que quise encontrar es la imagen de un determinado modo de ser; dentro de un país tan pequeño las diversidades regionales son muy fuertes. Lo que intenté es, dando el retrato de cada área mental, hallar lo que identifica pertenecer a un país llamado Portugal. Buscar la unidad dentro de la diversidad, una comunión que creo que tiene que ver con cierto tipo de sensualidad".

En 2003, Caminho publicará la 21ª edición del libro.

Viaje a Portugal ha sido traducido al alemán, bengalí, catalán, español, estonio, francés, hebreo, inglés, italiano, noruego y turco.

La pieza *¿Qué haré con este libro?* alcanza su representación número 100 a mediados de abril, recalando en el Teatro da Trindade (Lisboa). Ha sido ya vista por unos 11.000 espectadores.

Sus obras están ya traducidas a veinte lenguas.

Participa en la Feria del Libro de Lisboa en junio.

Firma el contrato para la edición rusa de *Levantado del suelo* a mediados de junio.

Viaja en coche a Francia en octubre, entre el 11 y 28. Pasará nueve días en París.

Vuela a Cuba el 20 de noviembre, donde participa en un coloquio sobre literatura. Permanecerá en la isla hasta el día 29.

Monasterio de Mafra. Archivo Fundación José Saramago

Se le concede el Premio Ciudad de Lisboa por *Levantado del suelo* en diciembre. Lo recibirá el día 1 de junio del año siguiente.

A finales de este año, se agota la segunda edición de *Levantado del suelo*.

Se publica su traducción *Uma Vida de Boy*, de Ferdinand Oyono (Caminho).

Según las anotaciones que constan en su agenda personal correspondiente a 1981, ve el siguiente cine: *Cristo se paró en Éboli*, de Francesco Rosi (2.2.81); *Mi tío de América*, de Alain Resnais (5.2.81); *El último metro*, de François Truffaut (1.3.81); *Kilas, o mau da fita*, de José Fonseca e Costa (30.3.81); *Ese oscuro objeto del deseo*, de Luis Buñuel (30.4.81); *La ciudad de las mujeres*, de Federico Fellini (19.6.81); *Vestida para matar*, de Brian de Palma (20.6.81); *El hombre elefante*, de David Lynch (25.6.81); *Buen pueblo portugués*, de Rui Simões (1.12.81); y *Los unos y los otros*, de Claude Lelouch (6.12.81).

1982 **A** principios de este año, en una entrevista al semanario *Tempo*, declarará a propósito de su peculiar estilo literario: "Esa imagen de estilo personal que dan mis cosas tal vez resulte de que escribo muy libremente. No escribo para satisfacer los dictámenes o las reglas de la técnica A o de la escuela B. Escribo un poco como quien respira, como quien habla".

Comienza *Memorial del convento* el 16 de enero. Durante el periodo de escritura, frecuenta la Biblioteca Nacional y el Museo de la Ciudad, donde acude a documentarse.

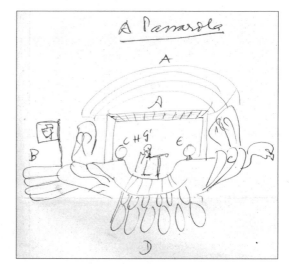

Dibujo de la "Passarola" (la máquina de volar que inventa Bartolomeu Lourenço de Gusmão en *Memorial del convento*), realizado por Saramago, 1982.
Archivo Fundación José Saramago

Cuaderno de tapas negras con notas para la redacción de *Memorial del convento*, 1982.
Archivo Fundación José Saramago

Entrega las pruebas corregidas de la reedición de su libro de poesía *Los poemas posibles* el 20 de enero. Caminho lo publicará el 17 de febrero.

En febrero, se distribuye la tercera edición de *Levantado del suelo*, que se agota en octubre.

El día 21 de abril, anota en su diario: "Idea para *La balsa*".

Recibe el Premio Ciudad de Lisboa de manos del alcalde Nuno Krus Abecasis el día 1 de junio, en una ceremonia oficial celebrada en los Paços do Concelho de la capital.

El autor es acompañado por numerosos colegas, miembros de la Asociación Portuguesa de

Ficha de lectura de la Biblioteca Nacional de Portugal, correspondiente al periodo en que el autor se documentaba para escribir *Memorial del convento*, 1982.
Archivo Fundación José Saramago

Escritores y de la Sociedad Portuguesa de Autores, entre ellos, Urbano Tavares Rodrigues, Luiz Francisco Rebello, Carlos Eurico da Costa, Olga Gonçalves, Lucia Le-
pecki, Isabel da Nóbrega, Orlando da Costa, Wanda Ramos y Luzia Martins.

En su discurso, Saramago se pregunta: "¿Es posible y deseable ser escritor en Portugal? ¿Está la sociedad que somos interesada en los escritores que tenemos?". Tras denunciar la escasa influencia de los escritores en su país así como las deficientes
condiciones de soporte a su actividad, su marginalidad en definitiva, critica la gestión
de la cultura: "Se habla, interminablemente, de la cultura, pero no se vive la cultura [...]
Se afirma que la cultura es una y nacional, pero se impide o se dificulta o se menos-
precia su divulgación en los medios de comunicación social. Se pregona el pluralismo,
pero se fomenta la letra única. Se teoriza el consenso, pero se practica la excomunión".
Saramago reivindica el papel del escritor, la mejora de las condiciones para ejercer su
oficio y reclama el compromiso de sus colegas: "Insisto: reclamemos más y con más
fuerza. Si no nos oye el poder, intentemos que nos oiga el país. Afirmemos el derecho
a la profesión de escritor como expresión particular de un derecho general al trabajo.
Preocupémonos un poco menos de la carrera profesional y un poco más de la reivindicación colectiva". Acaba su discurso haciendo una llamada contra la resignación:
"Aprendamos un poco de aquí y de allí, el propio orgullo también, como aquellos que
se levantaron del suelo y al suelo no regresaron, porque del suelo sólo debemos querer el alimento y aceptar la sepultura, nunca la resignación".

Participa en la Feria del Libro de Lisboa los días 5, 7 y 19 de junio.

Viaja a España y visita Madrid y Toledo entre los días 9 y 12 de junio. Ve la obra de
teatro *Yo bajo en la próxima ¿y usted?*, de Adolfo Marsillach, el *Guernica* de Picasso
y la ópera *Evita*.

Concluye la revisión de *Memorial del convento* el 16 de julio. Deja la obra pen-
diente de una última lectura, que realiza al día siguiente, para entregarla a su editor
habitual, Caminho, el lunes 19. Pone punto final a la corrección de las primeras pruebas el 27 de septiembre.

Círculo de Leitores le envía una carta el día 22 en la que le trasladan el interés de la
editora Difel en publicar *Viaje a Portugal*.

A los 81 años, muere su madre, en el Hospital Santa Maria (Lisboa) el 8 de agosto.
Anota en su agenda ese día: "Ha muerto madre", después de que el día anterior, sábado,
hubiera escrito: "Madre Hospital Santa Maria".

En una carta remitida a Fernando Baptista da Silva, su editor brasileño del sello
Difel, fechada a comienzos de octubre, deja constancia del dolor que le ha causado la
pérdida de su madre: "Comienzo por pedirle que me disculpe el retraso con que respondo a su carta [de 12 de agosto]. El reciente fallecimiento de mi madre y todo lo que

de ahí ha resultado (lágrimas y burocracia) me han metido en una nube oscura de donde sólo ahora empiezo a salir. En fin, como acostumbramos a decir, la vida continúa, y ha de continuar".

Anuncia que tiene en preparación la obra de teatro *La segunda vida de Francisco de Asís* [*A Segunda Vida de Francisco de Assis*] en octubre.

En una entrevista previa al lanzamiento de *Memorial del convento*, manifiesta a propósito de su manera de escribir: "Sí, soy muy disciplinado. Escribo, por así decirlo, todos los días. Si no estoy escribiendo un libro, trabajo en lo que voy a escribir leyendo, tomando notas o reflexionando. Corrijo poco. La palabra, el periodo, la frase quedan como me salen. No escribo para corregir. Afortunadamente trabajo con rapidez. Tal vez sea por pensar mucho en lo que voy a hacer antes de ponerme a escribir en la máquina…". Interrogado sobre los autores que le han influido, responde: "¿Influencias? No siento que las tenga. Pero tuve grandes amores literarios que, de una forma u otra, pueden haber pasado a mi escritura. Quizás la voz —aunque probablemente sea más un eco— que más fácilmente reconozco sea la de Raul Brandão. Con todo, mis maestros fueron, sin duda, los escritores del siglo XVII, António Vieira y Francisco Manuel de Melo. Pienso que en esa época nuestra literatura alcanzó una belleza y un rigor que nunca más volvería a tener".

Recibe los primeros ejemplares de *Memorial del convento* el 29 de octubre, y se presenta el 4 de noviembre. Se imprimen 5.000 libros. Es la obra que le consolida en el ámbito de la lengua portuguesa y comienza a darle visibilidad internacional, certificando tanto su originalidad literaria como una insólita capacidad creativa. Él mismo asumiría seis años más tarde que "si *Levantado del suelo* es la rampa de lanzamiento, *Memorial del convento* es el misil".

En 1983, apuntaría: "Este libro no sería lo que es si la técnica narrativa fuese otra. Sólo esta técnica, sólo este modo de contar permite que lo narrado sea narrado así. Es una narrativa diferente de la que sería si narrase según los moldes tradicionales". Para luego añadir: "Comencé a ver todo el país como un gigantesco convento cuyo límite ni siquiera eran las fronteras de lo que hoy es Portugal, porque se prolongaban dentro de las personas". Reflexiona también sobre la motivación del libro: "En la historia del convento de Mafra, me atrajo el esfuerzo y el sacrificio de los miles de hombres que trabajaban en la construcción de monumentos erigidos a la vanidad de un rey y al poder de la Iglesia".

Portada de *Memorial del convento*, Lisboa, Editorial Caminho–Círculo de Leitores, 1982

Un año antes, en una entrevista a *Diário de Lisboa*, había comentado: "Pienso que [*Memorial del convento*] refleja el pueblo que somos y las preocupaciones que todavía tenemos. La actividad literaria puede ser también una acción política sin dejar de ser literaria. Sólo que nada debe hacerse en primer grado [...] En mi último libro [*Memorial del convento*], me preocupo de saber quiénes somos, partiendo de saber quiénes hemos sido. Cuando se acabaron las colonias, se planteó inmediatamente la cuestión de la identidad nacional. En este momento, somos un país que debe renacer, recomponerse, reexaminarse. El 25 de Abril significó un corte profundo, un golpe que nos alcanzó hasta lo más profundo del ser colectivo".

Memorial del convento es un relato sobre la desmesura del poder, pero también sobre la ambición de libertad que late en el ser humano, amenazada por la represión y el oscurantismo. No renuncia, por otra parte, a cuestionar la verdad oficial, añadiendo nuevas perspectivas, nuevos enfoques sobre los hechos, una mirada inédita que desestabiliza las convenciones. La iluminación de la fantasía, la potencia fabuladora del autor, subraya la dimensión mágica de lo real, al tiempo que crea personajes conmovedores como Blimunda, Baltasar Sietesoles o el Padre Bartolomeu Lourenço.

Saramago entiende que la Historia —que, literariamente, concibe en términos sincrónicos— es un modo de ficción, en la que los enterrados y olvidados reclaman la revisión de su rastro en la vida. En este sentido, la novela es capaz de "corregir" la Historia, esto es, de aportar nuevas perspectivas, nuevos paisajes, sobre la base de una actitud creativa que persigue entender el presente y transformarlo, antes que hacer "arqueología" del pasado: "La Historia debe ser organizada de una forma coherente. Pero esa coherencia se logra a costa de sacrificar mucho la realidad [...] Yo intento rescatar, por lo menos, una parte de la realidad dejada de lado. Acercarme, comprender a los miles y miles de seres cotidianos que viven inmersos en la Historia, sea la de *El cerco de Lisboa*, sea la del *Memorial del convento*. Y al escribir estas novelas intento interrogarme a mí mismo, interrogar mi entorno inmediato, la atmósfera ideológica de nuestro tiempo, las convicciones, las ideas hechas, los prejuicios, todo eso de lo que está hecha la vida cotidiana. La literatura sirve como instrumento de esta indagación para hablar de lo que se habla y habló siempre".

Abundando en esta idea y en la relación de su producción con la novela histórica, precisaría en 1995: "En mis libros, la Historia no aparece como reconstrucción arqueológica, como si hubiese viajado al pasado tomando una fotografía y relatara lo que muestra esa imagen. Lo que yo hago no tiene nada que ver con eso. Yo sé o creo saber lo que ha pasado antes y voy a revisarlo a la luz del tiempo en que vivo. Cuando me preguntan si escribo novelas históricas, contesto que no, al menos no en el sentido decimonónico de la palabra, tal cual lo hacían Dumas, Walter Scott o Flaubert en *Salambó*".

Memorial del convento será traducido al albanés, alemán, bengalí, catalán, checo, chino mandarín, coreano, croata, danés, esloveno, español, finés, francés, griego, hebreo, holandés, húngaro, inglés, italiano, japonés, noruego, polaco, rumano, ruso, serbio, sueco y turco.

En sus comparecencias ante la prensa, difunde sus célebres ideas antieuropeístas, de forma particularmente activa durante la década de los ochenta. Así, en octubre manifiesta que el futuro de Portugal "no pasa, sin duda, por la CEE. No tenemos nada que ver con Europa. Los intentos de disolvernos en la Comunidad Europea, en términos culturales y económicos, pueden matar para siempre nuestra identidad".

En una entrevista concedida a finales de noviembre, publicada por *O Diário*, alude a su peculiar estilo ortográfico: "Si emplease constantemente signos gráficos de puntuación, sería como si introdujera obstáculos en el libre fluir de ese gran río que es el lenguaje de la novela, como si frenara su curso. En el fondo, es como si escribir fuese contar". Asimismo se refiere a su relación con la Historia —articulada siempre como instrumento de lectura del presente— y con el realismo: "Tengo una necesidad casi voraz de aprehensión de la Historia. Por otro lado, siento que hoy en Portugal tenemos como hambre de mitos y creo que tanto *Levantado del suelo* como el *Memorial* corresponden a esa necesidad. Pienso también que mis libros son profundamente realistas. En el realismo, caben hoy muchas más cosas que aquellas que durante mucho tiempo se consintió que se le metiesen dentro. Mi realismo, en el fondo, es un realismo de puertas abiertas".

Se agota la tercera edición de *Levantado del suelo* en noviembre.

Recibe, en Lisboa, los primeros ejemplares de la edición brasileña de *Levantado del suelo* el 28 de diciembre, impresa por Difel un mes antes, que también distribuye *Viaje a Portugal* en Brasil en 1982. En una carta remitida a su editor americano, le da noticia de la recepción de los libros, lamenta que la edición haya salido sin un apéndice que facilitase la comprensión del vocabulario y le pide documentación para la redacción de *El año de la muerte de Ricardo Reis*, en la que ya se ha involucrado: "Llegaron los dos ejemplares de *Levantado del suelo*. Se lo agradezco mucho. Veo que no le añadieron el glosario que estaba previsto: espero que su ausencia no perjudique la comprensión del lector brasileño, teniendo en cuenta los localismos abundantes y los 'lusitanismos' que no atravesaron el Atlántico o que ahí tomaron otro sentido [...] Esta carta tiene todavía otro propósito. Estoy trabajando en una nueva novela (*El año de la muerte de Ricardo Reis*), y querría saber alguna cosa sobre el levantamiento revolucionario de noviembre de 1935, no exactamente la historia crítica hecha (si se ha hecho), sino la impresión en la propia época, el choque de acontecimientos, las reacciones inmediatas. Me bastaría, por consiguiente, disponer de fotocopias de algunos periódicos de aquellos días, sobre todo de Rio de Janeiro".

La primera edición de *Memorial del convento* se agota a finales de diciembre.

Le son otorgados el Premio Pen Club y el Premio Literario Municipio de Lisboa por *Memorial del convento*.

Según las anotaciones que constan en su agenda personal correspondiente a este año, ve las siguientes películas: *La amante del teniente francés*, de Karel Reisz (13.1.82); *Amor y rabia*, de Bernardo Bertolucci (31.1.82); *Noche y niebla*, de Alain Resnais (31.1.82); *Arresto preventivo*, de Claude Millar (17.3.82); *Rojos*, de Warren Beatty (6.4.82); *Bye bye Brasil*, de Carlos Diegues (8.4.82); *Ausencia de malicia*, de Sidney Pollack (21.4.82); *La piel*, de Liliana Cavani (26.4.82); *Estallido mortal*, de Brian de Palma (14.5.82); *Ragtime*, de Milos Forman (19.5.82); *Ricas y famosas*, de George Cukor (29.5.82); *Carros de fuego*, de Hugh Hudson (20.6.82); *Academia de valientes,* de Harold Becker (19.7.82); *Muerte en el Nilo*, de John Guillermin (20.7.82); *Buddy Buddy (Aquí, un amigo)*, de Billy Wilder (24.8.82); *La reina de África*, de John Huston (26.8.82); *Desaparecido*, de Costa Gavras (13.9.82); *La tragedia de un hombre ridículo*, de Bernardo Bertolucci (18.10.82); *La ansiedad de Verónica Voss*, de Rainer Werner Fassbinder (8.11.82); *Os quiero*, de Claude Berri (13.11.82); *Diva*, de Jean-Jacques Beineix (20.11.82); *Yol*, de Yilmaz Güney (5.12.82); *ET*, de Steven Spielberg (16.12.82); *Todos rieron*, de Peter Bogdanovich (19.12.82).

1983 **La** cuarta edición de *Levantado del suelo* y la segunda de *Memorial del convento* se imprimen en enero.

Anota en su agenda el 12 de enero: "Idea de *Historia del cerco de Lisboa* [*História do Cerco de Lisboa*]". Sin embargo, en una entrevista con José Carlos de Vasconcelos, en 1990, aclararía: "La primera idea del libro me surgió en 1974 o 1975, y tenía que ver sólo con una Lisboa cercada. No sabía qué cerco era ése, si el de 1383, si el de 1147, o cualquier otro, incluso un cerco que podría inventar. La idea pasó por varias fases, y hubo una —pero eso sería demasiado ambicioso— en que se procedería a la fusión de los dos cercos, colocando a los portugueses en una situación doble de sitiados y de sitiadores. Pero todo eso, probablemente, estaría fuera de mis posibilidades o no tendría interés ir por ahí, y acabé ocupándome del cerco de 1147". Hasta 1989, no publicará la novela.

En una entrevista a *Jornal de Letras, Artes e Ideias*, publicada en el número 50, de 18 de enero, se refiere, entre otras cosas, a su relación con el barroco y con el realismo, dos aspectos sustantivos de su escritura: "Veo el barroco como una desesperada búsqueda de claridad. El objetivo del barroco no es el de confundir, es el de volver claras las cosas. Sólo que en ese esfuerzo de aclarar, de llegar cada vez más cerca de aquello que se pretende, se cae en lo complicado. Los escritores latinoamericanos, por ejemplo, nos sorprenden a cada momento y nos muestran cómo el barroco puede ser realista y el realismo puede ser barroco. De la misma manera que pienso que no hay nada fuera de la Historia, también pienso que no hay nada fuera del realismo".

Da una entrevista a *O Jornal* (Lisboa) el 28 de enero, en la que subraya la capacidad de fascinación que la realidad ejerce sobre él: "Para mí, el mundo es una especie de enigma constantemente renovado. Cada vez que miro, veo las cosas por primera vez. El mundo tiene mucho más que decirme de lo que yo soy capaz de entender. De ahí que me tenga que abrir a un entendimiento sin vallas, de manera que todo quepa en él". Dice considerarse "un realista de puertas abiertas", afirma que "fuera de la Historia no hay nada", puntualiza que con sus obras "no se trata de regresar a la novela histórica, sino de meter la novela en la Historia", y confiesa que "ve el tiempo como un acordeón. Así como el acordeón puede ser extendido o encogido, los tiempos pueden volverse contiguos unos de otros". Finalmente, alude al papel de su narrador omnisciente, tan característico: "Funciono un poco como espectador de lo que hago, espectador múltiple, que se desplaza a los diferentes espacios de acción que, como escritor, planteo. Puedo estar en la Passarola volando sobre Mafra y debajo de ella mirándola". El programa estético de Saramago aparece perfilado en un momento tan temprano como éste, en el que, sin embargo, la crítica de su país ya considera las novelas que ha publicado "extraordinarios monumentos literarios de la ficción posterior al 25 de Abril".

El periodista y escritor portugués Armando Baptista-Bastos le pregunta, en las páginas de *Correo do Minho*, qué es ser un escritor comunista o un comunista que es escritor y Saramago fija su posición respondiendo en la línea de lo que ha mantenido hasta la actualidad, que no debe haber ni contradicción ni interferencia entre una cosa y otra: "Es ser escritor no olvidando que se es comunista y ser comunista no olvidando que se es escritor. Es ser escritor y comunista sin necesidad de estar pensando que se es comunista y escritor".

La segunda edición de *Memorial del convento* se distribuye en las librerías el 24 de febrero.

Recopila información histórica en la Biblioteca Nacional, adonde acude con asiduidad los dos primeros meses del año.

Siguen apareciendo reseñas críticas sobre *Memorial del convento*. Saramago concede numerosas entrevistas sobre la novela a la prensa de su país.

En mayo, Caminho le comunica que la editorial Feltrinelli se ha interesado por los derechos de *Memorial del convento* y *Levantado del suelo* para traducirlos al italiano.

Participa en la Feria del Libro de Lisboa.

En junio, se imprime la cuarta edición de *Memorial del convento*, en septiembre, la quinta, y en diciembre, apenas un año después de su publicación, alcanza ya la sexta edición.

José Saramago en Ouro Preto (Brasil), 1983. Fotografía: BM Paula. Archivo Fundación José Saramago

Firma el contrato de cesión de derechos de *Levantado del suelo* en alemán con la editorial Aufbau el 21 de julio.

Viaja a Brasil el 25 de septiembre, para presentar *Memorial del convento*, editado por Difel. A partir de este título, sus libros serán editados allí por Companhia das Letras, convirtiéndose Luiz Schwarcz en su editor brasileño.

Llega a Rio de Janeiro, en cuyas Universidades interviene. Se traslada, luego, a Belo Horizonte —habla en la Universidad Católica y en la Casa de la comunidad portuguesa—, a Brasilia —donde participa en el lanzamiento del libro el día 30—, a Salvador de Bahia y a São Paulo.

Regresa a Lisboa el 7 de octubre.

Llega a La Habana el 11 de octubre. Permanecerá en la isla hasta el día 21.

Sale a la calle la segunda edición de *Manual de pintura y caligrafía* a mediados de diciembre.

Crece su actividad vinculada a la literatura, su presencia en los medios de comunicación y la difusión de su obra. Al mismo tiempo, reduce su militancia de manera significativa, aunque no su compromiso. Se considera, por esas fechas, un hombre "atento al flujo histórico y con cierto respeto por las cosas elementales, que son el tiempo, el sol, la tierra y las personas que están en ella".

La editorial Caminho publica sus traducciones *Remember Ruben*, de Mongo Beti, y *O Harmatão*, de Ousmane Sembène.

Atendiendo a las anotaciones que constan en su agenda personal correspondiente a este año, ve el siguiente cine: *Fontane Effi Briest*, de Rainer Werner Fassbinder (9.2.83); *Victor/Victoria*, de Blake Edwards (15.2.83); *Blade Runner*, de Ridley Scott (13.3.83); *Veredicto final*, de Sydney Lumet (22.3.83); *Gandhi*, de Richard Attenborough (5.4.83); *Fanny y Alexander*, de Ingmar Bergman (2.6.83); *Las amargas lágrimas de Petra Von Kant*, de Rainer Werner Fassbinder (5.10.83); *Cuatro amigos*, de Arthur Penn (25.10.83); *La vida es una novela*, de Alain Resnais (27.10.83); *Amarcord*, de Federico Fellini (2.11.83); y *Nunca digas nunca jamás*, de Irvin Kershner (24.12.83).

Cuaderno de tapas negras con notas de Saramago para la redacción de *El año de la muerte de Ricardo Reis, c.* 1983. Archivo Fundación José Saramago

1984 Nace su segundo nieto, Tiago, en febrero.

Interviene en la Facultad de Filología de la Universidad de Salamanca el 6 de abril, mientras que, los días 9 y 10, lo hace en la Universidad de Santiago de Compostela.

Concluye *El año de la muerte de Ricardo Reis* el 3 de mayo a las 18:40 horas, según anota en su agenda. Entrega el manuscrito a su editorial, Caminho, el 18 de junio.

Recibe el primer ejemplar de la traducción italiana de *Memorial del convento* en mayo, coincidiendo con la novena edición de la novela.

Asiste a la Feria del Libro de Coimbra, Oporto y Lisboa en la primera quincena de junio.

La editorial alemana Rowohlt, que en el futuro será su editora germana, se interesa por los derechos de *Memorial del convento* en julio.

La decimosegunda edición de *Memorial del convento* se imprime en agosto.

Página del mecanoscrito de *El año de la muerte de Ricardo Reis*, 1984. Archivo Fundación José Saramago

Viaja a Cuba el 9 de septiembre. Permanecerá en la isla hasta el día 21. Interviene en un encuentro internacional de literatura cubana celebrado en La Habana.

Caminho publica *El año de la muerte de Ricardo Reis* en octubre, que lo consagra como gran escritor. Se presentará en Oporto el 3 de noviembre. En poco más de un mes, sale a la calle la cuarta edición, habiéndose impreso, en total, 20.000 ejemplares.

Para ambientar la novela, se basa en los recuerdos de infancia que conservaba de la ciudad, además de documentarse en las páginas de *O Século*, visitar el hotel Bragança y el cementerio de Prazeres: "A pesar de tener apenas 13 años en 1936, mi memoria del ambiente general de la ciudad en esa época se mantiene bastante viva. Esa memoria fue el paño de fondo de que me serví para hacer actuar a mis personajes. Pero, tal como dije, la sustancia de los hechos la recogí en los periódicos, principalmente *O Século*, por las características populares que siempre lo distinguieron; mientras el *Diário de Notícias* afirmaba que era el periódico de mayor tirada, *O Século* se vengaba diciendo que era el de mayor circulación… No sólo visité el Hotel Bragança, en la Rua do Alecrim, sino que elegí la habitación —la 201— en la que se alojaría Ricardo Reis. Al [cementerio de] Prazeres fui también, claro. El resto tuvo que resolverlo la imaginación".

Sobre el significado de la obra comentaría: "Es el lugar donde pretendí, más allá de lo que el libro tenga —y tiene más cosas— decirle a Ricardo Reis: ¿Sabio es el hombre que se contenta con el espectáculo del mundo? Si tú crees eso, aquí tienes el espectáculo del mundo en el año de tu muerte, el año 1936. No significa esto, sin embargo, que Ricardo Reis vaya a dejar de ser quien es, pues se conserva contemplador hasta la última página y no es modificado por esa confrontación".

El mismo año de la publicación explicó la motivación de la narración: "Lo que me llevó al libro [*El año de la muerte de Ricardo Reis*] fue más una cuestión a resolver entre Ricardo Reis y yo que verdaderamente el caso Pessoa y los heterónimos, que es un asunto mucho más complejo de lo que yo podría haber planteado en un libro —que, por otra parte, excluye a todos los otros heterónimos, aunque haya meras alusiones o referencias a Álvaro de Campos y Alberto Caeiro— […] Lo que me intrigaba particularmente —y ya entonces era como si yo tomase a Ricardo Reis solo, como si él fuese un poeta que no tuviera nada que ver con Pessoa y los otros heterónimos— era, justamente, esa indiferencia en relación al mundo. Cuando pongo como uno de los epígrafes de esta novela 'Sabio es el que se contenta con el espectáculo del mundo', me refiero a algo que siempre me ha irritado. Pero entre Ricardo Reis y yo hay una especie de fenómeno de atracción y repulsión, porque, por otro lado, lo admiro incluso en su comportamiento en relación a la vida. Es como si en mí hubiera una necesidad de distancia, lo que parece altamente contradictorio con todo mi empeño político y militante —pero el hombre es el lugar de las contradicciones—".

En otra reflexión, a propósito de *El año de la muerte de Ricardo Reis*, pone en relación la obra con su país, profundizando en su sentido último: "Es un libro sobre la soledad, triste, sobre una ciudad triste, sobre un tiempo triste. En 1936, yo tenía catorce años, pero recuerdo la tristeza de esta ciudad y, sin abusar de las comparaciones, tal vez los lectores de hoy, en esta ciudad de hoy, sean capaces de encontrar algunas otras manifestaciones de tristeza y soledad. Si este libro tuviera que llevar un subtítulo —continúa Saramago—, podría ser 'Contribución al diagnóstico de la enfermedad portuguesa'. No sé muy bien qué enfermedad, ni siquiera estoy formulando un diagnóstico, apenas me propongo contribuir para que se haga: pero hay realmente, me parece, una enfermedad portuguesa, que no es sólo lisboeta, aunque tal vez asuma aquí sus formas extremas".

En la primavera de 1989, reconocerá que, hasta el momento es su publicación preferida: "El libro que más me gusta, aquel que está más dentro de mí, es *El año de la muerte de Ricardo Reis*. Me gusta *Memorial del convento*, que conecta bien con las personas, pero quizá sea *El año de la muerte de Ricardo Reis* el que todavía hoy más me emociona, tal vez por hablar de una época que nosotros [los portugueses] vivimos hace poco tiempo".

El año de la muerte de Ricardo Reis será traducida al alemán, árabe, arameo, bengalí, catalán, chino mandarín, danés, español, finés, francés, griego, hebreo, holandés, húngaro, inglés, italiano, japonés, lituano, noruego, polaco, rumano, ruso, serbio, sueco y turco.

Viaja a São Paulo el 5 de noviembre para participar en el lanzamiento de la edición brasileña de *El año de la muerte de Ricardo Reis*. Se traslada también a Rio de Janeiro para promocionar el libro. Regresa a Lisboa dos días después.

La editorial española Seix Barral se interesa por los derechos de *El año de la muerte de Ricardo Reis* en diciembre. Firmará el contrato en febrero del año siguiente.

Se traslada a Estados Unidos el 26 de diciembre. Interviene en la Universidad de Georgetown y luego visita Nueva York, entre el 31 de diciembre y el 6 de enero de 1985.

Se le concede el Premio de la Crítica del Centro Portugués de la Asociación Internacional de Críticos Literarios (AICL) por toda su obra.

Crece y se consolida su notoriedad como escritor en Portugal. Los medios de comunicación le solicitan numerosas entrevistas.

A esta altura, *Memorial del convento* cuenta con ediciones en Portugal —Caminho y Círculo de Leitores—, Brasil, Italia, República Federal Alemana, URSS y Francia. *Levantado del suelo* se ha traducido al alemán y editado en la antigua República Democrática Alemana, mientras que *El embargo* está publicado en la Unión Soviética.

Según las anotaciones que constan en su agenda personal correspondiente a este año, ve el siguiente cine: *La buena boda*, de Eric Rohmer (15.1.84); *Lili Marleen*, de Rainer Werner Fassbinder (31.1.84); *El año que vivimos peligrosamente*, de Peter Weir (12.2.84); *Zelig*, de Woody Allen (17.3.84); *Yentl*, de Barbara Streisand (26.3.84); *Vivamente el domingo*, de François Truffaut (13.4.84); *Marat-Sade*, de Peter Weiss (21.4.94); *El contrato del dibujante*, de Peter Greeneway (25.4.84); *La noche de Varennes*, de Ettore Scola (21.5.84); *La mujer del aviador*, de Eric Rohmer (26.5.84); *La sombra del actor*, de Peter Yates (6.6.84); *Identificación de una mujer*, de Michelangelo Antonioni (26.6.84); *Stalker*, de Andréi Tarkovsky (9.7.84); *¿Vencedores o vencidos?*, de Stanley Kramer (22.8.84); *Entre pillos anda el juego*, de John Landis (7.9.84); *Indiana Jones y el templo maldito*, de Steven Spielberg (22.9.84); *El Padrino II*, de Francis Ford Coppola (6.10.84); *Paris, Texas*, de Wim Wenders (27.10.84); *Hammett*, de Wim Wenders (16.11.84); y *La balada de Narayama*, de Shohei Imamura (4.12.84).

Como será habitual a lo largo de su vida literaria, mantiene abundante correspondencia.

1985 **Respondiendo** a invitaciones de universidades y centros culturales, se desplaza a Francia, España, Italia y Estados Unidos. A partir de mediados de la década de los ochenta, sus viajes serán numerosos y su prestigio nacional e internacional será creciente. Aumenta notablemente la difusión de su obra.

Se traslada a París el 30 de enero, y permanece en la capital francesa hasta el día 10 de febrero.

Viaja a Galicia entre el 13 y el 17 de marzo. Pronuncia una conferencia en la Facultad de Filología de la Universidad de Santiago de Compostela.

En mayo, recibe el primer ejemplar de la traducción española de *El año de la muerte* *de Ricardo Reis*, publicada por Seix Barral y realizada por Basilio Losada. Será su primer libro vertido al español.

Dos años más tarde, en 1987, se imprimirá la segunda edición, y este mismo año lo editará también Círculo de Lectores.

A partir del 13 de abril y hasta el 17 de mayo, viaja a Barcelona, Gerona, Arlés, Génova, Pisa, Roma, Perugia, Nápoles, Siena, Florencia, Padua, Venecia, Bolonia, Milán, Cannes y Oropesa.

Interviene en la Facultad de Magisterio de la Universidad de Roma, la Facultad de Letras y Filosofía de la Universidad de Perugia, el Liceo Científico Galeazzo Alessi de Perugia, el Instituto Universitario Oriental de Nápoles, la Facultad de Letras y Filosofía de la Universidad de Florencia, la Facultad de Letras de la Universidad de Padua y la Facultad de Arquitectura de la Universidad de Milán.

Participa en la Feria del Libro de Lisboa.

Es nombrado Comendador de la Orden Militar de Santiago de la Espada en su país en junio.

Firma el contrato de la edición española de *Memorial del convento* con la editorial Seix Barral en julio. Se publicará al año siguiente. Será también vertida al castellano por Basilio Losada, quien consigue el Premio Nacional de Traducción por esta obra en 1991.

Saramago en Venecia,
mayo de 1985.
Archivo Fundación José Saramago

Primera edición
en español de
*Memorial del
convento*,
Barcelona,
Editorial
Seix-Barral,
1986

Es su segunda traducción de Saramago al español, una tarea a la que dará continuidad hasta mediados de los noventa, desarrollando una ingente labor de aproximación de su literatura a la lengua española y convirtiéndose hasta entonces en el traductor español del escritor portugués.

Mantiene un encuentro con el escritor y crítico literario Óscar Lopes en el Espaço Aberto Povo Unido de Oporto el 28 de septiembre. Saramago denuncia la "subalternización" de Portugal con respecto a Europa, subrayando que la existencia de "un conjunto de circunstancias altamente desfavorables que nos pueden conducir a un estatuto subalterno que nunca conocimos: Portugal se volvería así una pequeña dependencia de Europa". Centrándose en su obra, aborda la relación entre Historia y Literatura, una constante en sus reflexiones y en su práctica narrativa: "Lo que yo quiero escribir se relaciona con los hechos y los hombres pasados, pero no en términos de arqueología. Lo que quiero es desenterrar hombres vivos. La Historia enterró millones de hombres vivos. Mi trabajo como escritor es el de levantar esos hombres vivos…". Después de reconocer que su tarea se resume en "volver las cosas más claras", se define como "un autor barroco: mi frase avanza en una especie de línea cicloide. No va en línea recta".

Viaja a Valladolid el 3 de octubre y permanece en la ciudad castellana hasta el día 5.

Invitado por la Universidad de California-Santa Bárbara, gracias a la mediación de Mécia de Sena, se desplaza a Estados Unidos en compañía, entre otros, de Vergílio Ferreira, Maria Velho da Costa, Maria Alzira Seixo, Ana Hatherly y Maria de Lourdes Belchior. Imparte una conferencia el 25 de octubre en la Universidad y toma parte en una mesa redonda un día más tarde. Durante las dos semanas siguientes, viaja a San Francisco y Nueva York, donde visita varios museos y da una conferencia en la Universidad de Columbia el 5 de noviembre. El día 7, regresa a Lisboa.

Se traslada a Sicilia para participar en un congreso sobre Alejo Carpentier en Catania los primeros días de diciembre. El 7, se presenta *El año de la muerte de Ricardo Reis* en Palermo y, al día siguiente, regresa a Lisboa.

Comienza a escribir *La balsa de piedra* [*A Jangada de Pedra*] el 13 de diciembre. Unas semanas antes, Seix Barral le había ofrecido editarla al mismo tiempo en Portugal y España.

Anota en su agenda el día 21: "¡Seix Barral interesada en la edición simultánea de *La balsa!*".
Había dejado constancia escueta del título definitivo de la obra también en su agenda el 2 de octubre.
El origen de la novela se remonta a 1982: "La idea nació en 1982, en un momento

en que Cremilde Medina vino para hacer una serie de entrevistas a escritores portugueses. Durante un almuerzo hablamos de las relaciones especiales que existen entre Portugal, España y América Central y del Sur, y comenzamos a imaginar lo que sucedería si, por ejemplo, uno de esos sabios locos inventaran un sistema fantástico que separara la Península de Europa…".

El título inicial sufre diversas alteraciones. A este respecto, Saramago comentaría a *Jornal de Letras, Artes e Idéias* en noviembre de 1986: "Comencé pensando llamarla *La balsa* [*A Jangada*]. Entretanto, recordé que Romeo Correia tenía un libro con ese título. Además de *El mar abierto* [*O Mar Aberto*], me surgieron otros títulos. En determinado momento, pensé también en *La gran piedra del mar* [*A Grande Pedra do Mar*], por ejemplo. El título es muy importante, es lo primero que necesito tener, como una especie de emblema, de diapasón…".

Recibe el Premio Pen Club 1985 por *El año de la muerte de Ricardo Reis* en su país.

Le es concedido el Premio de la Crítica 1985 por la Asociación Portuguesa de Críticos Literarios.

Preside la Asamblea General de la Sociedad Portuguesa de Autores (SPA) durante tres mandatos consecutivos, entre 1985 y 1994.

A partir de esta década, y, sobre todo, en las dos siguientes, se cruzará correspondencia más o menos periódica —por carta o a través del fax— con estudiosos y escritores como Jorge Amado —con quien mantuvo una estrecha y leal amistad—, Maria Alzira Seixo, Eduardo Lourenço, José Manuel Mendes, John Berger, Carlos Reis, Eugenio de Andrade, Carlos Fuentes y un largo etcétera de intelectuales y gente de la cultura.

Da a la imprenta la segunda edición, revisada y corregida, de *Probablemente alegría*, incluida por la editorial Caminho en su colección "El campo de la palabra".

Se publican sus traducciones *España. Pequeña Historia de grandes naciones* [*Pequena História das Grandes Nações. Espanha*], de Otto Zierer (Círculo do Livro) y la novela *Los románticos* [*Os Românticos: a Vida é Bela, meu Velho…*], de Nazim Hikmet (Caminho).

Atendiendo a las anotaciones que constan en su agenda personal correspondiente a este año, ve el siguiente cine: *Broadway Danny Rose*, de Woody Allen (9.1.85); *Kaos*, de los hermanos Taviani (30.1.85); *Las noches de la luna llena*, de Eric Rohmer (5.2.85); *Amadeus*, de Milos Forman (22.2.85); *Pauline en la playa*, de Eric Rohmer (24.3.85); *Pasaje a la India*, de David Lean (6.4.85); *Un amor en Alemania*, de Andrzej Wajda (6.6.85); *La chica del tambor*, de George Roy (8.6.85); *La sala de baile*, de Ettore Scola (13.6.85); *Ana*, de António Reis (15.6.85); *Amadis*, de Abel Neves (29.6.85); *Ellos y ellas*, de Joseph L. Mankiewicz (12.7.85); *Carmen*, de Carlos Saura (14.7.85); *Dune*, de

José Saramago, 1986.
Fotografía: Carlos Schwartz.
Archivo Fundación José Saramago

"Lo íntimo y lo real:
simulaciones e iluminaciones",
apunte mecanografiado, 1986.
Archivo Fundación José Saramago

David Lynch (27.8.85); *La extravagante Sara*, de John Cassavetes (12.10.85); *La rosa púrpura de El Cairo*, de Woody Allen (13.10.85); *El jinete pálido*, de Clint Eastwood (24.11.85); *Regreso al futuro*, de Robert Zemeckis (21.12.85); y *El mundo de Bimala*, de Satyajit Ray (28.12.85).

1986 **Interviene** en la Facultad de Letras de Coimbra el 16 de enero, reflexionando sobre las relaciones entre Historia y ficción, uno de los grandes temas que plantea su narrativa.

Comparte mesa, en el Círculo de Bellas Artes de Madrid, con César Antonio Molina y José Antonio Llardent para hablar de su obra el 20 de febrero.

Termina su relación con Isabel da Nóbrega.

Inicia la redacción de las crónicas "La letra del letrero" ["A Letra da Tabuleta"] en *Jornal de Letras*. En el artículo "Los individuos normales" ["Os indivíduos normais"], publicado originalmente el 10 de marzo de 1986 e incluido, con posterioridad (1999), en la recopilación de artículos *Hojas políticas. 1976-1998,* explicitará el sentido de las palabras que darán nombre a su nueva columna de opinión: "Vivo y quiero vivir de mi trabajo de escritor, reclamo ese derecho y acepto ese deber. Y llevo las cosas hasta el extremo de colocar en la cabecera de esta página, como compromiso y como anuncio, cuatro palabras de vuelo muy corto, muy pacíficamente artesanales: La letra del letrero. La letra es la del escritor, el letrero es el del oficio. Pago puntualmente mis impuestos, hagan pues, el favor de respetar a este obrero".

El 19 de marzo, viaja a Tenerife (Islas Canarias), por primera vez, para impartir una conferencia en la sede local de la Universidad Internacional Menéndez Pelayo al día siguiente, en tanto que, por la noche, participa en una mesa redonda organizada en el Círculo de Bellas Artes de Santa Cruz de Tenerife. Se encuentra con Domingo Pérez Minik, Jorge Rodríguez Padrón, Luis Goytisolo y Luis Suñén. Sube al Teide y visita La Laguna, La Orotava y el Puerto de la Cruz el sábado 22. Regresa a Lisboa al día siguiente.

Viaja a Sevilla y Granada a finales de marzo.

Recorre Cabo Verde entre el 11 y el 23 de abril. El día 17, se organiza un coloquio sobre su trabajo literario.

Da una conferencia en la Universidad Nova y asiste a la Feria del Libro de Lisboa.

Pilar del Río y José Saramago en la época en que se conocieron, 1986.
Archivo Fundación José Saramago

Hace una pequeña gira por Alemania del 3 al 8 de junio: Colonia, Düsseldorf, Bonn y Frankfurt. Lee textos suyos y dialoga con el público en la Biblioteca Central de Colonia, la Universidad de Colonia y la Biblioteca Central de Frankfurt.

El 14 de junio, conoce a la periodista española Pilar del Río en Lisboa y comienza una etapa fundamental de su vida, como él mismo reconocerá en 1998: con "la aparición de Pilar, fue un mundo nuevo el que se abrió". Dos años antes, en

Agenda personal de José Saramago, año 1986, abierta por el 14 de junio,
día en que conoce a su esposa Pilar del Río.
Archivo Fundación José Saramago

una larga conversación con Baptista-Bastos recogida en libro, le había comentado a su amigo: "Diría que viví todo lo que viví para poder llegar a ella. Pilar me dio aquello que yo ya no esperaba alcanzar en la vida. La conocí en 1986 y ya vamos camino de siete años de auténtica felicidad. Miro para lo que viví antes y veo todo eso como si hubiese sido una larga preparación para llegar a ella. Por consiguiente, decirte que es la esposa, la amante, la compañera, la amiga… todo eso, apenas sería un intento de decir lo que verdaderamente es. Nuestra relación es otra cosa, no cabe en esas categorías". En 2003, resumiría el cambio radical e inopinado que supuso la relación en su vida: "Con 63 años, cuando ya no se espera nada, encontré lo que me faltaba para pasar a tenerlo todo [Pilar]". La centralidad de su esposa en su vida quiso resumirla en 2008 haciendo un juego de palabras pleno de significado: "Pilar ha sido, y espero que continúe siéndolo, mi pilar. Además de ser íntimamente mi Pilar, es también mi pilar".

Con el paso del tiempo, los relojes de su casa de Lanzarote se mantendrán detenidos a las cuatro de la tarde. En 2003, explicará el escritor: "Es la hora en que Pilar y yo nos dimos cita por primera vez. Pilar es el centro de mi vida desde que la conocí hace 17 años. Fue idea mía parar los relojes de esta casa a las cuatro de la tarde. Eso no significa que el tiempo se haya quedado ahí, sino que es como si el reloj marcara la hora en la que el mundo empezó".

Durante la década de los ochenta, es relativamente frecuente que asista a representaciones teatrales en Lisboa.

Giovanni Pontiero le remite el texto de la traducción inglesa de *Memorial del convento* en junio.

Se publica la cuarta edición portuguesa de *Viaje a Portugal*.

Recibe el Premio Dom Dinis de la Fundación de la Casa de Mateus, por *El año de la muerte de Ricardo Reis*, en Vila Real en julio.

En su discurso, tras agradecer a cuantos "trabajaron y lucharon para hacer de esta tierra un país libre" y presentarse como "un escritor ideológicamente caracterizado y políticamente activo", critica el atraso de su país, afectado por "gravísimas dificultades económicas y culturales", que lo hacen "el más atrasado de Europa". "Ninguna gloria pasada o sueño futuro puede ignorar la dura realidad", sentencia. Reclama, a continuación, el reconocimiento de la cultura por parte de los poderes públicos, además de nuevas condiciones que mejoren la situación: "Los escritores y los artistas portugueses en general trabajan, y trabajan mucho. Que ese trabajo sea reconocido es lo mínimo que podemos exigir de quien gobierne. Y a partir de ahí no debe tratarse de un simple reconocimiento, a partir de ahí son necesarias condiciones diferentes, ideas nuevas, alterar la rutina, osadía en las concepciones, coraje en los gastos […] El poder debe tirarse al agua, debe arriesgar, debe mojarse. La cultura, lo saben los países ricos, produce beneficios. Un país puede ser pobre, y es eso lo que somos, pero no tiene por qué ser fatalmente mezquino, y es eso lo que hemos sido".

En el tramo final de su intervención, defiende una idea crítica de cultura, entendida como conciencia incómoda: "Cuidado, no cedamos a la tentación unanimista de considerar la cultura un campo de consenso. Por el contrario, asumamos, como ahora se suele decir, su carácter eminentemente conflictivo. ¿Si ni siquiera el patrimonio histórico […] consigue ser un punto de encuentro pacífico […] cómo podría ser pacífica y consensual la cultura creada en nuestro tiempo si ella es, y no puede dejar de serlo, reflejo, aunque sea inmediato, de las tensiones y oposiciones inseparables de una sociedad viva? […] Yo sé, lo sabemos todos, que el consenso es tranquilizador, pero esa tranquilidad es engañosa, ilusoria, y, sobre todo, nos distrae de los verdaderos problemas. Aceptar o promover lo que algunos han llamado consenso cultural es intentar conciliar contrarios absolutos. La cultura debe vivir plenamente sus propias contradicciones".

Concluye *La balsa de piedra* el 10 de agosto, a las 17:45 h., tal y como anota en su agenda. Entrega el manuscrito a la editorial Caminho dos días más tarde.

Viaja a Brasil del 18 al 27. Llega a Rio de Janeiro, donde participa en un congreso de literatura el día 20, para trasladarse luego a São Paulo. Allí da una conferencia de prensa el 25 y, al día siguiente, firma autógrafos.

Interviene en un coloquio sobre su obra con Lucia Stegagno-Picchio y Rita Desti a finales de agosto en Milán.

Participa, como cada año, en la Fiesta del *Avante!* los días 6 y 7 de septiembre.

Se presenta en la República Federal Alemana (RFA) la traducción de *Memorial del convento,* realizada por Andreas Klotsch e impresa por Rowohlt, cuya primera edición de 10.000 ejemplares se agota en pocas semanas. Saramago viaja a Hamburgo el 11 de septiembre para promocionar la novela durante una semana. Un mes más tarde, regresará a la RFA para continuar, entre el 10 y el 24 de octubre, con el lanzamiento del libro, dando entrevistas y participando en encuentros y lecturas de su texto en diversas ciudades: Berlín occidental, Colonia, Aachen, Frankfurt, Heidelberg y Munich.

Por su parte, la editorial Aufbauwerlag publica *Memorial...* en la República Democrática Alemana (RDA), empleando la misma traducción de la RFA. El escritor permanecerá en Berlín oriental difundiendo su obra del 12 al 14 de octubre.

Recibe ejemplares de *La balsa de piedra* el día 28. Se presenta en Lisboa el 12 de noviembre. La primera edición tiene una tirada de 40.000 libros, un hecho inédito en Portugal.

Sobre el propósito de la novela, comentaría el escritor: "Pero aquello que *La balsa...* intenta mostrar no es tanto la separación de Europa. Es cierto que el libro es,

Saramago firmando ejemplares de *La balsa de piedra*, Lisboa, 1986. Archivo Fundación José Saramago

y eso lo confirmo, el testimonio de un acontecimiento histórico. Europa no nos concedió importancia a lo largo de los últimos siglos y es como si dijéramos: 'Bien, ustedes no nos prestaron atención, pues entonces nos vamos a otro lugar'. Pero ésta es una lectura demasiado obvia y la cuestión que está ahí es otra y tiene que ser vista exactamente a la luz del lugar donde la Península Ibérica, después de hacer todo aquel viaje, se fija, que es entre África y América del Sur. Por tanto, el objetivo es mostrar que nosotros, los peninsulares, tenemos raíces, tenemos lazos culturales y lingüísticos justamente en esa región. Digamos entonces que hacer de la Península Ibérica una balsa en esa dirección sería la propuesta que el autor hace en ese libro, que es renovar el diálogo con los pueblos hermanos. Pero sin ningún propósito de neocolonialismo".

Atendiendo a la pregunta de un periodista brasileño, afirmaría en la *Folha de São Paulo* en diciembre de 1986: "En lo que a mí respecta y a *La balsa de piedra*, hay tres partes. La primera es que la Península Ibérica no pertenece a Europa por una cuestión de identidad. La segunda, y que para mí es vital, es que es necesario que nos aproximemos a los pueblos que son resultado de nuestras aventuras por el mundo. Y la tercera, ya en un nivel existencial, es la relación entre lo nuevo y lo viejo, lo antiguo y lo moderno".

Con *La balsa de piedra*, insiste en plantear situaciones narrativas a partir de acontecimientos insólitos e ideas fuertes. En este caso, con el desgajamiento de la Península Ibérica de Europa y su inmediata deriva atlántica hasta quedar varada en el océano, no sólo pretende poner de manifiesto su concepción iberista —o, mejor, su *trans-iberismo*, o sea, un iberismo que se relaciona con África y con América—, sino invitar a Europa a desarrollar una vocación Sur de la que carece.

La balsa de piedra ha sido traducida al alemán, árabe, bengalí, catalán, coreano, danés, español, finés, francés, griego, hebreo, hindi, holandés, húngaro, inglés, italiano, noruego, polaco, rumano, ruso y turco.

Viaja a España el 17 de noviembre. En el marco de un coloquio sobre Fernando Pessoa, imparte una conferencia en la Caixa de Pensiones (Barcelona) el día 18. Dos días más tarde, estará en Andalucía, donde hasta el día 26 se moverá, entre Granada y Sevilla, en compañía de Pilar del Río. En la Universidad de Granada da dos conferencias, una sobre su ficción y otra sobre su poesía. Concede numerosas entrevistas.

Parte para Brasil el 28, donde participará en el lanzamiento de la edición local de *La balsa de piedra*, el 2 de diciembre en São Paulo, el 5 en Brasilia y, entre los días 8 y 10, en Rio de Janeiro.

Según las anotaciones que constan en su agenda personal correspondiente a este año, ve el siguiente cine: *La historia oficial*, de Luis Puenzo (18.2.86); *Sangre fácil*, de Joel y Ethan Coen (16.8.86); *Derzu Uzala*, de Akira Kurosawa (7.9.86); *Hannah y sus hermanas*, de Woody Allen (4.10.86); *Ven y mira*, de Elem Klimov (6.10.86); *Agonía*, de Elem Klimov (7.10.86); *Érase una vez en América*, de Sergio Leone (1.11.86); y *Ran*, de Akira Kurosawa (28.12.96).

1987 **En** enero, concluye *La segunda vida de Francisco de Asís*, un pieza teatral en dos actos, que será representada en el Teatro Aberto (Lisboa) y editada por Caminho. Plantea el regreso a la Tierra de Francisco de Asís, santo de la pobreza, que encuentra su Orden convertida en una gran empresa centrada en obtener beneficios. Su actividad contra esta situación se desenvolverá en un contexto de contradicciones modernas.

Saramago ha explicado el origen de la obra: "*La segunda vida de Francisco de Asís* nace bastantes años antes, de un suceso desagradable, en Asís, cuando estuve allí, en un claustro, con dos frailes franciscanos vendiendo baratijas religiosas, estampitas, crucifijos y rosarios. Y como ya es un lugar común decir que no hay nadie tan escrupuloso en materia de religión como un agnóstico o un ateo, aquello me chocó: ¿Entonces Francisco de Asís, el santo, era la pobreza, estos tipos están aquí vendiendo esto? Debían hacerlas y regalarlas, en todo caso". Con ocasión de su estreno en 2001, profundizaría en su sentido, haciendo de paso una crítica de la Iglesia: "Cuando Francisco regresa esta segunda vez a la vida, encuentra una situación dramática, una Iglesia y una compañía muy diferente de las que él había dejado, e inicialmente querría volver a la pureza de los orígenes, pero los tiempos han cambiado, y se ve obligado a tomar conciencia de la imposibilidad de volver atrás [...] Si la pobreza de Francisco en los comienzos podía ser una pobreza santa, evangélica y, como tal, llena de valor y de significado, lo que él mismo tendrá ocasión de descubrir, en el conflicto que nacerá en su segunda vida con sus antiguos compañeros, es que ya no se puede mantener de ningún modo que sea santa, como afirma aún, hipócritamente, la Iglesia".

La segunda vida de Francisco de Asís se traduce al español y al italiano.

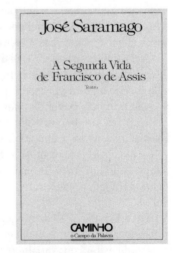

Portada de la primera edición de la obra de teatro *La segunda vida de Francisco de Asís*, Lisboa, Editorial Caminho, 1987

Se traslada a Sevilla a finales de enero. Con frecuencia, pasará los fines de semana en la ciudad andaluza, donde reside Pilar del Río.

Viaja a París el 10 de febrero. Interviene en la Universidad de la Sorbona el día 12.

Visita Brasil entre el 24 de febrero y el 5 de marzo —Salvador de Bahía, São Paulo y Rio de Janeiro—.

Viaja a la RDA del 5 al 9 de mayo. Regresa a Lisboa por Madrid y Salamanca, en cuya Biblioteca Municipal participa en un coloquio sobre su obra el día 12.

Mientras pasa unos días en Sevilla en mayo, tiene una ilusión óptica y, en un quiosco de la calle Sierpes, cree ver escrito "El Evangelio según Jesucristo [O Evangelho segundo Jesus Cristo]". Es el día 25. Deja constancia del episodio en su agenda. Recordaría su experiencia en una entrevista concedida al diario *Público,* en 1991: "[*El Evangelio según Jesucristo*] nació de una ilusión óptica ocurrida en Sevilla en mayo de 1987, cuando, atravesando una calle en dirección a un quiosco de prensa que se encontraba al otro lado, y gracias a mis pésimos ojos —porque si yo tuviese una visión perfecta hubiera visto sólo lo que allí estaba—, leí nítidamente: 'El Evangelio según Jesucristo'. Seguí, sin darme mucha cuenta. Me detuve un poco más adelante y dije para mí: 'No puedo haber leído lo que leí'. Volví sobre mis pasos para asegurarme de que, efectivamente, allí no había nada: ni Evangelio, ni Jesús, ni Cristo, y mucho menos en portugués. Después estas cosas van creciendo, crecen dentro de nosotros, se convierten en libros de cuatrocientas cincuenta páginas, como éste". Tras esta circunstancia, que dará origen al libro, es durante un viaje a Bolonia cuando le surge el argumento, mientras recorría la pinacoteca de la ciudad: "Después de meses sin saber lo que podría hacer con la idea del *Evangelio*, nacida en Sevilla, toda la secuencia del libro —en fin, casi toda— se me presentó con una claridad fulgurante. Estaba en la pinacoteca, había visto las pinturas de la primera sala a la izquierda de la entrada y fue al pasar a la segunda (¿o habría sido a la tercera?) cuando los pilares fundamentales de la narrativa se me definieron con tal simplicidad, que aún hoy me pregunto cómo no había visto antes lo que allí me parecía obvio".

Participa en la Feria del Libro de Oporto y en la de Lisboa a finales de mayo.

Recibe el Premio Grinzane-Cavour de Narrativa Extranjera Contemporánea Traducida y Publicada en Italia por *El año de la muerte de Ricardo Reis* en junio. Viaja por Italia —Milán, Roma, Verona, Padua— del 4 al 14. Los días 5 y 6, se traslada a Grinzane-Cavour para participar en la ceremonia de entrega del Premio.

Asiste al Congreso Internacional de Intelectuales y Artistas celebrado en Valencia entre el 14 y el 20 de junio.

Se traslada a Belo Horizonte (Brasil) entre el 6 y el 15 de agosto.

Da comienzo a *Historia del cerco de Lisboa* el 28 de agosto, una novela cuya escritura le llevará catorce meses.

Es invitado al Congreso de la Lengua Gallego-Portuguesa celebrado en Galicia a finales de septiembre.

Traducida por Basilio Losada y editada por Seix Barral, *La balsa de piedra* se pone a la venta en las librerías españolas el día 30 de septiembre. Este mismo año, se hace una segunda edición, imprimiéndose la quinta en 1992.

Interviene en un congreso sobre Iberoamérica organizado en Sevilla la primera semana de octubre.

Viaja a Barcelona y a Suecia la segunda quincena de octubre. Imparte un seminario y una conferencia en la Universidad de Estocolmo.

Pronuncia una conferencia en el Palacio de la Madraza el 24 de noviembre, organizada por la Universidad de Granada.

Recorre Madrid, Salamanca, Barcelona y Sevilla del 14 al 18 de diciembre.

Azinhaga, la aldea donde nació, le da su nombre a una calle.

Se publica, en Estados Unidos, la primera traducción al inglés de una obra de Saramago: *Memorial del convento*, realizada por Giovanni Pontiero e impresa por Harcourt Brace Jovanovich. Al año siguiente, aparecerá en Inglaterra, con el sello Cape, aunque Harvill se convertirá pronto en su editorial, difundiendo también una nueva edición de *Memorial del convento* en 1998, con la traducción revisada por Pontiero, que incorpora numerosas sugerencias del autor. A partir de ahora, sus grandes libros se irán vertiendo al inglés y se distribuirán tanto en Estados Unidos como en Gran Bretaña. Giovanni Pontiero será su traductor hasta su fallecimiento el 10 de febrero de 1996, dejando realizada, pero sin editar aún, *Ensayo sobre la ceguera*. Tomará el relevo Margaret Jull Costa, cuya primera tarea encomendada por el editor será la de revisar la traducción que Pontiero deja hecha en primera versión.

Las novelas se editan en lengua inglesa por el siguiente orden: *El año de la muerte de Ricardo Reis* (EE. UU., Harcourt Brace Jovanovich, 1991 y R. U., Harvill, 1992); *El Evangelio según Jesucristo* (R. U., Harvill, 1993 y EE. UU., Harcourt Brace, 1994); *Manual de pintura y caligrafía* (R. U., Carcanet, 1994); *La balsa de piedra* (R. U., Harvill, 1994 y EE. UU., Harcourt Brace, 1995); *Historia del cerco de Lisboa* (EE. UU., Harcourt Brace, 1996 y R. U., Harvill, 1996); *Ensayo sobre la ceguera* (R. U., Harvill, 1997 y EE. UU.,

Harcourt Brace. 1998); *Todos los nombres* (EE. UU., Harcourt Brace, 1999 y R. U., Harvill, 1999, trad. de Margaret Jull Costa); *El cuento de la isla desconocida* (Portugal, Assirio & Alvim, 1997; R. U., Harvill, 1999; y EE. UU., Harcourt Brace, 1999, trad. de Margaret Jull Costa e ilustraciones de Peter Sís); *Viaje a Portugal* (R. U., Harvill, 2000 y EE. UU., Harcourt, 2000, trad. de Amanda Hopkinson y Nick Caistor); *La caverna* (R. U., Harvill, 2002 y EE. UU., Harcourt, 2002, trad. de Margaret Jull Costa); *El hombre duplicado* (R. U., Harvill, 2004 y EE. UU., Harcourt, 2004, trad. de Margaret Jull Costa); *Ensayo sobre la lucidez* (R. U, Harvill, 2002 y EE. UU., Harcourt, 2002, trad. de Margaret Jull Costa); y *Las intermitencias de la muerte* (R. U., Harvill Secker, 2008, trad. de Margaret Jull Costa).

Intercambia abundante correspondencia a lo largo del año, como es habitual.

Según las anotaciones que constan en su agenda personal correspondiente a 1987, ve el siguiente cine: *Alrededor de la medianoche*, de Bertrand Tavernier (22.1.87); *El nombre de la rosa*, de Jean-Jacques Annaud (31.1.87); *El año de las luces*, de Fernando Trueba (1.2.87); *Tata mía*, de José Luis Borau (14.2.87); *La ley del deseo*, de Pedro Almodóvar (2.3.87); *La playa de los perros*, de José Fonseca e Costa (12.3.87); *Platoon*, de Oliver Stone (10.4.87); *Sin perdón*, de Clint Eastwood (12.4.87); *El sur*, de Víctor Erice (6.7.87); *Y la nave va*, de Federico Fellini (24.7.87); *Días de radio*, de Woody Allen (29.8.87); *Pixote, la ley del más débil*, de Héctor Eduardo Babenco (17.10.87); *Sacrificio*, de Andréi Tarkovsky (12.12.87); y *Mélo*, de Alain Resnais (20.12.87).

1988 **Recupera** el manuscrito extraviado de su novela inédita *Claraboya* el 7 de enero, tras recibir una carta de Editora Nacional de Publicidade (ENP) en la que le comunican la aparición del texto en sus archivos y su interés en publicarlo, propuesta que desechó. En el libro de conversaciones con Juan Arias, comentará: "La tengo aquí [*Claraboya*] y no se publicará mientras viva. Si la otra novela [*Tierra del pecado*] se reedita ahora, es porque ya estaba publicada, aunque ni siquiera la incluía en mi bibliografía".

Viaja a Barcelona el 20 de enero y cuatro días más tarde vuela a La Habana, de donde regresa el 29.

Interviene en la Fundación Joan Miró (Barcelona) el 1 de marzo.

Sus estancias, breves, en Sevilla, Granada —donde coincide con Pilar del Río— Madrid y Barcelona se suceden con asiduidad. Asimismo, se intensifican sus relaciones con los medios de comunicación y la cultura española.

Visita Rusia entre el 5 y el 14 de abril. En Moscú, participa en reuniones con la Unión de Escritores Soviéticos y con la Unión de Cineastas. Imparte una conferencia en la Facultad de Letras de la Universidad de Moscú. Conoce Tashkent, Auca y Samarcanda.

Recorre diversas ciudades de Latinoamérica entre el 21 de abril y el 7 de mayo: Buenos Aires, São Paulo, Rio de Janeiro y Brasilia. Habla en varias universidades y promociona su obra.

Se desplaza a Burdeos del 14 al 19.

Participa en la Feria del Libro de Lisboa y La Coruña.

Imparte una conferencia en Roma el 30 de mayo en el marco de un coloquio literario compartido con diversos escritores y profesores españoles.

Del 11 al 14 de junio, permanece en Caracas (Venezuela). Pronuncia una conferencia en la Fundación Centro de Estudios Latinoamericanos Rómulo Gallegos el día 13.

Aparece la traducción catalana de *Memorial del convento*, realizada por Joseph Daurella y publicada por Edicions Proa.

Se mueve por distintas ciudades de España entre el 25 de junio y el 16 de julio: Sevilla, Valencia, Pamplona —asiste a las Fiestas

Saramago en su piso de la Rua dos Ferréiros, Lisboa, *c.* 1988.
Archivo Fundación José Saramago

de San Fermín— y Madrid. Interviene en la sede local de la Universidad Internacional Menéndez Pelayo de Valencia, coincidiendo con su inauguración. Participa en una tertulia y da una conferencia sobre la ficción como Historia y la Historia como ficción, o sea, como construcción parcial, un asunto mayor en su concepción de la novela, que afecta a su relativización de las verdades históricas, su escepticismo radical y su reivindicación de la perspectiva. En diversas ocasiones, ha abordado la cuestión, a la que se ha referido también en entrevistas que ha concedido. En 1989, declaraba: "La historia no es una ciencia. Es ficción. Voy más lejos: al igual que sucede en la ficción, hay un intento de reconstruir la realidad mediante un proceso de selección de materiales. Los historiadores presentan una realidad cronológica, lineal. Pero la verdad es que se trata de un montaje basado en un punto de vista". La lectura de Georges Duby, al que tradujo, influyó en su convicción de que los límites entre Literatura e Historia no son precisos:

"Fue ahí donde pude darme cuenta cómo no resulta tan fácil distinguir lo que llamamos ficción de lo que llamamos Historia. La conclusión, acertada o no, a la que llegué es que, en rigor, la Historia es una ficción. Porque, siendo una selección de hechos organizados de una determinada manera para volver coherente el pasado, es también la construcción de una ficción", comentaría también en 1989. De ahí que defienda la narrativa como una forma de Historia, susceptible de contribuir a completar nuestro conocimiento de la realidad. Así lo expresaría en una entrevista concedida a *El País* en 1994: "Sí, yo pienso que sí [que la ficción puede llegar a corregir o enmendar la Historia]. Enmendarla no en el sentido de poner un hecho en lugar de otro, sino de presentar algo más que no está en la Historia y, al integrarlo, cambia el hecho en sí, sin tocarlo. Un historiador ha dicho A y yo le agrego B y C, pero no excluyo A, sigue allí, sólo que, al enfrentarse con B y C, cambia necesariamente, porque los puntos de vista se multiplican".

Junto a otros intelectuales del Partido Comunista Portugués —Urbano Tavares Rodrigues, Baptista-Bastos, Mário de Carvalho, António Borges Coelho, Joaquim Gomes Canotilho, Mario Viera de Carvalho, António Hespanha…—, en junio, suscribe el "Documento de la Tercera Vía", que apuesta por un proceso de apertura interna en el Partido Comunista Portugués.

A finales de julio, interviene en la Facultad de Letras de Lisboa, una institución educativa con la que, con relativa frecuencia, colabora, a través de conferencias y encuentros.

Asiste a la fiesta anual del Partido Comunista Portugués.

En octubre, Seix Barral publica la traducción española de *Levantado do Chão*, que, con el título de *Alzado del suelo*, realiza Basilio Losada. En 1994, se imprimirá la segunda edición. A partir de 1999, lo editará Alfaguara con el título *Levantado del suelo*, dentro de la colección "Biblioteca Saramago".

César Antonio Molina publica una atenta reseña del libro en *Diario 16* en noviembre, señalando que el autor "en *Alzado del suelo*, superaba su militancia política mediante una obra que, sin dejar de estar comprometida con su pensamiento de izquierda, iba más allá de las formas realistas o neorrealistas que invadieron gran parte de la narrativa lusa de las últimas décadas". Haciendo un análisis en perspectiva de la literatura de Saramago anota: "Para mí hay tres momentos decisivos en su labor novelesca. La publicación del *Manual de pintura y caligrafía* (1977), todavía inédito en español, después del interesantísimo experimento de prosa poética que significó *El año de 1993* (1975), *Levantado del suelo* (1980) que ahora ve la luz entre nosotros, y *El año de la muerte de Ricardo Reis* (1984). En el *Manual*, la personalidad original y creadora de Saramago comienza a tomar cuerpo después de tantos momentos dubitativos. Éste es realmente el primer volumen de largo aliento. El autor reconstruye a su medida el discurso narrativo, que pasa a ser, a partir de aquí, único pero a la vez plural, haciendo girar en torno al mismo los diferentes puntos de vista; y, finalmente, toma la Historia como un testigo acrónico de los acontecimientos del presente. La Historia no como recreación de la misma, sino como superación de sus complejos".

Se casa con Pilar del Río en Lisboa el 29 de octubre.

Viaja a Francia entre el 6 y el 19 de noviembre. En París, concede numerosas entrevistas —*Le Monde*, *Libération*, *Radio France Culture*, *Radio Alfa*, Agencia *France-Presse*...— e interviene en el Centro Nacional de las Letras. Luego, se desplaza a Arlés, donde participa en un debate sobre la novela portuguesa; a Aix-en-Provence, en cuya Universidad da una conferencia; a Marsella y Montpellier, para hablar en la Biblioteca Municipal; a Grenoble, en cuya Universidad Grenoble II UFR de las Ciencias Sociales y Humanas da una charla; y a Estrasburgo, donde firma libros.

Acude con regularidad a las asambleas de la Sociedad Portuguesa de Autores (SPA).

Atendiendo a las anotaciones que constan en su agenda personal correspondiente a este año, ve el siguiente cine: *Ojos negros,* de Nikita Mikhalkov (15.2.88); *El manantial de las colinas*, de Claude Berri (17.2.88); *Mujeres al borde de un ataque de nervios*, de Pedro Almodóvar (29.3.88); *La familia*, de Ettore Scola (30.3.88); *Gente de Dublín*, de John Huston (13.8.88); *La casa de Carrol Street*, de Peter Yates (15.8.88); y *La mujer del prójimo*, de José Fonseca e Costa (23.11.88).

1989 **Concluye** *Historia del cerco de Lisboa* el día 14 de febrero a las 18:30 h.

Se desplaza a Galicia la segunda semana de marzo e interviene en las Facultades de Filología e Historia de la Universidad de Santiago de Compostela.

Pronuncia una conferencia en el Colegio Mayor Francisco de Sande (Cáceres) el 13 de marzo.

A finales de marzo, viaja a Sevilla, Granada y Málaga, donde imparte la charla "Escribir en Europa, escribir en Portugal".

Recibe los primeros ejemplares de *Historia del cerco de Lisboa* el 4 de abril. Se hace una edición de 50.000 libros.

Será presentada el día 20 de ese mismo mes en la sala ojival del Castillo de São Jorge (Lisboa), con la presencia de numerosos escritores, pintores, editores y políticos portugueses: Eduardo Lourenço, Lídia Jorge, Vasco Graça Moura, Nelson de Matos, Graça Morais, Ramalho Eanes, Mário Soares, Teresa Gouveia, Vital Moreira...

En la narración, se entrecruza la historia del anodino corrector de textos Raimundo

Agenda personal de
Saramago, 1989.
Archivo Fundación
José Saramago

Silva, que un día decidirá cambiar un *sí* por un *no* en un texto histórico y dará además un vuelco a su vida enamorándose, con el episodio de la derrota de los moros y la reconquista de Lisboa en 1147. La Historia y el tiempo contemporáneo conviven en una obra en la que lo colectivo y lo individual se funden, a partir de la subversión que provoca el cambio de una afirmación por una negación.

Sobre esta novela, en la que continúa dialogando con la Historia desde el presente, escribiría en sus *Cuadernos de Lanzarote I (1993-1995). Diario III. 1995*: "*Historia del cerco de Lisboa* [...] es un libro contra los dogmas, esto es, contra cualquier propósito de enarbolar como definitivo e incuestionable aquello que precisamente siempre definió lo que llamamos condición humana: la transitoriedad y la relatividad". De otro modo, se explicará en una entrevista: "La idea central, más allá de todo esto, es algo que me ha preocupado siempre, que tiene que ver con la verdad y con la mentira, con lo cierto y con lo falso, porque qué difícil es trazar la frontera entre aquello que llamamos verdad y lo que no lo es".

Asimismo, se ha referido a la compleja estructura interior de la obra señalando tres capas concéntricas: "Pienso que este libro se puede representar gráficamente a través de una serie de muros circulares, unos dentro de otros. Está, a la vista, un libro que se llama *Historia del cerco de Lisboa*, que irá en las librerías, y que yo escribí; está una *Historia del cerco de Lisboa* de la que es autor el narrador, pues [...] de la historia que el corrector escribió nunca sabemos nada; y está, finalmente, la historia del revisor, que él mismo es un hombre también cercado por su propia timidez, por su propia inadecuación a la vida".

Con ocasión de la publicación de la novela —en la que explora el valor del *no*—, insistirá en la estrecha conexión de su ficción con la cultura portuguesa, sin duda una característica del ciclo narrativo inaugurado con *Levantado del suelo*, que, de alguna manera, se cierra ahora: "Lo que me gusta es que mis historias son de aquí. Las hago de aquí porque quiero que ellas hablen de aquí, y por eso —y parece que es lo que está sucediendo, y tal vez el país gane con eso— los extranjeros van a leer unos libros en que se habla de la gente concreta que somos nosotros. En el fondo lo que quiero ser, lo que quiero seguir siendo, es un escritor portugués, en el sentido exacto que la palabra tiene. Si mis libros se hacen conocidos fuera, eso no me despegará de lo que hago y de lo que aquí soy. Me gusta lo que este país ha hecho de mí. Tal vez sea esto, en el fondo, lo que está en mis novelas".

Historia del cerco de Lisboa ha sido traducida al alemán, árabe, bengalí, catalán, chino mandarín, coreano, danés, eslovaco, español, francés, griego, hebreo, holandés, húngaro, inglés, italiano, noruego, polaco, rumano, sueco, turco y vasco.

Invitado por el presidente de la República de Portugal, Mário Soares, viaja a Bolonia (Italia) en abril, en el seno de una delegación oficial. En la pinacoteca de la ciudad, se le ocurre la idea motriz de *El Evangelio según Jesucristo*. Anota en su cuaderno esas ideas iniciales: "Bolonia, 12 de abril de 1989, por la mañana, pinacoteca. Evidencia súbita, iluminación, casi deslumbramiento, la historia encontró sus puntos de apoyo y su trabazón. Jesús nace en una cueva o gruta y no en un establo. No hay allí, en la cueva o gruta, más que un buey en que la madre embarazada viajaba. Jesús tiene un encuentro con Jehová que le revelará el futuro, no sólo el suyo sino también el de la religión que se fundará tras su necesaria muerte de mártir. Jesús rechaza ese papel y huye. La historia que contaré será la de una larga aunque no interminable fuga. Los milagros serán realizados por Jehová ante Jesús para forzarlo a aceptar su propuesta".

Continúa viajando por Italia ya liberado de obligaciones oficiales para atender a sus compromisos como escritor en Roma, Siena y Florencia. Interviene en la Universidad de La Sapienza.

Participa en un coloquio sobre su obra en la Biblioteca Municipal de Montemor-o-Novo (Portugal) dos días después de regresar de Italia.

Concede numerosas entrevistas, que aprovecha para difundir su nueva obra, pero también para reflexionar sobre diferentes aspectos en torno a su actitud como escritor. *ABC* (Madrid) publica un reportaje el 20 de abril en el que declara que "la posibilidad de lo imposible, los sueños e ilusiones", son la materia de su escritura. Y, a continuación, se pronuncia sobre la relación entre política y literatura, una cuestión central en su condición de intelectual comprometido y de escritor concernido por su circunstancia: "Disfruto mucho escribiendo y me exijo lo mejor de mí mismo para ser un buen escritor. Pero no me planteo carreras de galgos ni participo en ellas, ni en los cenáculos maledicentes. Y no voy a utilizar la literatura, como nunca lo he hecho, para hacer política; eso no está en mis proyectos. El trabajo literario es una cosa y la política es otra, aunque pueda ese trabajo literario, sin dejar de serlo, ser a la vez también un trabajo político. Pero lo que yo no hago, y eso lo saben los lectores, es utilizar la literatura para hacer política".

Vuela a Porto Alegre (Brasil) el 23 de abril para participar en el lanzamiento de la edición local de *Historia del cerco de Lisboa*. Se presenta en Rio de Janeiro el día 24 —Livraria Timbre—; el 26, en Porto Alegre, donde imparte una conferencia y firma autógrafos; y en São Paulo —Livraria Cultura— el 27. Regresa a Lisboa el día 28.

Participa en el I Congreso Provincial de Cultura, organizado por el Consejo de Desarrollo Cultural de Rio Grande do Sul.

En una entrevista difundida por el periódico *Zero Hora* de Porto Alegre, Saramago profundiza en las relaciones entre Historia y ficción y pone en relación el carácter singular de su escritura con las fórmulas orales: "La estructura narrativa de mis libros intenta aproximar la disciplina de la escritura a la espontaneidad del habla, de la oralidad. De ese planteamiento resulta un discurso fluido, torrencial, un río largo en el que la corriente arrastra todo lo que encuentra. Mi literatura refleja, de alguna forma, las posturas que ideológicamente asumo, pero no es un panfleto […] Escribo como se habla. Y me inclino más hacia la naturalidad que hacia la sofisticación. Vengo del pueblo y sé cómo piensa y siente. Las historias que pongo en mis novelas son historias que se cuentan y oyen".

Vuelve de nuevo a Italia entre el 4 y el 21 de mayo: Perugia, en cuya Universidad participa en una mesa redonda; Florencia, Roma y Turín, donde inaugura el año machadiano, invitado por Pablo Luis Ávila.

Asiste a la Feria del Libro de Lisboa y de Oporto.

Pasa en Madrid la segunda semana de junio y atiende a diversos medios de comunicación. Con ocasión de unas jornadas de literatura portuguesa organizadas por el Instituto del Libro Portugués en colaboración con el Centro de las Letras Españolas, forma parte de una mesa redonda junto a José Cardoso Pires, Eugénio de Andrade y Lídia Jorge.

En sus declaraciones públicas, insiste en difundir su iberismo: "Sí, creo que existe una identidad cultural ibérica que la diferencia claramente del resto de Europa. Se trata de una unidad que no anula, sino por el contrario cohesiona la diversidad cultural propia de los pueblos peninsulares […] Pienso en la Península Ibérica como en un reducto defensivo frente a la invasión informativa y económica que viene del norte de Europa y de los Estados Unidos […] Tenemos que afirmarnos culturalmente para preservar nuestra propia identidad cultural. Éste es el sentido que quiero dar a la unidad cultural ibérica".

Su nombre se incluye en las candidaturas de la Coalición Democrática Unitaria (CDU) —una coalición del PCP, con los verdes e independientes— a las primeras elecciones al Parlamento Europeo, celebradas el 18 de junio, en un puesto que no es de salida. En una entrevista concedida en abril, había comentado al respecto: "Soy candidato porque mi partido me lo ha pedido. Es la única razón. No tengo ninguna aspiración de orden político, no me veo como eurodiputado, mi trabajo no es ese. Mi lugar en la lista excluye cualquier posibilidad de ir a Bruselas o a Estrasburgo, pero si puedo aportar algo a mi partido o al país, lo haré. Hay una cosa que puedo garantizar, porque es una determinación mía: no me voy a convertir en eurodiputado. El escritor José Saramago, mientras pueda escribir, es eso lo que hará". Unos días antes de los comicios, explicaría los motivos y las claves de su candidatura: "La implicación política es más aparente que real, dado que mi colocación en la lista excluye cualquier hipótesis de elección. Por otro lado, eso fue deliberado […] no soy ni quiero ser político, porque mi actividad es otra. No nací para ser político, aunque siempre he tenido un compromiso ligado a esas cuestiones. Pero, en este caso, la invitación que se me hizo tiene que ver más con el hecho de que mi nombre sea relativamente conocido y de que se trate de una lista de candidatos al Parlamento Europeo, que es una campaña un poco al margen de las preocupaciones inmediatas de nuestro pueblo. Es algo de cuya importancia todavía no somos muy conscientes. Se pensó entonces que era aconsejable que surgiesen nombres suficientemente divulgados que llevasen al elector a considerar que la gran importancia que las elecciones tienen se veía subrayada por el hecho de que concurriesen nombres más o menos conocidos. Esa es la única razón que tuvo mi partido para invitarme…".

Visita las islas Azores entre el 23 y el 26 de junio.

Presenta una ponencia titulada "La Historia como ficción y la ficción como Historia" en un coloquio sobre Historia y novela celebrado en Valencia. Defiende que hay que romper el discurso tradicional a la hora de acercarse a la novela histórica, separándose de la pretensión romántica de reconstruir el pasado. A su juicio, la narración aporta una forma de acceder a un pasado que es por naturaleza fragmentario e incompleto, una forma también que puede contribuir a recuperar las elipsis y a desvelar las zonas oscuras de la Historia, silenciadas por interés, por ignorancia o como resultado de ciertas orientaciones y limitaciones interpretativas: "Hay una masa enorme de tiempo perdida en el pasado y hoy es, al menos para mí, una tentación irresistible conocerla".

Un año más, se suma a la Fiesta del *Avante!* el 9 de septiembre.

Viaja a Milán entre el 10 y el 13 —habla de su obra en la Librería Feltrinelli— y, a continuación, se desplaza a Hamburgo, en cuya Literaturhaus hace una lectura, y a Zurich. Regresa a Lisboa el día 19.

José Saramago en Frankfurt, 1989.
Fotografía: Isolde Ohlbaum. Archivo Fundación José Saramago

Participa por primera vez en la Feria del Libro de Frankfurt entre el 12 y el 22 de octubre. Hace una lectura en la Biblioteca Municipal el día 16, y dos días más tarde, en la Biblioteca Municipal de Fürth. El 19, se traslada a Estrasburgo, donde tiene programadas dos sesiones de firma de libros.

Llega a Estocolmo los primeros días de noviembre.

Vuela a Morelia (México), donde permanece del 21 al 28. Se escucharán sus palabras en el Instituto de Cultura de Michoacán.

Aprovecha sus estancias en Lisboa, en noviembre y diciembre, para colaborar en la campaña electoral de la CDU a los comicios municipales del Ayuntamiento de Lisboa que tendrán lugar el día 17, cuya candidatura, denominada "Por Lisboa", encabezan Jorge Sampaio (PS) —Cámara Municipal o alcaldía— y José Saramago (PCP) —Asambleia Municipal—. Sampaio consigue la alcaldía y Saramago, por su parte, es elegido presidente de la Asamblea, abandonando el cargo a los pocos meses —a finales de marzo del año siguiente—, tras reunirse con Álvaro Cunhal, para resolver una situación que era motivo de conflicto en el PCP.

Mantiene discrepancias públicas e internas con la orientación que la dirección imprime al PCP. Saramago ha sido un militante leal, pero con opinión propia, en oca-

José Saramago y Jorge
Sampaio, durante la
campaña electoral de la
CDU para los comicios
municipales, "Por
Lisboa", en la que ambos
compartían candidatura,
Lisboa, diciembre, 1989.
Archivo Fundación
José Saramago

siones divergente de la del partido. Nunca lo ha ocultado. En 1986 confesaría: "Mi partido tiene sus ideas y yo tengo las ideas de mi partido, pero no necesariamente de la misma manera". Más tarde, ha insistido en esa misma dirección: "Está claro que nunca fui lo que se llama un militante disciplinado… Siempre pensé que tenía una opinión y que debería manifestarla. Y la prueba está en que, por ejemplo, cuando fui presidente de la Asamblea Municipal [en Lisboa, durante unos meses de los años 1989-90] —no sabía nada de cómo era aquello ni qué había que hacer— tuve ciertas dificultades para entrar y para encajar allí".

Al ser interrogado sobre sus relaciones con el partido, después de haber abandonado la Asamblea, declararía en noviembre de 1991: "Si alguna vez me hubiese sentido mal, habría salido, y si un día me siento mal, salgo. Mis discordancias, que son serias, y, en algunos casos, sobre puntos esenciales, no han sido suficientes para hacerme abandonar el partido. Creo que a causa de la fuerza de mis propias convicciones, y esto ha sido así sin esfuerzo. Es el único partido en el que mis convicciones están a gusto y encuentran suficiente respuesta".

Transcurridos los años, valorando la contradicción entre su carácter independiente y retraído, su compromiso político y su intervención pública, apuntará en 2003: "No estamos hechos de una sola pieza. Soy por naturaleza una persona melancólica, contemplativa y tímida, que tuvo que vencer su timidez y hacer frente a las situaciones. Y, al mismo tiempo, soy activo en la militancia, sin perder esas características […] En poquísimas circunstancias, me sentí *disuelto* en el grupo. Y cuando se produjo fue por el camino de la emoción, no por el de la ideología en lo que concierne a sentirme integrado en un bloque compacto de convicciones profundas. Siempre estuve ahí con las convicciones que tengo, valgan lo que valieren, al mismo tiempo actuando y contemplando".

Inaugura el III Encuentro Nacional de Críticos Literarios celebrado en el Círculo de Bellas Artes de Madrid los días 12, 13 y 14 de diciembre.

Seix Barral publica la traducción española de *Manual de pintura y caligrafía*, realizada por Basilio Losada. En 1999, la reeditará Alfaguara dentro de la "Biblioteca Saramago".

Edicions 62 imprime la edición de *La balsa de piedra* en catalán.

Discurso de José Saramago ante los miembros de la Academia Sueca, pronunciado con ocasión de la entrega del Premio Nobel de Literatura, Estocolmo, 7 de diciembre de 1998.
Fotografía: FLT-PICA Bild AB. Archivo Fundación José Saramago

1990-1999

Enfrentémonos, por tanto, a los hechos. El sistema de organización social que hasta aquí hemos designado como democrático se ha convertido, una vez más, en una plutocracia, gobierno de los ricos, y es cada vez menos una democracia, gobierno del pueblo. Es innegable que la masa oceánica de los pobres de este mundo, siendo generalmente llamada a elegir, nunca es llamada a gobernar.

José Saramago, 2007

Es hora de aullar, porque si nos dejamos llevar por los poderes que nos gobiernan, y no hacemos nada por contrarrestarlos, se puede decir que nos merecemos lo que tenemos.

José Saramago, 2007

1990 **Viaja** a París los últimos días de enero.

Participa en el Congreso Internacional Antonio Machado hacia Europa, organizado por la Universidad de Turín, entre el 15 y el 22 de febrero. En las actas del Congreso, publicadas por Ministerio de Cultura y Visor (Madrid) en 1993, se recogerá su aportación, titulada "Sobre un 'Apunte' de Juan de Mairena".

Caminho edita conjuntamente *Los apuntes* y *Las opiniones que tuve en DL*, bajo el título de *Los apuntes. Crónicas políticas* [*Os Apontamentos. Crónicas Políticas*]. Imprime una segunda tirada de 5.000 ejemplares en abril.

Desde Turín se traslada a Israel, donde permanece desde el 23 de febrero al 4 de marzo. Es recibido en audiencia por el Presidente del país, Chaim Herzog.

Aparece la traducción española de *Historia del cerco de Lisboa*, realizada por Basilio Losada y editada por Seix Barral, a comienzos de abril.

Viaja a Italia, Francia y España del 11 al 23 de mayo: Milán, Bordeaux, Turín y Madrid. Participa en un seminario sobre Mafra en la Universidad de Milán y en el Salón del Libro de Turín.

Con la presencia de Saramago, se estrena la ópera *Blimunda* en el Teatro alla Scala de Milán el 20 de mayo. Compuesta por Azio Corghi, con libreto del músico italiano Azio Corghi y de José Saramago basado en *Memorial del convento*, es puesta en escena por Jerôme Savary y dirigida por Zoltan Pesko.

Firma en la Feria del Libro de Lisboa y de Sintra.

Vuela a Maputo (Mozambique) el día 28 de mayo, donde permanecerá hasta el día 4 de junio. Se reúne con la Asociación de Escritores e imparte conferencias en la Universidad y en la Escuela Portuguesa de Maputo.

Interviene, en agosto, en los Cursos de Verano de La Rábida organizados por la Universidad Internacional de Andalucía.

Acompaña a los militantes del PCP en la Fiesta del *Avante!* el 8 de septiembre.

Viaja a Bruselas y mantiene una reunión de trabajo en la Fundación Adelphi.

Entre el 20 y el 26 de septiembre, toma parte en diversos actos académicos en Parma.

Despacho de José Saramago en su piso de Rua dos Ferréiros, Lisboa, *c*. 1990. Archivo Fundación José Saramago

Se imprime la edición alemana de *Levantado del suelo* en septiembre.

Asiste a la Feria del Libro de Frankfurt. Se traslada a Budapest la segunda semana de octubre y, posteriormente a Viena.

La revista *Máxima* le dedica un reportaje en el que el escritor reflexiona sobre la mujer y sobre el papel que desempeña en sus novelas: "Quizás, la importancia de las mujeres en mis libros viene de una especie de compasión que siento, no en el sentido de piedad o de pena, sino en el sentido estricto de compasión. Todos nosotros somos 'unos pobres diablos', somos seres débiles y contradictorios. Ni nuestro orgullo, ni nuestras presunciones ni nuestras vanidades consiguen disfrazar esa evidencia […] Esta compasión que siento no es la de alguien que juzga, ni la de quien, creyendo que es superior, puede darse cuenta de eso. Todos nosotros somos pequeños seres que intentamos hacer grandes cosas. Es eso realmente lo que está presente en mis libros".

Los caracteres femeninos tienen un papel destacado en su producción. Construidos sobre valores como la dignidad, el coraje y la entereza, son seres extraordinarios y vigorosos que conmueven al lector —Blimunda, Lídia, la mujer del médico, María Madalena…—. Consciente de ese rol, Saramago ha aseverado: "al lado de mis personajes femeninos, los masculinos son insignificantes".

En una entrevista concedida a Juan Manuel de Prada en 1986, apuntará: "En mis novelas aparecen personajes, sobre todo mujeres, dotadas de un heroísmo discreto, natural, como una emanación de su personalidad. Son mujeres incluso dispuestas al sacrificio por compasión, de compadecer al otro, un sentimiento que tiene que ver con la piedad, no con la grandilocuencia. En ese modelo de mujer, que se repite de libro en libro, con distintos nombres y en distintas épocas, se está larvando una nueva forma de humanidad, una forma de ser humano […] Son, sobre todo, personas con una gran capacidad para amar. Si alguna vez algún personaje mío queda en la memoria de las gentes, será el de una de estas mujeres, y no es porque yo predetermine su talante o actúe mediante estrategias previas. El carácter de estas mujeres nace naturalmente, en medio de la situación concreta que estoy narrando".

Comienza a escribir *El Evangelio según Jesucristo*. Tardará nueve meses en concluirlo. Redacta más de veinte versiones del inicio del libro, hasta que, finalmente, después de llevar avanzado un capítulo y medio, materializa y añade el primer capítulo del texto definitivo.

Sufre un desprendimiento de retina y es intervenido en Lisboa el día 19 de noviembre. En una entrevista que le hacen en La Habana, declarará en junio de 2005: "He tenido dos desprendimientos de retina y dos cataratas. Yo sé muy bien qué es todo esto. Si me hubiera ocurrido a principios del siglo pasado, estaría ciego. Y sé que muchísima gente está ciega y que pudieran dejar de estarlo si muchos más hicieran lo que hace Cuba [en programas de atención oftalmológica]".

Fernando Lopes-Graça escribe las canciones del *Tríptico de D. João*, basadas en textos de Saramago.

César Antonio Molina publica *Sobre iberismo y otros escritos de literatura portuguesa*, que incluye una amplia entrevista a Saramago, divulgada previamente en las páginas de *Diario 16*. El libro está prologado por el escritor portugués. En su prefacio, titulado "Mi iberismo" —que reproduce el artículo "El iberismo y América Latina", difundido en octubre de 1988 en el suplemento "Culturas" de *Diario 16*—, reconoce que en los últimos años de su vida, le han convertido "en casi obligada referencia, por parte portuguesa, siempre que sale a la luz la vieja cuestión del iberismo". Expresa allí su convicción de "la posibilidad de una nueva relación que sobrepusiera al diálogo entre Estados, formal y estratégicamente condicionado, un encuentro continuo entre todas las nacionalidades de la Península, basado en la búsqueda de la armonización de los intereses, en el fenómeno de los intercambios culturales, en fin, en la intensificación del conocimiento", o sea, manifiesta una "concepción abierta" a los hechos peninsulares. Irónicamente, lamenta que la integración de España y Portugal en Europa le haya hecho perder "su" Península Ibérica, mientras contrapone a su escepticismo europeísta el convencimiento de que la Península "no podrá ser hoy plenamente entendida fuera de su relación histórica y cultural con los pueblos de ultramar". Y añade: "Quiero decir, en fin, que esta Península, que tanta dificultad tendrá en ser europea, corre el riesgo de perder, en América Latina, no el espejo donde podrían reflejarse algunos de sus rasgos, sino el rostro plural y propio para cuya formación los pueblos ibéricos llevaron cuanto entonces poseían espiritualmente bueno y malo y que es, ese rostro, así lo creo, la mayor justificación de su lugar en el mundo". Dibuja, de este modo, los rasgos mayores de lo que ha dado en denominar *trans-iberismo*.

Desarrollará una inagotable actividad como conferenciante durante este decenio y el siguiente. Las presentaciones de sus libros se convierten en actos multitudinarios y su presencia en los medios de comunicación de Portugal e internacionales es amplísima. Saramago se convierte en una de las conciencias del mundo. Son frecuentes y abundantes sus reflexiones de carácter social y político, pero también sus apreciaciones sobre literatura, en particular los comentarios hermenéuticos en torno a su propia obra y actitud creativa. Recibe innumerables cartas de lectores. Difunde sus ideas a través de los medios y en foros muy diversos. Su notoriedad pública internacional es creciente. Se forja la imagen de uno de los intelectuales de izquierda comprometidos de mayor influencia universal.

Sus escritores de referencia, su "familia de espíritu", la constituirán el Padre António Vieira, Cervantes, Pessoa, Camões, Voltaire, Almeida Garrett, Kafka, Eça de Queirós, Montaigne, Borges, Raul Brandão y Gogol. Escribirá en *Cuadernos de Lanzarote*: "La lista [de mi propio árbol genealógico literario], con la respectiva justificación, es ésta: Luís de Camões, porque, como escribí en *El año de la muerte de Ricardo Reis*, todos los caminos portugueses van a dar a él; el Padre António Vieira, porque la lengua portuguesa nunca fue más bella que cuando él la escribió; Cervantes, porque sin él la Península Ibérica sería una casa sin tejado; Montaigne, porque no necesitó de Freud para saber quién era; Voltaire, porque perdió las ilusiones sobre la humanidad y sobrevivió a ello; Raul Brandão, porque demostró que no es necesario ser un genio para llegar a escribir un libro genial, *Húmus*; Fernando Pessoa, porque la puerta por donde se llega a él es la puerta por donde se llega a Portugal; Kafka, porque demostró que el hombre es un coleóptero; Eça de Queiroz, porque enseñó la ironía a los portugueses; Jorge Luis Borges, porque inventó la literatura virtual; Gogol, porque contempló la vida humana y la encontró triste".

1991 Pronuncia la conferencia de clausura del ciclo "Literatura portuguesa, hoy", organizado por el Departamento de Literatura Española de la Facultad de Filología en la Universidad de Sevilla el 13 de marzo.

Es nombrado Doctor *Honoris Causa* por la Universidad de Turín (Italia). Se trata de su primer doctorado.

Viaja a Florencia entre el 7 y el 10 de abril. Y a continuación, a Oporto y Madrid. En la capital de España, interviene en un coloquio organizado por el Círculo de Bellas Artes y asiste al entierro del poeta Gabriel Celaya el día 19.

Da una charla en Funchal (Madeira) el 26 de abril, titulada "Sobre una acuarela de Durero y más cosas que se dirán". Habla sobre las relaciones entre Historia y fic-ción:

Saramago en Florencia, 1991.
Archivo Fundación José Saramago

"La literatura que yo hago es, en cierta manera, una investigación sobre lo que fue desatendido por la Historia […] Nada sucede fuera de la Historia. Todo lo que somos, lo heredamos y lo transformamos para pasárselo a los otros. Desde esta perspectiva, toda la Historia es Historia contemporánea", explica en su alocución. Alerta de que la Historia está construida por una visión masculina hegemónica, que procede, además, de los vencedores. Asimismo, la interpretación de la acuarela de Durero le conduce a cuestionarse el concepto de realidad y lo que la produce.

Un día antes, el 25, se inserta una entrevista suya en las páginas de *Diário de Notícias* (Madeira) en la que avanza algunas reflexiones sobre estos aspectos: "La realidad no es solamente aquello que está delante de nuestros ojos, o sea, la actualidad. Es todo aquello que se hace y que se hizo, porque, en el fondo, nosotros estamos hechos no sólo por el momento que estamos viviendo, sino también por todos los momentos que fueron vividos por todos aquellos que nos precedieron y que dejaron una lengua, una cultura, una Historia. No se puede decir que no tenemos nada que ver con el pasado. Es un error pensar que cuando se escribe del pasado se trata de una novela histórica". Y regresando a la relación de su aportación literaria con respecto al género de la novela histórica, añade: "Cada vez tengo más derecho a sacudirme la etiqueta de novelista histórico porque lo que intento hacer es inventar una historia y colocarla en lugar de la Historia. La novela histórica sería respetuosa, veneradora y verídica.

Practico el anacronismo e ignoro de hecho la Historia, algo que me permite usar libertades con atrevimiento. La libertad es un centelleo, no se capta tal cual".

Después de impartir conferencias en Santa Cruz de Tenerife y en Las Palmas de Gran Canaria, entre el 28 y el 30 de abril, visita Lanzarote, por primera vez, el día 1 de mayo, regresando a Lisboa al día siguiente.

La ópera *Blimunda* se representa en el Teatro Nacional de São Carlos (Lisboa) a mediados de mayo. El día 16, interviene en una mesa redonda sobre Blimunda y *Memorial del convento*, junto a su amiga de siempre la profesora Maria Alzira Seixo. Saramago escribe un breve texto para el programa de mano, titulado "El destino de un nombre", en el que reflexiona sobre el origen del término Blimunda, el extraordinario personaje femenino de *Memorial del convento*: "Me acuerdo de cómo lo encontré, recorriendo con un dedo minucioso, línea a línea, las columnas de un vocabulario onomástico, a la espera de una señal de aceptación que debería comenzar en la imagen descifrada por los ojos para consumarse, por ignoradas razones, en una parte adecuadamente sensible del cerebro. Nunca, en mi vida, en estos cuantos miles de días y horas sumados, me había encontrado con el nombre de Blimunda, ninguna mujer de Portugal, que yo sepa, se llama hoy así. Y tampoco es verificable la hipótesis de que, en tiempos, hubiese merecido el favor de las familias para después caer en desuso: ningún personaje femenino de la Historia de mi país, ninguna heroína de novela o figura secundaria tuvo alguna vez ese nombre, nunca estas tres sílabas fueron pronunciadas al borde de una pila bautismal o inscritas en los archivos del registro civil […] intentando, en esta ocasión, aclarar las razones finales de la elección que hice, sería un primer motivo el de haber buscado un nombre extraño y raro para un personaje que, en sí mismo, es extraño y raro. De hecho, esa mujer a la que llamé Blimunda, además de los poderes mágicos que lleva consigo y que por sí solos la separan de su mundo, está constituida, en cuanto persona configurada por un personaje, de modo tal que resultaría *inviable*, y no sólo en el lejano siglo XVIII en que la puse a vivir, sino también en nuestro propio tiempo. A la *ilogicidad* del personaje tenía que corresponder, necesariamente, la propia *ilogicidad* del nombre que iba a tener. A Blimunda no le quedaba otra que llamarse Blimunda". Inicialmente, el escritor pensó bautizar al personaje como Inês Antónia, pero, una vez que encuentra el nombre de Blimunda, aprovechará el anterior para denominar así a la hermana de Baltasar Sietes-Soles.

El personaje de *Memorial...*, dotado de la virtud prodigiosa de ver el interior de las personas y lo que había más allá del suelo cuando estaba en ayunas, tiene un antecedente histórico en una mujer portuguesa del Algarve, plebeya, casada con un comerciante francés, a la que el rey Don Juan V le concedió el título de Doña por ese poder extraordinario.

En una entrevista publicada en Portugal unos días antes del estreno, profundizará en el origen y el perfil de uno de sus personajes más redondos: "Esa señora se hizo a sí misma. Nunca la proyecté para ser así o asá… Fue en el proceso de escritura donde el personaje se formó. Y ella surge, me surgió, con una fuerza que, a partir de cierto momento, me limité a… acompañar. Aquel sentimiento pleno del personaje que se hace a sí mismo… eso es Blimunda. Pero, resulta curioso, sólo al final me di cuenta de que había escrito una historia de amor sin palabras de amor… Ellos, Baltasar y Blimunda, no necesitaron decirlas... Y sin embargo, el lector se da cuenta de que es un amor de entrañas… Pienso que eso ocurre por el personaje femenino. Es ella la que impone las reglas de juego… ¿Por qué? Porque así sucede en la vida… La mujer es el motor del hombre. Si usted quiere, mis personajes masculinos son más débiles, son hombres que tienen dudas, son personajes masculinos con complejos… Las mujeres no".

Blimunda se estrenará en el Teatro Regio de Turín en 1992.

Viaja a Andorra y Barcelona, de donde regresa el día 30.

Firma en la Feria del Libro de Lisboa, de Oporto y de Viseu.

Se traslada a Taormina, Sicilia, para asistir a la representación de *La segunda vida de Francisco de Asís* en el marco del Festival Taormina Arte, el 5 de agosto.

Concluye *El Evangelio según Jesucristo* el 20 de agosto, a las 18:40 h. Escribió los últimos 150 folios en un mes, a razón de cinco páginas diarias, dos por la mañana y tres por la tarde.

Los primeros días de septiembre —2, 3 y 4—, revisa el original.

Entre el 25 y el 30 del mismo mes, participa en los Cursos de Verano de La Rábida organizados por la Universidad Internacional de Andalucía.

El 6 de septiembre, mientras almuerza solo en el restaurante Varina da Madragoa (Lisboa), se le ocurre el título *Estudio sobre la ceguera* [*Estudio Sobre a Cegueira*], según consta en su agenda, que se transformará inmediatamente en *Ensayo sobre la ceguera* [*Ensaio Sobre a Cegueira*], tal y como anota el mismo día en su agenda.

Viaja a Gotemburgo (Suecia) entre el 28 y el 30 de septiembre, e, inmediatamente después, a Copenhague.

Asiste a la Feria del Libro de Frankfurt, y se traslada a Bruselas, donde imparte una conferencia sobre literatura portuguesa.

Visita Toronto (Canadá) del 17 al 20 de octubre.

Recibe los primeros ejemplares de *El Evangelio según Jesucristo* el 24 de octubre; el día 7 de noviembre, ya está distribuido en librerías; y el 13, se hace la presentación.

Escribe un libro polémico, en el que convierte a Dios en objetivo fundamental de sus críticas y humaniza la figura de Jesucristo. Invierte el mito, a la luz de una exploración racional de los hechos históricos, y pone en evidencia las contradicciones en el comportamiento de los personajes.

Las ventas crecen mucho al hilo de la controversia que suscita, provocando reacciones desairadas del clero portugués y de sectores conservadores. La segunda edición sale a la calle el 6 de diciembre con una tirada de 20.000 ejemplares.

Con respecto a su novela, Saramago, que se declara "un ateo producido por el cristianismo", manifiesta: "La figura de José es dramática: salió de la nada que es en el Evangelio hacia otra dimensión humana que le es dada por su sentimiento de culpa. Dios, en cierto modo, es de hecho el malo de la película. En primer lugar, casi apetece decirlo, es la encarnación del poder, tomando el poder en este caso como algo todavía más abstracto que el propio Dios que lo encarnaría. Y cuando el poder (además de ser naturalmente antipático) se ejerce de forma autoritaria, tan opresiva, como en la relación de Dios con Jesús, cuando sabemos todo lo que va a pasar, en sufrimiento, en horror, en renuncias, en sacrificios, en torturas, en todo lo que, aparte de lo positivo que tuviera, ha sido la historia del cristianismo, dan ganas de tratar, a mí me dieron, a Dios como el gran responsable. Siempre quiere más poder, más influencia, más dominio. De alguna manera, Dios es el político que no repara en medios para alcanzar sus fines".

En una exhaustiva entrevista que le hace Clara Ferreira Alves, publicada en *Expresso* (Lisboa) el 2 de noviembre bajo el título "En mi caso, el objetivo es Dios", repasa ampliamente sus propósitos con *El Evangelio*…: "La tesis oculta es que, en primer lugar, digo que el cristianismo no ha valido la pena; y, en segundo lugar, que si no hubiese habido cristianismo, si hubiésemos continuado con los viejos dioses, no seríamos muy diferentes de lo que hoy somos". Y completa: "Lo que me guió siempre fue: si Jesús no es hijo de Dios, toda nuestra civilización se asienta sobre una falsedad". Insistirá también en una de sus convicciones centrales con respecto a la creencia religiosa, sobre la que volverá en *Caín* en 2009: "Dios es una creación humana y, como muchas otras creaciones humanas, a cierta altura se desboca y pasa a condicionar a los seres que crearon esa idea".

Años después, se referirá a un tema recurrente en sus análisis de Dios, asimismo desarrollado por extenso en *Caín*, pero ya apuntado en el *Evangelio*, el de la responsabilidad de Dios en relación con determinadas injusticias bíblicas: "Para mí, el núcleo duro de la novela [*El Evangelio según Jesucristo*] está cuando Jesús, a los catorce años, va al templo de Jerusalén para hablar de la culpa y de la responsabilidad. No encuentra a ningún doctor, sino a un escriba. Jesús, en el libro, hereda la culpa de su padre, que no ha sabido salvar a los niños [en el episodio de la matanza de los inocentes]. Cuando le pregunta al escriba cómo es eso de la culpa, el escriba le dice: 'La culpa es un lobo que devora al padre como devorará al hijo'. Es decir, la creencia implica que los hijos heredaron la culpa de sus padres. A partir de un momento, ya no se sabía qué culpa concreta era. El sentimiento de culpa, que no sabemos por qué y cómo nació, cómo se incrustó en nosotros, es muchísimo peor que la culpa concreta. Entonces, Jesús le pregunta: '¿Tú también has sido devorado?'. Y el escriba le contesta: 'No sólo devorado, sino vomitado'. La relación con Dios se da en términos de culpa, como en el fondo ocurre en todo el cristianismo y el judaísmo".

El Evangelio según Jesucristo será traducido al alemán, bengalí, bosnio, búlgaro, catalán, coreano, croata, danés, esloveno, español, finés, francés, griego, hebreo, hindi, holandés, húngaro, inglés, italiano, macedonio, noruego, polaco, rumano, ruso, serbio, sueco y turco.

Círculo de Lectores publica la traducción de *Viaje a Portugal* en España, realizada por Basilio Losada. Lo reeditará Alfaguara en 1995, y, en 1999, Bibliotex hará una nueva edición.

Permanecerá en Roma del 2 al 6 de noviembre. Se incorpora a un coloquio organizado en la Academia de Roma. Unos días más tarde, se traslada a Estrasburgo, de donde regresa a Lisboa el 11 para tomar parte en el lanzamiento de *El Evangelio según Jesucristo* dos días más tarde.

Viaja a Poitiers y, de nuevo, a Estrasburgo.

A propuesta de la Universidad Hispanoamericana de Santa María de La Rábida, el claustro de la Universidad de Sevilla le nombra Doctor *Honoris Causa*. La ceremonia de investidura se celebra el 25 de noviembre. En su discurso, "el de un escritor" que reflexiona "sobre modos de ser y de escribir", se detiene en analizar el hombre en el tiempo, un eje central de su literatura. Tras exponer su particular concepción del tiempo como sincronía de acontecimientos, "no como una sucesión ininterrumpida de momentos, sino como la proyección continua de esos momentos en un plano oblicuo que se situase hacia arriba y hacia atrás", asevera que "el idiota que cuenta historias y no se calla es la propia vida, somos nosotros, porque somos los únicos seres en la Tierra capaces de contarlas y de escribirlas, de pintarlas, de ponerlas en música, de construir con ellas las casas en que vivimos y los caminos por donde andamos". Y finaliza: "No tendremos, probablemente, otro destino, y, si alguna vez llegamos a las estrellas, ojalá nunca hagamos en ellas nada peor que contar historias, aunque no consigamos retirar por completo de los cuentos que contemos los ruidos y la furia con que vivimos nuestras historias terrestres. Todo son historias".
La Dirección Provincial del

Con José Cardoso Pires en la entrega del Premio Unión Latina de Literatura a este último, de cuyo jurado formó parte Saramago, Roma, 1991.
Archivo Fundación José Saramago

Ministerio de Educación y Ciencia e Ibercaja publicarán el discurso en un opúsculo editado en 1992 en Zaragoza con el título *Iberismo y ficción histórica. Discurso de investidura de honoris causa por la Universidad de Sevilla*.

Presenta la edición española de *Viaje a Portugal* en Sevilla el 26 de noviembre.

Es nombrado Doctor *Honoris Causa* por la Universidad de Sevilla.

En los primeros días de diciembre, firma libros y habla de *El Evangelio según Jesucristo* en Coimbra, Aveiro, Viana, Oporto, Viseu, Guarda, Évora, Setúbal, Beja y Sines.

La editorial Lello & Irmão (Oporto) reúne su obra en tres tomos, impresa en papel Biblia. Es el primer escritor portugués vivo editado así, junto a Eça, Garrett, Camilo...

El Gobierno francés le concede el título de Caballero de la Orden de las Artes y las Letras.

Con Gonzalo Torrente Ballester, participa en una mesa redonda en La Coruña el día 13 de diciembre. Asimismo, en esas fechas, junto a Carmen Martín Gaite, César Antonio Molina, Enrique Vila-Matas y el propio Torrente forma parte del jurado de la tercera edición del premio de novela que lleva el nombre del escritor nacido en Serantes (Ferrol), convocado por la Diputación de La Coruña.

Visita de nuevo Lanzarote, con Pilar del Río, el 22 de diciembre, para pasar las Navidades con una hermana de su esposa, María del Río, residente en la isla junto a su marido Javier Pérez Fígares.

A lo largo del año, concede decenas de entrevistas a medios nacionales e internacionales.

1992 **Se** involucra activamente en la creación del Frente Nacional para la Defensa de la Cultura en su país,

César Antonio Molina, Carmen Martín Gaite, Gonzalo Torrente Ballester, José Saramago y Enrique Vila-Matas, miembros del jurado del Premio de Narrativa Torrente Ballester, La Coruña, diciembre, 1991.
Foto Blanco. Archivo Fundación José Saramago

junto a escritores como Natália Correia, Urbano Tavares Rodrigues, Manuel da Fonseca, Luiz Francisco Rebello o Armindo Magalhães. Constituido por unas setenta asociaciones de diverso signo —culturales, profesionales, ecologistas, deportivas…—, el Frente tomó como catalizador la aplicación del IVA a los productos culturales y la reestructuración de los servicios de la Secretaría de Estado de Cultura por el gobierno de Cavaco Silva, para manifestar el malestar existente en amplios sectores y agentes progresistas de la cultura portuguesa. Saramago comentaría al respecto: "La cuestión es saber si la política cultural del Gobierno va orientada a corregir los males profundos, que no son sólo de estructuras de servicios. Son males enraizados en nuestra educación y nuestra mentalidad. No se pide que el Estado sea el médico que trate todo, pero se pide que el Estado cumpla su obligación. Porque el resto no va con él, va con todos los ciudadanos y, en este caso, con los llamados intelectuales".

Viaja a Cuba en febrero.

Se le concede el Premio Literario Internacional Mondello (Palermo, Italia), que recibe en septiembre.

El subsecretario de Estado de Cultura del gobierno portugués, António Sousa Lara, veta *El Evangelio según Jesucristo* al Premio Literario Europeo en abril. Suprime la novela de una lista de tres candidatos preseleccionados por instituciones del país ligadas a las letras, presentada al Instituto Portugués del Libro y de la Lectura. Con el apoyo del secretario de Estado de Cultura, Pedro Santana Lopes y del gobierno presidido por Aníbal Cavaco Silva, Sousa Lara consideró entonces que *El Evangelio según Jesucristo* y el propio escritor "no representan a Portugal ni a los portugueses", subrayando que era una obra "profundamente polémica, pues ataca principios que tienen que ver con el patrimonio religioso de los cristianos, y por tanto, lejos de unir a los portugueses, los desune en aquello que es su patrimonio espiritual". De este modo, lo expresó ante la Asamblea de la República el 29 abril de 1992, durante el debate parlamentario sobre el estado de la cultura.

La polémica se instala en el país luso durante abril y mayo, en particular, llegando a la Comisión Europea, en medio de un gran revuelo político y mediático. El escritor rechaza la posibilidad de ser repescado en una nueva lista de candidatos y así se lo hace saber al presidente del Instituto Portugués del Libro y de la Lectura, Artur Anselmo, en una carta remitida el día 11 de mayo, pidiéndole expresamente que su *romance* sea "retirado del concurso al Premio Literario Europeo, incluso aunque el nuevo jurado elegido por la SEC lo vuelva a seleccionar". El Premio Literario Europeo fue otorgado por la Unión Europea en 1990 por primera vez.

Saramago reacciona declarando que lo acontecido "es la victoria de la prepotencia, el triunfo de la arrogancia de quien tiene el poder de tomar decisiones en campos donde no le concierne". "Es el regreso de la inquisición", sentencia.

En una entrevista concedida al diario *Público* en mayo, después de señalar que era la tercera vez que Sousa Lara le censuraba en ese mismo año, el escritor indicará a propósito de este incidente: "No esperaba que, después del 25 de Abril, se repitieran comportamientos así, en aquel entonces institucionalizados. Aunque la exclusión de mi novela *El Evangelio según Jesucristo* tiene también un carácter institucional, porque no fue una medida extemporánea. Es una decisión tomada por una instancia del Gobierno y adoptada en el ejercicio de una autoridad gubernamental en activo. En cuanto a mi estado de espíritu, estoy triste e indignado. También me siento estupefacto. En los primeros días, tras la decisión gubernamental me preguntaba si esto me estaba sucediendo de verdad. Pero el Gobierno, el secretario de Estado de Cultura y el subsecretario de Estado de Cultura han tenido la respuesta que merecían: repudio. Lo que no disminuye la indignación, contaminada por un sentimiento de tristeza profunda".

Seix Barral edita la traducción española de *El Evangelio según Jesucristo* en mayo, realizada por Basilio Losada, con una tirada inicial de 15.000 ejemplares. Se hacen reimpresiones en junio, julio y septiembre.

En junio, se han vendido ya más de 100.000 libros de *El Evangelio según Jesucristo* en Portugal y Brasil (40.000, en este último país), mientras la editorial Caminho prepara la quinta edición.

Obtiene el Grande Prémio de Romance e de Novela de la Asociación Portuguesa de Escritores (APE) 1991 por *El Evangelio según Jesucristo*, después de que en cuatro ocasiones anteriores no lo hubiese conseguido, y no sin mediar un sordo escándalo: en 1982, *Memorial del convento*, perdió frente a *Balada de la playa de los perros* [*Balada da Praia dos Cães*], de Cardoso Pires; en 1984, ocurrió lo mismo con *El año de la muerte de Ricardo Reis*, frente a *Amadeo*, de Mário Cláudio; en 1986, se repitió la situación con *La balsa de piedra* frente a *Un amor feliz* [*Um Amor Feliz*], de David Mourao-Ferreira; y tres años más tarde, *Fora de Horas*, de Paulo de Castillo venció a *Historia del cerco de Lisboa*. Saramago acepta el premio ahora, pero rechaza la dotación económica, destinándola a la adquisición de libros para los Países Africanos de Lengua Oficial Portuguesa (PALOP). Mário Soares, presidente de la República, le entrega el premio el día 11 de julio. En el discurso de recepción, sostiene que la función del escritor "no es ni puede ser la de conciliar las discrepancias, la de llamar a la unidad. Por el contrario debe reconocer las diferencias, hacerlas visibles, dialécticas, funcionales". Citando las palabras evangélicas de Mateo y, en alusión a su *Evangelio*, Saramago apuntará: "No penséis que he venido a traer la paz a la Tierra. No he venido a traer la paz, sino la espada…". Y concluirá: "El drama no es que las personas tengan opiniones, sino que las tengan sin saber de lo que hablan".

Recibe el Premio Internacional Ennio Flaiano por *Levantado del suelo* en Pescara (Italia) en julio.

Francisco Umbral le invita a participar en el curso "Los rojos: nuevas izquierdas emergentes", que dirige en El Escorial, en el que intervienen diversos intelectuales y políticos de izquierda: Santiago Carrillo, Basilio Martín Patino, Julio Anguita, Ernesto Cardenal, Álvaro Cunhal, Daniel Ortega, Rodrigo Asturias, José Luis García Sánchez, Antonio Gutiérrez y Juan Antonio Bardem.

Se le concede el Premio Brancati-Zafferana de Narrativa (Italia) por el conjunto de su obra en septiembre.

Acepta formar parte del futuro Parlamento Internacional de Escritores, que se constituirá en Estrasburgo entre el 4 y el 8 de noviembre de 1993, con la presencia de sesenta de los doscientos escritores de todo el mundo que lo integrarán. El primer consejo directivo estará formado por los franceses Pierre Bourdieu y Jacques Derrida, el sirio Adonis, el surafricano Breyten Breytenbach, el mexicano Carlos Fuentes, el antillano Edouard Glissan y la norteamericana y Premio Nobel de Literatura Toni Morrison. La secretaría general del parlamento sería desempeñada por Christian Salmon, en tanto que la presidencia recaería en Salman Rushdie.

Con el título de *Las maletas del viajero*, la editorial Ronsel publica en español la traducción de *A Bagagem do Viajante*, realizada por Basilio Losada.

La tercera edición se hará en 1998, y, ese mismo año, también lo incluirá en su catálogo Ediciones B. Alfaguara lo imprime en México en 1999 titulándolo *El equipaje del viajero*.

La editorial Dom Quixote (Lisboa) publica la traducción de *La saga/fuga de J.B.*, de Gonzalo Torrente Ballester, con un prefacio de José Saramago. Este mismo año, se imprime en París *Histoires Tragico-Maritimes: Trois Récits Portugais du XVIe siécle* precedida de un prólogo suyo.

1993 **Viaja** a Portugal, Inglaterra (dos veces), Francia, Alemania, Holanda, Italia y por diversos lugares de España.

Participa en un congreso internacional de narradores europeos reunidos en Madrid, la semana del 18 al 23 de enero, en el Centro Cultural Conde Duque para reflexionar sobre el Viejo Continente y la novela, en el que toman parte Rafael Argullol, Pèter Esterhàzy, Manuel Vázquez Montalbán, José Luis Sampedro, Paul Nizon, Cees Noteboom, Clase Clausen y Claudio Magris.

Saramago expone sus temores sobre una eventual unificación y subalternización cultural en Europa: "La cohesión económica y administrativa no debe afectar a la esfera de la cultura, pues significaría la indefensión acrítica. Crear una amalgama cultural europea supondría la aceptación de que alguna de las culturas prevalece sobre las demás, que actuarían de un modo subsidiario, como satélites. Por el contrario, las culturas respectivas son el único arma con el que contamos para garantizar la Europa de la diversidad, de la pluralidad".

Asiste a un encuentro de escritores jóvenes y veteranos en Mollina (Málaga, España) en febrero, convocado en torno al tema "Literatura y compromiso: nuevos retos, nuevas respuestas". Participan, entre otros, Jorge Amado, Augusto Roa Bastos, Ana María Matute, Abel Posse, Lasse Södeberg, Tariq Ali, Wole Soyinka, Mario Benedetti, Juan Goytisolo, Edwar Al-Kharrat y Juan José Arreola.

Envuelto en su personal ironía y amparado en su escepticismo, asegura que "todos somos unos pobres diablos, hasta los genios". Y aclara: "La ironía siempre la utilizo no como truco, sino como alguien que estuviera dentro de mí y me estuviera diciendo 'no te creas las cosas".

En lo que concierne a su producción, sugiere que lo importante de una obra es lo que puede descubrirse de su autor, por lo que resulta fundamental la existencia de una relación fuerte, de confianza y afecto, entre el escritor y el lector. Al mismo tiempo, plantea que la literatura ni ha transformado ni transformará al mundo: "La humanidad sería lo que es hoy si Goethe no hubiera venido al mundo". Y por ello sostiene: "La idea, muy pregonada, de que la literatura puede modificar la sociedad y arribar a los cambios que creemos necesarios para lograr una vida mejor me parece errónea. No es erróneo que un lector pueda cambiar su mirada individual. Eso está muy claro en la historia de los últimos dos o tres mil años. ¿De qué sirvieron un Dante, un Homero, un Shakespeare? ¿Qué es lo que hizo la sociedad con esos textos? Indudablemente, no sirvieron para una modificación hacia mejores horizontes". Poniendo sobre la mesa la condición de ciudadano de cualquier escritor, Saramago concluye: "Después de muerto, el escritor será juzgado según aquello que hizo. Reivindiquemos, mientras está vivo, el derecho de juzgarlo por aquello que es".

Montañas del Fuego, Lanzarote.
Archivo Fundación César Manrique

Abandona su país en febrero y traslada su residencia al municipio de Tías, en Lanzarote, como consecuencia de la censura que sufrió *El Evangelio según Jesucristo* por parte del gobierno de Cavaco Silva. En la isla canaria, que había visitado en dos ocasiones con anterioridad, vivían familiares de su esposa.

A propósito de su decisión de marcharse de Portugal, aclararía en 1994: "Decir, como ha aparecido en cierta prensa poco cuidadosa con la verdad, que soy o me considero un 'exiliado político' es simplemente una estupidez de la que no soy responsable. Compararme con Salman Rushdie, como también se ha hecho, es otra y todavía mayor estupidez. Las palabras deben ser respetadas, tanto como la verdad de las situaciones. Dicho esto, es también verdad que yo no estaría viviendo en Lanzarote si no hubiese venido al mundo un sujeto llamado Sousa Lara y no tuviese Portugal un gobierno, todo él, capaz de dar cobertura cobarde a su vergonzoso acto de censura".

Mantiene una relación compleja con su país, en la que convive el espíritu crítico con un declarado arraigo emocional y humano. El escritor no dejará de reconocer, en adelante, que su casa está, en efecto, en la isla de Lanzarote, sin que eso signifique, por su parte, que haya abandonado Portugal. En octubre de 1998, tras serle concedido el Premio Nobel, precisará: "Esto de decir que no pienso volver, no tiene sentido, porque yo estoy aquí [en Portugal]. Incluso cuando no estoy, estoy. Estoy por la memoria, estoy por los amigos, estoy por los lectores, estoy por las noticias. Y hoy, en el aeropuerto, decía: olvidarme de esta tierra sería lo mismo que olvidar mi propia sangre, y eso no se puede". No acepta, en ningún caso, que deba reconciliarse con Portugal, circunscribiendo sus diferencias al Gobierno conservador responsable de lo sucedido con la censura de su novela: "No hay ninguna necesidad de que me reconcilie con Portugal o con el pueblo portugués. Tuve un conflicto con el Gobierno que mandaba en 1992, que se comportó como todos saben. La historia es conocida y no voy a resucitarla… Pero yo manifesté entonces que no permanecería en un país con un Gobierno que se comportó, en aquel caso concreto, como se había comportado antes, durante el fascismo. En aquel momento, las circunstancias me permitían ir a vivir a otro lugar, pero eso no quiere decir que haga falta una reconciliación. Si después de todo aquello que hice y escribí, llegase a la conclusión de que necesito reconciliarme con la sociedad portuguesa, sería una equivocación porque el portugués que vivía en Portugal en 1991 y el que está aquí ahora, en este momento, es el mismo en lo que concierne a la adoración que siente por su país. Soy portugués y solamente portugués, pero por obra de mi matrimonio, por obra del trabajo, por obra de las amistades, diría que mi patria ha crecido un poco… ya cruza el Atlántico, ya tiene una parte en Argentina, en México, en Brasil, y me siento allí como si también estuviera en casa […] Por eso tengo ese espíritu que denomino *transiberismo*".

Asentado en Lanzarote, en una casa construida mirando al océano Atlántico próximo, valora el sosiego que le ofrece la isla. "En Lanzarote, tengo tranquilidad para vivir y para escribir, el equilibrio entre trabajo y descanso". A pesar de sus viajes constantes y del intenso ritmo de vida, disfruta de caminatas por los volcanes, sobre todo en los primeros años, y, ocasionalmente, se acerca a la orilla del mar. En la entrada correspondiente al día 27 de julio de *Cuadernos de Lanzarote II (1996-1997). Diario IV. 1996*, dejará reflejadas algunas de las emociones que nacen de sus paseos insulares: "El placer profundo, inefable, que es andar por estos campos desiertos y barridos por el viento, subir un repecho difícil y mirar desde allí arriba el paisaje negro, desértico, desnudarse de la camisa para sentir directamente en la piel la agitación furiosa del aire, y después comprender que no se puede hacer nada más, las hierbas secas, a ras de suelo, estremecen, las nubes rozan por un instante las cumbres de los montes y se apartan en dirección al mar y el espíritu entra en una especie de trance, crece, se dilata, va a estallar de felicidad. ¿Qué más resta, sino llorar?". Prácticamente dos meses más tarde, el día 17 de septiembre, volverá a reflexionar sobre su relación con el entorno en su *Diario IV. 1996*: "Un súbito pensamiento: ¿será Lanzarote, a estas alturas de la vida, la Azinhaga recuperada? Mis deambulaciones por los caminos de la isla, con su algo de obsesivo, ¿no serán repeticiones de aquella ansiosa búsqueda (¿de qué?) que me llevaba a recorrer por dentro las represas del Almonda, los olivares desiertos y silenciosos al atardecer, el laberinto de Paul de Boquilobo?".

Con el paso del tiempo, se consolidará su residencia en la isla y el escritor se integra con discreción y generosidad en la vida insular, de modo que, en 1996, reconocerá en su *Diario IV. 1996*: "Lanzarote no siendo *mi tierra,* es *tierra mía*".

No dejará de viajar con regularidad, cada año, a Lisboa. Mantiene su piso en la primera planta de Rua dos Ferréiros, 32, en el barrio de Estrela, hasta finales de la década. Más tarde, durante sus estancias temporales en la capital, vivirá en la Rua Afonso Lopes Vieira, hasta que, en 2005, adquiera una casa en el barrio de Arco do Cego, junto a la plaza de Londres.

La editorial Caminho publica su cuarta obra de teatro, *In Nomine Dei*, una protesta contra la intolerancia religiosa, a partir de acontecimientos históricos: el movimiento anabaptista —una secta del protestantismo— terminará cuando sus seguidores sean aniquilados, tras sangrientos enfrentamientos con los católicos en Münster (Alemania) durante la primera mitad del siglo XVI. La pieza surge como consecuencia del encargo que le hace el Teatro de la Ópera de Münster de escribir un libreto sobre el tema destinado a una ópera —*Divara: agua y sangre*— que compondrá Azio Corghi: "El origen fue una invitación realizada por el Teatro de la Ópera de Münster, en Alemania. Pensaron que yo podía contar esa historia, sucedida en el siglo XVI, entre 1530 y 1535, que tiene como antecedente próximo la reforma de Lutero y como paisaje circundante los varios conflictos religiosos de esa época. Los luteranos llamados protestantes se dividieron en tendencias, y los anabaptistas eran una de ellas, muy radical. Eso supuso un gran enfrentamiento entre la Iglesia católica y los anabaptistas diseminados por el norte de Alemania y Países Bajos. Fue una tragedia. Pertenece a aquellos dramas humanos cuya lógica nadie entiende. Lo que me atrajo de esa invitación —teniendo en cuenta que hoy vivimos en una atmósfera de intolerancia tan generalizada que ha llegado a las manifestaciones más violentas de xenofobia y de racismo— fue considerar que tal vez valiera la pena usar una cuestión del siglo XVI para hacernos pensar".

La crítica al fanatismo que se plantea en la obra no se circunscribe a una sola dirección: "En este caso, no se plantea solamente la cuestión de los católicos contra los protestantes [...] sino la de la intolerancia mutua, porque si es verdad que los católicos fueron intolerantes con respecto a los anabaptistas y a los protestantes de un modo general (pero aquí en concreto en relación a los anabaptistas), es también verdad que lo contrario existió igualmente. Fue un choque de dos intolerancias, de dos odios, de dos incompatibilidades, de dos imposibilidades de vivir juntos".

La primera edición es de 10.000 libros. Se hace una segunda edición de 5.000 ejemplares en abril.

In Nomine Dei está traducido al español, catalán, italiano y valenciano.

Comienza sus *Cuadernos de Lanzarote* el día 15 de abril, un diario concebido, en sus propias palabras, como "un registro de ideas domésticas, de sentimientos cotidianos, de circunstancias medias y pequeñas"; y también como "un comentario sin prejuicios sobre casos y gente, el discurrir de alguien que quiere echar la mano al tiempo que pasa, como si dijese: 'No vayas tan deprisa, deja señal de ti'".

Ese mismo día inicia, asimismo, *El cuento burocrático del capitán del puerto y del director de la aduana* [*O Conto burocrático do Capitão do Porto e do Director da Alfândega*]. Deja constancia de ello en la primera anotación de *Cuadernos de Lanzarote I (1993-1995). Diario I. 1993*: "La idea me venía acompañando hace unos cinco o seis años, desde el encuentro de escritores que, por esa época, se realizó en Ponta Delgada […] El caso parece haber sucedido (por lo menos así me lo dijo Ângela Almeida), y me sorprende que nadie, que yo sepa, lo haya recogido hasta hoy. Veremos lo que soy capaz de hacer con él: apenas estoy en el primer párrafo. La historia parece fácil de contar, de esas que se despachan con dos frases, pero la simplicidad es engañosa: no se trata de una reflexión sobre un *yo* y un *otro*, sino de la demostración, anecdótica en este caso, de que el *otro* es, finalmente, el *propio*. La historia acabará por convertirse en tragedia, pero una tragedia, en sí misma, cómica". Lo finaliza ocho días más tarde, el 23 de abril, y lo envía a Italia para que la Universidad de Turín lo incluya en un libro de homenaje al profesor Césare Acutis, que aparecerá a finales de 1995.

Un año más tarde, en 1996, Saramago publicará de nuevo el cuento, revisado, en la revista de la Asociación Portuguesa de Escritores. Y lo reproducirá en la entrada correspondiente al día 7 de enero de *Cuadernos de Lanzarote II (1996-1997). Diario IV. 1996.*

Vislumbra algunos aspectos sobre el argumento y sobre los personajes de *Ensayo sobre la ceguera*, uno de sus libros fundamentales, el 20 de abril, y así lo refleja en *Cuadernos de Lanzarote I (1993-1995). Diario I. 1993*: "Esta mañana, cuando me desperté, me vino la idea del *Ensayo sobre la ceguera* y, durante unos minutos, todo me pareció claro excepto que del tema pueda llegar a salir alguna vez una novela, en el sentido más o menos consensual de la palabra y del objeto […] en este *Ensayo*, todos los videntes tendrán que ser sustituidos por ciegos y éstos, todos, otra vez, por videntes… Las personas, todas ellas, empezarían por nacer ciegas, vivirían y morirían ciegas, a continuación vendrán otras que serán sanas de la vista y así van a permanecer hasta la muerte".

En una entrevista concedida en octubre de 1995, precisará que había dado comienzo a la novela en Lisboa: "Cuando me trasladé a Lanzarote, llevaba conmigo quince páginas [de *Ensayo sobre la ceguera*]. Estoy allí desde febrero de 1993 y el libro se fue haciendo lentamente, con viajes e interrupciones. Y lo acabé en estado de convulsión. Es un libro que viví. Habitualmente, trabajaba por la tarde, pero comprendí que no podía trabajar hasta las ocho o las nueve de la noche. Terminaba exhausto y sin dormir. Y pasé a trabajar por la mañana. A la hora del almuerzo, me sentaba a la mesa en un estado miserable, teniendo que hacer un esfuerzo para comer. En un determinado momento, llegué a decir: 'No sé si voy a poder sobrevivir a este libro'. Era como si tuviese dentro de mí una cosa fea, horrible, y tuviera que sacarla. Pero no salió, está en el libro y está dentro de mí". *Ensayo…*fue pensado e iniciado en Lisboa, pero su armazón se perfila y desarrolla en Lanzarote.

En efecto, los primeros folios de *Ensayo sobre la ceguera* fueron escritos en Lisboa, pero, una vez en la isla, los reescribe, a partir de agosto, tal y como señala en los *Cuadernos de Lanzarote*, de modo que, a finales de ese mes, tiene ya concluido el primer capítulo. Así lo anota en su diario el día 13: "Continúo trabajando en el *Ensayo sobre la ceguera*. Tras un principio dubitativo, sin norte ni estilo, en busca de las palabras como el peor de los aprendices, las cosas parecen mejorar. Como sucedió con todas mis novelas anteriores, cada vez que me enfrento con ésta, tengo que volver a la primera línea, releo y enmiendo, enmiendo y releo, con una exigencia intratable que se modera en la continuación. Por eso el primer capítulo de un libro es siempre aquel que me ocupa más tiempo. Mientras esas pocas páginas iniciales no me satisfacen, soy incapaz de continuar". E irá escribiendo la novela, de forma lenta e interrumpida, hasta 1995.

La Asamblea Municipal de Mafra rechaza la concesión a Saramago de la Medalla de Mérito Municipal. La propuesta nace de la izquierdista Coalición Democrática Unitaria (CDU), con el apoyo del Partido Socialista (PS), pero los conservadores del Partido Social Demócrata (PSD), con José Ministro dos Santos al frente de la Asamblea Municipal, se oponen argumentando que "el escritor corrompió el nombre de Mafra", al tiempo que considera *Memorial del convento* "un libro reprobable desde todos los ángulos". La razón de fondo radica, sin embargo, en su ideología marxista. Con posterioridad, se recuperará la moción y la propuesta, defendida por el maestro Ismael Gonçalves (CDU), es aprobada por trece votos a favor y trece abstenciones (PSD), pero el presidente de la Asamblea se negará a ejecutarla afirmando que "mientras sea presidente, Saramago nunca recibirá la Medalla".

Ismael Gonçalves traslada la iniciativa a la Escuela Municipal de Mafra 876, proponiendo que el centro tome el nombre de Saramago; sin embargo, la mayoría del consejo escolar la rechazará en mayo, con el informe negativo del Ayuntamiento, que consideraba que "el autor de *Memorial del convento* no ha dignificado el nombre de Mafra". No obstante, unas semanas más tarde, la directora de la escuela dirigiría una carta a las autoridades educativas manifestándose a favor del cambio de denominación: "La presidenta del Consejo Directivo de la Escuela Secundaria, que firma la carta, considera que ponerle el nombre de José Saramago a la escuela es una denominación apropiada, merecida y justa para quien revalorizó, enriqueció y divulgó universalmente el patrimonio histórico y cultural de Mafra".

Por medio del insólito episodio, se cruzará la concesión del Premio Nobel de Literatura en octubre de 1998, que provocaría finalmente un cambio de criterio, de modo que la Escuela Municipal de Mafra 876 pasó a denominarse Escuela Secundaria José Saramago. La Medalla, por su parte, no se le concedería hasta 2007.

Con gran satisfacción, asciende hasta la cumbre volcánica de Montaña Blanca el día 8 de mayo, cumpliendo un deseo surgido cuando llegó a la isla: "Desde que nos instalamos en Lanzarote venía diciéndole a Pilar que subiría a todos estos montes que tenemos detrás de la casa, y ayer, para empezar, me atreví con el más alto de ellos. Es cierto que son apenas seiscientos metros por encima del nivel del mar, y en la vertical, a partir de la falda, serán unos cuatrocientos, ni siquiera, pero este Hillary ya no es ningún niño, aunque sea todavía muy capaz de suplir por la voluntad lo que le vaya faltando de fuerzas, pues verdaderamente no creo que sean tantos los que, con esta edad, se arriesgan, solos, a una ascensión que requiere, por lo menos, unas piernas firmes y un corazón que no desista".

La Agencia Española de Cooperación Internacional (AECI) le dedica una "Semana de autor" en Madrid del 24 al 27 de mayo. Dos años más tarde, saldrán publicadas las actas en Ediciones de Cultura Hispánica, con el título *José Saramago*, en un volumen coordinado por Pilar del Río.

Como suele ser habitual cada año en mayo, participa en la Feria del Libro de Lisboa y en la de Oporto. Saramago no rehúye el público en las ferias y en las campañas de promoción de sus obras, que serán numerosos —por diversos países—, asumiéndolos con normalidad, como una parte más de su trabajo.

Se le concede el Premio The Independent Foreign Fiction por la traducción inglesa de *El año de la muerte de Ricardo Reis* en julio. Lo recoge acompañado de su traductor inglés, Giovanni Pontiero, en la Academia Italiana, en Kensington.

La Asociación Portuguesa de Escritores (APE) le otorga el Premio Vida Literaria a finales de julio. Lo recibirá el 12 de noviembre, en presencia del presidente de la República, Mário Soares. En su discurso, el subsecretario de Estado de Cultura —Sousa Lara— declara públicamente: "José Saramago es una gran figura de la cultura portuguesa. Ésta es nuestra posición". Con el trasfondo del escándalo por la censura del *Evangelio* y el desencuentro del escritor con los responsables del Ministerio del ramo —Pedro Santana Lopes y António de Sousa Lara— y el gobierno de Cavaco Silva, que provocaría su salida del país, Saramago habla en su intervención de respeto y de falta de respeto, añadiendo: "ceremonias como ésta son muy bonitas, pero es más allá de la puerta donde se conocen y juzgan los comportamientos".

El presidente de la República de Portugal, Mário Soares,
entrega el Premio Vida Literaria de la Asociación
Portuguesa de Escritores a José Saramago, Lisboa, 1993.
Archivo Fundación José Saramago

Saramago con su perro *Pepe*, Lanzarote, *c*. 1999.
Archivo Fundación José Saramago

El día 11 de agosto, aparece inopi-
nadamente en su casa de Lanzarote
un caniche, que adoptan. A sugerencia suya, le darán el nombre de
Pepe, hipocorístico español de José.
Un año más tarde el escritor dejará
testimonio en sus *Cuadernos de
Lanzarote I (1993-1995). Diario II.
1994*: "Hoy hace un año que *Pepe*
apareció. Dimos a este perro abrigo,
comida, cariño. Me gustaría saber
qué recuerdos conservará aún de
sus antiguos dueños, aquellos de
quienes huyó o que lo abandonaron.
Hoy, viéndolo trotar por aquí, li-
gero y familiar, es como si nunca
hubiese conocido otra casa".

Recordando que durante su infancia en la aldea había tenido malas
experiencias con los perros, circunstancia que le provocó temor hacia ellos, dirá en noviembre de 2005,
con motivo de la muerte reciente
de *Pepe* mientras estaban de viaje:
"Nunca imaginé que se pudiese llorar por un perro como yo lloré. En-
tró en mi vida para mostrarme que
yo estaba equivocado [con los pe-
rros] [...] *Pepe* apareció en la puerta
de la cocina, estábamos almorzando,
simpático, con las patas extendidas
al frente. Más tarde, Pilar le dio de
comer. Cuando volví a mirar para él,
había avanzado dos centímetros.
Había entrado en casa. Y lo adoptamos [...] La última imagen que
tengo de él es exactamente igual a la
de la primera vez que lo vi: echado,
con las patas extendidas y mirando... No me quiero ni acordar".

Reservará un lugar de privile-
gio a los perros en su imaginario

vital, como reconocerá en 2004: "Volviendo a hablar del paraíso, pienso que yo sólo consideraría un paraíso aceptable si pudiese encontrar allí los animales, y más concretamente los perros, que son con los que Pilar y yo más convivimos".

Se imprime la traducción húngara de *El año de la muerte de Ricardo Reis*.

Participa en el Congreso del Pen Club Internacional celebrado en septiembre en Santiago de Compostela. Se encuentra con Jorge Amado, Torrente Ballester y Salman Rushdie, entre otros.

Con su presencia, se presenta la traducción francesa de *El Evangelio según Jesucristo* a finales de septiembre en París, y, en octubre, en Colonia y Frankfurt, la edición alemana.

Imparte la conferencia "Descubrir al otro, descubrirse a sí mismo" en el Instituto de Estudios Hispánicos de Canarias (Puerto de la Cruz, Tenerife) el 12 de octubre. Asegura que "con el descubrimiento del *otro*, nos sale lo bueno y lo malo, nos descubrimos a nosotros mismos en el *otro* […] No soy político, pero creo que hay una condición sin la cual no llegaremos a ninguna parte: reconocer la diferencia del *otro* como el *otro* tiene que reconocer nuestra diferencia, sin imposiciones, con la aceptación de su cultura, sus tradiciones, alimentación, costumbres y todo lo demás". Y conducirá su reflexión al presente de Europa, en relación con la xenofobia: "En Europa todas las tensiones raciales producidas por la emigración son la consecuencia directa de la falta de comprensión de que el *otro* existe como tal. El ser humano parece tener demasiados problemas para aprender algo del pasado. Siempre estamos repitiendo errores y lo peor es que a veces repetimos crímenes".

El jurado del Premio Stendhal —promovido por la Fundación Adelphi—, del que forma parte, se reúne en Amberes el día 28.

La ópera *Divara: agua y sangre*, un drama musical en tres actos, se estrena en el Teatro Municipal de Münster [Städtische Bühnen Münster] el 31 de octubre. Con música de Azio Corghi y dirección escénica de Dietrich Hillsdorf, el libreto es de Azio Corghi con la colaboración de Saramago, basado en *In Nomine Dei*, y la dirección de orquesta de Will Humburg.

Es intervenido de cataratas en Lisboa a comienzos de noviembre.

Participa en la reunión del jurado del Premio Unión Latina, celebrada en Roma, concediéndosele el galardón a su candidato: Gonzalo Torrente Ballester.

Clausura el ciclo "Martes y Literatura" dedicado a "El mito y lo sagrado en la literatura contemporánea" y organizado por la Consejería de Cultura y Medio Ambiente de la Junta de Andalucía la segunda semana de diciembre. En su ponencia, titulada "Pecado, culpa, poder: la estructura trágica de *El Evangelio según Jesucristo*", opta por abordar los temas básicos sobre los que construyó su última obra publicada. Durante su intervención, sugiere que quizás estemos necesitando "una nueva definición" de los deberes humanos: "Todo el mundo habla de derechos y nadie de deberes, quizá fuera una buena idea inventar un Día de los Deberes Humanos".

1994 **Viaja** a Portugal (con asiduidad), Italia (dos veces), Argentina, Francia (en dos ocasiones), República Checa, Canadá, Chile y Reino Unido.

Companhia das Letras edita en Brasil *Casi un objeto*. Como en todas sus publicaciones brasileñas, se mantiene la ortografía portuguesa por deseo del autor.

La Radio Televisión Portuguesa (RTP) comienza a producir un amplio documental sobre Saramago —formato "Artes y Letras"—, dirigido por João Mario Grilo, con la participación de la periodista Clara Ferreira Alves para conducir las entrevistas, que son grabadas en su casa de Lanzarote entre el 13 y el 16 de enero. La cadena estatal portuguesa lo estrenará el 8 de diciembre de 1995.

Ingresa en la Academia Universal de las Culturas, con sede en París, presidida por Elie Wiesel, tras haber sido admitido en diciembre del año anterior.
   Asistirá a la primera asamblea celebrada en la capital gala a finales de este mismo año.

Recibe un ejemplar de la traducción hebrea de *El Evangelio según Jesucristo*.

Se le concede el Gran Premio de Teatro APE/SEC 1993 por *In Nomine Dei* el 28 de febrero. Le será entregado el 6 de junio en el Teatro Doña María II (Lisboa).

En febrero, llega a su casa en Canarias un contenedor con los muebles, libros y papeles de su casa en Lisboa.

La revista *Espacio/Espaço escrito* le dedica un número a Saramago y a Juan Goytisolo.

El presidente de la República portuguesa, Mário Soares, lo visita en Lanzarote el día 1 de marzo.

Está presente en la Feria del Libro de Buenos Aires y es nombrado miembro correspondiente de la Academia Argentina de Letras.

El 31 de marzo, se encuentra en la Plaza de Mayo, en Buenos Aires, con las Madres de Plaza de Mayo.

Viaja incansablemente manteniendo una intensa actividad pública en conferencias, mesas redondas, ferias, jurados y presentaciones, escribiendo prólogos y publicando artículos, o dando incontables entrevistas, en una tarea agotadora que, sin embargo, encarará estoicamente. En sus *Cuadernos*

En casa de Jorge Amado y Zélia Gattai, con su hija Paloma Amado, París, mayo, 1994. Archivo Fundación José Saramago

de Lanzarote I (1993-1995). Diario II. 1994, confiesa el 28 de marzo: "Entrevistas, entrevistas, entrevistas […] Mi comportamiento es absurdo: no sé defenderme, me entrego a cada entrevista como si me fuese la vida en juego. A veces me parece sorprender en la cara de los periodistas una expresión de asombro. Imagino qué estarán pensando: '¿Por qué se lo tomará tan a pecho?''. Durante la década de los noventa, se consolida su perfil de intelectual comprometido, que interviene en los asuntos públicos y opina críticamente de los grandes temas políticos o sociales contemporáneos —la democracia, la Unión Europea, la violencia, el poder, el capitalismo, Portugal, la izquierda, la ética pública…

Aparece el primer volumen de *Cuadernos de Lanzarote I (1993-1995). Diario I. 1993* en abril. Caminho imprime una primera edición de 30.000 ejemplares.

En relación a los *Cuadernos*, con el propósito de justificar su escritura, anota el día 11 de abril en su *Diario II. 1994*: "…y lo que encuentro es a alguien (yo mismo) que habiendo vivido toda su vida con las puertas cerradas y atrancadas, las abre ahora, impelido, sobre todo, por la fuerza de un descubierto amor de los otros, con la súbita ansiedad de quien sabe que ya no tendrá mucho tiempo para decir quién es. ¿Será esto tan difícil de entender?".

En *Diálogos con José Saramago*, de Carlos Reis, Saramago abundó en las motivaciones de sus diarios: "Lo que me hizo escribir [*Cuadernos de Lanzarote*] fue el hecho de haber dejado mi país, de haberme venido a Lanzarote, añadiéndose también a eso una conciencia de la aproximación (sigo llamándole de aproximación…) de la vejez, aunque, por otro lado, un cierto vigor físico y una cierta frescura mental todavía me mantengan unos diez años por detrás de la edad real. Digamos que sentí la necesidad de dar pasos más chicos, pasos más pequeños; y esos sólo pueden aparecer en un diario, que tiene características que no son las deseadas, ya que parece que a mis críticos les gustaría más ver o leer profundas reflexiones filosóficas, cuando de lo que se trata, para las personas a quienes eso pueda interesarles, que son mis lectores, es hacerles saber lo que me está sucediendo".

Concebidos como un contenedor de vida, reúnen materiales de variado signo, propios del diario, el ensayo, el epistolario, el dietario o la anotación de reflexiones, vivencias y referencias al proceso de producción y recepción de las propias obras o a su vida literaria. Sobre ese tejido, se escribe el latido de la existencia del autor, su vida acelerada y riquísima, crecida en el éxito.

Imparte dos conferencias en Palma de Mallorca, una en la Universidad de las Islas Baleares (UIB) y otra en el Centro de Cultura Sa Nostra el 19 de abril. Con ocasión de su presencia en la isla, declarará: "El único valor que considero revolucionario es la bondad, que es lo único que cuenta". En su intervención, reivindicará la inclusión de "la herejía entre los derechos humanos". Unas semanas antes, el 16 de febrero, había publicado un artículo de opinión homónimo en *El País*: "Herejía, un derecho humano".

Forma parte del jurado del Premio Reina Sofía de Poesía Iberoamericana, que reconocerá la obra de João Cabral de Melo Neto. El galardón, instituido por la Universidad de Salamanca y Patrimonio Nacional (España) en 1992, tiene por objeto premiar el conjunto de la obra poética de un autor vivo que, por su valor literario, constituya una aportación relevante al patrimonio cultural común a Iberoamérica y España. Saramago será un miembro recurrente del jurado.

En la Feria del Libro de Lisboa, junio de 1994.
Archivo Fundación José Saramago

La Federación de Sociedades de Cultura y Recreo de su país le concede la Medalla de la Instrucción y el Arte en el mes de mayo. Le será entregada el 18 de junio.

Firma ejemplares de sus obras en la Feria del Libro de Lisboa.

Viaja a Argentina en la segunda quincena de junio. Pronuncia la conferencia "Descubrir al otro, descubrirse a sí mismo" en Buenos Aires.

Dona a la Biblioteca Nacional de Portugal diversos documentos literarios: los mecanoscritos de *El año de la muerte de*

Ricardo Reis y del cuento *El embargo*; cartas recibidas de autores como José Rodrigues Miguéis, Adolfo Casais Monteiro, Aleixo Ribeiro y Massaud Moisés; copias de cartas enviadas a escritores portugueses; un documento biográfico; manuscritos de terceros; y el diploma del Premio Nobel.

Avanza en la escritura de *Ensayo sobre la ceguera*. Según anota en su *Diario II. 1994*, el día 8 de julio se le ocurre cómo va a evolucionar la historia: "La 'revelación' no fue tan completa [como sucedió con *El Evangelio según Jesucristo*], pero sé que va a determinar un desarrollo coherente de la historia, antes atascada y sin esperanzas. Todos los motivos que venía dando, a mí mismo y a otros, para justificar la inacción en que me encontraba —viajes, correspondencia, visitas—, podían, a fin de cuentas, resumirse de esta manera: el camino por el cual estaba queriendo ir no me llevaba a ningún sitio. A partir de ahora, el libro, si falla, será por inhabilidad mía".

Ingresa en el Patronato de Honor de la Fundación César Manrique (Lanzarote).

Participa en un curso de verano de la Universidad de La Laguna que, bajo el título "Las metáforas del sur", dirige Juan Cruz en Tenerife a mediados de julio.

Su traductora danesa concluye y entrega al editor la traducción de *El Evangelio según Jesucristo*.

Viaja a Canadá, a mediados de agosto, para intervenir en el XIV Congreso de la Asociación Internacional de Literatura Comparada, en Alberta, organizado en torno al tema "Literatura y diversidad: culturas, sociedades". Pronuncia la conferencia "Entre el narrador omnisciente y el monólogo interior: ¿será necesario regresar al autor?", desarrollo de un ensayo publicado con anterioridad en la revista francesa *Quai Voltaire*.

Sobre su concepción del papel del narrador, manifestará reiteradamente: "Me atrevería a afirmar que omnisciente no es el narrador sino el autor. Si pudiera, borraría de modo definitivo la presencia de esa entidad llamada 'narrador'. Me gustaría llegar a un punto en que el narrador no pudiese ser identificado. En ocasiones, digo que el narrador es otro personaje más de una historia que no es la suya, dado que la historia pertenece por entero al autor. Mi aspiración es borrar al narrador para dejar que el autor se presente solo ante una entidad más grande o más pequeña: los lectores. El autor se expresa por él mismo y no a través de esa suerte de pantalla que es el narrador. Es cierto, existe un narrador omnisciente, pero también es cierto que se puede sustituir el narrador por el autor omnisciente".

Acude a la sesión inaugural del Parlamento Internacional de Escritores en Estrasburgo a finales de septiembre.

Participa en Santiago de Chile en un homenaje a José Donoso el día 5 de octubre. Pronuncia la conferencia "José Donoso y el inventario del mundo". Visita la casa de Pablo Neruda en Isla Negra tres días después.

Su nombre suena en los medios como candidato al Premio Nobel. Viene sucediendo así desde 1990.

La versión española de *Casi un objeto,* realizada por Eduardo Naval y editada por Alfaguara, se presenta en Barcelona y Madrid el 21 y el 23 de octubre respectivamente. Quince días más tarde se agota esta primera edición. Con esta colección de cuentos, comienza a publicar en la editorial Alfaguara y abandona Seix Barral.

Como es habitual en los últimos años, a medida que se consolida su notoriedad internacional, se ve sometido a innumerables entrevistas: "Las entrevistas no son un engranaje triturador, son peor: una laminadora", escribe en su *Cuadernos de Lanzarote I (1993-1995). Diario II. 1994.*

Con respecto a *Casi un objeto,* manifestará en la presentación: "Uno de los asuntos esenciales en toda literatura no superficial es el de la cosificación del hombre, que alcanza su máxima perversidad en la explotación de una clase social por otra, una explotación que es superable por el hecho de que el hombre posee una capacidad revolucionaria tanto para cambiar la realidad como para transformarse él mismo".

El 21 de octubre, recibe el primer ejemplar de la traducción española de *In Nomine Dei*, realizada por Basilio Losada y publicada por la editorial Ronsel. Se hará una segunda edición en 1998.

Presencia la entrega de los Premios Stendhal, de cuyo jurado forma parte, en Lisboa a finales de octubre.

Invitado por el Ars Council (Gran Bretaña) forma parte de una "embajada de tres escritores lusófonos", junto a Lya Luft (Brasil) y Lina Magaia (Mozambique).

Viaja a Vigo donde pronuncia la conferencia "¿Es sabio quien se contenta con el espectáculo del mundo?" el día 17 de noviembre en el Club Faro.

Reclama que los escritores asuman sus responsabilidades cívicas: "Ahora es el tiempo del compromiso. El escritor tiene que decir quién es y qué piensa […] Yo estoy comprometido hasta el final de mis días con la vida y el esfuerzo por transformar las cosas y para ello no tengo más remedio que hacer lo que hago y decir lo que soy".

Asiste a una reunión de la Asamblea General de la Sociedad Portuguesa de Autores para la elección de nuevos cargos el día 22. Preside por última vez la Asamblea General, tras diez años en el cargo, y le nombran Socio Honorario.

Aparece por su casa *Greta,* una *terrier de Yorkshire* abandonada, que pasa a ser parte de la familia canina, junto a *Pepe*.

Pronuncia la conferencia "Somos cuentos de cuentos contando cuentos: nada" en el Centro Insular de Cultura en Las Palmas de Gran Canaria el 30 de noviembre.

En su alocución, asegurará: "Si es cierto que no pasamos de ser cuentos ambulantes, cuentos hechos de cuentos, y que vamos por el mundo contando el cuento que somos y los cuentos que aprendemos, me parece igualmente claro que nunca podremos llegar a ser más que eso, esos seres hechos de palabras, herederos de palabras y que van dejando a lo largo de los tiempos y del Tiempo, un testamento de palabras, lo que tienen y lo que son. Todo".

Participa en el jurado del Premio Unión Latina, que se reúne en Roma a mediados de diciembre. Tras esta convocatoria y después de cinco años tomando parte en las sesiones de deliberación en su condición de escritor portugués, decide retirarse del jurado.

La revista mexicana *Plural* le dedica un número monográfico en el que escriben Eduardo Lourenço, José Manuel Mendes, Fernando Venâncio, Saúl Ibargoyen, Teresa Cristina Cerdeira da Silva, Ángel Crespo, Adrián Huici, E. M. de Melo e Castro, Rodolfo Alonso, Fermín Ramírez y Claudia San Román.

Dos días antes de Navidad, recibe ejemplares de la traducción portuguesa del libro de Francisco Umbral *Madrid 1940. Memorias de un joven fascista*, editado por Campo das Letras, para el cual escribió el prólogo.

1995 **Viaja** a Portugal (con frecuencia), Italia (en dos ocasiones), Estados Unidos, Inglaterra, Suiza y Noruega.

Prosigue con la escritura de *Ensayo sobre la ceguera*.

Caminho imprime una edición de bolsillo de *Viaje a Portugal* en enero. Saramago anotará en su diario: "Llegaron ejemplares de una nueva edición del *Viaje a Portugal* en rústica y sin ilustraciones. Se ha realizado por fin mi sueño de siempre".

El 20 de febrero, ratifica su euroescepticismo en los *Cuadernos de Lanzarote I (1993-1995). Diario III. 1995*, insistiendo en su desconfianza hacia la posición jerárquica de Alemania en el contexto de la nueva Europa, que, a su juicio, seguirá siendo asimétrica: "Una vez más. Soy un europeo escéptico que aprendió todo su escepticismo con una profesora llamada Europa. Sin hablar de la cuestión del 'resentimiento histórico', a la que soy especialmente sensible, pero que, en cualquier caso, puede ser ultrapasada, rechazo la denominada 'construcción europea' por lo que lleva de constitución premeditada de un nue-

vo 'sacro imperio ger-
mánico', con objetivos
hegemónicos que sólo
nos parecen diferentes de
los del pasado porque
han tenido la habilidad
de presentarse camufla-
dos bajo ropajes de un
falso consenso que finge
ignorar las contradiccio-
nes subyacentes, las que
constituyen, querámoslo
o no, la trama en la que
se movieron y continúan
moviéndose las raíces
históricas de las diversas
naciones de Europa".

Saramago en el primer despacho de su casa de Lanzarote, marzo de 1995.
Fotografía: Armando Baptista-Bastos. Archivo Fundación José Saramago

Interviene en Lisboa en un congreso de Antropología Literaria organizado por el Instituto de Psicología Aplicada a comienzos de marzo.

Es entrevistado por Baptista-Bastos el 16 de marzo en Lanzarote. El material recogido estará destinado a un libro sobre el escritor promovido por la Sociedad Portuguesa de Autores, con motivo del Premio Consagración que le sería entregado en mayo. La publicación verá la luz en diciembre de 1996 con el título *José Saramago: Aproximación a un retrato* [*José Saramago: Aproximação a um Retrato*].

A principios de abril, participa en un seminario organizado por la Universidad de Turín sobre "El imaginario en las literaturas mediterráneas" y en un debate sobre "El papel del escritor en el umbral del siglo XXI". Defensor de que el papel del autor es "intranquilizar", declarará resumiendo su posición: "Tengo mucho cuidado con no convertir mis novelas en panfletos, pese a que sea marxista y comunista de carné. Yo poseo unas ideas, y no separo el escritor del ciudadano, de mis preocupaciones. Yo creo que los escritores debemos volver a la calle, y ocupar de nuevo el espacio que antes teníamos y ahora ocupan la radio, la prensa o la televisión. Hay, además, que fomentar el humanismo, el conocimiento de que miles y miles de personas no se pueden acercar al desarrollo". En su opinión "el escritor debe hacer bien lo que hace. Lo mejor que pueda. Pero no debe quedarse ahí. No debe olvidar que es una figura pública y está obligado a intervenir".

Se representa la ópera *Divara: agua y sangre* en Ferrara (Italia).
    Junto a Azio Corghi y Will Humburg, había intervenido, a mediados de marzo, en la conferencia de prensa que anunciaba la próxima puesta en escena de su pieza en Italia.

La cantata dramática *La muerte de Lázaro* se estrena en la iglesia de San Marco (Milán) el 12 de abril, con música de Azio Corghi y libreto basado en *In Nomine Dei*, *El Evangelio según Jesucristo* y *Memorial del convento*. El director musical es Roberto Gabbiani. Se trata de un encargo del Teatro alla Scala de Milán a Corghi.

Viaja a Estados Unidos para participar en el lanzamiento de la edición inglesa de *La balsa de piedra* en Nueva York, editada por Harcourt Brace y traducida por Giovanni Pontiero. Imparte varias conferencias en distintas universidades: Columbia, Yale, Massachusetts, Harvard, Dartmouth y Brown.

Alfaguara presenta su edición de *Viaje a Portugal* en Madrid el 14 de mayo. Junto al autor, participan en el acto Juan José Millás, Eduardo Sotillos y el traductor del libro, Basilio Losada.

Durante el lanzamiento del libro, comenta que "es la última imagen de un país que cambia" y lo considera un homenaje a la que califica como obra maestra del género, *Viaje a la Alcarria*, de Camilo José Cela, aunque es al Almeida Garrett de *Viajes por mi tierra* [*Viagens na Minha Terra*] a quien considera su verdadero referente. Admite, asimismo, que "hay ciertas coincidencias con los viajeros del siglo XIX, como Eça de Queiroz o Almeida Martins". Al glosar los "sentimientos de pertenencia" a un determinado lugar, asegura que "uno de los errores de la izquierda ha sido no reflexionar a tiempo sobre el problema del nacionalismo, porque creía que era un sentimiento de la derecha. La izquierda abandonó a la derecha la exclusividad del sentimiento de pertenencia y ahora ha

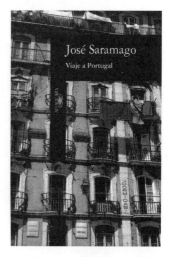

Primera edición en español de *Viaje a Portugal*, Madrid, Editorial Alfaguara, 1995

perdido cincuenta años". "Fue un error no entrar en aquella reflexión", concluye.

En relación con el estilo de su obra, subraya "la naturalidad. La sencillez. La ausencia de referencias culturales o literarias. Es el viajero contando lo que ve, algo dificilísimo a la hora de ponerse a escribir". Y destacará que se trata de una obra lenta, pero "menos lenta de lo que hubiera deseado porque lo importante no es viajar sino estar en un lugar […] Viajar […] sobre todo es otro modo de estar. El mío no es un viaje interior sino una forma de ver y de sentir. En este sentido coincido con Pessoa: viajar es también sentir".

Es investido Doctor *Honoris Causa* por la Universidad de Manchester (Inglaterra) el día 10. Cuando le comunican, en febrero, el acuerdo de la Junta de Gobierno anota en su *Diario III.1995*: "A mí estas cosas me asombran, casi me dejan sin palabras y desconfío de que las pocas que quedan no serán de las más apropiadas. El muchachito que anduvo descalzo por los campos de Azinhaga, el adolescente vestido de mono que desmontó y volvió a montar motores de automóviles, el hombre que durante años calculó pensiones de jubilación y subsidios de enfermedad, y que más adelante ayudó a hacer libros y después se puso a escribir algunos, ese hombre, ese adolescente y ese muchachito acaban de ser nombrados Doctor *Honoris Causa* por la Universidad de Manchester. Allá irán los tres en mayo, a recibir el grado, juntos e inseparables, porque sólo así es como quieren vivir. Tan inseparables y juntos que, incluso ahora, cuando estoy buscando palabras atinadas para dejar noticia del honor que me han hecho, estoy también, con el bieldo en las manos, limpiando la pocilga de los cerdos de mi abuelo Jerónimo y rodando válvulas en un torno. Benedetto Croce decía que toda la Historia es historia contemporánea. La mía también".

Máquina de escribir marca Hermes que José Saramago utilizó hasta 1989.
Foto: Adriel Perdomo. Archivo Fundación César Manrique

Adquiere un ordenador portátil Canon BN22, con impresora incorporada, en mayo. Comienza a usarlo mientras escribe *Ensayo sobre la ceguera* en una máquina de escribir electrónica Philips —*videowriter*—, que había comprado, de segunda mano, en 1989 para sustituir a su máquina convencional Hermes, que utilizaba desde hacía más de treinta años. Conserva también un portátil Philips desde 1993, que no llega a utilizar: "Cuando [la Hermes] llegó al final del *Historia de cerco de Lisboa* renunció a continuar más allá. Si se averiaba, había que fabricar la pieza. Hablando un día con António Alçada Baptista, me dijo que había comprado una máquina estupenda, que era electrónica. Tenía la ventaja de tener incorporada la impresora, pero era un aparato grande, pesado, difícil de transportar, y acabé por comprar un ordenador Philips de segunda mano. Tuve muchos problemas, terminó por no servirme y continué usando la máquina electrónica". En 1995, comentaría en una entrevista: "Dudo si voy a concluir la novela [*Ensayo sobre la ceguera*] en la máquina electrónica o en el ordenador. Lo más probable es que la acabe en la máquina electrónica. Sería una traición. Si la abandonara a mitad de un libro, sería una traición a la máquina electrónica". Y añade, mientras advierte que se encuentra en una fase de adaptación: "El próximo libro ya será con el ordenador".

Recibe el Premio de Consagración de la Carrera concedido por la Sociedad Portuguesa de Autores en un acto celebrado en el Casino de Estoril el 22 de mayo.

Participa por esos días en la Feria del Libro de Lisboa.

Asiste, en Madrid, a la reunión del jurado del Premio Reina Sofía de Poesía Iberoamericana, que recae sobre José Hierro.

En compañía de Juan Goytisolo, Vicente Molina Foix y Juan Cruz, presenta *El amante del volcán* en Madrid el 24 de junio, acompañando a Susan Sontag, con quien se había encontrado en Nueva York en el mes de abril.

Durante esta década, su obra será objeto de numerosos estudios literarios, tesis doctorales y atención crítica, continuando el interés académico que ya había despertado en los ochenta.

Casi cuatro años después de que le surgiera la idea, concluye *Ensayo sobre la ceguera* el 8 de agosto. Se publica ese mismo año, apareciendo simultáneamente en Portugal y Brasil. El proceso de escritura fue largo, dificultoso y doloroso, como el mismo autor reconocería en 1995: "… luché, luché mucho, sólo yo sé cuánto, contra las dudas, las perplejidades, los equívocos que en todo momento se me iban atravesando en la historia y me paralizaban. Como si esto no fuese bastante, me desesperaba el propio horror de lo que iba narrando. En fin, acabó, ya no tendré que sufrir más".

Acude a la reunión del jurado del Premio Stendhal en Ginebra a finales de septiembre.

Viaja a Oslo para participar en la Feria del Libro los últimos días de octubre. Pronuncia la conferencia "Contar la vida de todos y de cada uno" en la que plantea de nuevo una reflexión sobre las relaciones entre ficción e Historia.

Un año antes, subrayando una idea fundamental en su *poética del desasosiego*, había declarado: "Sí, esa es mi postura, dudar de todo. Si hay algo en mis libros que pueda ser útil para el lector, no es justamente que él termine pensando como pienso yo, sino que logre poner en duda lo que yo digo. Lo mejor es que el lector pierda esa postura de respeto, de acatamiento a lo que está escrito. No hay verdades tan fuertes como para que no puedan ser puestas en duda. Tenemos que darnos cuenta de que nos están contando cuentos. Cuando se escribe la historia de cualquier país, tenemos que saber eso. La realidad profunda es otra. El historiador, muchas veces, es alguien que está transmitiendo una ideología. Si fuera posible reunir en una Historia todas las Historias (además de la Historia escrita y oficial), empezaríamos a tener una idea sobre lo que ha pasado en realidad".

Acompañado por Francisco José Viegas, que introduce el libro al público, presenta *Ensayo sobre la ceguera* en el hotel Altis de Lisboa el 1 de noviembre.

A propósito del libro, una de sus novelas mayores, ha manifestado Saramago: "Es algo así como si yo dijera que nosotros somos ciegos de la razón. Esa evidencia es la que me condujo, metafóricamente, a imaginar un tipo de ceguera, que, en el fondo, existe. Voy a crear un mundo de ciegos porque vivimos, efectivamente, en un mundo de ciegos. Estamos todos ciegos. Ciegos de la razón. La razón no se comporta racionalmente. Y eso es una forma de ceguera".

Con esta obra, central en su producción, se inicia el segundo ciclo de escritura madura de Saramago, caracterizado por la exploración de la alegoría, una mayor austeridad formal y la introducción de renovados rasgos temáticos: "Pasé a ocuparme de asuntos muy serios de una manera abstracta: considerar un determinado tema despojándolo de cualquier circunstancia social, inmediata, histórica, local".

Pero se caracteriza también por una clara innovación estilística. En este sentido, el narrador reconoce que se produjo "una ruptura violenta": "Mi modo de escribir se tornó más austero, seco; no menos poético, pero sí más conciso. Me alejo de la retórica barroca que imprimí en *Memorial del convento*".

Portada de *Ensayo sobre la ceguera*, Lisboa, Editorial Caminho, 1995

En general, se produce un cambio de foco, se cierra el diafragma y se desplaza el interés del aspecto coral al individuo: "A partir de *El Evangelio según Jesucristo*, desde *Ensayo sobre la ceguera*, hay de hecho una ruptura […] La ruptura tiene que ver fundamentalmente con esto: desde *Levantado del suelo* hasta *El Evangelio según Jesucristo*, mis novelas son, en cierto modo, *corales*, lo que cuenta, sobre todo, es el grupo (no digo las masas); a partir de *Ensayo*, la atención se centra en la persona, en el individuo. Esa es, creo, la diferencia que separa estas dos fases o épocas", apuntará en enero de 2003.

A través de una parábola estremecedora, crea una contrautopía que le sirve para censurar la irracionalidad del comportamiento humano en el mundo contemporáneo, sometido a un proceso de degradación: "No hay metafísica en mi libro. Somos víctimas de no usar la razón que tenemos. Esa es nuestra primera enfermedad. En una situación de epidemia, si cada uno de nosotros no reúne la fuerza o los medios para controlarla, somos responsables de ello", declarará. Saramago vinculará la preocupación mostrada en *Ensayo sobre la ceguera* con una pieza teatral anterior, *In Nomine Dei*: "No tenemos un comportamiento racional, y esto se plantea a continuación de un libro que es prácticamente contemporáneo de estas preocupaciones, *In Nomine Dei*. No me parece que el modo como todo esto funciona sea conducido por la razón. Y la forma que hallé para hacerlo visible fue el de declarar que somos ciegos y encontrar una situación en la que resulta inevitable que la razón deje de funcionar, al tiempo que todos los instintos, comenzando por el de supervivencia, se despiertan. ¿Por qué la ceguera es blanca? Tal vez para decir que aquella ceguera no es una ceguera".

Asumiendo una posición ilustrada, reivindica la razón y el respeto como garantía de convivencia, al tiempo que propone la bondad y la ética —afirma que se trata de "un libro frontalmente ético"— como contrapunto a la violencia y el dolor: "La ceguera, en mi libro, no es definitiva. Cada vez se vuelve más claro para mí que la ética debe dominar la razón […] Si no respetamos una línea mediana, si no atendemos al 'no hagas a los otros lo que no quieres que te hagan a ti', vamos a acabar mal. Esa es la frase que sintetiza el libro. Es lo que se conoce como egoísmo necesario".

Apoyado en ideas fuertes y en situaciones abstractas, en las novelas de este ciclo alegórico arroja una mirada crítica sobre la realidad actual y bucea en la naturaleza del ser humano de nuestro tiempo, mientras tiñe sus visiones de denuncia, ironía, compasión y rebeldía. Expresa el malestar civilizatorio, una insatisfacción airada ante fenómenos coetáneos como el debilitamiento y el autoritarismo de las democracias, la injusticia social, la despersonalización y la soledad, la hegemonía de la economía sobre la política, la manipulación de los medios de comunicación, el alejamiento del ciudadano de las decisiones públicas, la corrupción, la crueldad…: "Hay una muerte por ceguera que es la muerte de quien no usa la razón para vivir. Usamos la razón para destruir, matar, disminuir nuestra franja de vida. Y esa especie de indecencia del comportamiento humano, orientada por la explotación del otro, por la sed de lucro, por la ambición de poder, es la que conduce a la indiferencia y a la alienación. Al desprecio del otro". Convencido, en fin, de que "estamos próximos a la barbarie" y de que "para generar seres humanos, se necesitan circunstancias humanas", insiste en que "no cambiaremos el mundo si no cambiamos nosotros mismos. La única forma de cambiar el mundo es que nosotros seamos conscientes de que la vida va en una dirección equivocada".

Ensayo sobre la ceguera se traducirá al albanés, alemán, árabe, bengalí, catalán, chino mandarín, coreano, croata, danés, eslovaco, esloveno, español, estonio, finés, francés, griego, hebreo, hindi, holandés, húngaro, inglés, islandés, italiano, japonés, lituano, malayo, noruego, polaco, rumano, ruso, servio, sueco, tailandés, turco y vietnamita.

Publica en Portugal el segundo volumen de *Cuadernos de Lanzarote: Diario II. 1994.*

Se le concede el Premio Camões, el más relevante reconocimiento literario en lengua portuguesa, el 7 de noviembre. La decisión del jurado —integrado por Maria Idalina Resina Rodrigues, Carlos Reis, Alfonso Romano de Sant'Anna, Antônio Torres y Márcio de Souza— se toma por unanimidad.

El mismo día, aparece en su casa de Lanzarote un perro de agua, que será recogido y bautizado con el nombre de *Camões*.

Cada día después de comer, Saramago acostumbrará a apartar su silla de la mesa y a repartir un plátano troceado entre sus tres canes, que se colocarán siempre en la misma posición: *Greta* en medio, *Camões* a la izquierda y *Pepe* a la derecha.

Desde *Levantado del suelo*, los perros han desempeñado en su narrativa un lugar especial, cargados normalmente de significado sensible, como sucede con el memorable *Constante*, el perro que lame las lágrimas de los seres humanos en *Ensayo sobre la ceguera*.

José Saramago, Lanzarote, 1996. Foto: Sebastião Salgado.
Archivo Fundación José Saramago

La Fundación Municipal de Cultura del Ayuntamiento de Oviedo organiza la cuarta edición de Los Encuentros, coordinada por Miguel Munárriz, los días 13 y 14. Con el propósito de diagnosticar los grandes problemas contemporáneos y de sugerir alternativas, participaron José Saramago, Luis Racionero, Gustavo Bueno, Gabriel Albiac y Antonio Escohotado. Cada uno de los invitados planteó un decálogo de propuestas que posteriormente fueron recogidas en un libro con el título *50 propuestas para el próximo 2. milenio* editado por el Ayuntamiento de Oviedo en 1997. Las de Saramago, planteadas como "propuestas para el día siguiente", serán éstas: 1. "Desarrollar hacia atrás, esto es, hacer aproximarse a la primera línea de progreso las cada vez mayores masas de población dejadas en la retaguardia." 2. "Crear un nuevo sentido de los deberes de la especie humana." 3. "Vivir como supervivientes, esto es, comprender, de hecho, que los bienes, las riquezas y los productos del planeta no son inagotables." 4. "Impedir que las religiones continúen siendo factores de desunión." 5. "Racionalizar la razón, esto es, aplicarla de modo simplemente racional." 6. "Resolver la contradicción entre la afirmación de que cada vez estamos más cerca unos de los otros y la evidencia de que cada vez nos encontramos más apartados." 7. "Definir éticas prácticas de producción, distribución y consumo." 8. "Acabar de una vez con el hambre en el mundo, porque eso ya es posible." 9. "Reducir la distancia, que aumenta cada día, entre los que saben mucho y los que saben poco." 10. "Regreso a la filosofía."

Imparte numerosas conferencias a lo largo del año.

Haciendo balance, anota en los *Cuadernos de Lanzarote I (1993-1995). Diario III. 1995* el 31 de diciembre: "Ha sido un buen año. Y no encuentro mejor manera de decirlo que recordar lo que aquí escribí un día de julio de 1993: '¿Qué buenas estrellas estarán cubriendo los cielos de Lanzarote? La vida, esta vida que, inapelablemente, pétalo a pétalo, va deshojando el tiempo, parece, estos días detenido en el *me quiere…*'".

1996 **Viaja** a Portugal (con frecuencia), Brasil (en dos ocasiones), Argentina, Italia y Estados Unidos.

A comienzos de enero, cede los derechos para la adaptación cinematográfica de *La balsa de piedra*, que coproducirán MGS Film (Holanda), Lusomondo (Portugal) y Sogecine (España).

Recibe el Premio Camões en Brasil el 30 de enero. En su discurso de agradecimiento, se refiere a la lengua portuguesa como una patria compartida entre Portugal y Brasil, al tiempo que invita a ambos países a construir una biografía común, superando malentendidos e indiferencias. Asimismo, insta a los estados de lengua portuguesa —Brasil, Angola, Cabo Verde, Guinea-Bissau, Mozambique, Santo Tomé y Príncipe y Portugal— a "la preservación equilibrada y la difusión eficaz de la lengua portuguesa en el mundo, mas también, y sobre todo, en el propio interior de los países que la hablan".

Durante su estancia en el país amazónico, acompañado por Pilar del Río, como es habitual en sus viajes, se desplaza a Salvador de Bahía, a comienzos de febrero, para encontrarse con Jorge Amado y su mujer, Zélia Gattai. Allí se reúnen con su editor Luiz Schwarcz y su esposa Lilia Moritz, con Caetano Veloso, Gilberto Gil y otros amigos. Visitan la casa de Rio Vermelho propiedad de Amado y la Fundación que lleva el nombre del escritor, en Pelourinho.

Publica el tercer volumen de *Cuadernos de Lanzarote*: *Diario III. 1995* en su país, cuyo primer ejemplar recibe el 18 de marzo.

Artículo de prensa sobre la concesión del Premio Camões a Saramago en *Jornal do Brasil*, 28 de enero de 1996. Archivo Fundación José Saramago

Con Gonzalo Torrente Ballester, asiste a las II Jornadas de Historia Ibero-Americana, organizadas por el Instituto de Cultura Ibero-Atlántica (ICIA) bajo el denominador "La Unión Ibérica y el Mundo Atlántico" en Portimão (Faro, Portugal) los días 2, 3 y 4 de mayo. Participan en un coloquio en la Biblioteca Municipal. Saramago, reflexionando sobre el concepto de *ibericidad*, se reconoce "primero, portugués; después, ibérico". Centrándose en *La balsa de piedra*, clarificará que "navega hasta el Atlántico Sur y lleva a portugueses y españoles, para lo bueno y para lo malo; y allí comienzan un nuevo trabajo de encuentro". Una idea que no plantea "contra la Unión Europea", porque "lo que se cuenta en el libro es como si la Península Ibérica fuese un remolcador que llevase a Europa toda hacia el Sur".

El Ayuntamiento de Golegã (Portugal) le concede, en abril, la Medalla Municipal, que le será entregada el día 10 de junio.

Ediciones del Oeste edita la traducción al español de *El año de 1993*, realizada por Ángel Campos Pámpano. El libro incluye dibujos de Juan Barjola.

En octubre de 2007, Alfaguara publica una edición no venal con dibujos de Rogério Ribeiro y la traducción de Ángel Campos Pámpano.

Susan Sontag y José Saramago en la casa del escritor en Lanzarote, mayo de 1996.
Archivo Fundación José Saramago

Introduce a Susan Sontag en la presentación de *El amante del volcán* en la Fundación César Manrique (Lanzarote) el 9 de mayo. Su intervención, como deja reflejado en *Cuadernos de Lanzarote II (1996-1997). Diario IV. 1996*, "fue una cita sacada del nuevo prefacio escrito por Susan para la traducción castellana de su libro *Contra la interpretación*, y que reza así: 'Me veía como una combatiente de nuevo cuño en una batalla muy antigua contra la hipocresía, contra la superficialidad y la indiferencia ética y estética'. En este pasaje, Susan Sontag se está refiriendo a sus tiempos de Nueva York y París, entre 1961 y 1965, después del largo aprendizaje académico por el que había pasado en Berkeley, Chicago y Harvard. Hoy, treinta años después, como si nada hubiese mudado, y en condiciones ciertamente menos favorables, la necesidad de la lucha se mantiene: la hipocresía domina por todas partes, la superficialidad y la indiferencia ética son las reglas de oro de la modernidad.

(¿Osaré decir que la estética, en este cuadro, me interesa mucho menos?)".

Acompaña a la escritora americana en un recorrido por la isla canaria.

Alfaguara publica la traducción española de *Ensayo sobre la ceguera* —firmada por Basilio Losada—, que lanza primero en Buenos Aires, entre el 15 y el 19 de mayo; luego en Madrid, el 23 —donde presenta la novela José Antonio Marina—; y, finalmente, en Lanzarote, en la sede de la Fundación César Manrique, el 20 de junio.

Este mismo año, se imprimen hasta cinco ediciones y, en 1998, apenas dos años más tarde, ya se hace la decimotercera edición.

Durante la presentación de la novela en la isla canaria donde reside, acompañado de su editor Juan Cruz, comenta que siempre ha tenido la idea de que "lo que verdaderamente cuenta no es el libro, sino la persona: el autor y el lector". Con respecto a su propósito al concebir su última entrega, subraya: "Quizás la historia del hombre sea un larguísimo

Portada de la edición española de *Ensayo sobre la ceguera*, Madrid, Editorial Alfaguara, 1996.

movimiento que nos lleve a la humanización. Quizás no seamos más que hipótesis de humanidad y quizás se pueda llegar un día —y esto es la utopía máxima— a que el ser humano respete al ser humano. Para llegar a eso se escribió *Ensayo sobre la ceguera*, para preguntarme a mí mismo y a los lectores si podemos seguir viviendo como estamos viviendo y si no hay una forma más humana de vivir que no sea la crueldad, la tortura y la humillación que suele ser el pan desgraciado de cada día".

Con motivo de su traslado a Buenos Aires para el lanzamiento de *Ensayo sobre la ceguera*, se encuentra con Ernesto Sábato en su casa de Santos Lugares el 18 de mayo.

José Saramago con Ernesto Sábato en su casa de Santos Lugares, Buenos Aires, mayo, 1996. Archivo Fundación José Saramago

Forma parte del jurado del Premio Reina Sofía de Poesía Iberoamericana, que recae sobre su candidato, Ángel González. Anota en sus *Cuadernos de Lanzarote II (1996-1997). Diario IV. 1996*: "En Madrid, para la reunión del jurado del Premio Reina Sofía de Poesía Iberoamericana. Otra alegría: Ángel González, cuya candidatura presenté, fue el premiado. Por lo visto, mi presencia en estas ceremonias electivas viene dando a los méritos de algunos la pizca de suerte necesaria. Ocurrió, el primer caso, en Huelva, con José Fonseca y Costa y su película *La mujer del otro*; después, en Roma, con José Cardoso Pires; en Roma, otra vez, con Gonzalo Torrente Ballester; en Madrid, con João Cabral de Melo Neto; ahora con Ángel González…".

Editada por Einaudi, presenta la traducción italiana de *Ensayo sobre la ceguera* en Milán en junio.

Se reúne con Sebastião Salgado en Lanzarote los días días 19 y 20. El artista brasileño le muestra las fotografías de un futuro libro sobre los Sin Tierra de Brasil y le solicita un prólogo, que el autor portugués escribirá en julio. La publicación, titulada *Terra*, aparecerá en abril de 1997, acompañando a una exposición de las imágenes recogidas en el volumen.

Da noticia de la reunión en la entrada correspondiente al 19 de febrero de los *Cuadernos de Lanzarote II (1996-1997). Diario IV. 1996*: "Sebastião Salgado y Lélia, su mujer, llegaron hoy a Lanzarote y regresan ya mañana a París, desde donde vienen. El objetivo de su rápida visita fue conversar sobre su proyecto de un libro de fotografías en la misma línea de aquel soberbio *Trabalho* cuya versión portuguesa fue editada hace tres años. Esta vez, las imágenes darán testimonio de la lucha de los campesinos brasileños que forman parte del Movimiento de los Trabajadores Sin

José Saramago con Sebastião Salgado en Lanzarote, 1996.
Fotografía: José Luis Carrasco. Archivo Fundación José Saramago

Tierra. Son imágenes impresionantes de la ocupación de fincas dejadas sin cultivo por los propietarios, imágenes de la represión policial y de los pistoleros a sueldo de los latifundios, imágenes de los asesinados, imágenes de gente que quiere trabajar y no tiene dónde, que quiere comer y no tiene qué. Nos sentamos alrededor de la mesa de la cocina, y fuimos pasando las fotografías de mano en mano, casi en silencio, con un nudo en la garganta y los ojos humedecidos. Sebastião Salgado vino aquí para pedirme que escribiese unas páginas para el libro. Así haré, aún sabiendo de antemano que, aunque no había acabado de ver las fotos, todas las palabras sobran, todas están de más. O de menos".

En una entrevista publicada en España en el suplemento *El Semanal* el 30 de junio, reflexiona sobre su irrupción inopinada en el panorama literario portugués en la década de los ochenta, sobre su fulgurante éxito tardío y sobre sus desencuentros con el ambiente cultural de Lisboa: "Todo ha sido muy rápido y muy desconcertante. Mi primera novela, *Manual de pintura y caligrafía*, salió en 1977, tuvo una crítica aceptable, pero pasó inadvertida porque en aquellos tiempos de la Revolución la gente apenas se interesaba por la literatura. En el ochenta, publiqué *Alzado del suelo*, que ya era algo nuevo, algo distinto de lo que se estaba haciendo en la narrativa portuguesa, pero la aparición en el 82 de *Memorial del convento* resultó muy difícil de encajar. El panorama literario portugués estaba perfectamente organizado, cada uno ocupaba su sitio correspondiente, todo funcionaba sin sorpresas hasta que, de repente, llega un señor sin advertirlo, y, desde entonces hasta hoy, la tribu literaria todavía no se ha repuesto de la conmoción. Si yo me hubiera quedado ahí con *Alzado del suelo* o incluso con *Memorial del convento*…, pero es que luego llega *El año de la muerte de Ricardo Reis* y después *La balsa de piedra* e *Historia del cerco de Lisboa* y *El Evangelio según Jesucristo* y ahora finalmente *Ensayo sobre la ceguera*. Y lo que hace que resulte esto insostenible es que soy un señor viejo y que todo esto se produce en poco más de diez años… Ésta es la pura verdad de mis relaciones con Lisboa, aunque no me resulte fácil decirlo. Aquí está el origen de mi malestar, y, si soy sincero, debo decir que me hallo cercado por envidias y rencores".

Interviene en los Cursos de Verano de El Escorial a comienzos de agosto.

Se publica una monografía sobre el autor en Italia: *José Saramago. Il bagaglio dello scrittore*. Se recogen estudios de Horácio Costa, Carlos Reis, Teresa Cristina Cerdeira da Silva, Luís de Sousa Rebelo, Giulia Lanciani, Manuel Simões, Roberto Vecchio, Silvio Castro, Fernando Venâncio, Ettore Finazzi-Agrò, Adrián Huici, Piero Ceccucci, Maria Alzira Seixo, Nello Avella y Giovanni Pontiero.

Participa en dos coloquios, uno sobre el futuro de la novela y otro sobre "Cómo escribí mis novelas", en la Universidad Internacional de Andalucía-Sede Antonio Machado (Baeza) a comienzos de septiembre. En el primero, expone su antigua tesis de la *homerización de la novela*, consistente en defender su idea de la novela no como *género literario*, sino como *lugar* "capaz de acoger toda la experiencia humana, un océano que recibiría, y donde de algún modo se unificarían, las aguas afluentes de la poesía, del drama, de la filosofía, de las artes, de las ciencias…".

En la conferencia de prensa previa a sus intervenciones, aborda cuestiones socio-políticas frecuentes en su discurso público: la crítica a la construcción europea, el entramado financiero mundial como único poder real, los gobiernos convertidos en comisarios políticos de ese poder no democrático, la cultura de la banalidad, la corrupción generalizada de las conciencias, el clientelismo, la "ceguera"…

Visita por primera vez Castril (Granada), el pueblo de origen de la madre de Pilar del Río, el 5 de septiembre. Pasados los años, en Castril se sentarían las bases de la futura Fundación José Saramago.

Asiste, en Seixal, Setúbal, a la Fiesta del *Avante!* Como es costumbre, siempre que sus compromisos se lo permiten, comparte una jornada de convivencia con sus camaradas del Partido Comunista.

Viaja a Amherst para asistir a un coloquio de dos días sobre su literatura en la Universidad de Massachusetts. Organizados por los profesores José Ornelas y Paulo de Medeiros, numerosos estudiosos analizan su obra: Carlos Reis, Isabel Pires de Lima, Orlando Grossegesse, Adriana Alves de Paula Martins, Teresa Cristina Cerdeira da Silva, Odil José de Oliveira Filho, Aparecida de Fátima Bueno, David Frier, Ronald Sousa, Ellen W. Sapega, Mary Lou Daniel, Richard A. Preto-Rodas, Ana Maria Camargo, Ana Paula Ferreira, Helena Kaufman, Gregory McNab, Luciana Stegagno Picchio, Orietta Abbati, Piero Ceccucci y Perfecto E. Cuadrado.

Dilucida el desarrollo de la intriga de *Todos los nombres* [*Todos os Nomes*] el 21 de septiembre en Amherst. El título le había surgido a bordo de un avión que aterrizaba en Brasilia el 28 de enero cuando se dirigía a recoger el Premio Camões. Comentará en sus *Cuadernos de Lanzarote II (1996-1997). Diario IV. 1996*: "Esta mañana, todavía en la cama, entre las nebulosas del primer despertar, tal y como si ante mí fuesen fluctuando piezas sueltas de un mecanismo que, por sí mismas, buscasen sus lugares y encajasen unas en otras, comencé a distinguir, de un extremo a otro, el desarrollo del enredo de *Todos los nombres* […] Estaba pensando, de un modo vago, soñoliento, en los esfuerzos que vengo realizando para encontrar la pista de mi hermano, y, de repente, sin ninguna relación aparente, comenzaron a desfilar en mi cabeza los personajes, las situaciones, los motivos, los lugares de una historia que no llegaría a existir (suponiendo que la escriba) si el óbito de Francisco de Sousa hubiera sido registrado en la Conservaduría de Golegã, como debería…".

Pasa los días 22, 23 y 24 en Nueva York, en compañía de su esposa, de Isabel Pires de

Lima y de Carlos Cámara Leme, que realizó un reportaje para el diario *Público* protagonizado por Saramago. Se encuentra con Barbara Probst-Solomon.

Compahia das Letras lanza *El equipaje del viajero* en Brasil en septiembre.

A preguntas de *O Globo*, responderá sobre este libro de crónicas literarias publicadas en la prensa entre 1969 y 1972: "Mis novelas no serán bien comprendidas sin la lectura de las crónicas. En otras palabras, en las crónicas se encuentra el embrión de casi todo lo que despúes creció y prosperó... Veo ahora que, de una manera inconsciente, ya estaba anunciándome a mí mismo el sentido de lo que mi trabajo iría a ser a partir de finales de los años 70".

El Pen Club de Galicia le concede el Premio Rosalía de Castro en octubre, creado para distinguir a autores de las diferentes nacionalidades ibéricas. Lo recibe el 18 de diciembre junto a Gonzalo Torrente Ballester, Joan Perucho y Bernardo Atxaga. Pronuncia el discurso de agradecimiento en nombre de los premiados.

Asiste al preestreno de la puesta en escena de su obra de teatro *La noche,* dirigida por Joaquín Vida, en Granada el 18 de octubre. Se representa en el Teatro Albéniz (Madrid) el día 30, en presencia del autor.

Escribe las primeras líneas de *Todos los nombres* el 24 de octubre. Previamente, había tomado ya algunos apuntes, que amplía los días 24 y 25 de este mismo mes, una vez ha comenzado a redactar la novela.

A finales de noviembre, viaja a Brasilia para participar en la sesión del Tribunal Internacional que juzgaría y condenaría formalmente la matanza de Eldorado dos Carajás y Corumbiara, reunido a instancias de la Cámara de los Diputados Federales, con el apoyo de la Asociación Nacional de los Procuradores de la República y del Fórum Nacional contra la Violencia en el Campo.

En la entrada de sus *Cuadernos de Lanzarote II (1996-1997). Diario IV. 1996* correspondiente al día 3 de diciembre, anota la muerte del historiador Georges Duby, profesor del Colegio de Francia, una referencia fundamental —junto a Benedetto Croce— en su concepción de la Historia y de la relación de esta disciplina con la Literatura. De Duby, había traducido *La época de las catedrales* y en él se había apoyado para sustentar su práctica y su teoría de que la Historia convencional responde a una forma de ficción, por lo que la Literatura es susceptible de contribuir a reescribirla, completándola o enmendándola, en pie de igualdad. Escribe en sus *Cuadernos*, homenajeando la memoria del gran historiador de las mentalidades: "Murió George Duby. Se vestirán de luto los historiadores de todo el mundo y también, sin duda, algunos novelistas. Este portugués, por ejemplo. Incluso puedo decir que sin Duby y la *Nouvelle Histoire* tal vez *Memorial del convento* e *Historia del cerco de Lisboa* no existirían...".

Unos años antes, en 1990, le habían preguntado en el periódico *Lusitano* si había alguna analogía entre su narrativa y el trabajo de Georges Duby, Jacques Le Goff o Pierre Nora, a lo que responde: "No diría que existe analogía. Admito que existe un cierto espíritu en mis escritos. Pero mis historias no pueden ser consideradas una consecuencia de la *Nouvelle Histoire*. Como mucho, soy un primo por afinidad de esos historiadores, a quienes, por lo demás, admiro mucho".

Asiste al concierto conmemorativo del 90 aniversario del nacimiento de Fernando Lopes-Graça en el Teatro Gil Vicente (Cascais) a mediados de diciembre. El programa incluye la interpretación, por primera vez y en la voz de Jorge Vaz de Carbalho, de una pieza basada en textos de Saramago, con música de Lopes-Graça: los poemas del *Tríptico de D. João* (1990).

La editorial Tres i quatre publica una versión catalana conjunta de las obras de teatro *La noche* e *In Nomine Dei*.

1997 **Viaja** a Francia, Bélgica, Portugal (con frecuencia), Macao, Hong Kong, China, Brasil (en dos ocasiones), Alemania (dos veces) y Suecia.

Se representa *Divara: agua y sangre* en Catania, traducida al italiano.

Continúa escribiendo *Todos los nombres*.

A finales de enero, Carlos Reis visita a Saramago en su casa de Lanzarote para hacerle una larga entrevista destinada a confeccionar un libro de conversaciones con el escritor, publicado al año siguiente.

Le llega un ejemplar de la traducción italiana de *El año de 1993*, realizada por Domenico Corradini Broussard. Incluye un prefacio inédito suyo —que reproduce íntegramente en *Cuadernos de Lanzarote II (1996-1997). Diario IV. 1996*—, en el que recuerda las circunstancias que dieron origen al libro.

Toma parte en una mesa redonda sobre la Comunidad de los Países de Lengua Portuguesa (CPLP) en París el 2 de febrero. Y un día más tarde, junto a Eduardo Prado Coelho, interviene en un encuentro con el público en torno a *Ensayo sobre la ceguera* en la Societé des Gents de Lettres. El día 7, en Estrasburgo, repetirá el acto en la FNAC.

Se traslada a Bélgica —Brujas, Gante, Bruselas— para sumarse a un coloquio en el Parlamento Europeo el 12 de febrero, invitado por el Grupo Confederal de la Izquierda Unitaria Europea-Izquierda Verde Nórdica, por iniciativa de Sérgio Ribeiro.

Presenta la edición china de *Memorial del convento* en Macao en marzo, traducida al cantonés, con una tirada inicial de 2.000 ejemplares, y en Pekín, traducida al chino mandarín, con una primera edición de 8.000 libros. Viaja acompañado por su esposa, Pilar del Río, y su amiga Carmélia Âmbar.

José Saramago en su despacho de la planta alta de su casa en Lanzarote, 1998. Archivo Fundación José Saramago

Comienzan las obras de ampliación de su casa en Lanzarote para construir el nuevo despacho del escritor en la planta alta. Mientras tanto, en medio del ruido y el ajetreo, avanza en *Todos los nombres*.

Concluye *El cuento de la isla desconocida* [*O Conto da Ilha Desconhecida*] el 27 de marzo. Responde a un requerimiento de Simonetta Luz Afonso, que le solicitó un texto sobre el tema del "Mito" para el Pabellón de Portugal de la Expo 98.

Caminho publica el cuarto volumen de *Cuadernos de Lanzarote: Diario IV. 1996*.

Participa en un seminario sobre "Literatura & Historia: Tres voces de expresión portuguesa" celebrado en la Universidad Federal de Rio Grande do Sul (Porto Alegre, Brasil) el 11 de abril.

Acompaña a Sebastião Salgado y a Chico Buarque —que colabora con un CD adjunto de cuatro canciones, una de ellas titulada "Levantados del suelo"— en la presentación del libro *Terra* el día 12 en São Paulo, el 17 en Lisboa y el 21 en Madrid.

En su prólogo, comenzará responsabilizando a Dios del mal y la miseria: "Ojalá no entre nunca en la sublime cabeza de Dios la idea de venir algún día a estos lugares para certificar que las personas que por aquí mal viven y peor mueren cumplen de modo satisfactorio el castigo que él mismo impuso, en el comienzo del mundo, a nuestro primer padre y nuestra primera madre, cuando, por la simple y honesta curiosidad de conocer la razón por la que habían sido hechos, fueron sentenciados, ella, a parir con esfuerzo y dolor, él, a ganar el pan de la familia con el sudor de su rostro, siendo su destino final la misma tierra de donde, por capricho divino, habían sido sacados, polvo que fue polvo, y polvo tornará a ser". En el texto, alude a la realidad extrema de los campesinos sin tierra y a las persecuciones sufridas: "Poblando dramáticamente este paisaje y esta realidad social y económica, vagando entre el sueño y la desesperación, existen cuatro millones ochocientas mil familias de campesinos sin tierra. La tierra está ahí, ante los ojos y los brazos, una inmensa mitad de un país inmenso, pero aquella gente (¿cuántas personas en total?, ¿quince millones?, ¿veinte millones?, ¿más todavía?) no podrá entrar allí para trabajar, para vivir con la sencilla dignidad que sólo el trabajo puede conferir, porque los voracísimos descendientes de aquellos hombres que primero dijeron: 'Esta tierra es mía', y encontraron semejantes lo bastante ingenuos para creer que era suficiente haberlo dicho, esos rodearon la tierra de leyes que los protegen, de policías que los guardan, de gobiernos que los representan y defienden, de pistoleros pagados para matar. Los diecinueve muertos de Eldorado dos Carajás y los diez de Corumbiara fueron apenas la última gota de sangre del largo calvario que ha sido la persecución sufrida por los trabajadores del campo, una persecución continua, sistemática, despiadada, que, sólo entre 1964 y 1995, causó mil seiscientas treinta y cinco víctimas mortales, cubriendo de luto la miseria de los campesinos de todos los Estados de Brasil, con más evidencia en Bahía, Maranhão, Mato Grosso, Pará y Pernambuco, que cuentan, sólo ellos, con más de mil asesinados". Concluye pidiendo justicia: "un derecho que se respete, una justicia que cumpla".

Se inaugura la Biblioteca José Saramago en Castril, con la presencia del escritor y de su esposa el día 23 de abril. Dejará constancia de sus emociones, encontradas, en su *Diario V. 1997*, publicado en *Cuadernos de Lanzarote II (1996-1997)*: "No nací aquí, no pertenezco a este mundo, no me deben nada estas personas, y con todo, por algo de respeto, por algo de amistad, por algo también de admiración, les pareció que el nombre del escritor portugués, colocado a la entrada de su biblioteca municipal, no representaría desdoro para el pueblo ni para quien en él vive. No sería yo de carne y hueso si no me hubiesen venido a la memoria, en este día, ciertas historias tristes de mi tierra, recientes y antiguas, conocidas algunas, otras que por caridad guardo para mí, la vergüenza que unos cuantos deberían sentir pero no sienten. Sé que soy muy amado en Portugal, me sobran las pruebas. Sé también que soy detestado, las pruebas me sobran, pero eso no

Centro Cultural José Saramago, Castril, Granada.
Fotografía: José Antonio Pozo.
Archivo Ayuntamiento de Castril

está en mi mano evitarlo. Lo peor de todo, sin embargo, fue aquel día en que me enfrenté con una fría, gratuita y despiadada indiferencia, procedente precisamente de quien tenía el deber absoluto de ofrecerme la mano tendida".

Con el primer ministro de Portugal, António Guterres, y el ministro de Cultura, Manuel Maria Carrilho, asiste como invitado a la firma de un convenio entre el Ministerio de Cultura y el Estado Mayor del Ejército en Mafra el 19 de mayo para la regularización de los espacios ocupados por la Escuela Práctica de Infantería y el Instituto Portugués del Patrimonio Arquitectónico y Arqueológico. En un gesto improvisado y simbólico —por los desaires y afrentas que el escritor venía sufriendo de los responsables municipales de Mafra—, el primer ministro le invita a tomar la palabra: "Recordé entonces el año ya distante de 1981, cuando un cierto hombre, hospedado en una pensión de Ericeira, utilizaba el autobús de línea para ir a Mafra con el objetivo de recorrer el convento por fuera y por dentro (hasta donde le permitían) porque tenía la idea de escribir una novela sobre su construcción. El libro existe, dio la vuelta al mundo, llevó el nombre de Mafra a todas partes. Habla de la construcción de la gigantesca mole, habla de las piedras talladas y sobrepuestas, habla de las manos que las acariciaron y asentaron, habla del esfuerzo de los hombres, del sudor y de la sangre, del sacrificio. Allí, en la biblioteca del convento, rodeado de libros, recordé que las piedras mueren cuando no las cuidamos, cuando nos olvidamos del trabajo que representan. Tenía muchas otras cosas en el corazón, pero me quedé por aquí. El alcalde de Mafra y el presidente de la Asamblea Municipal, presentes en el acto, tuvieron el buen sentido de no acercarse a mí. O miedo a que los mordiese".

Invitado al evento Portugal-Frankfurt 97, pronuncia un discurso el 21 de mayo en la conferencia de prensa en la que se presenta el programa de la participación portuguesa como país invitado a la Feria del Libro de Frankfurt.

Forma parte del jurado del Premio Reina Sofía de Poesía Iberoamericana, que se reunirá en Madrid a comienzos de junio. El galardón recaerá sobre Álvaro Mutis.

Presenta la edición española de *Cuadernos de Lanzarote I (1993-1995)*, editada por Alfaguara y traducida por Eduardo Nava, en Madrid el 4 de junio. En el apunte correspondiente a ese día, anota en su *Diario V. 1997*: "Madrid. Círculo de Bellas Artes. Más de cincuenta periodistas en la conferencia de prensa convocada para la presentación de los *Cuadernos de Lanzarote I (1993-1995)*… Por muy numerosa que haya sido, esta pluralísima presencia no quiere decir (sosiéguense los patriotas) que yo deba comenzar a preguntarme de qué país soy realmente, sólo me da más razones para pensar, como viene sucediendo desde hace algunos años, que mi tierra se ha hecho mayor de lo que era antes".

Diez días después, se imprime la segunda edición.

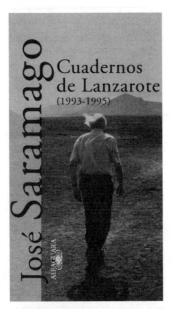

José Saramago
Cuadernos de Lanzarote
(1993-1995)

Portada de *Cuadernos de Lanzarote (1993-1995)*, Madrid, Editorial Alfaguara, 1997

Firma en la Feria del Libro de Lisboa.

Publica varios artículos en la revista *Visão*.

Concluye *Todos los nombres* el 2 de julio. Seis días después, anota en su *Diario V. 1997*: "Lanzarote. Trabajando, de la mañana a la noche, en la revisión de *Todos los nombres*".

Remite el texto a la editorial Caminho el 15 de ese mismo mes.

Interviene en la sede de la Fundación César Manrique para presentar *Cuadernos de Lanzarote (1993-1995)* el 18 de julio.

Saramago afirma que el título de su obra es un homenaje a la isla donde vive pues "a la necesidad de decir estoy aquí, se añade la de decir dónde estoy". Y señala: "Hay quizá una relación más o menos directa entre el hecho de que yo viva en una isla y la necesidad de escribir un diario, pero yo creo que ha sido mucho más el hecho de estar lejos de mi país y, en este sentido, el diario es como una larga carta que yo escribo a mis lectores de Portugal, a los amigos, a la gente que me conoce allí, dándole noticias mías. Lo que pasa es que todo esto después se acaba complicando y entonces esa carta larga ya no es sólo dar noticias sino que empieza a ser un lugar donde reflexiono y hablo de lo que estoy escribiendo, de las dificultades que a veces se presentan".

Se refiere a sus *Cuadernos* como "un intento, no tanto de detener el tiempo, como de asegurar la memoria", porque, añade, "nosotros somos muchas cosas, pero somos sobre todo la memoria que tenemos de nosotros mismos, y el diario, en ese sentido, es una especie de ayuda para la memoria".

La noche, dirigida por Joaquín Vida, se representa en español en el Festival de Teatro de Almada (Lisboa) en julio. La obra había sido estrenada en el mismo teatro dieciocho años antes.

Expo'98 y Assírio&Alvim publican *El cuento de la isla desconocida*, en una edición que incluye dibujos de Pedro Cabrita Reis.

Será traducido al albanés, alemán, bengalí, chino mandarín, coreano, español, francés, finés, griego, hebreo, hindi, holandés, inglés, italiano, japonés, noruego, sueco, tailandés y turco. Hay ediciones ilustradas por Pedro Cabrita Reis, Bartolomeu Dos Santos, Ana González y Peter Sis.

Pilar del Río, José Saramago, Carlos Fuentes y Sylvia Lemus en el museo de la Fundación César Manrique, Lanzarote, agosto, 1997. Archivo Fundación César Manrique

Vuela a Santander para participar en un seminario sobre "El cine y las bellas artes. El cine y los grandes textos", invitado por la Universidad Internacional Menéndez Pelayo, a comienzos de agosto.

Carlos Fuentes se encuentra con el escritor portugués en Lanzarote los últimos días de agosto.

Viaja a Estocolmo, donde permanece los días 10 y 11 de septiembre, desarrollando un intenso programa de compromisos: entrevistas, conferencias, cenas firmas de libros…, invitado por el ICEP, un organismo del Gobierno portugués, destinado a la promoción de inversiones, comercio y turismo en el exterior. Con el paso del tiempo, Saramago sostendrá la opinión de que esta iniciativa de su país, pensada para darle más visibilidad en Estocolmo en fechas previas a la concesión del Nobel en un año en que sonaba su nombre, fue un error. En 2008, sostendrá: "Tengo razones para pensar que el Premio lo tenía destinado en 1997 […] ¿Por qué no lo tuve ese año? No lo sé, pero si hay un factor, puede ser este: el ICEP, en 1997, que no era un organismo literario, no pertenecía al Ministerio de Cultura, decidió llevarme a Estocolmo para dar conferencias, entrevistas y firmar libros, alegando o insinuando que eso sería útil y que podría contribuir a la concesión del Premio, dado que me volvía más visible, etc. Me pareció un disparate y hasta usé aquella comparación del padre que quiere casar a la hija y va diciendo que ella es una excelente ama de casa, a ver si la coloca. Y, tal y como podría sucederle al padre, el efecto puede ser una actitud de rechazo en la gente. Creo que algo similar sucedió en Estocolmo en 1997".

Llegando a Lisboa en coche procedente de Zambujal el 14 de septiembre, tiene la idea de escribir *La caverna* [*A Caverna*], estimulado por una valla publicitaria que anunciaba la próxima apertura del Centro Comercial Colombo. Inicialmente, pensó que podría titularse *El centro* [*O Centro*].

El periodista Juan Arias se traslada a Lanzarote para mantener una amplia conversación con el escritor y recoger materiales que le sirvan para elaborar un libro. El trabajo se prolonga a lo largo de los días 21, 22 y 23. La publicación aparecerá en 1998 con el título *José Saramago: El amor posible*.

El Ayuntamiento de Castril le nombra Hijo Adoptivo el 24 de septiembre.

Se desplaza a Alemania —Colonia, Bonn, Heidelberg, Frankfurt, Hamburgo y Berlín— con ocasión de la Feria del Libro de Frankfurt, donde lanza *Todos los nombres*, en ediciones simultáneas en Portugal, España y Brasil. Imparte diversas conferencias, hace lecturas, concede numerosas entrevistas, firma libros y participa en una mesa redonda sobre Europa, organizada bajo el denominador "Rosa de los vientos", con Mário Soares, Eduardo Lourenço, Hans-Dietrich Genser, Ivan Klima y Friedrich Schorlemmer, en la Alte Oper de Frankfurt.

Explicará el origen de la obra: "La raíz de lo que vendría a ser mi libro, por extraño que parezca, fue la búsqueda que tuve que hacer de la fecha y del lugar de la muerte de mi hermano, que murió cuando él tenía cuatro años y yo dos. Mientras estaba reuniendo material para un libro que quiero escribir sobre mi vida hasta los 14 años, *El libro de las tentaciones*, descubrí que en el Registro Civil de nuestra aldea no había referencia a su muerte, a causa de una laguna burocrática. Mi búsqueda, que no tiene nada que ver con la historia contada en la novela, me llevó a esa idea de alguien que busca a alguien".

Con ocasión de la Feria, aparece también la edición alemana de *Ensayo sobre la ceguera*, que alcanza una gran resonancia. La revista *Frankfurter Allgemeine* le dedica su portada al escritor, que aparece en el reportaje fotografiado en las calles de Lisboa.

Participa en una carpeta editada en Portugal en homenaje a Che Guevara, compuesta por dos serigrafías originales de Álvaro Siza y un texto de José Saramago titulado "Breve meditación sobre un retrato de Che Guevara".

El escritor reflexiona sobre el valor icónico del retrato del guerrillero en sus diversas imágenes: "No importa qué retrato. Uno cualquiera: serio, sonriendo, arma en mano, con Fidel o sin Fidel, pronunciando un discurso en las Naciones Unidas, o muerto, con el torso desnudo y ojos entreabiertos…". Y hace memoria de cómo se relacionó su país, durante la dictadura, con las representaciones de uno de los símbolos revolucionarios más universales y populares: "Al Portugal infeliz y amordazado de Salazar y de Caetano llegó un día el retrato clandestino de Ernesto Che Guevara, el más célebre de todos, aquel hecho con manchas fuertes de negro y rojo, que se convirtió en la imagen universal de los sueños revolucionarios del mundo, promesa de victorias a tal punto fértiles que nunca habrían de degenerar en rutinas ni en escepticismos, antes darían lugar a otros muchos triunfos, el del bien sobre el mal, el de lo justo sobre lo inicuo, el de la libertad sobre la necesidad. Enmarcado o fijo a la pared por medios precarios, ese retrato estuvo presente en debates políticos apasionados en la tierra portuguesa, exaltó argumentos, atenuó desánimos, arrulló esperanzas. Fue visto como un Cristo que hubiese descendido de la cruz para descrucificar a la humanidad, como un ser dotado de poderes absolutos que fuera capaz de extraer agua de una piedra con que se mataría toda la sed, y de transformar esa misma agua en el vino con que se bebería el esplendor de la vida. Y todo esto era cierto porque el retrato de Che Guevara fue, a los ojos de millones de personas, el retrato de la dignidad suprema del ser humano.

"Pero fue también usado como adorno incongruente en muchas casas de la pequeña y de la mediana burguesía intelectual portuguesa, para cuyos integrantes las ideologías políticas de afirmación socialista no pasaban de un mero capricho coyuntural, forma supuestamente arriesgada de ocupar ocios mentales, frivolidad mundana que no pudo resistir al primer choque de la realidad, cuando los hechos vinieron a exigir el cumplimiento de las palabras. Entonces, el retrato del Che Guevara, testimonio, primero, de tantos inflamados anuncios de compromiso y de acción futura, juez, ahora, del miedo encubierto, de la renuncia cobarde o de la traición abierta, fue retirado de las paredes, escondido, en el fondo de un armario, o radicalmente destruido, como se quisiera hacer con algo que hubiese sido motivo de vergüenza".

El texto se había publicado en *Revista Casa de las Américas*, La Habana, n.º 206, enero-marzo de 2007, en un año en el que se conmemora el 30 aniversario de la muerte del guerrillero, ejecutado el 9 de octubre de 1967.

La Residencia de Estudiantes de la Universidad Carlos III, Madrid, le concede su Beca de Honor, otorgada por los estudiantes, el 23 de octubre.

Participa en un homenaje a Rafael Alberti promovido por la Casa de América en Madrid.

Todos *los nombres*, desde finales de octubre en las librerías, se presenta en Lisboa el 3 de noviembre. Eduardo Lourenço introduce la novela al público. El autor introducirá la obra en Coimbra el 6, en Oporto el 7, y en Guimarães el 8.

El autor ha señalado que "el tema central de la novela es la búsqueda del *otro,* independientemente de estar vivo o muerto. Por eso don José seguirá a 'la búsqueda' de la mujer desconocida, incluso después de saber que ya no podrá encontrarla. Juntar los papeles de los vivos y de los muertos significa juntar toda la humanidad. Nada más. O todo eso". A su juicio, esta novela puede ser entendida como "un ensayo sobre la existencia" y como "una indagación sobre la identidad, aunque no sobre la identidad propia. Lo que aquí se busca es al *otro*".

Todos los nombres ha sido traducida al albanés, alemán, árabe, bengalí, búlgaro, catalán, coreano, danés, español, francés, finés, griego, hebreo, holandés, húngaro, inglés, italiano, japonés, noruego, polaco, rumano, ruso, sueco, tailandés, turco y vietnamita.

La Universidad de Castilla-La Mancha acuerda nombrarlo Doctor *Honoris Causa* el 22 de enero. La ceremonia de investidura, presidida por el príncipe Felipe, se celebrará en Toledo el 5 de noviembre. Pronuncia un discurso titulado "Sobre la reinvención de la lengua portuguesa". Empieza aludiendo a sus orígenes humildes: "Lo recibo [el doctorado] con claro sentimiento de gratitud. Pero también con otro sentimiento, mucho más complejo, al que llamaré, sin temor a la obvia contradicción de términos, una orgullosa humildad. Es orgullo porque mi camino vital tuvo origen en el seno de una familia de campesinos pobres, es orgullo porque, sin haber tenido la fortuna de beneficiarme de estudios universitarios, creo, no obstante, haber sido capaz de construir una obra digna. Pero es también humilde porque soy cada vez más consciente de que todo orgullo es vano ante el tiempo y que las vidas no tienen que ser forzosamente menos que las otras. Para esta vida y para esta obra que son mías, no tengo mayor ambición: que se merezcan la una a la otra".

En la segunda quincena de noviembre, presenta en Brasil —São Paulo, Rio de Janeiro, Belo Horizonte y Brasilia— *Todos los nombres.*

Es investido Doctor *Honoris Causa* por la Universidad de Brasilia el día 24.

Mientras visita el museo de arte popular brasileño de la Casa do Pontal (Rio de Janeiro), en compañía de su editor brasileño, concibe cómo desarrollar *La caverna,* cuya idea le había surgido apenas dos meses antes: "En este museo, contemplando unas figuras de barro, oyendo a Luiz Schwarcz, a pocos pasos de distancia, que decía: 'Estos de aquí podrían ser el principio de una novela de José Saramago' (representaban a dos campesinos de pie, conversando, como si se acabaran de encontrar en medio del camino), en ese museo, mirando esas figuras, sintiendo agudamente la presencia de todas las otras, de súbito, saltó en mi cabeza la centella que estaba necesitando para que la idea de *La caverna* pueda (tal vez) llegar a ser libro".

José Saramago y su editor brasileño, Luiz Schwarcz, São Paulo, noviembre, 2008.
Fotografía: Denise Andrade. Archivo Instituto Tomie Ohtake

Asiste a una reunión de la Academia Universal de las Culturas en París el 16 de diciembre.

Su editorial portuguesa de siempre, Caminho, reedita *Tierra del pecado,* su primera novela publicada.

El Cabildo Insular de Lanzarote organiza una ceremonia de homenaje para hacerle entrega oficial de la distinción de Hijo Adoptivo el 19 de diciembre en los Jameos del Agua. El reconocimiento toma en consideración "su encomiable labor por Lanzarote y su implicación en la sociedad conejera".

En su discurso de agradecimiento, llama la atención sobre los peligros de exceso urbanístico y deterioro del patrimonio natural que amenazan a la isla: "Lanzarote es como una niña bonita que, si no la protegen, se destruye. Ni tan siquiera se necesita que la destruyan: si la abandonan, la matarán". Y añade: "Otro de los motivos de mi angustia, y no estoy tratando de dramatizar la situación, es que Lanzarote está, en estos momentos, en un punto tremendamente delicado como realidad física, paisajística y cultural". Finalmente, interpela a sus convecinos, invitándoles a conservar su isla: "Me gustaría, aunque yo no sea de esta tierra, que ya es tierra mía, y ahora mucho más, que todos los habitantes de Lanzarote, sin diferencia de clase, de educación, de posición social, de responsabilidad política... si quieren Lanzarote como yo, Lanzarote se salva, porque Lanzarote lo que necesita es amor".

Unos días después, insistirá en la prensa sobre los riesgos del turismo excesivo, comprometiendo su discurso crítico con el debate sobre el control del crecimiento, muy arraigado en la sociedad insular: "Los turistas son necesarios para Lanzarote, pero los turistas son como las abejas. Hay que cuidarlos, tratarlos bien, porque ellos vienen a dejar la miel, pero también hay que tener cuidado y defenderse de las abejas porque pueden hacer daño. Quiero decir que Lanzarote tiene que empezar a marcar límites de crecimiento porque, de lo contrario, puede acabar con ella. Hay que hacerle la sencilla pregunta a los lanzaroteños de qué es lo que quieren ¿Quieren mantener la isla que todo el mundo admira o quieren cambiarla y hacer otra turística tipo Torremolinos? Lo que debemos saber es que todo lo que se haga mal en Lanzarote tiene unas consecuencias, a largo plazo, de las que ni siquiera podemos imaginar ahora cuál puede ser el coste".

El Cabildo de Lanzarote publica, en su homenaje, el libro *José Saramago. Un hombre llegado a una isla*, de Fernando Gómez Aguilera.

Portada de *José Saramago. Un hombre llegado a una isla*, de Fernando Gómez Aguilera, Cabildo de Lanzarote, 1997

Interesado y solidario con las reivindicaciones indígenas del movimiento zapatista, escribe en un artículo titulado "Chiapas", que se publica en la revista *Visão*: "Ante la estupefacción de algunos de los que me oyen, vengo diciendo por ahí que cada vez me interesa menos hablar de literatura: En primer lugar, porque el que yo hable de literatura no le añade más provecho de aquel que, cuestionable y dudoso, le habrían acarreado los libros que voy escribiendo, y, en segundo lugar, porque los discursos literarios (los que la literatura hace y los que sobre ella se hacen) me parecen cada vez más un coro de ángeles revoloteando en las alturas, con gran frufrú de alas, tañidos de arpa y clamores de trompetas. La vida, ésa, está donde suele estar, abajo, perpleja, angustiada, murmurando protestas, rumiando cóleras, a veces bramando indignaciones,

José Saramago, París,
1998. Fotografía:
Daniel Mordzinski.
Archivo Fundación
José Saramago

otras veces soportando, callada, torturas inimaginables, humillaciones sin nombre, desprecios infinitos".

Ronsel edita en español la recopilación de crónicas *De este mundo y del otro*. Basilio Losada es el responsable de la traducción. Se reeditará al año siguiente.

1998 **La** editorial Alfaguara publica la traducción española de *Todos los nombres*, realizada por Pilar del Río, en enero. Será el primer libro del escritor que traduzca su mujer, quien, a partir de ahora, se encargará de verter la obra de Saramago al español.

Coincide con Horácio Costa en un acto organizado por el Instituto de México (Madrid) los últimos días de febrero. Ambos reflexionan sobre las relaciones entre la Península Ibérica y Latinoamérica, asegurando que "las cosas no están bien, salvo a la hora de los acuerdos, de los banquetes, de los encuentros", sin que se adviertan perspectivas de que "la situación vaya a cambiar". Saramago concluye que "la relación entre los dos mundos está peor que nunca" y propugna "elaborar una conciencia común y objetivos comunes para trabajar conjuntamente". Asimismo, coinciden en que los lazos culturales entre Portugal y Brasil no funcionan, resultando difícil hablar de "comunidad (de la lengua) portuguesa" si en Portugal difícilmente se encuentran libros de autores brasileños.

Acompañado de su editor español, Juan Cruz, presenta la edición española de *Todos los nombres* en Lanzarote, en la sede de la Fundación César Manrique, el 3 de marzo.
Explica el origen de la novela vinculándolo a la pesquisa sobre su hermano

Fernando Gómez Aguilera, director de la FCM, José Saramago, José Juan Ramírez, presidente de la FCM, y Juan Cruz, editor del escritor en España, en la presentación de *Todos los nombres* en la sede de la Fundación César Manrique, Lanzarote, 3 de marzo de 1998. Archivo Fundación César Manrique

Francisco y subraya que "si algo caracteriza al ser humano es el buscar", la historia de la humanidad "es la historia de una búsqueda". Saramago aludirá al carácter de los personajes de *Todos los nombres*, seres normales, antihéroes, porque le interesa "la gente que es casi nada por muchos motivos", confesando que quizá ocurra porque él empezó siendo "casi nada y casi nadie". Por último, también indicará que en su nuevo ciclo literario le interesa, sobre todo, acercarse de manera sencilla a lo más íntimo del ser humano, sin llevar a cabo análisis psicológicos.

Visita Chiapas (México), por primera vez, los días 14 y 15 de marzo. Llega a San Cristóbal de las Casas. Recorre el campo de refugiados de Polhó y se acerca al campamento militar de Majomut. Su paso por Acteal, donde acababan de ser asesinadas por paramilitares más de cuarenta personas, en su mayoría mujeres y niños que estaban oyendo misa, le produce un hondo impacto, al igual que las conversaciones con los supervivientes: "He visto el horror. No el que hemos observado en lugares como Bosnia o Argelia. No. Éste es otro tipo de horror. Estuve en Acteal, en el mismo lugar de la matanza... escuchando a los supervivientes. Es difícil expresar lo que se siente cuando uno sabe que se encuentra con los pies sobre el mismo lugar donde hace tres meses asesinaron a estas personas. Me imaginaba la escena... La gente tratando de escapar... los paramilitares disparando a discreción... las mujeres y los niños gritando, huyendo entre la maleza... el lamento de los heridos...".

Esta experiencia, que vivió junto a Pilar del Río, Carlos Monsiváis, Sealtiel Alatriste y Hermann Bellinghausen, fue fundamental para su vinculación emocional con el movimiento indígena en América. En distintas ocasiones rememorará la impresión de este episodio, de manera muy concreta en el artículo titulado "En recordación de Acteal": "Tenemos que comprender. Debemos compartir. Y nos fuimos a México, a Chiapas, al centro del dolor y al corazón de nuestro pasado, al único lugar donde el conocimiento podía producirse. Fuimos a Chiapas y nos vimos reflejados en las miradas de los indios sobrevivientes de las matanzas de la historia, en los ojos negros de los niños mutilados, en la paciencia incomprensible de los ancianos que nos observaban, quizá queriendo comprender también ellos. Viendo a los indios chiapanecos descubrimos nuevos rostros de la lógica del poder, tan igual siempre, tan inmutable a lo largo del tiempo, de las generaciones y de los usos políticos".

Imparte varias conferencias en México, además de un curso sobre literatura portuguesa en la Universidad de Guadalajara.

A su regreso de Chiapas, publica el artículo "La guerra del desprecio" en el diario *El Mundo* el 2 de abril: "En la guerra del desprecio que se está librando en Chiapas, los indios son tratados como animales incómodos", escribe. El texto refleja emotivamente la profunda huella que deja en su sensibilidad el contacto con Acteal: "El indio Jerónimo tiene cuatro años y es uno de los sobrevivientes de la matanza de Acteal. No soporto ver aquel brazo, aquella mano, aquella cicatriz, aquella mirada, y me vuelvo de espaldas para que no se note que voy a llorar. Ante mí, velada por las lágrimas que me queman los ojos, está la fosa común. Se encuentran, en dos filas paralelas, los 45 muertos de Acteal. No hay lápidas con los nombres. Tuvieron un nombre mientras vivieron, ahora son simplemente muertos. El hijo no sabría decir dónde están los padres, los padres no sabrían decir dónde está el hijo, el marido no sabe dónde está la mujer, la mujer no sabe dónde está el marido. Estos muertos son muertos de la comunidad, no de las familias que la constituyen. Sobre ellos se está construyendo una casa. Mañana, un día, en las paredes que poco a poco van levantando, veremos las imágenes posibles de la matanza, el entierro de los cadáveres, leeremos por fin los nombres de los asesinados, algún retrato, si lo tenían. Bajo nuestros pies estarán los muertos".

Presenta a Gonzalo Torrente Ballester en una conferencia impartida por el autor de *Los gozos y la sombras* en la sede de la Fundación César Manrique en Lanzarote el 2 de abril. Dirá del escritor gallego que es "el mayor novelista español vivo y autor de la novela más importante de la literatura de habla hispana [*La saga/fuga de J. B.*]".

Forma parte del jurado del Premio Reina Sofía de Poesía Iberoamericana, que reconocerá la obra de José Ángel Valente.

Ingresa en la Academia Europea de Yuste (Cáceres) el 25 de junio, ocupando el sillón Rembrandt. Es uno de los cinco primeros miembros.

Su editorial portuguesa publica el *Diario V. 1997* de *Cuadernos de Lanzarote*.

Caminho edita el libro de Carlos Reis *Diálogos con José Saramago*.

Recibe el Premio Scanno de la Universidad Gabriele d´Annunzio (Chieti, Italia), por *Casi un objeto*, en septiembre.

Se le concede el Premio Nobel de Literatura el día 8 de octubre "por su capacidad para volver comprensible una realidad huidiza, con parábolas sostenidas por la imaginación, la compasión y la ironía", según la Academia Sueca. Recibe la noticia en el aeropuerto de Frankfurt, cuando regresaba de la Feria del Libro. Representa el primer Premio Nobel para la literatura en lengua portuguesa.

José Saramago, en el aeropuerto de Frankfurt, tras concedérsele el Premio Nobel de Literatura, 9 de octubre de 1998.
Archivo Fundación José Saramago

Años después, haría memoria de la circunstancia en la que conoció la noticia: "Yo tengo que decir que el año que esperaba que me lo dieran no fue 1998, sino 1997, porque tenía informaciones, indicios, que me permitían pensar que no se lo darían a Darío Fo. Curiosamente, el día en que se lo dieron, yo estaba haciendo un viaje por Alemania y Polonia, y esa noche Darío Fo me dejó un mensaje que decía: 'Quiero darte un Nobel. Perdona, pero el año que viene lo vas a tener tú. ¡Ay, soy un ladrón!, te he robado el Nobel de Literatura'. Pero eso no había ocurrido. El año siguiente, yo estaba a punto de embarcar en el avión para volver de Frankfurt a Madrid y luego a Lanzarote, que es donde vivo, y la hora de salida del avión coincidía con el anuncio del premio durante la Feria del Libro de Frankfurt. La cola se estaba moviendo para entrar en el avión. Fui al teléfono, llamé a la feria y pedí hablar con mi editor. No dije quién era, no valía la pena, y me quedé con el teléfono así, esperando. De repente oí una voz, pero de la megafonía de la sala de embarque, que llamaba: 'Señor José Saramago'. Era una voz femenina, y me di cuenta de que la azafata tenía otro teléfono. Entonces me preguntó: '¿Es usted…?', 'Sí, sí soy yo', respondí. Y ya no pudo controlarse […]: 'Es que está aquí una periodista que quiere hablar con usted. ¡Es que usted ha ganado el Premio Nobel!'. Por lo tanto, me anunció que había ganado el Nobel una azafata de Lufthansa, a quien obviamente la periodista, para convencerla de que me llamara, había dicho: 'Tiene que encontrar a ese hombre porque ha ganado el Premio Nobel'. Para salir, tenía que ir por un pasillo. Era una casualidad que no hubiera nadie en ese pasillo. Y yo no recuerdo ningún otro momento de mi vida en que haya sentido eso: la soledad agresiva. Estaba ahí, solo, un señor con su abrigo y su maletita, con la que había ido a Frankfurt por dos días para una conferencia, y volvía un señor cuya vida había cambiado totalmente en ese instante. Iba andando y murmurando palabras, hablaba un poco conmigo mismo y me decía: 'Tengo el Premio Nobel. ¿Y qué?'".

Pronto manifestará: "Tengo la conciencia de que no nací para esto". Confirma que el Nobel servirá para hacer llegar más lejos su voz crítica, para reforzar la posición del ciudadano comprometido que el escritor es: "El Nobel me da la oportunidad de ser más yo". En numerosas entrevistas, se ocupará de insistir en esa dimensión: "Este Premio Nobel seguirá siendo quien es, participando como hasta ahora, con intervenciones como hasta ahora, en todo aquello que considere útil, indispensable y necesario. No recibiré el Premio Nobel como una *miss* de belleza que tiene que ser exhibida en todas partes… No aspiro a esos tronos, ni podría, claro… Pero, si lo que he venido haciendo hasta ahora ha tenido alguna utilidad para alguien, como voz, como crítica, como análisis de las circunstancias, de los hechos, de la vida política, de la vida social, de la situación en que el mundo está, entonces seguirá siendo así".

De ahí que, años más tarde, en el texto de una de sus conferencias, aludiera a que sus obligaciones como ciudadano crítico, su conciencia cívica, seguían vigentes, en activo, sin que cupiera la posibilidad de que el Nobel las anulara: "Aquí no sólo se presenta un señor portugués, autor de libros, Premio Nobel de Literatura. Se presenta él, pero también se presenta el ciudadano portugués, que ya estaba preocupado como ciudadano antes de que le dieran el Premio Nobel. Se presentan dos que viven en la misma persona: el autor y el ciudadano".

Pasado el tiempo, en 2004, se reiterará en su declaración expresa de que no va a renunciar ni a sus convicciones ni a su activismo. Se trata de una idea fuerza en su conducta moral: "Es obvio que soy consciente de que tal vez sería más cómodo asumir una postura menos implicada desde el punto de vista cívico y social. Porque, ¿cuántos Premios Nobel de Literatura hacen lo mismo? Pero, para los que piensan que no debería molestarme con esas cuestiones, les respondo de la misma manera que el día que conocí la decisión de la Academia Sueca: 'Sí, tengo el Nobel, ¿y qué?' Nada ha cambiado. Aunque la edad sea la que es —los ochenta y un años, afortunadamente, no me pesan, pero siempre van pesando—, no voy a cambiar. Me gusta mirarme al espejo todas las mañanas y ver que soy un tipo estupendo".

La Fundación Laboratorio Mediterráneo funda la Academia del Mediterráneo en Nápoles el 10 de octubre. Saramago formará parte de su Comité de Honor. Se trata de una asociación de las academias nacionales y de otras academias y organizaciones culturales importantes de los países del entorno mediterráneo, en total más de quinientas instituciones. Sus objetivos centrales son la creación de un inventario crítico de la cultura mediterránea y el estudio de las interacciones de las culturas mediterráneas entre sí y con las sociedades de sus ámbitos de influencia.

La Biblioteca Nacional de Portugal lo nombra Lector Emérito el 14 de octubre.

Recibe la máxima condecoración del Ayuntamiento de Oporto: la Medalla Municipal de Oro al Mérito, el día 16.

El presidente de la
República de
Portugal, Jorge
Sampaio, impone a
José Saramago el
Gran Collar de la
Orden de Santiago
de la Espada,
Lisboa, 3 de
diciembre de 1998.
Archivo Fundación
José Saramago

Se publica *Todos los nombres* en Suecia.

El Instituto Camões le dedica el n.º 3 de la revista *Camões*, octubre-diciembre de 1998.

Se le concede el Premio Internacional de Narrativa Città di Penne (Italia) en noviembre.

Traducido al español por Pilar del Río, Alfaguara publica *El cuento de la isla desconocida*. Los ingresos obtenidos con la venta del libro son destinados íntegramente a ayudar a los damnificados de Centroamérica por el huracán Mitch, cuya devastación provocó más de 200.000 víctimas y un retroceso económico en la región de 20 años.

Jorge Sampaio, presidente de la República de Portugal, le impone el Gran Collar de la Orden de Santiago de la Espada el 3 de diciembre. Se trata de la máxima condecoración portuguesa, hasta entonces reservada sólo a Jefes de Estado extranjeros, por lo que hubo de hacerse una modificación legislativa.

Viaja a Estocolmo para recibir el Premio Nobel de Literatura en diciembre. Ante los miembros de la Academia, pronuncia el discurso "De cómo los personajes se convirtieron en maestros y el autor en su aprendiz" el día 7. El escritor rinde tributo a sus modestos orígenes en la figura de sus abuelos maternos, recuerda a los personajes de sus novelas como "maestros de vida" y hace un recorrido por su obra literaria.

Así comienza su intervención, convertida ya en memorable pieza literaria: "El hombre más sabio que he conocido en toda mi vida no sabía leer ni escribir. A las cuatro de

Ceremonia de entrega de los Premios Nobel 1998 de la Academia Sueca, Estocolmo, diciembre de 1998.
Archivo Fundación José Saramago

la madrugada, cuando la promesa de un nuevo día aún venía por tierras de Francia, se levantaba del catre y salía al campo, llevando hasta el pasto la media docena de cerdas de cuya fertilidad se alimentaban él y la mujer. Vivían de esta escasez mis abuelos maternos, de la pequeña cría de cerdos que después del desmame eran vendidos a los vecinos de nuestra aldea de Azinhaga, en la provincia del Ribatejo. Se llamaban Jerónimo Melrinho y Josefa Caixinha esos abuelos, y eran analfabetos uno y otro. En el invierno, cuando el frío de la noche apretaba hasta el punto de que el agua de los cántaros se helaba dentro de la casa, recogían de las pocilgas a los lechones más débiles y se los llevaban a la cama. Debajo de las mantas ásperas, el calor de los humanos libraba a los animalillos de una muerte cierta [...] Ayudé muchas veces a éste mi abuelo Jerónimo en sus andanzas de pastor, cavé muchas veces la tierra del huerto anejo a la casa y corté leña para la lumbre, muchas veces, dando vueltas y vueltas a la gran rueda de hierro que accionaba la bomba, hice subir agua del pozo comunitario y la transporté al hombro, muchas veces, a escondidas de los guardas de las cosechas, fui con mi abuela, también de madrugada, pertrechados de rastrillo, paño y cuerda, a recoger en los rastrojos la paja suelta que después habría de servir para lecho del ganado. Y algunas veces, en noches calientes de verano, después de la cena, mi abuelo me decía: 'José, hoy vamos a dormir los dos debajo de la higuera'. Había otras dos higueras, pero aquélla, ciertamente por ser la mayor, por ser la más antigua, por ser la de siempre, era, para todas las personas de la casa, la higuera.

Más o menos por antonomasia, palabra erudita que sólo muchos años después acabaría conociendo y sabiendo lo que significaba. En medio de la paz nocturna, entre las ramas altas del árbol, una estrella se me aparecía, y después, lentamente, se escondía detrás de una hoja, y, mirando en otra dirección, tal como un río corriendo en silencio por el cielo cóncavo, surgía la claridad traslúcida de la Vía Láctea, el camino de Santiago, como todavía le llamábamos en la aldea. Mientras el sueño llegaba, la noche se poblaba con las historias y los sucesos que mi abuelo iba contando: leyendas, apariciones, asombros, episodios singulares, muertes antiguas, escaramuzas de palo y piedra, palabras de antepasados, un incansable rumor de memorias que me mantenía despierto, al mismo tiempo que suavemente me acunaba. Nunca supe si él se callaba cuando descubría que me había dormido, o si seguía hablando para no dejar a medias la respuesta a la pregunta que invariablemente le hacía en las pausas más demoradas que él, calculadamente, introducía en el relato: '¿Y después?' Tal vez repitiese las historias para sí mismo, quizá para no olvidarlas, quizá para enriquecerlas con peripecias nuevas…".

Foto superior: Diploma de la Academia Sueca acreditando el Premio Nobel de Literatura concedido a José Saramago en 1998.
Archivo Fundación José Saramago

Foto inferior: Pilar del Río y José Saramago a su llegada a la ceremonia de entrega de los Premios Nobel 1998, Estocolmo, diciembre de 1998. Fotografía: FLT-PICA Bild AB.
Archivo Fundación José Saramago

Tres días más tarde, el 10 de diciembre, tiene lugar la entrega oficial de la medalla en el Palacio de Conciertos. Durante el banquete, centra su discurso en hacer una crítica al incumplimiento de la Declaración Universal de los Derechos Humanos.

La revista de la Asociación Portuguesa de Escritores le dedica un número monográfico bajo el título *El escritor* [*O escritor*].

Es nombrado Académico de Honor de la Academia de las Ciencias de Lisboa el 10 de diciembre.

Correos de Portugal emite el sello "José Saramago-Premio Nobel de Literatura 1998", con la efigie del escritor, en conmemoración de la concesión del Premio Nobel de Literatura. Se presenta el día 15 en la sede de CTT-Correos, en una ceremonia que cuenta con la asistencia del homenajeado y de diversos escritores y personalidades de la cultura. La tirada está dirigida a coleccionistas. Durante el acto, el escritor firma algunas piezas filatélicas.

Se publica el libro colectivo *Las voces del espejo. Cuentos, poemas y dibujos del zapatismo, para construir futuro,* a beneficio de un proyecto educativo en Chiapas. Además de dibujos de niños desplazados de las comunidades en resistencia de Chiapas, se incluyen textos de José Saramago, Rafael Alberti, Mario Benedetti, Bernardo Atxaga, Sealtiel Alatriste, Rosa Regás, Jesús Ferrero, Darío Fo, Manuel Vázquez Montalbán y Javier Marías, entre otros. A finales de diciembre, se presenta en Madrid, con la asistencia del Premio Nobel, y, unos días más tarde, en México.

José Saramago, Fidel Castro y Pilar del Río, La Habana, 1998.
Archivo Fundación José Saramago

Los alumnos de secundaria de Galicia le conceden el Premio Arzobispo Juan de San Clemente (Santiago de Compostela, España) por *Ensayo sobre la ceguera*. Pese a haber anunciado que no aceptaría más premios tras el Nobel, cumple los compromisos contraídos con anterioridad.

A finales de diciembre, se traslada a Cuba con un amplio grupo de familiares y amigos para celebrar la fiesta de fin de año en la isla caribeña. Se encuentra con Fidel Castro.

1999 **Viaja** a Portugal, Brasil, Argentina, Estados Unidos, Mozambique, Austria, Francia, México…

Participa en un taller internacional celebrado en la Casa de las Américas (La Habana), bajo el lema "Cultura y Revolución a 40 años de 1959", para conmemorar la Revolución cubana los días 4 y 5 de enero.

Junto a García Márquez, Ernesto Cardenal y Oswaldo Guayasamín, asiste como invitado al discurso pronunciado por Fidel Castro en la ciudad de Santiago de Cuba con ocasión de la celebración de los 40 años del régimen castrista el día 2. Tras el acto, Saramago declarará: "Si hay una posibilidad de que el ser humano sea verdaderamente ser humano, esa posibilidad está aquí".

José Saramago y Gabriel García Márquez en Cuba, 1998.
Fotografía: Reuters-Cordon Press.
Archivo Fundación José Saramago

Celebra una rueda de prensa en La Habana en la que, hablando de su próxima novela, *La caverna*, resalta: "Jamás en la Historia de la humanidad estuvimos tanto en una caverna mirando sombras como ahora […] Y esto no tiene tanto que ver con que la imagen predomine sobre la palabra, sino con que estamos viviendo de lleno en algo que se puede llamar la cultura de la banalidad, de la frivolidad. Hay una especie de desierto en lo que tiene que ver con las ideas".

Con ocasión de la concesión del Premio Nobel, la Fundación Calouste Gulbenkian le dedica un voluminoso ejemplar doble de la revista *Colóquio/Letras*, n.º 151-152, enero-junio, bajo el título *José Saramago: El año de 1998* [*José Saramago: O Ano de 1998*], en el que reflexionan sobre su obra reputados especialistas, entre otros Maria Alzira Seixo, Luciana Stegagno Picchio, Luiz Francisco Rebello, Horácio Costa y Teresa Cristina Cerdeira da Silva.

La Universidad de Évora (Portugal) le inviste Doctor *Honoris Causa* el 22 de enero, después de que la concesión fuera acordada el 2 de diciembre del año anterior. Maria Alzira Seixo pronuncia la *laudatio*.

En su discurso, Saramago reflexiona sobre el tiempo y nuestra manera de organizarlo, poniendo en duda la existencia de un presente: "Lo que en este caso traigo a colación es solamente mi relación personal con el tiempo, y ahí no encuentro lugar sino para un pasado (el tiempo ya vivido) y un futuro (el tiempo todavía por vivir). El presente no sería, por consiguiente, más que (permítaseme la inevitable metáfora) un cursor deslizándose a lo largo de una escala, caracterizado por ni siquiera ser mensurable, tan sólo un punto móvil, imparable, una luz que corre hacia las tinieblas dejando una difusa claridad tras sí, para la cual la difícil memoria del tiempo irá siendo más ciega, hasta que la marea definitiva del olvido lo cubra todo". Y concluye: "Con la libertad del narrador, me atrevería incluso a decir que el presente es, de algún modo, una continua invención nuestra, una especie de pasarela oscilante que nos va sosteniendo entre el cielo y la tierra, entre las perplejidades del futuro y los hechos irremediables del pasado".

Este tipo de consideraciones le sirven para rechazar la clasificación de novela histórica aplicada a sus libros, diferenciar entre *pasado* —todo lo sucedido— e *Historia* —una determinada selección y jerarquización de acontecimientos del pasado—, y ponerlo en relación con su obra: "De acuerdo con esta forma elemental de entender las cosas, una continua y a mi modo de ver necesaria invención del presente (invención en el sentido de descubrimiento) dependería, sobre todo, de una reinvención continua del pasado, esto es, de un reexamen, de una reordenación, de una reevaluación de los hechos que se suceden, cuestionando, en consecuencia, cada momento del propio presente y por tanto del futuro".

La Universidad publicará su discurso este mismo año bajo el título *Doutoramento Honoris Causa de José Saramago*.

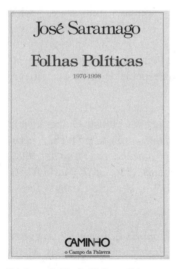

Primera edición de *Hojas políticas 1976-1998*, Lisboa, Editorial Caminho, 1999

Recibe el Premio Europeo de Comunicación Jordi Xifra Heras el día 1 de febrero, concedido por la Universidad de Gerona (España).

Publica *Hojas políticas. 1976-1998*. La edición de Caminho recoge crónicas publicadas en la revista *Extra* (Sección "Nuevos apuntes") en 1977 y 1978, además de artículos impresos en distintas fechas y en diversos órganos de comunicación social portugueses y brasileños: *Diário de Lisboa*, *O Diário*, *Sílex*, *Status*, *Jornal de Letras*, *O Jornal*, *Visão*, *Revista da Associação de Amizade Portugal-RDA*... e incluso algún inédito, hasta un total de ochenta textos.

En una entrevista concedida a *Jornal de Letras, Artes e Ideias*, reconocerá Saramago: "Va a salir un nuevo libro mío, que es un libro antiguo. Se llama *Hojas políticas* y reúne todos mis artículos desde 1976 a 1998 (los últimos son de la revista *Visão* y los otros del *Diário,* del *Extra,* de revistas brasileñas). Todos, artículos que van a desagradar a algunas personas. Si usted lee ese libro, si le pasa los ojos por encima, tendrá que reconocer al menos una cosa: este tipo, que soy yo, es aburrido, desagrada a una serie de personas, pero este tipo está diciendo lo que siempre ha dicho y sigue preocupado por su país. Si agredo a alguien, si digo cosas que son duras, que también me las digan a mí, porque me las han dicho y no me lo tomo a mal. Pueden decirme lo que quieran, pero déjenme decirlo a mí también, y no me preocupa si la persona es presidente de la República o alcalde o cualquier otra cosa. Lo que tenga para decir, lo digo y queda dicho. Y verá en este libro que soy el mismo José Saramago, exactamente el mismo, que estúpidamente (parece que estúpidamente) se preocupa por su país".

Le Monde Diplomatique difunde su artículo "Dolor y esperanza en Chiapas" en marzo, acompañado de fotos de Sebastião Salgado. Allí escribe: "Los indios de Chiapas no son los únicos humillados y ofendidos de este mundo; en todos los tiempos y en todos los lugares, cualquiera que sea su raza, su color, sus costumbres, su cultura, su creencia religiosa, el ser humano que presumimos ser, siempre ha humillado y ofendido a quienes, con una triste ironía, continúa llamando sus semejantes". Con respecto a Chiapas, asegura que se trata de una referencia de dignidad y esperanza: "Durante estos últimos años Chiapas ha sido el lugar en que los más despreciados, los más humillados y los más ofendidos de México, han sido capaces de reconquistar, intactos, una dignidad y un honor que nunca habían perdido enteramente, el lugar en que la pesada losa de una opresión secular se ha levantado para dejar pasar, ante un cortejo interminable de asesinados, una procesión de vivos nuevos y diferentes, formada por hombres, mujeres y niños de hoy que únicamente reclaman el respeto de sus derechos, no solamente el de seres humanos pertenecientes a una misma humanidad, sino, también, el respeto de sus derechos de indios que quieren continuar siéndolo".

El Ayuntamiento de Tías, municipio de Lanzarote en el que tiene fijada su residencia en las Islas Canarias desde 1993, le declara Hijo Adoptivo el 19 de marzo.

Inaugura la Semana Gallega de Filosofía en Pontevedra.

En abril, visita la Escuela de Mafra bautizada con su nombre.

Es investido Doctor *Honoris Causa* por la Universidad Federal de Rio Grande do Sul (Porto Alegre, Brasil) el día 26. Su discurso de investidura será recogido, junto a la *laudatio* de Tania Franco Carvalhal, en la publicación *Saramago na Universidade*, impresa por la propia Universidad.

La Universidad Federal de Minas Gerais (Belo Horizonte, Brasil) le concede el grado de Doctor *Honoris Causa* el día 29.
Permanece durante tres semanas en Brasil, con una intensa agenda, incluyendo su

participación en la Bienal Internacional del Libro de Rio de Janeiro: "El cansancio llega a extremos... De hecho, yo no sé cómo es que aguanto. Mucha gente pregunta: '¿Ah, pero cómo aguanta usted tanto?'. Y aguanto. Este domingo hará 15 días que llegué [a Brasil]. Son debates, conferencias, mesas redondas, no he hecho otra cosa. Y, en ocasiones, ya no puedo ni oírme a mí mismo", asegura en la revista *Bravo* del mes de junio.

En el mismo lugar, se lamenta del volumen de invitaciones que debe gestionar como consecuencia de la obtención del Premio Nobel e ironiza sobre la nueva situación: "[Recibo invitaciones] para todo cuanto pueda imaginarse. No invento nada. Congreso sobre bien-vivir, bien-morir, me invitan para ir allá. Congreso de psicoanalistas en Jerusalén, congreso de economistas preocupados por el futuro, me invitan a ir allá, con la idea de que el Premio Nobel tiene respuesta para todo. Pobrecito. Lo que sucede es que hay una especie de superstición según la cual es como si el Premio Nobel, de repente, representase una beatificación. No se sabe muy bien por qué. Como si a partir de ese momento, la ciencia o el conocimiento que cada uno tiene se hubiese multiplicado, abarcase todas las materias del universo. ¡Porque se supone que sale por la boca del Nobel y es casi palabra divina!".

Su voz comprometida se implicará en innumerables causas relacionadas con la defensa de la justicia y los derechos humanos, poniendo su prestigio y su autoridad moral al servicio de reivindicaciones humanistas: "Si tengo preocupaciones que creo que pueden interesar a otros, aprovecho el hecho de ser escritor, aprovecho el hecho de ser reconocido y aprovecho hasta el Premio Nobel para llevar más lejos esas preocupaciones. No tengo remedios ni recetas. Simplemente digo: pienso así", señalará en agosto.

Pero también se escuchará con energía su conciencia crítica de alcance universal, censurando las desigualdades, el hambre —que califica de obscenidad—, la violencia, el deterioro de la democracia, el poder del dinero o la globalización: "Es lo que llamo *capitalismo autoritario*. La dictadura tenía rostro, y nosotros decíamos es aquel o son aquellos, los militares, o Hitler, o Franco, o Pinochet, pero ahora no tiene rostro. Y como no tiene rostro, no sabemos contra quién luchar. No hay contra quién luchar. El mercado no tiene cara, no tiene nombre. Está en todas partes y no podemos identificarlo, decir 'eres tú'. Incluso las personas que lucharon contra la dictadura, llegando a la democracia piensan que no tienen ya que luchar más. Todos los problemas están ahí. El mercado se puede volver una dictadura".

Saramago resumirá la vitalidad de su espíritu cuestionador señalando: "cuanto más viejo me veo, más libre me siento y más radicalmente me expreso".

Es investido Doctor *Honoris Causa* por la Universidad Politécnica de Valencia (España) el 11 de mayo, tras haber sido aprobado su nombramiento el día 21 de enero. Lo apadrina el profesor José Luis Santos.

En el discurso que pronuncia, expone su conocida contestación de la instancia del narrador: "la figura del narrador no existe, de hecho, y [...] sólo el autor —insisto, sólo el autor— ejerce una función narrativa real en la obra de ficción, cualquiera que ella sea, novela, cuento o teatro [...] Y quién sabe si hasta en la poesía, que tanto como soy capaz de entender, representa la ficción suprema, la ficción de las ficciones". Confiesa que, al plantearse estas cuestiones, lo que manifiesta son sus "propias dudas, [sus] propias perplejidades sobre la identidad real de la voz del narradora que vehícula [...] el pensamiento del autor". Apoyado en su concepción de la responsabilidad radical del escritor con respecto a su obra se pregunta "si la resignación o la indiferencia con que el autor, hoy, parece aceptar la usurpación, por el narrador, de la materia, de la circunstancia y de la función narrativa, que en épocas anteriores le eran, todas ellas, exclusiva e inapelablemente imputadas, no sólo como autor, sino como persona, no serán, esa resignación y esa indiferencia, una expresión más, asumida o no, de un cierto grado de abdicación de responsabilidades más generales". Por último, comparte con el auditorio su convicción de que quienes escriben no hacen "nada más que contar historias", lo que le da pie a esbozar sus ideas sobre la naturaleza del hacedor de fábulas: "El escritor de historias, manifiestas o disimuladas, es un ejemplo de mistificador, cuenta historias para que los lectores las reciban como creíbles y duraderas, a pesar de saber que ellas no son más que unas cuantas palabras suspendidas en aquello a que yo llamaría el inestable equilibrio del fingimiento, palabras frágiles, permanentemente asustadas por la atracción de un no sentido que las empuja para el caos, para fuera de los códigos convenidos, cuya llave, a cada momento, amenaza con perderse". Concluye desentrañando la razón de ser de las historias y poniéndolas en relación con el autor y el lector: "De fingimientos de verdades y de verdades de fingimientos se hacen, pues, las historias. Con todo, y a despecho de lo que, en el texto, se nos presenta como una evidencia material, la historia que al lector más deberá interesar no es, en mi opinión, la que, en último extremo, le va a ser propuesta por la narrativa. Cualquier ficción (por hablar ahora apenas de lo que me es más próximo) no está formada solamente por personajes, conflictos, situaciones, lances, peripecias, sorpresas, efectos de estilo, juegos malabares, exhibiciones gimnásticas de técnica narrativa. Una ficción es —como toda obra de arte— la expresión más ambiciosa de una parcela de la humanidad, esto es, su Autor. Me pregunto, incluso, si lo que determina al lector a leer no será la esperanza no consciente de descubrir en el interior del libro —más que la historia que le será contada— la persona invisible, pero omnipresente, del autor. Tal como creo entenderla, la novela es una máscara que esconde y al mismo tiempo revela los trazos del novelista. Probablemente —digo probablemente—, el lector no lee la novela, lee al novelista [...] Lo que el autor va narrando en sus libros no es su historia personal aparente. No es eso que llamamos relato de una vida, no es su biografía linealmente contada, tanta veces anodina, tantas veces sin interés, sino una vida otra, la vida laberíntica, la vida profunda, aquella que él difícilmente osaría o sabría contar con su propia voz y en su propio nombre. Tal vez porque lo que hay de grande en el ser humano sea demasiado grande para caber en las palabras con que a sí mismo se define y en las sucesivas figuras de sí mismo que pueblan un pasado que no es apenas suyo, y que por eso se le escapará cada vez que intente aislarlo o aislarse en él. Tal vez, también, porque aquello en que somos mezquinos y pequeños es hasta tal punto común que nada muy nuevo podría enseñar a ese otro ser pequeño y grande que es el lector".

La Universidad de Turín y la Universidad de las Islas Baleares editan *La estatua y la piedra* [*A Estátua e a Pedra*] en abril, al cuidado de los profesores Pablo Luis Ávila y Giancarlo Depretis. Recoge el contenido de una destacada conferencia impartida en la clausura de un curso sobre cultura portuguesa organizado por la Universidad de Turín, en la que el escritor analiza la evolución de su narrativa: "Un día descubrí que hasta *El Evangelio según Jesucristo* había estado describiendo la estatua. A partir de *Ensayo sobre la ceguera*, mi preocupación fue describir la piedra. Tal vez mi obra pueda resumirse así", afirmará.

Primera edición para bibliófilos de *La estatua y la piedra*, Turín, Edizioni dell'Orso, coedición de la Università degli Studi di Torino y la Universitat de les Illes Balears, 1999

La antología poética *Piedra de luna*, realizada por Fidel Villar Ribot y publicada por De guante blanco y Comares, se presenta en Granada el 18 de mayo. Incluye cincuenta y nueve poemas y un madrigal de Saramago traducidos al español.

Pronuncia el pregón de la XVI Feria del Libro de Granada el día 19.

La editorial Caminho publica *Discursos de Estocolmo*, una edición que reproduce los dos discursos pronunciados por Saramago con ocasión de la recepción del Premio Nobel: "De cómo el personaje fue maestro y el autor su aprendiz" ["De cómo a personagem foi mestra e o autor seu aprendiz"], que pudo escucharse en la Academia Sueca; y su intervención en la ceremonia del Banquete, haciendo una defensa de los derechos humanos.

Alfaguara, a su vez, imprime este mismo año la edición española, con traducción de Pilar del Río.

Forma parte del jurado del Premio Reina Sofía de Poesía Iberoamericana, que, reunido el 31 de mayo, reconocerá la obra de Mario Benedetti.

Se estrena ...*sotto l'ombra che il bambino solleva*, una cantata de Azio Corghi basada en *El año de 1993*, en el Teatro Goldoni de Florencia el 8 de junio, con la presencia de Saramago, que señalará a la prensa italiana: "Pensaba que un drama terrible como el que yo he planteado sería adaptado para mostrar el fin de un siglo cruento. Ahora veo cómo el texto se ha acomodado a nuestros días. Veo cómo el mundo aquí se ve obligado a decir: el hombre es el animal que causa la tragedia".

La Universidad de Las Palmas de Gran Canaria (España) lo inviste Doctor *Honoris Causa* el 10 de junio.

Es nombrado Socio Honorario Deportivo del Club Lisboa y Benfica —conocido como Benfica— el 14 de junio. De niño, fue socio del club durante un tiempo, cuando tenía diez o doce años, más por voluntad del padre que suya propia.

La Universidad de Coimbra (Portugal) le concede la Medalla de Oro.

Recibe el grado de Doctor *Honoris Causa* por la Universidad de Nottingham (Reino Unido) el 8 de julio.

La Universidad Internacional Menéndez Pelayo (Cantabria, España) le entrega la Medalla de Honor en julio.

Viaja a Brasil de nuevo. Bajo el título "Colonialismo, post-colonialismo y culturas de periferia", coordina la primera mesa redonda del VI Congreso de la Asociación Internacional de Lusitanistas, celebrado en Rio de Janeiro en agosto.

Recibe el doctorado *Honoris Causa* de la Universidad Federal de Rio de Janeiro.

Es investido Doctor *Honoris Causa* por la Universidad Federal Fluminense el 13 de agosto, tras haberle sido concedido el grado en 1998.

La Universidad Federal de Santa Catarina le otorga el título de Doctor *Honoris Causa* en marzo y se lo entrega en agosto.

Apoya la creación de la Academia de la Latinidad, de la que será miembro. El objetivo de la Academia "es constituir una autoridad moral independiente, que fortalezca la solidaridad entre países y pueblos de cultura latina, reforzando la contribución cabal de la *latinidad* —pasada, presente y futura— en todos los dominios de la civilización". Emprende y desarrolla acciones culturales y científicas y favorece el intercambio entre todas las culturas del mundo.

Durante la crisis en Timor Oriental, apoya la independencia de la antigua colonia portuguesa de ultramar, tal y como habían decidido sus habitantes en el referéndum del 30 de agosto. Denuncia las atrocidades cometidas por los paramilitares antisecesionistas y por el gobierno indonesio.

El 8 de septiembre, publica, en *El País*, el artículo "Si no se salva Timor no nos salvaremos nosotros", un grito de indignación y de condena: "¿Qué le importa al mundo que yo me sienta humillado y ofendido? ¿Qué le importa al mundo que yo haya llorado lágrimas de indignación impotente, ante las imágenes infames de un crimen infame? Si esta desgraciada humanidad, faltando una vez más al respeto que se debe a sí misma, no impone a Indonesia, en nombre de la simple moral, el acatamiento inmediato e incondicional de la voluntad del pueblo de Timor Oriental, ¿qué importa que un escritor acuda ahora a protestar utilizando las palabras de todos, que demasiados callan porque están más preocupados por sus intereses presentes y futuros que por la sangre que corre y las vidas que se pierden? ¿Cuánto pesa el pueblo de Timor Oriental en las balanzas políticas de China y Rusia? ¿Cuál es la cotización de un habitante de Dili en la Bolsa de Nueva York? Indonesia tiene más de trece mil islas y Timor Oriental es apenas la mitad de una de ellas.

"¿Valdrá la pena, por tan poco, que el mundo se levante para reclamar responsabilidades a los culpables directos e indirectos de las atrocidades que se cometen ante nuestros ojos, para exigir el castigo de los asesinos y de quienes los mandan? ¿Cuánto hace falta entonces para que nos levantemos? ¿Un continente? ¿Dos continentes? ¿Se levantará el mundo cuando ya esté a punto de perderse el mundo? ¿Qué pasa con el ser humano? ¿Y la democracia para qué ha servido? ¿Sirvió de algo en Timor?...".

Viaja a Mozambique y toma parte en el Congreso Pontes Lusófonas. Se muestra crítico con el concepto de lusofonía: "El concepto, que copiamos de francofonía, es equívoco. Estábamos muy bien sin él. Las relaciones de países que hablan la misma lengua no lo necesitan. Los franceses lo inventaron como instrumento de vinculación con sus colonias. No me parece que debamos ir por ese camino. El término lusofonía crea equívocos. Los brasileños, los angoleños, los mozambiqueños, etc., no tienen que pensar en *lusofonía*. Hablan y escriben portugués y se acabó. ¿Puentes lusófonos, por qué?". Se distancia asimismo del planteamiento del congreso en lo referente a la literatura, organizado en torno a conversaciones cerradas entre escritores, reclamando la conexión de los autores con la sociedad.

La Fundación Círculo de Leitores instituye, en Portugal, el Premio Literario José Saramago, en homenaje al escritor, tras serle concedido el Premio Nobel de Literatura de 1998. De periodicidad bianual, se destina a autores jóvenes —menores de 35 años— con obra de ficción editada en cualquier país de lengua portuguesa. Paulo José Miranda ganará la primera convocatoria del Premio con su novela *Naturaleza muerta* [*Natureza Morta*] en octubre. En ediciones sucesivas, los premiados serán José Luís Peixoto, *Nadie nos mira* [*Nenhum Olhar*], en 2001; Adriana Lisboa, *Sinfonía en blanco* [*Sinfonia em Branco*], en 2003; Gonçalo M. Tavares, *Jerusalén* [*Jerusalém*], en 2005; Walter Hugo Mãe, *O Remorso de Baltazar Serapião*, en 2007; y João Tordo, *Las tres vidas* [*As Três Vidas*], en 2009.

Inaugura una exposición dedicada a Fernando Namora en Oeiras (Lisboa).

El Gobierno francés le distingue nombrándolo Oficial de la Legión de Honor el 6 de octubre.

Dirige una carta abierta al presidente de Uruguay, Julio María Sanguinetti, el día 20, pidiéndole que colabore con Juan Gelman en la búsqueda de su nieta, nacida en cautiverio en Montevideo durante los años de la dictadura argentina, después de que su padre, Marcelo, y su madre embarazada, Claudia, desaparecieran el 24 de agosto de 1976 y fueran asesinados por los militares en una operación más del Plan Cóndor. Su misiva es publicada por *El País*, por *Le Monde* y por periódicos de México y Argentina, alcanzando gran repercusión y estimulando un movimiento de solidaridad que obligará al mandatario uruguayo a dar explicaciones.

Saramago escribe a Sanguinetti: "Nada que cultural y socialmente importe al mundo iberoamericano me es extraño. Pertenezco a ese mundo como pertenezco a la aldea donde nací. Soy Premio Nobel de Literatura, pero no le escribo desde esa condición. Ni siquiera tengo la certeza de que sea por escribir libros por lo que me dirijo al presidente de la República de Uruguay. Querría que esta carta fuese leída sólo porque contiene palabras de un hombre a otro hombre. Es cierto que soy escritor, es cierto que soy Premio Nobel, pero eso viene en segundo y en tercer lugar. Y no lo digo por modestia, lo digo porque únicamente en los seres humanos (por desgracia no en todos) el sentimiento de humanidad puede existir y resistir. Ese sentimiento es el que guía estas palabras". Y finalmente le reclama: "Es lo que yo, escritor portugués, le ruego al Dr. Julio María Sanguinetti: Ayude a Juan Gelman, ayude a la justicia, ayude a los muertos, a los torturados y a los secuestrados ayudando a los vivos que los lloran y los buscan, ayúdese a sí mismo, ayude a su conciencia, ayude al nieto desaparecido que no tiene, pero que podría tener. No tengo nada más que pedirle, señor Presidente, porque le estoy pidiendo todo. Con el respeto debido".

A su carta, se sumarán las remitidas desde diversos lugares del mundo exigiendo respuestas, como las enviadas por los Premios Nobel Adolfo Pérez Esquivel, Dario Fo, Rigoberta Menchú, Günter Grass, Seamus Heaney y Wole Soyinka, además de grupos de poetas, académicos y científicos, pidiendo todas lo mismo: el esclarecimiento de la verdad. Tras una búsqueda de 23 años, a principios de abril, Gelman comunica que ha encontrado a su nieta con la colaboración de Jorge Batlle, nuevo presidente uruguayo.

Es investido Doctor *Honoris Causa* por la Universidad de Massachusetts Dartmouth (Estados Unidos) el 22 de octubre.

Toma parte en el Coloquio *Garrett's Travels & Its Descendants*, organizado por la Universidad de Massachusetts, que incluye una sesión sobre "Garrett y Saramago". El escritor pronuncia la conferencia "Garrett y yo" el sábado día 23, un día después de haber sido investido Doctor *Honoris Causa*.

Se adhiere al "Manifiesto Humanista 2000" en otoño, junto a un centenar de intelectuales y científicos de veinticinco países, promovido por la Academia Internacional de Humanismo (AIH), de la que es miembro.

La AIH [*Center for Inquiry*] se constituyó en Estados Unidos para promover una sociedad secular, fundamentada en los métodos científicos, la razón, la libertad de conciencia y los valores humanistas "frente a las narrativas mitológicas del pasado y los dogmas del presente", incluyendo las religiones y la pseudociencia.

El Manifiesto subraya la necesidad para la humanidad de "adoptar la ciencia y la tec-

Saramago con miembros del Ejército Zapatista de Liberación Nacional (EZLN), encabezados por el comandante David, en Aguascalientes de Oventic, Chiapas (México), diciembre, 1999.
Archivo Fundación José Saramago

nología como herramientas susceptibles de resolver los mayores problemas sociales del próximo siglo", en contraposición al fundamentalismo religioso.

La Universidad de Castilla-La Mancha organiza un encuentro internacional en torno al tema "Saramago y sus traductores", celebrado en Toledo el 8 y el 9 de noviembre.

Le tributan un homenaje en Linda-a-Velha el día 12. Maria João Pires interpreta varias piezas, Carmen Dolores y Lourdes Norberto recitan versos suyos y Urbano Tavares hace un análisis de su obra. Unos días después, en una entrevista publicada en *Jornal de Letras*, asegurará: "La gran victoria de mi vida es sentir que, en el fondo, lo más importante de todo es ser buena persona. Si pudiese inaugurar una nueva Internacional, sería la Internacional de la Bondad".

Recibe el doctorado *Honoris Causa* por la Universidad Michel de Montaigne (Francia) en noviembre.

Viaja a México. Participa en la Feria Internacional del Libro de Guadalajara. Organizada por la Cátedra Alfonso Reyes del Tecnológico de Monterrey, pronuncia la conferencia "Descubrámonos los unos a los otros" el 4 de diciembre en el Palacio de Bellas Artes de la Ciudad de México.

Regresa a Chiapas en diciembre y se encuentra de nuevo con los comandantes zapatistas. En reiteradas ocasiones, manifiesta su solidaridad con las reivindicaciones indígenas: "Chiapas no es una noticia en un periódico, ni la ración cotidiana de horror. Chiapas es un lugar de dignidad, un foco de rebelión en un mundo patéticamente adormecido". Y también confesará su respeto y admiración por Marcos. El 7 de enero de 2009, publicará en su bitácora, refiriéndose al líder zapatista: "A pocas personas he admirado tanto en mi vida, de poquísimas he esperado tanto. Nunca lo he dicho por la simple razón de que estas cosas no se dicen, se sienten y por ahí se quedan. Cuestión de pudor, parece".

Comienza a escribir *La caverna* en diciembre.

Rechaza el doctorado *Honoris Causa* de la Universidad Federal de Pará (Brasil), por la participación del gobierno de este Estado en la represión de los Sin Tierra.

La Facultad de Derecho de la Universidad de Coimbra publica, en su boletín, el volumen colectivo *Perspectivas del Derecho en el comienzo del siglo XXI* [*Perspectivas do Direito no Início do Século XXI*], en el que se recoge una contribución de Saramago titulada "El Derecho y la campanas" ["Direito e os Sinos"]. El texto toma el título de una crónica homónima publicada a finales de los sesenta en el diario *A Capital* e incluida en *De este mundo y del otro*.

Cuenta un suceso de alcance simbólico ocurrido en una aldea próxima a la Florencia del siglo XVI cuando un campesino hizo sonar las campanas de la iglesia con el tañido melancólico que solía anunciar la muerte de un vecino. Reunidos los habitantes de la villa, se interesaron por el finado, sorprendidos además de que no fuera el campanero el responsable de hacer sonar las campanas. El campesino respondería que ninguna persona había fallecido y que su acción se debía a la muerte de la Justicia. ¿Qué había ocurrido? Sucedió que uno de los poderosos del lugar había cambiado de lugar los mojones de las lindes de sus tierras invadiendo la pequeña parcela del campesino. Las reiteradas protestas del pobre hombre no habían tenido efecto alguno, como tampoco sus ruegos. Finalmente, había acudido a la Justicia buscando amparo, sin tampoco encontrar reparación. Ante tales circunstancias, decidiría anunciar públicamente que la Justicia había muerto.

A partir de este episodio novelesco, el escritor reflexiona sobre la injusticia en el mundo.

La Universidad Agostinho Neto (Luanda) volverá a editarlo en 2001 en la colección de la Facultad de Derecho y Saramago tomará su contenido como referencia para publicar varias conferencias.

Saramago en su casa de Lanzarote, 2000. Archivo Fundación José Saramago

2000-2009

En mi oficio de escritor, pienso no haberme apartado nunca de mi conciencia de ciudadano. Defiendo que adonde va uno, debe ir el otro. No recuerdo haber escrito ni una sola palabra que estuviese en contradicción con mis convicciones políticas, pero eso no significa que haya puesto alguna vez la literatura al servicio de mi ideología. Significa, eso sí, que cuando escribo estoy expresando la totalidad de la persona que soy.

José Saramago, *Cuadernos de Lanzarote II (1996-1997). Diario IV. 1996*

Yo no separo la condición de escritor de la de ciudadano, aunque separe, sí, la condición de escritor de la de militante político. Eso sí lo separo. Pero hay que considerar otra cuestión. Es cierto que las personas me conocen como escritor, pero también hay seguramente mucha gente que, con independencia de la mayor o menor importancia que reconozcan en la obra literaria que hago, quizás entiendan (es una posibilidad) que lo que digo como ciudadano común e interesado es importante para esas mismas personas. Aunque yo sepa que es el escritor quien transporta sobre sus espaldas la posibilidad de ser esa voz.

José Saramago, 1998

El escritor, si es una persona de su tiempo, se supone que conoce los problemas de su tiempo. ¿Y cuáles son esos problemas? Que no estamos en un mundo bueno, que está mal y que no sirve. Pero atención: no hay que confundir lo que yo pido con una literatura moralista, una literatura que le diga a la gente cómo hay que comportarse. De lo que estoy hablando es de la necesidad de un contenido ético, que no se separa de lo que yo llamo un punto de vista crítico.

José Saramago, 1998

2000 **Viaja** a Europa, América Latina y Nueva York.

António Guterres, primer ministro de Portugal, realiza una histórica visita a Timor Oriental, del 22 al 25 de abril, tras el referéndum de autodeterminación y la posterior ola de represión sobre la población civil provocada por las milicias y el ejército indonesio. Saramago acompañará al líder político de su país.

Recibe la Medalla de Oro de Canarias otorgada por el Gobierno del Archipiélago canario.

José Saramago con el primer ministro de Portugal, António Guterres, en la República Democrática de Timor Oriental, 2000. Archivo Fundación José Saramago

La Fundación Calouste Gulbenkian organiza el coloquio internacional "La lengua portuguesa en el cambio de milenio-Encuentro con José Saramago" los días 1 y 2 de junio en Lisboa.

Forma parte del jurado del Premio Reina Sofía de Poesía Iberoamericana, que reconocerá la obra de Pere Gimferrer el 13 de junio.

Preside el primer jurado del Premio Extremadura a la Creación en la modalidad "Mejor Trayectoria Literaria de Autor Iberoamericano", que se reunirá en junio. La distinción, entregada a comienzos de septiembre, recaerá en Eugénio de Andrade.

Es investido Doctor *Honoris Causa* por la Universidad de Salamanca (España) el 4 de julio, después de que el 24 de mayo fuera acordada la concesión por la Junta de Gobierno.

Saramago investido Doctor *Honoris Causa* por la Universidad de Salamanca, 4 de julio de 2000. Fotografía: Candy. Archivo Fundación José Saramago

El Frente Zapatista de Liberación Nacional y Publicaciones Espejo editan *Aquí soy zapatista*, donde se recoge la conferencia de José Saramago titulada "Descubrámonos los unos a los otros", pronunciada el 4 de diciembre de 1999 en el Palacio de Bellas Artes de México D.F., seguida de una "Improvisación", que aglutina diversos comentarios suyos sobre Chiapas, realizados en el mismo lugar. El título de la edición tiene su origen en la respuesta que dio el escritor al ser preguntado, en México, sobre su militancia comunista: "Aquí soy zapatista". El texto de la conferencia será asimismo incluido en el volumen *El nombre y la cosa* en 2006.

Le entrega, en agosto, a Mario Benedetti el primer premio del Festival Son Latinos (Tenerife), concedido por un jurado que preside honoríficamente.

También en agosto, concluye *La caverna*, que se publica en otoño, con una tirada inicial de 50.000 ejemplares en Portugal. Llega a las librerías de los países de lengua portuguesa el día 16 de noviembre. Se trata de su primer libro escrito después de recibir el Premio Nobel de Literatura.

Es su novela de más rápida elaboración hasta este momento, de la que manifestará: "*La caverna* es una historia de perdedores cuya única victoria es que no se entregan al triunfador. Es la rebelión posible, pero sin ella no podrá haber otra. La derrota definitiva sería la sumisión, e incluso así no debemos olvidar que las generaciones se suceden, aunque no se repiten. Así como de insumisos pueden nacer sumisos, también de los que se sometieron podrán nacer los que se habrán de rebelar". En otro lugar, añadiría que se trata de un planteamiento crítico "no diría exactamente sobre la globalización, pero sí sobre esa fatalidad económica que hace que llegue un momento en que ya no somos necesarios". Y plantea que la alternativa a la situación denunciada en *La caverna* se encuentra, a su juicio, en el "camino de la participación, de la indignación, en una insurrección ética".

Tomando como referencia el mito platónico, considera las grandes superficies comerciales como las nuevas catedrales laicas contemporáneas, el gran espacio público actual, donde se confunde la realidad con la apariencia y reina la incomunicación mientras se sucumbe a la lógica del mercado y se reduce la diversidad del mundo. Saramago contrapone el sistema de relaciones y de producción del campo, de donde proceden sus protagonistas, alfareros —Cipriano Algor y su hija Marta—, al que exige "el Centro" para subrayar la deshumanización creciente de nuestro modo de vida.

Junto con *Ensayo sobre la ceguera* y *Todos los nombres*, constituye lo que el autor denominaría una "trilogía involuntaria": "que no fue pensada como tal, pero que, a esta altura de mi vida, muestra un poco retóricamente la visión que tengo del mundo en que hoy vivimos", expondría con ocasión de la aparición de la obra.

Las reflexiones de Saramago sobre el mercado, la mundialización neoliberal —un "nuevo totalitarismo", a su juicio, cuyo símbolo es el centro comercial— y el desgaste de la democracia constituyen un eje central de su activismo social, de su intervencionismo como creador de opinión pública global. En su conferencia "La ilusión democrática" —publicada y revisada, posteriormente, con el título "El nombre y la cosa" en el libro homónimo— señalaría: "Con otras y más claras palabras, digo que no fueron los pueblos quienes eligieron gobiernos para que éstos los llevasen al mercado, digo que es el mercado el que está condicionando a los gobiernos para que lleven los pueblos a él. Y si así hablo del mercado es, simplemente, porque hoy, más que nunca, él es el instrumento de dominio por excelencia del verdadero y único poder real, el poder económico y financiero mundial, ése que no es democrático porque no lo ha elegido el pueblo, que no es democrático porque no es regido por el pueblo, y que finalmente no es democrático porque entre sus postulados no figura la felicidad del pueblo". Una idea que defenderá reiteradamente, asociándola al incumplimiento de los derechos humanos: "En mi opinión, la globalización es incompatible con los derechos humanos. No tiene sentido continuar hablando de democracia cuando se sabe (o se finge ignorar) que el poder real, efectivo, el poder que determina de forma autoritaria nuestras vidas no es democrático. Lo que llamamos poder político se ha convertido en un mero comisario político del poder económico". En más de una ocasión, ha resaltado que su obra es una constante "meditación sobre el error".

La caverna será traducida al alemán, árabe, bengalí, catalán, coreano, danés, español, estonio, finés, francés, griego, hebreo, hindi, holandés, húngaro, inglés, italiano, noruego, rumano, sueco y turco.

Imparte un taller de narrativa en la Universidad Internacional Menéndez Pelayo (Santander) entre el 28 de agosto y el 1 de septiembre.

Invitado por la Asociación Juvenil Achitacande bajo el rótulo "Cómo veo Lanzarote", imparte una charla en el Club Náutico de Arrecife (Lanzarote) el día 19, en la que analiza críticamente la situación urbanística y medioambiental por la que atraviesa la isla en la que reside.

Saramago ha sido siempre sensible hacia el deterioro de la naturaleza: "El planeta está sufriendo el saqueo de sus recursos materiales. Como no tenemos otra despensa que la propia Tierra, esa explotación tiende a agotar nuestras reservas naturales. El hombre se encarga de destruirse a sí mismo", sentenciará en 2005.

Es galardonado con la Medalla de Oro de la Confederación Internacional de las Sociedades de Autores (Portugal) en septiembre.

Participa en el Congreso Internacional de la Academia Universal de la Cultura desarrollado en Bolonia sobre el tema de la comunicación, dentro del marco de las celebraciones de la Capital Europea de la Cultura, interviniendo en una mesa redonda organizada en torno al asunto "Periodismo y libertad" el 30 de octubre.

José Saramago y Juan Gelman en la presentación del libro *Tantear la noche* del poeta argentino, en la sede de la Fundación César Manrique, Lanzarote, 2000.
Archivo Fundación César Manrique

Presenta el libro *Tantear la noche*, de Juan Gelman, el día 2 de noviembre en la sede de la Fundación César Manrique, acompañando al autor.

Viaja a Nueva York y a Chile, cuya Universidad de Santiago de Chile le otorga el grado de Doctor *Honoris Causa* el 9 de noviembre.

Le surge la idea y el título de *El viaje del elefante* en noviembre. Comenzará a escribirlo a finales de 2007. En una entrevista concedida al diario *Público* el día 11, al ser interpelado sobre aquello en lo que tiene pensado ocuparse literariamente, alude al libro que, en el futuro, se convertirá en *Las pequeñas memorias*: "Está todavía *El libro de los recuerdos* [*O Livro das Recordações*], que al final se llamará *El libro de la memoria* [*O Livro da Lembrança*], tengo que volver a los *Cuadernos de Lanzarote*, que sólo interrumpí para que no fuese un relato continuo de viajes. Y, en estos últimos días, en Lanzarote, me ha surgido una idea para una nueva novela, *El viaje del elefante*. No quiero decir nada más que el título".

Se lanza *La caverna* en Lisboa el día 21, en el Hotel Altis, con la presencia del presidente de la República de Portugal, Jorge Sampaio. Presentará el libro en catorce ciudades portuguesas durante la segunda quincena de noviembre.

El Instituto Camões-Centro Cultural Portugués en Luanda acoge la presentación de *La caverna* el 28 de noviembre. Desde la capital angoleña, Saramago viajará a Maputo (Mozambique) para difundir su nuevo libro.

A comienzos de diciembre, inicia la gira latinoamericana para promocionar *La caverna*, editada por Caminho y por Companhia das Letras en portugués y por Alfaguara en español.

En Brasil, hará presentaciones en Belo Horizonte, São Paulo, Curitiba, Rio de Janeiro y Porto Alegre.

Viaja a Argentina, el día 10, para lanzar su última novela en la Biblioteca Nacional. Durante su estancia en Buenos Aires, se desplaza al Hospital Fernández, donde, debido a una huelga de hambre, están internados los presos de La Tablada. Miembros del izquierdista Movimiento Todos por la Patria (MTP) habían sido condenados a cadena perpetua por el asalto armado del 23 de enero de 1989 al cuartel La Tablada, donde aseguraban que se estaba fraguando un golpe militar. El juicio fue cuestionado por la Comisión Interamericana de Derechos Humanos (CIDH) de la OEA (Organización de Estados Americanos), debido a irregularidades en el procesamiento, reclamando una nueva causa con garantías. Unos meses antes, Saramago se había adherido al texto "Ha llegado la hora de la libertad de los presos de La Tablada", a través del cual una comisión internacional reclamaba la libertad inmediata de los presos. Dicha Comisión estaba integrada, entre otros, por Adolfo Pérez Esquivel, Frei Betto, Ernesto Cardenal, Noam Chomsky, Daniel Ortega, Chico Buarque, Rigoberta Menchú y Manuel Vázquez Montalbán. Los presos de La Tablada quedaron en libertad condicional en mayo de 2002.

Es investido Doctor *Honoris Causa* por la Universidad de la República en Montevideo el 14 de diciembre. Ese mismo día, unas horas antes, presenta *La caverna* en la Fundación Banco de Boston, donde declara: "No existe punto de contacto entre el idealismo de Platón y mi marxismo. El libro describe puntualmente una caverna moderna, un lugar sin cadenas donde el hombre, sin embargo, vive encadenado".

2001 **Después** de su aparición en Portugal, Brasil y América Latina, *La caverna* sale a la calle en España el 2 de enero, traducida por Pilar del Río.

Lanza el libro el día 10 en la Casa de América (Madrid). Por la mañana, en una rueda de prensa, critica la desidia de la cultura y censura el funcionamiento de los medios: "Se ha establecido y orientado una tendencia a la pereza intelectual y en esa tendencia los medios de comunicación tienen una responsabilidad. Hay gente que dice que ya no hay periódicos, sino sólo empresas periodísticas". Aprovechando el trasfondo de su narración, se pronuncia contra la globalización, a la que caracteriza como una "fábrica de excluidos", incompatible con los derechos humanos.

Ese mismo día por la noche, se realiza la presentación pública de la novela, incluyendo, además de las palabras del autor, un concierto de la violonchelista Irene Mina y del pianista João Paulo Santos. El escritor cierra su intervención lanzando un llamamiento contra la inhibición social: "No os resignéis, indignémonos".

La Universidad de Mayores José Saramago, integrada en la Universidad de Castilla-La Mancha, comienza su andadura en enero en Talavera de la Reina (Toledo). Implantada en la actualidad en todos los campus universitarios de la Universidad castellano-manchega, tiene como fin fomentar la convergencia intergeneracional, así como promover la educación y la cultura entre los mayores.

Es nombrado Socio de Honor de la Academia de las Ciencias y las Artes de Televisión de España en enero.

La Universidad de Roma Tres (Italia) lo inviste Doctor *Honoris Causa* el 9 de febrero.

La Junta de Andalucía publica *Nuestro libro de cada día* en febrero, una edición no venal que recoge el pregón que Saramago pronunció con ocasión de la XVI Feria del Libro de Granada en 1999, transcrito por Fidel Villar Ribot.

Inicia la gira latinoamericana para promocionar *La caverna* a mediados de febrero.

Viaja a la República Dominicana donde es nombrado Visitante Distinguido de Santo Domingo el día 15.

Firma ejemplares de *La caverna* en el Multicentro Churchill (Santo Domingo) el martes 20, e imparte una conferencia titulada "Para qué es lo que puede y no puede servir la literatura". Comparte con el público una sostenida convicción suya: "Quizás yo no soy un novelista, porque en el fondo no me interesa contar historias. Lo que de verdad soy es un ensayista, pero escribo ensayos con personajes", e insistirá en subrayar el peso del autor en sus narraciones: "Toda obra literaria lleva una persona dentro, que es el autor. El autor es un pequeño mundo entre otros pequeños mundos. Su experiencia existencial, sus pensamientos, sus sentimientos están ahí".

Se desplaza a Colombia y, entre los días 21 y 23, permanece en Bogotá, ciudad en la que presenta *La caverna*, introduciéndola ante un auditorio de 1.700 asistentes.

Se mueve luego a México D.F. Comenta la novela el 1 de marzo en la plaza del Zócalo con la presencia de más de cuatro mil personas. En su intervención, defiende criterios humanistas para la política, advierte, una vez más, que el poder real no es democrático, sino que está en manos de las multinacionales y corporaciones financieras, y hace un llamamiento contra la resignación ciudadana.

En las diversas apariciones ante la prensa, es interrogado sobre el movimiento zapatista, al que manifestará su apoyo: "Lo que el zapatismo propone es la prioridad absoluta del ser humano, sean éstos indígenas o no, frente a un modelo de crecimiento que precisamente ha obviado al hombre. Y este deseo, que se puede enunciar en tan pocas palabras, es una tarea tan gigantesca, que será el trabajo de muchas generaciones".

Carta enviada por el Subcomandante Marcos a José Saramago, México, enero de 2001. Archivo Fundación José Saramago

Difunde el libro en Antigua Guatemala, el día 3 en el Centro Iberoamericano de Formación, durante un seminario convocado bajo el rótulo "Del convento a la caverna". En el diálogo que mantiene con José Luis Perdomo Orellana y Maurice Echeverría, expone su convencimiento de que "estamos necesitados efectivamente de una insurrección [...] una insurrección ética, pero no en el sentido corriente, moralizador [...] yo diría una ética de la responsabilidad". Asimismo, a la hora de interpretar *La caverna* hace hincapié en la presión que el mercado y el consumo ejercen sobre el inconsciente colectivo como método de control social: "Cuando a veces digo que *La caverna* es una novela sobre el miedo, hay que entender qué es lo que quiero significar con esto: un miedo que más o menos hemos sufrido siempre, pero no tanto como ahora. Es el miedo a perder el empleo. Hay un miedo instalado en la sociedad moderna, quizá peor que todos los otros miedos: es el miedo a la inseguridad, el miedo a mañana no tener con qué alimentar a la familia. Ese miedo paraliza". En un momento de su discurso precisará: "Cuando yo me muera… si se pusiera una lápida en el lugar donde me quede, podría ser algo así: 'Aquí yace, indignado, fulano de tal'. Indignado, claro, por dos razones: la primera, por ya no estar vivo, que es un motivo bastante fuerte para indignarse; y la segunda, más seria, indignado por haber entrado en un mundo injusto y haber salido de un mundo injusto. Pero hay que seguir, hay que seguir andando, hay que seguir".

Con varios intelectuales europeos, asiste, en la plaza del Zócalo (México D.F.), el 11 de marzo, a la llegada de la marcha zapatista, que, durante 15 días, había recorrido México con el subcomandante Marcos a la cabeza bajo el lema "Nunca más un México sin nosotros". Se reúne discretamente con los zapatistas antes y después de la llegada al Zócalo. Asiste a las jornadas interculturales "Los caminos de la dignidad: derechos indígenas, memoria y patrimonio cultural", celebrado en el centro deportivo de la Villa Olímpica el día 12, convocado por la Escuela Nacional de Antropología e Historia. Además de Saramago, en el acto participan el subcomandante Marcos, Alain Touraine, Manuel Vázquez Montalbán, Bernard Cassen, Carlos Monsiváis, Elena Poniatowska, Carlos Montemayor y Pablo González Casanova.

En diversas ocasiones, Saramago se ha referido a esta marcha y al movimiento zapatista como un momento de esperanza para los más pobres del continente americano, los pueblos indígenas. En una entrevista realizada por el poeta Juan Gelman mientras apoyaba la llegada de los zapatistas, declara: "Nadie debería ignorar que los pueblos indígenas, no sólo de México, sino también de toda América, hasta el sur de Chile, han sido humillados, explotados, reducidos a una condición casi infrahumana, abandonados a su suerte". Y reclama para ellos un nuevo estatuto humano, social y económico, político, en definitiva: "Se debe poner fin a la falta de respeto humano que padecen los indígenas de América".

Cuando ha tenido oportunidad, no ha dudado en elogiar la capacidad de resistencia del zapatismo, su raíz comunitaria y su coherencia ideológica. Sobre esta cuestión, reflexiona con Gelman: "¿Qué es lo que ha pasado, qué es lo que está pasando [con el zapatismo]? Se puede decir Marcos, sí, claro que sí, Marcos, pero no es sólo Marcos, es todo un espíritu de resistencia verdaderamente sorprendente. La resistencia de los indígenas siempre ha sido un fenómeno que quizás tenga aspectos incomprensibles para nosotros, pero es finalmente la resistencia de quien está y quiere seguir estando. Creo que más allá de los levantamientos y las luchas armadas hay algo mucho más fuerte: una suerte de conciencia de sí mismo que tiene el indígena y su sentido de comunidad. Cada uno de ellos es un individuo, pero un individuo que no puede vivir fuera de la comunidad, la comunidad es su fuerza, y eso explica que su resistencia haya creado este momento en que nos encontramos […] Marcos, que no se ve a sí mismo como líder, es una ventana a través de la cual se puede mirar todo lo que hay detrás y lo que hay detrás es lo que importa, él no es más que eso, una ventana. Una ventana, una voz, un pensamiento".

Saramago en la plaza del Zócalo, donde terminó la marcha zapatista desde Chiapas a la capital, México D.F., marzo de 2001. Archivo Fundación José Saramago

Entrega a Xavier Pàmies el I Premio de Traducción Giovanni Pontiero, convocado por el Centro de la Lengua Portuguesa-Instituto Camões de la Universidad Autónoma de Barcelona y la Facultad de Traducción e Interpretación el 22 de marzo. Saramago recordará la relación de amistad que le unía a Pontiero, profesor, traductor e investigador.

El Instituto Politécnico de Leiria (IPL) (Portugal) organiza el I Encuentro de Escritores de Lengua Portuguesa, en el que se homenajea a Saramago los días 17 y 18 de abril. El IPL le concederá el título de Profesor Coordinador Honorario.

Se desplaza a Ginebra los últimos días de abril, en cuyo Salón Internacional del Libro, de la Prensa y de los Multimedia, Portugal es invitado de honor.

Portada de la edición coreana de *Ensayo sobre la ceguera*, Tokio, Yasushi Amezawa, 2001

El Centro de Estudios Portugueses de la Universidad de Darmouth publica el número 6 de la revista *Portuguese Literary & Cultural Studies* en primavera. Bajo el título *On Saramago*, se dedica monográficamente al escritor luso. Incluye una introducción y un ensayo del crítico norteamericano Harold Bloom —"El que tiene barba es Dios, el otro es el demonio" ["The One with the Beard Is God, the Other Is the Devil"]— dedicado a analizar *El Evangelio según Jesucristo*. Invitados por el jefe del Departamento de Portugués de la Universidad, Frank Rodas, varios profesores reflexionan también sobre diversas obras del autor: Richard A. Preto-Rodas, Mary L. Daniel, Gene Steven Forrest, Giovanni Pontiero, Mark J. L. Sabine, Ronald W. Sousa, Paulo de Medeiros y Andrew Laird.

En su texto —asimismo publicado por *Jornal do Brasil* el 30 de junio de 2001—, Bloom se declara "fervoroso admirador" de Saramago y afirma que "*El Evangelio según Jesucristo*, en términos de imaginación, es superior a cualquier otro relato de la vida de Jesús, incluyendo los cuatro Evangelios canónicos". Interviniendo en la polémica que en su momento había causado el libro, juzga que "solamente alguien intolerante o necio consideraría blasfemo *El Evangelio*". A la hora de valorar la figura de Jesús en el libro, señala que éste "no representa la expiación: su crucifixión es simplemente un artificio mediante el cual Dios deja de ser judío y se vuelve católico, un converso en vez de un marrano. Se trata de una ironía soberbia y Saramago la transforma en arte sublime [...] La gloria del *Evangelio* de Saramago es Jesús, que me parece humana y estéticamente más admirable que cualquier otra versión suya en la literatura del siglo que ahora acaba". Y, por último, confiesa: "de todas las representaciones ficticias de Dios, desde la del Yavista, yo elijo la de Saramago. Su Dios es simultáneamente el más simpático y el más estremecedor, al modo de los héroes-villanos de Shakespeare: Ricardo III, Yago y Edmundo en el *Rey Lear*".

Bloom no ha dejado de reconocer su admiración por la literatura del escritor, al que ha llegado a considerar "el novelista más dotado de talento de los que siguen con vida", "uno de los últimos titanes de un género en vías de extinción". En la introducción de su libro *Genios. Un mosaico de cien mentes creativas y ejemplares*, se refiere al autor de *Ensayo sobre la ceguera* como "maestro" y figura de "evidente genio". Sin embargo, ha puesto también de manifiesto sus discrepancias ideológicas, en particular expresando sus diferencias con respecto a los juicios que a Saramago le merece la política israelí en relación con los palestinos.

Apadrina la inauguración del Instituto Camões abierto en el campus de la Universidad Autónoma de Barcelona el 9 de mayo.

Es investido Doctor *Honoris Causa* por la Universidad de Granada (España) el 18 de mayo, después de que la Junta de Gobierno hubiera aprobado su nombramiento el 13 de diciembre de 1999.

Al día siguiente, clausura el curso "La novela española de nuestro tiempo" junto a

José Luis Sampedro en Cuenca. En su intervención, censura la globalización como un proceso no democrático que más que imperialismo denota "totalitarismo". Insiste en denunciar la usurpación de la democracia, que juzga "un engaño porque el poder está en otro lugar", gestionado por compañías y organismos internacionales no elegidos mediante sufragio.

Por la tarde, clausura la Feria del Libro de la ciudad, en un acto durante el cual la Diputación Provincial le entrega la Medalla Cuenca Patrimonio de la Humanidad por la trascendencia de su obra en el ámbito de la literatura universal.

Harold Bloom presenta en Lisboa el número 6 de la revista *Portuguese Literary & Cultural Studies*, titulado *On Saramago*, e imparte una conferencia sobre el Premio Nobel el día 22, que será publicada, un año más tarde, por la Fundación Luso-Americana en el libro *The Varieties of José Saramago*.

En su intervención "La diversidad en Saramago", Bloom se refiere a Saramago como "el más grande novelista vivo del planeta, por encima de todos los contemporáneos europeos y americanos, escriban ellos en inglés, español o portugués". Plantea un recorrido por su obra narrativa, cuya capacidad de renovación y de mutación destaca: "Cuando leo a Saramago me siento como Ulises intentando capturar a Proteo, el dios metamórfico del océano, que se pasa el tiempo huyendo... Desde *Memorial del convento* hasta *La caverna*, Saramago vive en permanente mudanza, no solamente de ficción en ficción, sino dentro de cada obra".

Harold Bloom en la presentación del n.º 6 de la revista *Portuguese Literary & Cultural Studies*, dedicado a José Saramago, en la Fundación Luso-Americana, Lisboa, mayo de 2001.
Archivo Fundación José Saramago

Recibe el Premio Canarias Internacional concedido por el Gobierno de Canarias en el mes de mayo.

Preside el jurado del Premio Extremadura a la Creación en la modalidad "Mejor Trayectoria Literaria de Autor Iberoamericano".

Forma parte del jurado del X Premio Reina Sofía de Poesía Iberoamericana, que, reunido el 11 de junio en el Palacio Real de Madrid, reconocerá la obra de Nicanor Parra.

El Teatro Camões (Lisboa) —bajo la tutela del Teatro Nacional de São Carlos desde 1999— acoge el estreno en Portugal de *Divara: agua y sangre* a mediados de julio.

Clausura el Congreso Literatura y Memoria, organizado por la Fundación Caballero Bonald en Jerez (Cádiz) el 21 de septiembre, con una conferencia titulada "De la memoria a la ficción, a través de la Historia".

Precisará que "la literatura no es la vida, es una parte de la vida" y, tras sostener que "la Historia no es más que una ficción", defenderá su compromiso: "Si no me intereso por el mundo, éste llamará a mi puerta pidiéndome cuentas".

Forma parte del jurado del Premio Literario José Saramago, que recae en la novela *Nadie nos mira* de José Luís Peixoto.

Mientras se está afeitando ante el espejo, se le ocurre la idea de *El hombre duplicado* [*O Homem Duplicado*] el día 1 de noviembre.

Alfaguara edita *Cuadernos de Lanzarote II (1996-1997)* traducidos por Pilar del Río.

Asiste a la presentación del libro *Ernest Lluch in memoriam*, que incluye un prólogo suyo, el 21 de noviembre en el campus de San Sebastián de la Universidad del País Vasco. En su texto, aborda con elocuencia la cuestión de la intolerancia y el compromiso de los escritores, planteando ideas desarrolladas en sus conferencias. Censura "los silencios de la tribu literaria", su indiferencia cívica y su "abdicación social proclamada en nombre de criterios, supuestamente supremos, del compromiso personal exclusivo con la escritura". Finalmente, refleja su tesis sobre la intervención de los intelectuales, a los que pide que no renuncien a sus obligaciones de ciudadanos: "De los escritores, convoquemos al combate sobre todo la concreta figura de hombre y de mujer que está detrás de los libros, no para que ella o él nos digan cómo han escrito sus grandes o pequeñas obras (lo más seguro es que no lo sepan ni ellos mismos), no para que nos eduquen y guíen con sus lecciones (que muchas veces son los primeros en no seguir), sino para que se muestren todos los días como ciudadanos de este presente, incluso cuando, como escritores, crean estar trabajando para el futuro".

Por la tarde, pronuncia la conferencia "¿Es sabio quien se contenta con el espectáculo del mundo?", con la que inaugura el programa de Kulturgunea (Universidad del País Vasco, San Sebastián). Se distancia de la máxima pessoana, que certifica la indolencia e impasibilidad ante el mundo, a su juicio incompatible con la sabiduría: "Toda mi vida ha sido un constante conflicto entre esa postura de abulia ante el devenir de la sociedad, que me producía irritación, y mi admiración por el poeta. Ese conflicto se resolvió justamente cuando escribí *El año de la muerte de Ricardo Reis*". Frente a la evasión, defenderá la necesidad de pensar para discernir y desentrañar la mentira: "Independientemente de la ideología que profesemos, hay un rasgo humano que debemos compartir todos: la facultad de pensar. El pensamiento debería constituir una emanación necesaria y fatal del ser humano […] y el pensamiento no puede jamás ser autista". Por último, pone en valor la disidencia, la mirada alternativa sobre la realidad: "El pensamiento correcto es un contrasentido, porque todo pensamiento es incorrecto".

Publica el cuento para niños *La flor más grande del mundo* [*A Maior Flor do Mundo*], con ilustraciones de João Caetano, escrito en la segunda mitad de los setenta para el hijo de una amiga e inédito hasta este momento. Su antecedente es la crónica "Historia para niños" ["História para crianças"], recogidas en *El equipaje del viajero*.

La flor más grande del mundo ha sido traducido al bengalí, catalán, coreano, español, griego, hebreo, italiano y turco. Se ha llevado a la pantalla en un corto de animación dirigido por Juan Pablo Etcheverry, con dibujos de Diego Mallo, música de Emilio Aragón y narración del propio Saramago.

José Saramago firmando libros en el *stand* de la Editorial Caminho, Feria del Libro, Lisboa, 2001.
Archivo Fundación José Saramago

Por encargo de la Städtische Bühnen Münster, Azio Corghi escribe *Cruci-Verba*, una pieza sinfónica para voz y orquesta, basada en una lectura y en comentarios de *El Evangelio según Jesucristo*.

Redacta el prólogo de la edición portuguesa de *La peregrina*, de Basilio Losada.

2002 **Comienza** la escritura de *El hombre duplicado* el día 18 de enero. Concluirá la novela a finales de agosto.

Clausura el Foro Social Mundial reunido en Porto Alegre (Brasil) el día 5 de febrero, leyendo el texto titulado "Este mundo de la injusticia globalizada".

Censura la falta de justicia universal, que condena a más de la mitad de la humanidad a la miseria, al tiempo que valora las diversas resistencias que en el mundo baten las campanas en señal de protesta, cuyo horizonte de referencia está contenido en la Declaración Universal de los Derechos Humanos, que reivindica fervientemente: "He dicho que para esa justicia disponemos ya de un código de aplicación práctica al alcance de cualquier comprensión, y que ese código se encuentra consignado desde hace cincuenta años en la Declaración Universal de los Derechos Humanos, aquellos treinta derechos básicos y esenciales de los que hoy sólo se habla vagamente, cuando no se silencian sistemáticamente, más desprestigiados y mancillados hoy en día de lo que estuvieran, hace cuatrocientos años, la propiedad y la libertad del campesino de Florencia. Y también he dicho que la Declaración Universal de los Derechos Humanos, tal y como está redactada, y sin necesidad de alterar siquiera una coma, podría sustituir con creces, en lo que respecta a la rectitud de principios y a la claridad de objetivos, a los programas de todos los partidos políticos del mundo, expresamente a los de la denominada izquierda, anquilosados en fórmulas caducas, ajenos o impotentes para plantar cara a la brutal realidad del mundo actual, que cierran los ojos a las ya evidentes y temibles amenazas que el futuro prepara contra aquella dignidad racional y sensible que imaginábamos que era la aspiración suprema de los seres humanos. Añadiré que las mismas razones que me llevan a referirme en estos términos a los partidos políticos en general, las aplico igualmente a los sindicatos locales y, en consecuencia, al movimiento sindical internacional en su conjunto. De un modo consciente o inconsciente, el dócil y burocratizado sindicalismo que hoy nos queda es, en gran parte, responsable del adormecimiento social resultante del proceso de globalización económica en marcha. No me alegra decirlo, mas no podría callarlo. Y, también, si me autorizan a añadir algo de mi cosecha particular a las fábulas de La Fontaine, diré entonces que, si no intervenimos a tiempo —es decir, ya— el ratón de los derechos humanos acabará por ser devorado implacablemente por el gato de la globalización económica".

Por último, se centra en discutir la calidad del sistema democrático occidental: "Todos sabemos que así y todo, por una especie de automatismo verbal y mental que no nos deja ver la cruda desnudez de los hechos, seguimos hablando de la democracia como si se tratase de algo vivo y actuante, cuando de ella nos queda poco más que un conjunto de formas ritualizadas, los inocuos pasos y los gestos de una especie de misa laica. Y no nos percatamos, como si para eso no bastase con tener ojos, de que nuestros Gobiernos, esos que para bien o para mal elegimos y de los que somos, por lo tanto, los primeros responsables, se van convirtiendo cada vez más en meros comisarios políticos del poder económico, con la misión objetiva de producir las leyes que convengan a ese poder, para después, envueltas en los dulces de la pertinente publicidad oficial y particular, introducirlas en el mercado social sin suscitar demasiadas protestas, salvo las de ciertas conocidas minorías eternamente descontentas...".

Apoya la Conferencia de Paz organizada por Elkarri (movimiento social por el diálogo y el acuerdo en Euskal Herria, nacido en el año 1992 para defender y movilizar un modelo de solución pacífica y dialogada al conflicto vasco) con una charla en Vitoria el 21 de marzo, avalando el proceso de paz en el País Vasco. Destacará que "el derecho primordial, el que nunca puede ser puesto en duda, es el derecho a la vida", al tiempo que señala que "una bala no es un argumento político", incidiendo en que "ETA es nociva e inútil".

Ese mismo día por la mañana, dialoga con Bernardo Atxaga en el acto de clausura del I Congreso Internacional Blas de Otero en Bilbao.

Se estrena en España la adaptación cinematográfica de *La balsa de piedra*, dirigida por George Sluizer, el día 23. Unos meses más tarde, se presentará en el Festival de Montreal, y, en mayo de 2003, en el Festival de Cannes.

Con una delegación del Parlamento Internacional de Escritores, visita Ramala (Palestina) el 25 de marzo para encontrarse con el poeta palestino Mahmud Darwish y con otros intelectuales. Refiriéndose a la situación de los territorios ocupados, declara que "el fantasma de Auschwitz" sobrevuela la ciudad, apuntando que se trata de un campo de concentración: "Lo que está ocurriendo aquí es un delito que puede compararse con el de Auschwitz... Es lo mismo, salvando las diferencias de espacio y tiempo". Sus declaraciones, tildadas inmediatamente de antisemitas, levantan una intensa polvareda, además de protestas y condenas. Como reacción, se produce un boicot de las librerías israelíes a sus publicaciones, de las más leídas entre las pertenecientes a autores internacionales. En medio de la polémica, Saramago continuará defendiendo la causa de los palestinos y criticando duramente la política del Estado de Israel en esta materia.

En una entrevista difundida dos meses más tarde en las páginas del diario *Público*, precisará: "Si la denominada comunicación social tuviera interés en divulgar la verdad de lo que dije en Palestina, tendría que informar que no comparé los hechos de Ramala con los hechos de Auschwitz, sino el espíritu de Auschwitz con el espíritu de Ramala... algo que era patente para cualquier persona a quien la prudencia no le hiciera cerrar los ojos. No siendo la prudencia una de mis virtudes, me limité a anticipar lo que el ejército de Israel (ése que un gran intelectual judío, Leibowitz, a principios de los años 90, definió como judeo-nazi) después no hizo más que confirmar".

En el acto de entrega de la Medalla de Honor de la Universidad Carlos III (Madrid) a Ernesto Sábato el 10 de abril, pronuncia la *laudatio* del escritor argentino, al que considera "un hermano que, además de escritor, es una persona muy grande".

Viaja a Estados Unidos la segunda semana de abril para asistir a diversos actos con Harold Bloom.

Es invitado a intervenir en la ceremonia de investidura del crítico norteamericano como Doctor *Honoris Causa* de la Universidad de Massachusetts Dartmouth el día 12.

La jornada siguiente, Bloom pronuncia una conferencia en la Universidad titulada "El Atlántico sublime: Whitman, Pessoa, Saramago".

Saramago mantiene un diálogo sobre su obra con Harold Bloom en la sala Celeste Bartos de la Biblioteca Pública de Nueva York el 16.

Tres días más tarde, el escritor recibirá un homenaje en la Biblioteca John F. Kennedy (Boston), organizado por el Center for Portuguese Studies and Culture, la Massachusetts Foundation for the Humanities y la Kennedy Library.

El Gobierno de Canarias le concede la Gran Cruz de la Orden Islas Canarias el 13 de mayo.

José Saramago en la caldera del Volcán del Cuervo, Lanzarote, 2002. Fotografía: Andersen Ulf (Gamma). Archivo Fundación José Saramago

Participa en dos actos culturales en Madeira los días 13 y 14 de mayo. El primero, consistirá en una conferencia celebrada en el auditorio de la Universidad de Madeira, y el segundo, en una reunión con alumnos de la Escuela Secundaria Jaime Moniz, donde hablará de *Memorial del convento*. Dirigiéndose a un auditorio de estudiantes, les dice a los jóvenes: "Busca tu propia verdad y, si crees haberla encontrado, obedécela". En su charla de la Universidad, centrada en "preocupaciones comunes", somete a debate la "ilusión democrática" y pone en cuestión los medios de comunicación que, a su juicio, en vez de favorecer la toma de conciencia individual, contribuyen a la "sistemática manipulación de las conciencias".

Forma parte del jurado del XI Premio Reina Sofía de Poesía Iberoamericana, que se reunirá en Salamanca el 28 de mayo para reconocer la obra de Juan Antonio Muñoz Rojas.

Preside el jurado del Premio Extremadura a la Creación en la modalidad "Mejor Trayectoria Literaria de Autor Iberoamericano". El galardón, fallado en los primeros días de junio y entregado a comienzos de septiembre con la presencia del Premio Nobel portugués, recaerá en Ernesto Sábato.

La Academia Nacional de Santa Cecilia, Roma, le encarga a Azio Corghi *De paz e de guerra*, una obra musical para coro y orquesta, elaborada sobre un texto de Saramago.

George Steiner y José Saramago en la Fundación Luso-Americana, Lisboa, junio, 2002. Fotografía: Rui Ochôa. Archivo Fundación José Saramago

Caminho publica una edición especial de *Memorial del convento* con ilustraciones de José Santa Bárbara.

En octubre, la Fundación José Manuel Lara publica el libro-catálogo colectivo *Una geografía. Ocho viajes andaluces*, en el que se recoge el texto de Saramago "De Orce a Castril por el camino más largo". Consiste en un capítulo exento, inédito, añadido a *La balsa de piedra*, que corresponde al regreso desde Orce (Andalucía) a Portugal, entrando por la desembocadura del Guadiana en dirección al Algarve. Saramago explica en el inicio del texto: "Cuando me llegó a las manos la invitación para escribir algunas páginas sobre Castril y sus cercanías, descubrí de repente que un episodio importante de las andanzas de Joaquim Sassa, José Anaiço y Pedro Orce por tierras de Andalucía se me había quedado en el tintero. Quienes han leído *La balsa de piedra* quizá se acuerden de que, tras el frustrado intento de ver desfilar el Peñón de Gibraltar a lo largo de la costa, Sassa y Anaiço regresaron a Orce para dejar al viejo farmacéutico en casa y seguir después viaje, de vuelta a Portugal [...] Entraron, realmente, como en el capítulo siguiente se explica [por la desembocadura del Guadiana], pero antes deberán hacer los descubrimientos y vivir las revelaciones que, por distracción o flaca memoria del narrador, quedaron en blanco cuando la redacción de la novela". A partir de este vínculo con *La balsa de piedra*, construye el escritor su *addendum*.

Es investido Doctor *Honoris Causa* por la Universidad para Extranjeros de Siena (Italia) el 21 de noviembre, después de que su nombramiento hubiera sido aprobado el 12 de febrero.

La editorial Caminho imprime *El hombre duplicado* en noviembre, coincidiendo con el 80 aniversario del escritor. Hace una tirada de 80.000 ejemplares.

La novela aparece también en América Latina —excepto en México, donde se publicará el siguiente año—. En Argentina, se imprimen 20.000 ejemplares y, dos meses más tarde, otros 10.000. Asimismo, se difunde la edición brasileña de Companhia das Letras.

Protagonizada por Tertuliano Máximo Afonso, profesor de Historia, que encuentra un doble en el actor Daniel Santa-Clara, construye una novela de estilo más austero en la que, apoyado en la intriga, aborda la cuestión de la identidad y de su polo complementario, la alteridad. Saramago continúa indagando en la condición y las circunstancias del hombre contemporáneo. La obra es presentada en Lisboa por Carlos Reis y por el autor, quien sostendrá que "descubrimos que no somos nada sin el otro".

A propósito del libro, ha comentado: "Lo que quiero plantear, en el fondo, es el asunto del *otro*. Si el *otro* es como yo, y el *otro* tiene todo el derecho de ser como yo, me pregunto: ¿hasta qué punto yo quiero que ese *otro* entre y usurpe mi espacio? En esta historia el *otro* tiene un significado que nunca antes tuvo. Actualmente, en el mundo, entre *yo* y el *otro* hay distancias y esas distancias no son posibles de superar y por ello cada vez menos el ser humano puede llegar a un acuerdo. Nuestras vidas están compuestas de un 95% que es obra de los demás. En el fondo, vivimos en un caos y no hay un orden aparente que nos gobierne. Entonces, la idea clave en el libro es que el caos es un tipo de orden por descifrar".

El hombre duplicado ha sido traducido al alemán, árabe, bengalí, coreano, danés, español, finés, francés, griego, hebreo, holandés, húngaro, inglés, italiano, noruego, polaco, rumano, ruso, sueco y turco.

Caminho distribuye la 12ª edición de *La balsa de piedra*.

Se edita su texto *Andrea Mantegna. Una ética, una estética* [*Andrea Mantegna. Un'etica, un'estetica*] en Italia, dedicado a la figura del pintor italiano, por la que el escritor siempre se ha sentido fascinado.

2003 **Alfaguara** publica la edición española de *El hombre duplicado* en enero, traducida por Pilar del Río. Es lanzada el día 2, con una tirada de 160.000 ejemplares.

Se presenta en el Círculo de Bellas Artes de Madrid el 14 de ese mismo mes: "Yo no escribo por amor, sino por desasosiego; escribo porque no me gusta el mundo donde estoy viviendo", declarará. A propósito de la novela expone que "en *El hombre duplicado* hay dos personas que son exactamente iguales, pero que tienen conciencias diferentes. La conciencia es lo que nos identifica mejor". Y explica: "El problema es que no sabemos quiénes somos. Buscamos en el otro, aunque el otro tampoco sepa quién es. Estas cosas nunca tendrán respuesta, pero lo maravilloso es que logremos vivir juntos inventando un puente, que es el amor, la única posibilidad para tener conciencia de la identidad del otro y de la propia".

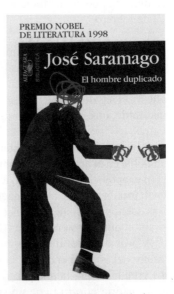

Ediciones 62 hace la traducción en catalán, que se da a conocer en el Centro de Cultura Contemporánea de Barcelona el día 17.

En una entrevista, responde a la sugerencia de abocetar su autorretrato, tal y como se ve a los ochenta años: "En primer lugar, pienso que soy buena persona. En segundo lugar, creo que el trabajo que estoy haciendo tiene una calidad que no desmerece lo que hice con anterioridad. Soy una persona feliz y al mismo tiempo desgraciada, porque vivo en un mundo, vivimos todos, que no debería ser lo que es, no sólo injusto sino también cruel. No comprendo cómo es que después de siglos, y hasta milenios, de estudio, cultura, ciencia, arte, filosofía, de todas las maravillas que han quedado por

Portada de la edición española de *El hombre duplicado*, Madrid, Editorial Alfaguara, 2002

17/1/03

John BERGER
Quincy, Mieussy
74440 TANINGES - FRANCE

Dear José,

Excuse my writing in English. I have just finished reading every evening out loud to Beverly for the second time your magnificent gospel *.

It is a book of immense scale over-arching. and listening to the human condition. Only a few romanesque churches of the eleventh century have a comparable quality of listening. It is also an unforgetable and archetypal love story — because Mary Magdalene is so real one can smell her hair! What a portrait. There's a painting by Rembrandt of Hendrickje waiting for him in bed, which has the same quality of your prose about her. And your version of the Lazarus story (explaining the mysterious "And Jesus wept" in the other gospels) is original, convincing and breath

*After the first reading we had no choice but simply begin again

Carta de John Berger a José Saramago, Francia, 17 de enero de 2003. Archivo Fundación José Saramago

ahí, somos esta especie despreciable. ¡Ah!, hay gente maravillosa, héroes, santos… Los hay, pero como no son ellos los que gobiernan el mundo… La bondad hoy es una cosa que provoca risa. Y eso (me basta un periódico para saber lo que ocurre en el mundo) me produce malestar todos los días".

Le surge la idea de escribir *Ensayo sobre la lucidez* [*Ensaio Sobre a Lucidez*] a finales de enero en su casa de Madrid.

Publicado por Einaudi en Italia, presenta *El hombre duplicado* en Roma y Milán en febrero.

Comisiones Obreras (CCOO) de Cantabria, a través del Centro de Formación y Empleo (FOREM), convoca el Primer Certamen Internacional de Novela Corta José Saramago, con el objetivo de promover la creación literaria, especialmente entre los jóvenes, y además para rendir homenaje a la trayectoria personal, social y literaria del autor portugués.

Azio Corghi estrena la cantata *De paz y de guerra* [*De paz e de guerra*], basada en textos de Saramago, en la Academia Nacional de Santa Cecilia (Roma) el 22 de febrero, con la presencia del novelista portugués. Roberto Abbado dirige la orquesta y Roberto Gabbiani, el coro.

Clausura el Congreso Humanismo para el Siglo XXI en Bilbao el día 7 de marzo. En una entrevista previa, denunciará que "el mundo se ha convertido en un espectáculo bochornoso" y volverá a censurar la banalización y la manipulación de las conciencias.

La Universidad Pablo de Olavide (Sevilla) le invita a cerrar un curso de doctorado el lunes 10, organizado en torno a "El poder de la palabra". Analiza la situación mundial y critica la invasión de Irak.

Lee el manifiesto "No a la guerra" en la multitudinaria manifestación contra la invasión de Irak el día 15 en Madrid.

El Instituto Politécnico de Leiria (Portugal) pone en funcionamiento el nuevo edificio de la Biblioteca el 17 de marzo. Llevará el nombre de José Saramago.

Imparte conferencias y asiste a congresos en Barcelona —Universidad Autónoma y Ayuntamiento—, Bilbao —Universidad de Deusto—, Sevilla —Universidad Pablo Olavide—, Huelva y Roma —Universidad de Roma Tres— durante el mes de marzo.

En la Universidad de Sevilla, participa en unas jornadas sobre "El pueblo saharaui 25 años después", como muestra de su "solidaridad incondicional" con un pueblo que, a su juicio, corre el riesgo de entrar en guerra ante "la complicidad de los gobiernos, la impotencia de las Naciones Unidas y la indiferencia de la opinión pública española".

José Saramago, Oporto, 2003.
Fotografía: Chema Prado.
Archivo Fundación José Saramago

Saramago es Socio de Honor de la Asociación de Amigos del Pueblo Saharaui de Sevilla.

La Universidad Carlos III (Madrid) le inviste Doctor *Honoris Causa* el 27 de marzo.

Publica un breve artículo titulado "Hasta aquí he llegado" en *El País* (Madrid) el 14 de abril, en el que manifiesta su distanciamiento del régimen cubano tras el fusilamiento de tres jóvenes disidentes —Lorenzo Copello Castillo, Bárbaro Sevilla García y Jorge Luis Martínez Isaad—, comunicado el día 11, acusados por el Gobierno de Fidel Castro de secuestrar una embarcación —conocida como la *Lancha de Regla*— que atravesaba habitualmente la Bahía de La Habana, con el fin de desviarla hacia Estados Unidos. Saramago escribe: "Hasta aquí he llegado. Desde ahora en adelante Cuba seguirá su camino, yo me quedo. Disentir es un derecho que se encuentra y se encontrará inscrito con tinta invisible en todas las declaraciones de derechos humanos pasadas, presentes y futuras. Disentir es un acto irrenunciable de conciencia. Puede que disentir conduzca a la traición, pero eso siempre tiene que ser demostrado con pruebas irrefutables. No creo que se haya actuado sin dejar lugar a dudas en el juicio reciente de donde salieron condenados a penas desproporcionadas los cubanos disidentes". Y concluirá: "Cuba no ha ganado ninguna heroica batalla fusilando a esos tres hombres, pero sí ha perdido mi confianza, ha dañado mis esperanzas, ha defraudado mis ilusiones. Hasta aquí he llegado". Su posición causa gran revuelo internacional. Una semana después manifestará en Argentina, sin querer añadir una palabra más: "Fue una declaración breve, sentida, bien pensada. Y sobre todo muy dolorosa".

Inicia la gira latinoamericana para el lanzamiento de *El hombre duplicado* a finales de abril. Durante el mes de mayo, promociona su nueva obra e imparte conferencias en Uruguay, Chile, Argentina, Brasil y México.

Recibe la Medalla Rectoral de la Universidad de Chile el 30 de abril, presenta su novela y mantiene un encuentro con la comunidad mapuche, en lucha por sus tierras.

Inaugura el IV Congreso Latinoamericano de Traducción e Interpretación, celebrado en Buenos Aires, entre el 1 y el 4 de mayo, bajo el lema "Con el sello profesional de un arte". Durante su intervención, declara que "Los escritores hacen las literaturas nacionales y los traductores hacen la literatura universal. Sin los traductores los escritores no seríamos nada, estaríamos condenados a vivir encerrados en nuestra lengua. Todos somos traducidos y todos somos traductores". Asimismo, entra en cuestiones políticas, conduciéndose con su habitual sentido crítico a la hora de exponer sus ideas sobre el poder y la democracia: "Vivimos en un mundo que no debate sobre la democracia, que hoy está en estado de putrefacción. Tenemos dos batallas pendientes: una es por la democracia y la otra por los derechos humanos. Vivimos en una supuesta democracia, que es una plutocracia, un gobierno de ricos. Podemos votar un gobierno, pero la realidad brutal es que no podemos decirle a una multinacional: 'Usted no'. El voto no llega hasta ahí. ¿Podemos decir entonces que vivimos en democracia?".

Con el propósito de promocionar su nueva novela, participa en un diálogo con el periodista Jorge Halperín celebrado en el Teatro Colón de Buenos Aires el día 6 ante más de 4.000 oyentes. Durante la conversación, el escritor abordará asuntos de política y literatura.

Recibe el grado de Doctor *Honoris Causa* de la Universidad de Buenos Aires (Argentina) el 6 de mayo, después de que le fuera concedido el 30 de abril.

Divulga *El hombre duplicado* en Brasil los días 9, 10, 11 y 12. En las páginas de *O Globo*, comenta: "Soy un comunista hormonal, de esas hormonas que en los hombres hacen crecer la barba. Dicen por ahí que soy un comunista libertario. Suena bien".

Llega a México para difundir su novela el día 13 y recoger dos reconocimientos universitarios. En sus declaraciones, se muestra preocupado por la invisibilidad del "problema indígena" en Latinoamérica y, en particular, por la situación de Chiapas: "Lo que me doy cuenta, y acabo de llegar, es que hay una especie de muro de silencio informativo alrededor de Chiapas. Esta América, vuelvo a decirlo, tiene un problema, que es el indígena. Y es como si no pasara nada, en el sentido de que, a lo mejor, se acaba el mundo indígena que está 'molestando' o 'impidiendo' que todo esto se vuelva un país más capitalista, cuando tiene otros modos de entenderse. Me sorprende no encontrar en los medios la gravedad y la importancia de la problemática indígena, no sólo en México sino en toda América". Reconocerá que "el mundo del socialismo puede derrumbarse", pero que "uno sigue manteniendo sus principios", sin que él pueda "desprenderse de ellos". Y advierte que lo que se ha hecho al marxismo "es algo absolutamente criminal: glosar y glosar a Marx y Engels, no añadiendo nada que fuera fruto de una reflexión".

La Universidad Autónoma del Estado de México (Toluca) le entrega el doctorado *Honoris Causa* el 16 de mayo. En su discurso, sostiene que la Universidad no puede limitarse a ofrecer conocimientos y formar profesionales, sino que "debe esmerarse en formar seres humanos, ciudadanos críticos, con ética y con conciencia social".

La Universidad Juárez Autónoma de Tabasco (México) le entrega el doctorado *Honoris Causa*.

Se inaugura oficialmente el Colegio Público de Educación Infantil y Primaria José Saramago en Rivas-Vaciamadrid (Madrid) el día 15.

Preside el jurado del Premio Extremadura a la Creación en la modalidad "Mejor Trayectoria Literaria de Autor Iberoamericano", que se reunirá el 30 de mayo. La distinción, entregada a comienzos de septiembre, recaerá en Rafael Sánchez Ferlosio.

Forma parte del jurado del Premio Reina Sofía de Poesía Iberoamericana, que, el 3 de junio, reconocerá la obra de Sophia de Mello Breyner.

Firma en la Feria del Libro de Lisboa y de Madrid.

Comienza a escribir *Ensayo sobre la lucidez* el 18 de junio.

Se integra en el Comité de Honor de la Fundación Rafael Alberti el 1 de julio.

La Academia Canaria de la Lengua lo nombra Académico de Honor el día 4 de julio.

A mediados de octubre, asiste en São Paulo al I Congreso Internacional de Educación, organizado por Editora Moderna y la Fundación Santillana.

En sus intervenciones públicas en los medios de comunicación, se referirá críticamente a Israel: "Vivir a costa del Holocausto y queriendo que se perdone todo lo que hacen en nombre de lo que han sufrido parece un poco abusivo", subrayará, para añadir: "parece que no aprendieron nada con el sufrimiento de sus padres y abuelos". Aludirá también a su próximo libro, *Ensayo sobre la lucidez*, apuntando que "se trata de una novela profundamente política. No en el sentido de contar una historia en la que hay políticos que hagan esto o aquello. Es política en su esencia. Va a despertar gran polémica y eso es lo que quiero que provoque el libro". Asimismo, se muestra ácido en lo concerniente a la situación de la izquierda en el mundo: "La izquierda está atravesando un desierto y es mejor que seamos conscientes de ello. No hay ideas. No se ganan las guerras de hoy con las armas de ayer. Y estoy llamando armas a las ideas. Las ideas de ayer no sirven hoy. El mundo ha cambiado. Y es necesario que nazcan nuevas ideas. Ideas de izquierda que no sean un calco de aquello de lo que nos servimos hace 30, 40, 50 o 60 años". Como alternativa, propone asumir la "batalla de los derechos humanos", que no se cumplen y que sugiere como programa político: "Les diría a los partidos de izquierda que todo lo que se le puede proponer a la gente está contenido en un documento burgués que se llama Declaración de los Derechos Humanos, aprobado en el año 1948 en Nueva York. No se casen con más propuestas. No se casen con más programas. Todo está dicho allí. Háganlo. Cúmplanlo".

Presenta la traducción brasileña del libro de entrevistas *José Saramago. El amor posible*, junto a su autor, Juan Arias, en la Librería Cultura (São Paulo), en una sesión convocada bajo el tema "La literatura y el compromiso político".

Participa en el homenaje póstumo a su amigo el escritor Manuel Vázquez Montalbán celebrado en el Paraninfo de la Universidad de Barcelona el 21 de octubre.

Recibe las Llaves de Oro de la ciudad de Pinhel (Portugal) el 26 de octubre.

Forma parte del jurado del Premio Literario José Saramago, que se falla en Lisboa a finales de octubre. Recae sobre Adriana Lisboa por su novela *Sinfonía en blanco*.

Preside honoríficamente el II Congreso Internacional Miguel Hernández, desarrollado en Orihuela y Madrid, entre el 26 y el 30 de octubre. Toma la palabra en la jornada de clausura del día 30, en Madrid, pronunciando la conferencia "Dos palabras y media sobre Miguel Hernández".

2004 El cuento sinfónico *La flor más grande del mundo*, una composición musical de Emilio Aragón basada en el cuento infantil homónimo de Saramago, se estrena en el Festival de Música Clásica de Canarias —el día 17, en el Auditorio de Santa Cruz de Tenerife y el 24, en el Auditorio Alfredo Kraus de Las Palmas de Gran Canaria—.

Viaja a México la primera semana de febrero.

La Facultad de Derecho de la Universidad Nacional Autónoma de México (UNAM) le otorga su máxima condecoración, la Medalla Isidro Fabela, el día 8 por su trayectoria en la defensa de los derechos humanos, la justicia y la libertad.

Pronuncia la conferencia "El nombre y la cosa" en la Cátedra Alfonso Reyes del Tecnológico de Monterrey el 12 de febrero, que posteriormente será publicada en la colección "Cuadernos de la Cátedra Alfonso Reyes" del Fondo de Cultura Económica, junto a otros dos textos, dándole título al volumen.

Con Gabriel García Márquez y Carlos Fuentes, encabeza la lista de escritores y estudiosos que, reunidos en Guadalajara entre el 14 y el 17, rinden homenaje a Julio Cortázar en el congreso "Julio Cortázar revisitado: nuevas lecturas", organizado por la Universidad de Guadalajara, la Universidad Nacional Autónoma de México, el Instituto Nacional de Bellas Artes y el Fondo de Cultura Económica.

José Saramago, *c.* 2004. Archivo Fundación José Saramago

Se traslada de México a Quito. Es su primer viaje a la capital ecuatoriana y permanecerá en el país cuatro días. Ante un aforo de más de 2.000 personas, contesta a las preguntas del público y la prensa en el Teatro Nacional de la Casa de la Cultura Ecuatoriana el día 17, después de haberse reunido con dirigentes de las comunidades indígenas. Fustiga la política internacional de Estados Unidos, pone de manifiesto las debilidades de las democracias contemporáneas y defiende las reivindicaciones de los movimientos indígenas: "No puedo entender que una cabeza inteligente afirme que los indígenas son una amenaza para la democracia, cuando la democracia de los blancos (de los tiempos actuales) es un peligro para las comunidades indígenas". Pedirá a los jóvenes que intervengan en el espacio público inspirándose en los derechos humanos y en dos principios irrenunciables: la bondad y la justicia.

Por la tarde, tras haber recorrido la capital ecuatoriana, la Fundación Guayasamín le impone la Medalla Guayasamín-Unesco en la Capilla del Hombre. En su discurso, explicará que el gran proyecto de la humanidad se concreta en llegar a ser verdaderamente humanos: "Aquí, en presencia del espíritu de Guayasamín, intentemos hablar de esperanza, esperanza en que el mundo cambie […] Somos un eslabón entre el mono y el ser humano".

Participa en la reunión "Por una cultura de paz" el día 18, enmarcada en las jornadas de homenaje a Pablo Neruda, en su centenario, organizadas en Quito. Al día siguiente, da una charla en el Museo de la Ciudad, donde asegurará: "Cuando digo responsabilidad, cuando digo democracia, cuando digo ética quiero decir esas palabras con palabras de plomo".

Es también nombrado Huésped Ilustre de Quito. Se le conceden las condecoraciones del Congreso (Gran Cruz del Mérito Cultural y Literario), del Ministerio de Educación (Medalla Juan Montalvo en el grado de Gran Cruz) y de la Prefectura de Pichincha (Medalla General Rumiñahui).

Visita las Islas Galápagos y Guayaquil.

Preside el jurado del VII Premio Alfaguara de Novela, que obtendrá Laura Restrepo por su obra *Delirio* el 23 de febrero.

Se constituye el Centro José Saramago en Castril a finales de febrero.

Recibe un homenaje en la Fundación Piaggio (Pontedera, Pisa), en el marco del Festival Siete Soles Siete Lunas. Se le declara Ciudadano de Honor el 15 de marzo.

En la Toscana, será también nombrado miembro *Honoris Causa* del Consejo del Instituto de Filosofía del Derecho y de Estudios Histórico-Políticos de la Universidad de Pisa.

La editorial Caminho publica *Ensayo sobre la lucidez*, que se presenta en Portugal el 29 de marzo en un acto cuya mesa compartirán con el autor Mário Soares, Marcelo Rebelo de Sousa, José Barata-Moura y José Manuel Mendes.

Alfaguara lanza la traducción española, realizada por Pilar del Río, el día 27 de abril en Madrid. En Cataluña, la acoge el sello Edicions 62, con traducción de Xavier Pàmies, y se da a conocer un día antes.

Según el escritor, que considera la obra "una novela política", se trata de "una reflexión sobre la democracia [...] Lo es de manera radical, esto es, intenta ir a la raíz de las cosas. La democracia no se puede limitar a la simple sustitución de un gobierno por otro. Tenemos una democracia formal, necesitamos una democracia sustancial". En otro momento, insistirá en subrayar la intención beligerante de la narración: "Es una crítica frontal al sistema, a los gobiernos. En ella se denuncia incluso el terrorismo de Estado, con la manipulación y todo lo que conlleva, que además es el escenario con el que hemos de convivir cotidianamente. Pero todo esto que en la novela se desarrolla es cierto, no es sólo ficción, y es lo que yo pienso". Saramago trasladará, pues, a la literatura sus preocupaciones políticas, después de que, en los tres últimos lustros, desde la plataforma de sus conferencias y manifestaciones públicas, hubiera insistido en denunciar la deriva formalista del sufragio popular, su instalación en funciones ceremoniales, alejado de la participación del ciudadano y del poder real, que es, antes que político, de carácter económico: "Enfrentémonos por tanto a los hechos —escribirá en el ensayo 'El nombre y la cosa'—. El sistema de organización social que hasta aquí hemos designado como democrático se ha convertido una vez más en una plutocracia, gobierno de los ricos, y es cada vez menos una democracia, gobierno del pueblo. Es innegable que la masa oceánica de los pobres de este mundo, siendo generalmente llamada a elegir, nunca es llamada a gobernar".

Explorando los eventuales efectos del voto en blanco, el Premio Nobel invita a pensar y a actuar, estimula el inconformismo y la protesta, con el propósito de contribuir a crear ciudadanos con un estado de conciencia indignada, dispuestos a decir *no* y a mejorar el mundo: "El gran problema de nuestro sistema democrático es que permite hacer cosas nada democráticas democráticamente", concluiría en 2003. ¿La alternativa para no sucumbir al pesimismo? "Si no se produce una revolución en las conciencias, si las personas no gritan 'no acepto ser simplemente aquello que quieren hacer de mí' o no rechazan convertirse en un elemento de una masa que se mueve sin conciencia de sí misma, la humanidad está perdida. No se trata de regresar al individualismo, pero hay que reencontrar al individuo", propone.

Ensayo sobre la lucidez se traducirá al alemán, árabe, catalán, coreano, danés, español, finés, francés, griego, hebreo, holandés, húngaro, inglés, italiano, noruego, rumano, sueco y turco.

Comenta *Ensayo sobre la ceguera* con los estudiantes de la Facultad de Ciencias de la Universidad de Lisboa el 15 de abril.

Presenta *Ensayo sobre la lucidez* en Barcelona el día 26 y en Madrid, el 27. Señala que "la democracia es un sistema bloqueado" porque "el auténtico poder es el económico", confesando que su obra "es una muestra de indignación, de protesta". Y explica lo que, a su juicio, constituye una de las grandes paradojas del sistema democrático: "Los ciudadanos tenemos todas las libertades democráticas posibles, pero estamos atados de manos y pies porque con el cambio de gobierno no podemos cambiar el poder".

Interviene en la Universidad de Turín el 3 de mayo.

Tres días más tarde, la compañía de teatro O Bando estrena una adaptación teatral de *Ensayo sobre la ceguera*, con dramaturgia y escenificación de João Brites, en el Teatro Nacional São João (Oporto). Se representa, asimismo, en el Teatro Trindade (Lisboa). La compañía Teatro Stabile, de Udine, había llevado a escena otra adaptación de la novela en marzo.

Participa en el programa teatral "Nobel tra letteratura e teatro", organizado por la Fondazione Teatro dell'Archivolto en Génova el 24 de mayo. También son invitados Gabriel García Márquez, Derek Walcott y Rigoberta Menchú.

El Teatro dell'Archivolto organiza una lectura-espectáculo de su cuento "Reflujo" —incluido en *Casi un objeto*—, en el Cementerio Monumental de Staglieno (Génova) entre los días 25 y 28.

Portada de la edición portuguesa de *Ensayo sobre la lucidez*, Lisboa, Editorial Caminho, 2004

Portada de la edición española de *Ensayo sobre la lucidez*, Madrid, Editorial Alfaguara, 2004

Firma en la Feria del Libro de Lisboa y de Madrid.

Preside el jurado del Premio Extremadura a la Creación en la modalidad "Mejor Trayectoria Literaria de Autor Iberoamericano". El galardón, fallado a comienzos de junio y entregado en septiembre, recaerá en Juan Marsé.

Se suma al homenaje que la Casa de América en Madrid le tributa a Jorge Amado el 16 de junio.

Presenta *Ensayo sobre la lucidez* en Vitoria el día 14, y en la Fundación César Manrique, el 22 de junio.

En su intervención en Lanzarote, sostiene que "la democracia es una tomadura de pelo" porque es una burbuja, al margen de los mecanismos reales que ordenan el pulso del mundo: "En ella todo funciona más o menos correctamente: hay partidos, elecciones, un parlamento, se crea un gobierno... Un sistema deslumbrante, pero que no deja de ser más que una burbuja" porque "el poder real está fuera de la burbuja democrática". Rechaza que se reduzca a "una formalidad" e invita a "revisar los conceptos", para concluir que "la democracia sustantiva está por ganar".

Saramago defiende que "toda democracia, y no solamente la actual, es un punto de partida" y, en la prensa insular, explica el sentido de lucidez que tiene a su juicio el voto en blanco: "Es una exigencia de claridad política, de verdad, de responsabilidad. El elector que vota en blanco no se queda en casa, va a manifestar su desacuerdo con el hecho de que la democracia haya perdido espesura y consistencia. La democracia formal ha sustituido a la democracia sustancial y el voto en blanco puede ser una forma de manifestarse en contra del progresivo vaciamiento de la democracia a que estamos asistiendo en todo el mundo".

Se incorpora como nuevo socio a la Sociedad General de Autores y Editores (SGAE) de España el día 25.

Recibe el doctorado *Honoris Causa* por la Universidad de Coimbra el 11 de julio. Carlos Reis se encarga de la *laudatio* del escritor. Los discursos pronunciados durante la ceremonia serán editados conjuntamente por la Universidad y Caminho, con el título *Doutoramento honoris causa de José Saramago*.

Viaja a Roma la última semana de julio para asistir a la interpretación de la composición musical *La flor más grande del mundo*, de Emilio Aragón. La pieza se presenta en Italia en el contexto del XII Festival Siete Soles Siete Lunas, que Saramago preside honoríficamente junto a Darío Fo. El festival surgió en 1993 con el objetivo de difundir el intercambio de culturas y valores entre una red de ciudades pertenecientes a varios países: España (Castril, Cartaya, Cádiz, Deba y Valencia), Francia, Italia, Grecia, Israel, Brasil, Portugal, Croacia, Cabo Verde y Marruecos.

Saramago da una rueda de prensa en el Instituto Cervantes de Roma y expone su convencimiento de que "la lectura de los cuentos para niños tendría que ser obligatoria para los adultos. Estos textos son fábulas morales, en las que se enseñan valores que consideramos indispensables, como la solidaridad, el respeto por el otro y la bondad. Pero después, nosotros, los adultos, somos los primeros en olvidarlos en la vida real".

Unos meses más tarde, el 6 de noviembre, se presenta el disco de música clásica *El soldadito de plomo* en el Teatro Real de Madrid. Recoge una selección de cuentos sinfónicos infantiles compuestos por Emilio Aragón, entre los que se incluye *La flor más grande del mundo*.

Clausura el curso "La prensa cuestionada. Un análisis de la aventura informativa", organizado por la Agencia Efe en la Universidad Internacional Menéndez Pelayo de Santander el 30 de julio. Su intervención se centra en analizar críticamente el papel de los medios de comunicación, un asunto de referencia para el autor. Condena la connivencia de la prensa con los poderes políticos y económicos y cuestiona la independencia periodística, "una ficción con buenas intenciones", a su juicio, porque la objetividad es una ambición condenada al fracaso: "Toda información es subjetiva y no puede evitarlo. Subjetiva en su origen, en su transmisión y en su recepción". Y añade: "Entre el jefe y el obrero, el periodista palpa el terreno más o menos inestable que lo sostiene y se pregunta si está más o menos dentro de la verdad del día que maneja su medio". De ahí, según su criterio, que "mucho más útil que el debate sobre la independencia sea analizar las franjas de independencia relativa que les son permitidas a los profesionales". Se refiere también a la "conciencia infeliz" de los periodistas, que, por razones de "supervivencia", se ven en la necesidad camaleónica de "cambiar de opinión cuando cambian de medio". Por último, se reafirma en una convicción expresada en diversas ocasiones: "Ya no hay periódicos, hay empresas periodísticas que no tienen autonomía porque son propiedad de grupos industriales o de la banca".

Se estrena la pieza de teatro *El Evangelio* [*O Evangelho*], basada en *El Evangelio según Jesucristo*, adaptada por Maria Adelaide Amaral y dirigida por José Posi, en el Teatro Municipal São Luiz de Lisboa en septiembre.

Asiste a diversos actos celebrados en Lisboa: Fiesta del *Avante!*, declaración sobre Oscar Niemeyer, apoyo al pueblo palestino y un homenaje a Pablo Neruda en la Embajada de Chile.

Participa en los Diálogos del Fórum Barcelona 2004.

Ensayo *sobre la lucidez* se presenta en Italia (Milán, Roma y Nápoles) en septiembre. Umberto Eco y Claudio Magris acompañan a Saramago e introducen el libro en la presentación organizada en Milán.

Estará presente en la ceremonia del Premio Carlos V de la Academia de Yuste, entregado por los Reyes de España al presidente de Portugal, Jorge Sampaio, el día 13 de octubre en el Monasterio de Yuste (Cáceres).

Es invitado por la Universidad Politécnica de Cataluña a un encuentro de trece Premios Nobel convocado en el marco de la Conferencia Internacional de Barcelona sobre la Educación Superior. Coordinada por la Red Mundial de Universidades para la Innovación entre el 18 y el 20, bajo el lema "El compromiso social de las Universidades", la Conferencia reunió a expertos en educación, cargos universitarios y personalidades de todo el mundo, con el propósito de debatir sobre el compromiso social de las universidades y los contenidos que se deben tener en cuenta en el proceso de elaboración del Informe Mundial sobre la Educación Superior.

Ese mismo día, aparece publicado en *El País* su artículo "George W. Bush o la edad de la mentira", en el que censura la figura del presidente de Estados Unidos remontándose a sus orígenes políticos, un hombre "con su mediocre inteligencia, su ignorancia abisal, su expresión verbal confusa y permanentemente atraída por la irresistible tentación del disparate", que "se presenta ante la humanidad con la pose grotesca de un *cowboy* que ha heredado el mundo y lo confunde con una manada de ganado". "Me pregunto cómo y por qué Estados Unidos, un país en todo tan grande, ha tenido, tantas veces, tan pequeños presidentes… George W. es seguramente el más pequeño de todos", sentencia, acusando, a continuación, a Bush de haber expulsado "la verdad del mundo para, en su lugar, inaugurar y hacer florecer la edad de la mentira". Al mismo tiempo, se detiene en reflejar, con frustración, la corrupción moral de nuestra época: "La sociedad humana actual está impregnada de mentira como la peor de las contaminaciones morales, y él es uno de los mayores responsables de este estado de cosas. La mentira circula impunemente por todas partes, se ha erigido en una especie de otra verdad".

En lo sustantivo, el artículo reproduce su prólogo a *El Nerón del siglo XXI: George W. Bush*, de James H. Hatfield, una biografía no autorizada del presidente de Estados Unidos, publicada en España por Edítions Timéli-Ediciones Apóstrofe. Saramago participará en su lanzamiento en Madrid el 3 de noviembre.

Se celebran los 25 años de la Academia Europea de las Ciencias, de las Artes y de las Letras el día 21 de octubre, una organización dependiente de la UNESCO, de la que Saramago es miembro. Sus integrantes, repartidos por cincuenta y cuatro países, son elegidos entre los componentes de las academias nacionales e internacionales y los Premios Nobel. Su cometido es el de contribuir a la paz en el mundo y favorecer la colaboración de las naciones en todo lo concerniente a educación, ciencias, artes y letras.

La Facultad de Filosofía y Humanidades de la Universidad Católica de Córdoba (Argentina) organiza el I Foro Saramaguiano de Teoría y Crítica Literarias, a través de la Cátedra Libre José Saramago.

Se presenta la traducción germana de *El hombre duplicado* en Alemania a finales de octubre. Interviene en el Instituto Cervantes de Berlín, donde imparte una conferencia.

Le surge la idea de *Las intermitencias de la muerte* [*As Intermitências da Morte*], mientras lee *Los cuadernos de Malte Laurids Brigge*, de Rilke, en Madrid el día 1 de noviembre.

Dará cuenta de ello en una entrevista concedida a José Carlos de Vasconcelos en noviembre de 2005: "Estaba leyendo (no era la primera vez) *Los cuadernos de Malte Laurids Brigge*, de Rainer María Rilke, que tiene páginas extraordinarias en las que describe la muerte de su padre. En un determinado momento, interrumpí la lectura, volví el libro y leí la contraportada. Y fue una referencia mínima a la muerte, en el texto del editor, la que hizo saltar la idea: la muerte pasa a anunciar a las personas que van a morir. Así nació este libro el día 1 de noviembre, víspera del Día de difuntos de 2004".

Inicialmente, maneja el título provisional de *La sonrisa de la muerte* [*O Sorriso da Morte*] "porque quería mirar a la muerte con distanciamiento y con una sonrisa, una sonrisa resignada, pero al mismo tiempo irónica". Recordará luego que Proust, en su monumental *En busca del tiempo perdido*, habla de las intermitencias del amor, sobre lo que observa, con humor: "Que el amor sea intermitente parece que es una experiencia de todos nosotros. Ahora, que lo sea la muerte…".

Es investido Doctor *Honoris Causa* por la Universidad Charles-de-Gaulle-Lille III (Francia), el 5 de noviembre, después de que fuera aprobado su nombramiento el 21 de octubre de 2003.

Viaja, de nuevo, a América Latina en noviembre, en esta ocasión para difundir *Ensayo sobre la lucidez*. Lo presenta en Buenos Aires el día 15 y tres días más tarde, en São Paulo.

Participa en el III Congreso Internacional de la Lengua Española, organizado por la Real Academia Española en Rosario (Argentina), el 19 y el 20, donde preside el homenaje tributado a Ernesto Sábato. Asimismo, interviene en el I Congreso de las Lenguas también celebrado en Rosario, un evento paralelo que, a lo largo de seis jornadas, abogó por el reconocimiento de una Iberoamérica pluricultural y multilingüe.

Se desplaza a Colombia entre el 21 y el 24, donde se le nombra Miembro Honorario del Colegio Máximo de las Academias, Miembro Honorario del Consejo Supremo de las Academias, y Miembro Honorario del Instituto Caro y Cuervo de Bogotá.

Permanece en Caracas (Venezuela) del 24 al 29. Recibe las Llaves de la Ciudad de Santiago de León de Caracas (Venezuela) y es declarado Visitante Ilustre. Ante la prensa, hablará de política internacional, de la figura de Hugo Chávez y de la intención de su novela. Además de mostrar su apoyo a Chávez, denunciará también la política de Estados Unidos, basada "en el patriotismo y la religión", una "mezcla explosiva" ante la que los latinoamericanos deben "armarse de fuerza, coraje y valentía".

Teniendo en consideración el compromiso ético con las circunstancias de sù época, característico de su producción, afirmará en una entrevista: "La idea de la toma de conciencia pertenece a otra era, otra civilización, diría. Es heredera del siglo XVIII, del espíritu de la Enciclopedia, de la Ilustración. Todo eso está terminando ya. Estamos entrando en la era del dominio de la tecnología, y no siempre al servicio de la humanidad. Lo que prima es el interés personal, el lucro a toda costa, la indiferencia, la ignorancia, la cerrazón. Lo que está cambiando es una mentalidad que confiaba en la toma de conciencia como motor para mejorar la sociedad. La toma de conciencia hoy no es garantía de nada: muchos optaron por una actitud cínica. Pero ser conscientes es el comienzo a partir del cual podemos pensar un hombre realmente humano. Aunque se nos diga que no hay más ideologías, la sombra de la ideología está siempre acechando. Y el cinismo es una ideología poderosa: es la ideología de quienes aplauden a los políticos inescrupulosos [...] que se apoyan en la mentira y la comodidad, y dicen: 'Pero al menos son astutos'. Traducido, dicen: 'Si yo estuviera en su lugar, haría lo mismo'. Olvidan, o peor, consienten, que, cuando un político miente, destroza la base de la democracia. Es evidente: la maldad, la crueldad son inventos de la razón humana, de su capacidad para mentir, para destruir".

Llega a México el 1 de diciembre y participa en la XVIII Feria Internacional del Libro de Guadalajara, iniciada cuatro días antes, donde firma ejemplares y habla de *Ensayo sobre la lucidez*.

Pronuncia la conferencia inaugural de la Cátedra José Saramago creada por la Universidad Nacional Autónoma de México (UNAM) en México D.F. Durante su intervención, reivindica la ampliación de los derechos humanos: "La democracia es el sistema político en que con más lógica y naturalidad se espera que los derechos humanos sean cumplidos. Por ello, sin democracia no hay derechos humanos y, si estas garantías individuales no se observan, tampoco existe democracia". Pero, al mismo tiempo, extiende su desasosiego a la democracia, un asunto central en sus reflexiones públicas: "Vivimos en una democracia puramente formal y no sustancial, una especie de comedia de engaños en la que todos mienten a todos". Por último, asegura que, si pudiera suprimir alguna palabra del diccionario, sería *utopía*: "La utopía es como la línea del horizonte: sabemos que, aunque la busquemos, nunca llegaremos a ella, porque siempre se va alejando conforme se da cada paso; siempre está fuera, no de la mirada, pero sí de nuestro alcance [...] Si alguna palabra retiraría yo del diccionario sería *utopía*, porque no ayuda a pensar, porque es una especie de invitación a la pereza. La única utopía a la que podemos llegar es al día de mañana". Por el contrario, apuesta por comprometerse con el día a día: "Dejemos la utopía, que no se sabe dónde está, ni cómo, ni para cuándo. El día de mañana es el resultado de lo que hayamos hecho hoy. Es mucho más modesto, mucho más práctico y, sobre todo, mucho más útil".

En la Cátedra Alfonso Reyes, imparte la conferencia "El despertar de las democracias ciegas" y dialoga con los estudiantes. El texto de su intervención será publicado en *El nombre y la cosa*.

Es nombrado Miembro Honorario del Tribunal BRussells (TB), en Bruselas, junto a

Harold Pinter, Eduardo Galeano, Rafil Dhafir y Mahathir Mohamad.

El Tribunal BRussells es un comité compuesto por académicos, intelectuales y artistas que, trabajando en red, sin presupuesto y sin la cobertura de una organización estructurada formalmente, sigue la tradición del Tribunal Russell, constituido en 1967 para investigar los crímenes de guerra en Vietnam. Reunido por primera vez en abril de 2004, en Bruselas, el TB estuvo centrado en analizar críticamente la guerra de Irak y las políticas imperiales y beligerantes de la Administración Bush, contenidas en el documento "Proyecto para el nuevo siglo americano" ["Project for the New American Century"]. Acabar con la guerra y con la ocupación de Irak son sus objetivos fundamentales.

2005 A finales de enero, acompañado por Eduardo Galeano, Ignacio Ramonet y Luiz Duici, secretario general de la Presidencia de Brasil, participa en una mesa redonda convocada en el marco del Foro Social Mundial de Porto Alegre, bajo el lema "Quijotes hoy: política y utopía", ante un auditorio de cinco mil jóvenes.

Asimismo, colabora en la redacción y presentación del Manifiesto de Porto Alegre junto a otras personalidades del movimiento altermundista: Frei Betto, Eduardo Galeano, Adolfo Pérez Esquivel, Immanuel Wallerstein, Roberto Savio, Armand Mattellard y Samir Amin, entre otros. Según sus redactores, con el Manifiesto, organizado en torno a doce propuestas, se procura contribuir a "dar sentido a la construcción de otro mundo posible", de modo que "si fuesen aplicadas, permitirían que los ciudadanos comenzaran por fin a apropiarse de su futuro". Las iniciativas que se incluyen en el texto son: anular la deuda pública de los países del Sur; aplicar tasas internacionales a las transacciones financieras, inversiones directas en el extranjero, beneficios de las transnacionales, venta de armas y actividades contaminantes; desmantelar los paraísos fiscales, jurídicos y bancarios; instaurar el derecho universal al empleo, la protección social y la jubilación; promover el comercio justo rechazando las reglas librecambistas de la OMC; favorecer el derecho a la soberanía alimentaria; prohibir la privatización de los bienes comunes de la humanidad, en particular el agua; luchar contra toda discriminación, incluido el reconocimiento de los derechos de los pueblos indígenas; tomar medidas urgentes para poner fin a la destrucción del medio ambiente; exigir el desmantelamiento de las bases militares extranjeras, salvo que actúen bajo mandato de la ONU; garantizar el derecho a recibir información y a informar; y democratizar las organizaciones internacionales haciendo prevalecer en ellas los derechos humanos.

Saramago interviene también en el Foro Mundial de Redes de la Sociedad Civil UBUNTU, convocado por Federico Mayor Zaragoza.

Asiste al III Encuentro Nacional de Creadores, organizado por la SGAE en Barcelona a principios de febrero, en torno al tema "La fuerza de la diversidad".

En colaboración con Antoni Tàpies y a propuesta del movimiento social Elkarri, participa en la edición limitada de una obra conjunta titulada *Por la irreversibilidad* —60 +

XV copias—, consistente en dos serigrafías impresas sobre papel artesanal (52,5 x 44,5 cm) en las que se reproduce una obra del pintor catalán —*Sin título*, 2004—y el texto de Saramago "Una inagotable esperanza" (2004). El propósito de la iniciativa, materializada en febrero, es el de obtener fondos para impulsar proyectos por el diálogo y la paz bajo la tutela del movimiento social vasco que propugna una salida pacífica y dialogada al problema del terrorismo en Euskadi. A partir del mes de mayo, se hará otra edición popular y masiva de un cartel con las dos obras para difundir el mensaje de la campaña.

En su breve texto, el Premio Nobel invita a la movilización por la paz: "Es cierto que existe una terrible desigualdad entre las fuerzas materiales que proclaman la necesidad de la guerra y las fuerzas morales que defienden el derecho a la paz, pero también es cierto que, a lo largo de la Historia, sólo con la voluntad de los hombres la voluntad de los otros hombres ha podido ser vencida. No tenemos que confrontarnos con fuerzas trascendentales, sino, y sólo eso, con otros hombres. Se trata, por tanto, de hacer más fuerte la voluntad de paz que la voluntad de guerra. Se trata de participar en la movilización general de lucha por la paz: es la vida de la humanidad la que estamos defendiendo, ésta de hoy y la de mañana, que quizás se pierda si no la defendemos ahora mismo. La humanidad no es una abstracción retórica, es carne sufriente y espíritu en ansia, y es también una inagotable esperanza. La paz es posible si nos movilizamos para conseguirla. En las conciencias y en las calles".

La carpeta se presenta el día 12 de marzo de 2005 en el Museo de Arte Contemporáneo de Barcelona, con la presencia de los dos creadores y de numerosas personalidades políticas y del ámbito sociocultural, en un acto conducido por Anna Sallés, en el que intervienen Jonan Fernández, coordinador general de Elkarri, José Saramago, y autoridades políticas de Cataluña y el País Vasco.

Alfaguara edita su *Poesía completa* en español, traducida por Ángel Campos Pámpano.

Publica la obra de teatro *Don Juan o el disoluto absuelto* [*Don Giovanni ou O dissoluto absolvido*] en marzo, que servirá de base al libreto de la ópera *El disoluto absuelto* [*Il dissoluto assolto*] dirigida por Azio Corghi y estrenada en el Teatro alla Scala de Milán año y medio más tarde.

El escritor ha apuntado sobre este libro: "… mi propósito era desmitificar toda la historia de Don Giovanni, pero no sólo la suya. El camino estaba trazado de antemano: humor, ironía, y sobre todo sarcasmo. El que sale menos malparado es el propio Don Giovanni […] Mi Don Giovanni empieza donde acaba

Primera edición bilingüe [portugués-español] de los tres libros de poesía escritos por Saramago, *Poesía completa*, Madrid, Editorial Alfaguara, 2005

el de Lorenzo da Ponte. De alguna manera, es complementario. Y la pregunta que constituye el punto de partida de mis novelas […] también se encuentra en esta pieza: '¿Y si Don Giovanni no hubiese ido al infierno?' Hecha la pregunta, la pregunta esencial, la conclusión surge de manera casi espontánea".

Le da la vuelta al mito de Don Juan, lo humaniza y presenta un seductor seducido y a quien sus víctimas humillan negándole su historial de conquistador, pero que asume con coraje su responsabilidad. La ironía, el humor y la desmitificación marcan el tono de la obra.

Don Juan o el disoluto absuelto se traduce al italiano.

La Universidad de Granada organiza las jornadas de homenaje "Una semana con Saramago" entre el 18 y el 22 de abril. Se incluyen mesas redondas, exposiciones y música. Participan, junto al autor, Bernardo Atxaga, Sealtiel Alatriste, Fernando Delgado, João de Melo, Pablo Luis Ávila, Luis García Montero, Fernando Gómez Aguilera, Juan Carlos Rodríguez, Carmen Muñoz Gijón, Borja Borot, Ángela Olalla, Carmen Becerra, Carles Torner, Ángel Llamas, el pintor David de Almeida y el cantante Fernando Tordo —con el espectáculo *Tordo canta Nobel*, cuyo repertorio incluye el poema "El circo" de Saramago—.

Forma parte del jurado de los Premios Internacionales Terenci Moix de Literatura, Cinematografía y Artes Escénicas en su primera convocatoria. Se fallan el 22 de abril, víspera de Sant Jordi en Barcelona.

Coincidiendo con la conmemoración del cuarto centenario de la obra maestra de Cervantes, prologa una antología de *Don Quijote de La Mancha* anotada por Milagros Rodríguez Cáceres y publicada por Alfaguara.

Saramago aborda una singular interpretación del personaje cervantino relacionándolo con la búsqueda de la vida verdadera, el impulso de la curiosidad y la libertad humana, tal y como él mismo comentará en la prensa resumiendo sus intenciones: "Yo he concluido que si objetivamente Alonso Quijano no se volvió loco, la locura de Alonso Quijano es efectivamente una estrategia de Cervantes para hacer pasar un personaje que, de otra forma, la sociedad y su tiempo no aceptarían, porque una persona en su completo juicio no haría las tonterías que hace ese hombre. Pero esas tonterías no son obras de un loco, sino de alguien que está pensando que objetivamente la vida auténtica está en otro lugar. Estando la vida auténtica en otro lugar, es inevitable la conclusión siguiente: que el auténtico yo está en otro lugar y hay que ir a buscarlo".

En su texto, afirma que "leer e imaginar son dos de las tres puertas principales (la curiosidad es la tercera) por donde se accede al conocimiento de las cosas. Sin antes haber abierto de par en par las puertas de la imaginación, de la curiosidad y de la lectura (no olvidemos que quien dice lectura dice estudio), no se va muy lejos en la compresión del mundo y de uno mismo". En relación con el enloquecimiento de Alonso Quijano como consecuencia de leer e imaginar mucho, sostiene que se trata de un "genial" recurso de

Cervantes articulado con el propósito "de persuadir a los futuros lectores para que acaben aceptando sin exigencias ni desconfianzas los comportamientos delirantes de Quijote". Por lo tanto, a su juicio, Don Quijote no está loco, sino que "simplemente finge una locura" para abrir la puerta de la libertad: "La curiosidad lo empujó a leer, la lectura le hizo imaginar y, ahora, libre de las ataduras de la costumbre y de la rutina, ya puede recorrer los caminos del mundo, comenzando por estas planicies de La Mancha, porque la aventura, bueno es que se sepa, no elige lugares ni tiempo, por más prosaicos y banales que sean o parezcan. Aventura que en este caso de Don Quijote no es sólo de la acción, sino también, y principalmente, de la palabra". En su interpretación de la gran novela de la lengua española, defiende que la locura de Alonso Quijano, hasta ser convertido en Don Quijote, se fundamenta en una "sustitución de identidad" con la que se posibilita el acceso a la "vida auténtica". Si Rimbaud escribió que *la vraie vie est ailleurs*, a juicio del escritor portugués, Cervantes fue más ambicioso porque entendió que para vivir una vida verdadera era necesario, además, encontrarse a uno mismo. De ahí que le proporcionara a Quijano una nueva personalidad, un nuevo *yo*, el de Don Quijote: "Alonso Quijano fue más lejos que Rimbaud en esa comprensión. A él no le bastaba ir en busca de otros lugares donde quizá le estuviera esperando la vida auténtica, era necesario que se convirtiera en otra persona, que, al ser él mismo otro, fuese también otro el mundo, que las ventas se transformaran en castillos, que los rebaños aparecieran como ejércitos, que las oscuras aldonzas fuesen luminosas dulcineas, que, en fin, mudado el nombre de todos los seres y cosas, pudiese devolver a la tierra la primera y más inocente de sus alboradas. A Alonso Quijano no le bastaría decir como Rimbaud: *La vraie vie est ailleurs*. Sí, la vida auténtica puede estar en otro lugar, pero no sólo la vida, también mi *yo* verdadero está en otro lugar, o, como el poeta pudiera haber dicho, aunque no lo dijo: *Le vrai moi est ailleurs*. Fue así como Alonso Quijano, montado en su esquelética cabalgadura, grotescamente armado, comenzó a caminar, ya otro, y por tanto en busca de sí mismo. Al otro lado del horizonte le esperaba Don Quijote".

Alfaguara imprime una tirada especial de un millón de ejemplares para Venezuela, por encargo del Ministerio de Cultura, que, coincidiendo con el Día del Libro, organiza un gran evento, denominado "Operación Dulcinea", con la intención de conmemorar los cuatrocientos años de la primera edición, en 1605, del *Quijote*. Trescientas mil copias son distribuidas gratuitamente en todas las Plazas Bolívar de las veinticuatro capitales de los estados del país de forma simultánea. El resto se entregará a las escuelas y bibliotecas públicas.

Con el título "La falsa locura de Alonso Quijano", Saramago publica el prólogo en *El País* (Madrid) el 22 de mayo.

Junto a otros Premios Nobel y numerosas personalidades del mundo de la cultura, firma el manifiesto de llamamiento "Detengamos una nueva maniobra contra Cuba", denunciando los intentos de Estados Unidos de imponer una resolución contra el país caribeño en la Comisión de Derechos Humanos de las Naciones Unidas reunida en Ginebra.

Compra una casa en Lisboa, en el barrio de Arco do Cego, que, desde finales de octubre, le servirá de residencia durante sus estancias en la capital lusa.

Un año más, es nombrado miembro del jurado del Premio Reina Sofía de Poesía Iberoamericana, que, reunido el 5 de mayo en el Palacio Real de Madrid, reconoce la obra de Juan Gelman.

Preside el jurado del Premio Extremadura a la Creación en la modalidad "Mejor Trayectoria Literaria de Autor Iberoamericano". El galardón, fallado el 6 de junio y entregado a comienzos de septiembre, recaerá en Juan Goytisolo.

Es investido Doctor *Honoris Causa* por la Universidad de Alberta (Canadá) el 8 de junio.

Llega a Cuba, procedente de Canadá, el día 13, invitado por el Ministerio de Cultura, para presentar *El Evangelio según Jesucristo* en el Palacio del Segundo Cabo, sede del Instituto Cubano del Libro, el sábado 18. Se trata de su primer viaje a la isla tras el episodio de distanciamiento con el régimen cubano por la aplicación de la pena de muerte a tres disidentes. El desencuentro se plasmó en el artículo "Hasta aquí he llegado", que Saramago difundió en abril de 2003 condenando esta práctica.

Pronto, declarará en la isla caribeña a *Juventud Rebelde*: "Después de los conflictos que generó una declaración mía, no mucho tiempo después tuve oportunidad de firmar un documento defendiendo a Cuba. Pero incluso más tarde me quedé con la idea de que tal vez Cuba ya no me quería, y que la culpa —si de culpa se puede hablar— es mía, porque he sido yo el que he dicho 'no estoy de acuerdo y etcétera, etcétera

José Saramago, Doctor *Honoris Causa*, Universidad de Alberta (Canadá), 2005. Fotografía: Universidad de Alberta. Archivo Fundación José Saramago

[…]' Pero viajamos aquí después de visitar Canadá, y hemos recibido Pilar y yo la amistad de siempre, quizá un poco más. No quiero decir con más amistad, sino como si aquí los que nos han recibido tuvieran la preocupación de decir: 'Te queremos, te estamos expresando ese querer nuestro de una forma quizá mayor, no pienses que nos quedaron pequeños rencores'. Nadie me ha dicho esto, pero uno lo siente. Todo esto se ha recompuesto, a pesar de que lo que dije entonces, con mucho dolor y sin querer romper definitivamente con Cuba, ha sido celebrado, manipulado, usado. Después se han dado cuenta de que las cosas no iban por ahí y empezaron a aparecer versiones: Saramago está otra vez con Cuba y no sé qué. En fin, lo que importa es que estoy aquí, que soy amigo de Cuba y que la manipulación mediática no me quita el sueño".

Interrogado en diciembre de 2008 sobre su relación con la isla, se explicará: "Ante el fusilamiento de tres chicos, escribí ese texto. Me afectó mucho. Después me invitaron a ir a la isla, acepté y, allí, repetí mis argumentos contra la pena de muerte. Podía haber sido una ruptura, pero la verdad es que los cubanos no quisieron romper conmigo, ni yo tampoco con ellos, y me aceptaron con esas críticas incluidas. No estoy peleado con Cuba. Es una diferencia que he tenido con alguien de mi propia familia".

Visita la Universidad de Ciencias Informáticas y la Escuela Latinoamericana de Medicina el jueves 16, cuyo planteamiento valora como un apuesta por la internacionalización de la solidaridad: "En la Escuela de Medicina hay estudiantes de toda América Latina, e incluso de África y Estados Unidos, de los estratos más pobres y de países donde ninguno de ellos podría costearse una carrera como esa. Es algo absolutamente asombroso", comentará, "una muestra de lo bueno, de lo mejor que se podría esperar para la humanidad".

Al día siguiente, conversa con estudiantes y profesores en el Aula Magna de la Universidad de La Habana. Por la tarde, se reúne con escritores e intelectuales cubanos en la Sala Che Guevara de la Casa de las Américas. En su intervención, se refiere a la verdad histórica en relación con la literatura, hace un recorrido interpretativo por su obra y reivindica el regreso a la filosofía: "Regreso a la filosofía no en el sentido absurdo de que ahora nos vamos a convertir todos en filósofos. Filosofía aquí podría significar exactamente todo lo que esperamos encontrar en la filosofía, es decir, la reflexión, el análisis, el espíritu crítico libre".

Se ve con Fidel Castro tras su discrepancia pública en 2003.

Visita El Salvador y Costa Rica.

Recibe el grado de Doctor *Honoris Causa* por la Universidad de El Salvador el 20 de junio.

Tres días más tarde, es nombrado Visitante Distinguido de San José de Costa Rica, donde permanecerá entre el 22 y el 26. Durante la ceremonia, dirige unas palabras de agradecimiento al público presente en la Municipalidad de San José, en las que reclama la humanización del mundo: "No todos los lugares donde el hombre vive son siempre humanos. La función de quienes tienen la responsabilidad del gobierno y también de los artistas consiste en la obligación de hacerlo cada día más humano. Por vivir en comunidad, nuestra misión, que no es histórica ni mucho menos divina, consiste en construir humanidad. Eso tiene que ser una preocupación diaria para que la caída de todos los días se detenga". El escritor defenderá su célebre pesimismo: "No soy pesimista, es el mundo el que es pésimo. Son los pesimistas los únicos que quieren cambiar el mundo, para los optimistas todo está muy bien. Se debería hacer profesión y militancia del pesimismo".

En una conferencia impartida ante profesores y estudiantes en el auditorio principal de la Universidad Nacional de Costa Rica (UNA) el día 23, invita a practicar la insumisión del pensamiento: "No es mi intención invitarles a la indisciplina, pero sí hace falta un poco para debatir y mucha crítica para confrontar nuestras razones con las de los otros". Saramago advierte que el mundo contemporáneo se encamina hacia una nueva Edad Media, en la que el conocimiento estará en manos de unos pocos, mientras que la mayoría "se dirige velozmente a la ignorancia". Y agrega que "se perfila una forma de entender el mundo definida por tres vectores muy claros: la neutralidad, el temor y la resignación". Asimismo, el Premio Nobel defiende los estudios humanísticos al tiempo que responsabiliza de su declive a la mercantilización y la hegemonía de la economía: "Desde el punto de vista empresarial, no hacen falta las humanidades. La pregunta fundamental de las humanidades es qué es el ser humano, mientras que para los círculos empresariales y tecnócratas que se ocupan de la utilidad inmediata, la pregunta es para qué sirven los seres humanos".

Inaugura la Feria Internacional del Libro de San José de Costa Rica el 24 y, al día siguiente, presenta *Ensayo sobre la lucidez*. Habla de política y literatura y hace un llamamiento para "rescatar la democracia".

La UNA le entrega el grado de Doctor *Honoris Causa* el 25 en el Teatro Nacional, después de que fuera aprobado su nombramiento el 24 de febrero. En su discurso de investidura, aborda asuntos referidos al periodismo, la guerra de Irak, la integración europea, la violencia, la economía mundial y el Tratado de Libre Comercio de Centroamérica con Estados Unidos: "un mecanismo más por medio del cual Estados Unidos pretende dominar Centroamérica". Y, tras referirse a la necesidad de que los medios de comunicación, el arte y la literatura se impliquen en mostrar el lado oculto del discurso del poder, interpelará al auditorio: "Tenemos que trabajar para detener las guerras, pero ante todo tenemos que rescatar la democracia. Hay que utilizar nuestro derecho a expresarnos, incluso la desobediencia civil si es necesario".

La compañía O Bando representa la adaptación teatral de *Ensayo sobre la ceguera* en el Teatro da Trindade entre finales de julio y mediados de septiembre. La dramaturgia y la puesta en escena son de João Brites.

Asiste a la Fiesta del *Avante!*

Preside el jurado del Premio de Periodismo El Torreón, convocado por la Fundación Wellington, el día 21.

Recibe el doctorado *Honoris Causa* por la Universidad de Estocolmo el 30. Tres jornadas después, se organiza una sesión con el Premio Nobel en el Aula Magna bajo el tema "La Universidad y la Democracia".

Interviene en el Foro Complutense de la Universidad Complutense (Madrid), pronunciando una conferencia en la que aborda la crisis del sistema educativo y de la democracia. Expone su conocida diferenciación entre instrucción y educación, reclamando que la formación académica se ocupe no sólo de proveer conocimiento instrumental, sino de educar, promoviendo el debate y el espíritu crítico: "La Universidad debería convertir a los estudiantes en ciudadanos", resume.

Junto a Rosa Montero y Eduardo Belgrano Rawson, forma parte del jurado del Premio Clarín de Novela, que se entrega en Buenos Aires el 25 de octubre. En la capital argentina, se reúne con profesores. En una entrevista de Patricia Kolesnicov, anticipa algunas claves de su próxima novela, *Las intermitencias de la muerte*, y señala que quiso "imaginar un día en que la muerte mira a los ojos a la persona a la que va a matar". Asimismo, en lo que concierne a cuestiones sociales, sostiene que "para cambiar las cosas, la única forma es ser impaciente".

La Universidad Nacional del Comahue (Neuquén, Argentina) le entrega el doctorado *Honoris Causa* en octubre.

Forma parte del jurado del Premio Literario José Saramago que recae en Gonçalo M. Tavares por su novela *Jerusalén*.

Publica *Las intermitencias de la muerte*. Aparecen las ediciones portuguesa, brasileña, española, catalana e italiana en octubre y noviembre.

El escritor, refiriéndose a su novela, ha comentado: "La pregunta es: ¿qué pasaría si fuéramos eternos? Si la muerte desapareciera de repente, si la muerte dejara de matar, mucha gente entraría en pánico: funerarias, aseguradoras, residencias de ancianos... Y eso sin hablar del Estado, que no sabría ya cómo pagar las pensiones [...] La inmortalidad sería un horror".

Una vez más, parte de una hipótesis insólita, lo que el autor llama "un diálogo con lo imposible", planteada luego con un riguroso desarrollo racional: en un país imaginario, de repente, la muerte deja de matar. A partir de aquí, se exploran las consecuencias de esta circunstancia de inmortalidad, empleando el humor, la mordacidad, el pesimismo y su conocida ironía, de la que ha aceptado que "de una manera u otra, agresiva, activa, directa o menos" está en todo lo que escribe. Había precisado en 1987: "Yo soy tremendamente irónico. Pero no en mis relaciones personales. No es una ironía agresiva. Es una ironía ante la vida y fatal, muy trágica, porque al mismo tiempo que soy consciente

Primera edición de *Las intermitencias de la muerte*, Lisboa, Editorial Caminho, 2005

Primera edición en español de *Las intermitencias de la muerte*, Madrid, Editorial Alfaguara, 2005

de su inutilidad, también lo soy de que no puedo no ser irónico. Yo la defino como una máscara de dolor: es una defensa que arrastramos quienes somos gente frágil […] Fernando Pessoa es el irónico por excelencia. De hecho, toda esa invención de los heterónimos es una obra maestra de la ironía. Ese dotar de voz propia a la tira de *yoes* que conviven en cada uno de nosotros me parece la ironía perfecta".

Organizada en dos grandes núcleos —el primero de ellos subdividido—, propone una aproximación a la muerte tanto desde una perspectiva material, funcional y colectiva —sin muerte la vida y el mundo serían un caos: somos seres para la muerte—, como emocional, lírica e individual —relación entre la muerte y el músico—. Brillan episodios narrativos intensos, envueltos en compasión y ternura, además de una prosa de raíz poética, muy esencialista, sometida a un progresivo despojamiento en todo este ciclo alegórico de escritura, en el que la preocupación por el ser humano, su naturaleza y sus circunstancias, centra sus propósitos como escritor: "A partir de *Ensayo sobre la ceguera* hasta *Las intermitencias de la muerte*, mi preocupación es esa, qué es esto de ser hombre, de ser mujer, de ser niño o ser viejo, ser esto o ser aquello, ser blanco o negro, qué significa esto. Deberíamos saber que la palabra humanidad es totalmente abstracta, no dice nada. Porque lo que llamamos humanidad, en estos momentos, son más de siete mil millones de personas y cada una de ellas es única. Cuando Paul Ricard, que ha muerto hace algunos días, decía que el otro es como yo y tiene el derecho de decir *yo*, planteaba algo muy serio, y es que todos tenemos derecho a decir *yo* con la misma fuerza y ganas con que otros se habituaron y se acostumbraron a decir *yo* de generaciones en generaciones, mientras que los demás eran sencillamente *los otros*. Esto hay que equilibrarlo. Todos tenemos derecho a decir *yo*".

El Premio Nobel matizará la diferencia que plantea su novela entre la cesación de la muerte y la continuidad del paso del tiempo, motivo del desorden radical que se desata: "En un primer momento, no se sabe cómo ni por qué, la muerte decide no matar. Y más tarde, frente al desastre en que se transforma la vida de una sociedad en la que nadie muere, pero donde las personas continúan sufriendo enfermedades y envejeciendo, cambia de decisión. Porque si es cierto que la muerte desaparece, el que no se retira es el tiempo, el tiempo continúa allí. Y, en cierto modo, ésta es más una novela sobre el tiempo que sobre la muerte. Aunque el personaje central sea la muerte, creo que la cuestión principal es la imposibilidad de vivir, la imposibilidad de continuar viviendo y continuar, continuar, continuar… Porque aun consiguiendo hacer una especie de pacto de no agresión con la muerte, no podríamos detener el tiempo. Y entonces estaríamos condenados a algo peor que la muerte: la vejez eterna. Y cada vez más viejos…".

La narración es también testimonio del gusto por la música del escritor, en particular, de su estima por Bach —cuya *Suite n.º 6 en re mayor*, BWV 1012, para chelo solo se celebra—, de Chopin —en particular, su *Opus 25, n.º 9, en sol bemol mayor*—, y de Schumann. En los *Cuadernos de Lanzarote*, dejará constancia de que, si se pudiese hacer un retrato musical de una persona, la pieza mencionada de Chopin podría ser el suyo. Sin embargo, en alguna ocasión, reconocerá que sus preferencias se inclinan por Mozart, Vivaldi, Monteverdi, Palestrina, Beethoven y Wagner.

Lanza la edición brasileña de Companhia das Letras en São Paulo y Rio de Janeiro, los días 27 y 31 de octubre, respectivamente. En el Teatro Paulo Autram del Sesc Pinheiros, se organiza el lanzamiento mundial del libro, que, además de las palabras del autor, incluye la lectura dramatizada de un fragmento realizada por los actores Dan Stulbach y Leona Cavalli, acompañados por el violonchelista Johannes Gramsch. Apunta su propósito en la prensa brasileña: "En el libro, uso primero un gran angular y creo una fantasía en torno a una suposición: ¿Cómo afectaría la ausencia de la muerte al conjunto de la sociedad? Después, cierro el objetivo y me fijo en un caso específico: la muerte se materializa en personaje e intenta arremeter contra un violonchelista que insiste en no morir. Quiero demostrar que la muerte es fundamental para el equilibrio de la naturaleza".

Las ediciones portuguesa, brasileña, española, catalana e italiana se presentan conjuntamente en el Teatro Nacional de São Carlos de Lisboa el 11 de noviembre. Los libros se imprimen en "papel amigo de los bosques" —hecho con árboles de plantaciones que se atienen a criterios ecológicos y respetan los derechos de los trabajadores— apoyando una campaña de Greenpeace.

Las intermitencias de la muerte ha sido traducida al alemán, árabe, catalán, coreano, croata, español, finés, francés, griego, holandés, húngaro, inglés, italiano, noruego, rumano, ruso, serbio, sueco y turco.

Asiste al II Encuentro de Premios Nobel de Barcelona, organizado por la Fundación para el Compromiso Social de la Universidad y celebrado en la Universidad Politécnica de Cataluña, en el marco de la II Conferencia Internacional de Barcelona sobre Enseñanza Superior el 2 de diciembre. Participan: Werner Arber (Premio Nobel de Medicina, 1978), Adolfo Pérez Esquivel (Premio Nobel de la Paz, 1980), Jerome I. Friedman (Premio Nobel de Física, 1990), Rigoberta Menchú Tum (Premio Nobel de la Paz, 1992), Joseph H. Taylor Jr. (Premio Nobel de Física, 1993), José Saramago (Premio Nobel de Literatura, 1998) y Martinus J.G. Veltman (Premio Nobel de Física, 1999). El debate se plantea en torno al tema "La enseñanza superior del siglo XXI: ¿servicio público o mercancía?".

2006 **Participa** en el Festival Sevilla Entre Culturas el 11 de enero. En el paraninfo de la Universidad de Sevilla, el Nobel portugués interviene en la mesa redonda "Civilizaciones, reparto de las modernidades" junto al escritor y académico Juan Luis Cebrián, el filósofo Régis Debray, el politólogo Sami Naïr y el periodista Jean Daniel. La mesa redonda acogió un intercambio de ideas sobre religión, modernidad, multiculturalismo y democracia. El acto formaba parte del coloquio "Diálogos de las civilizaciones y reparto de las modernidades", que puso final al Festival.

Dedica sus palabras a reflexionar sobre Dios y las religiones: "Me interesa mucho Dios, las consecuencias de que un día a alguien se le ocurriera decir que esto necesita un creador […] Me asombra, desde mi perspectiva de persona que no necesita creer en Dios, que ni practica ni ha practicado ninguna religión [...], que la religión jamás haya acercado a los hombres, y que siempre haya sido un factor de enfrentamiento y muerte". Insiste en una idea recurrente en sus planteamientos sobre Dios, propia de su carácter volteriano, racionalista, ilustrado: "Lo que existe es lo que llevamos en la cabeza. Y llevamos a Dios porque lo hemos creado. Y llevamos dentro al diablo. Y el bien y el mal". Aboga, además, por un "pacto de no agresión entre las religiones" cristiana e islámica.

Es nombrado Hijo Adoptivo de la provincia de Granada el día 3 de febrero, en una ceremonia que cuenta con la presencia del presidente del Gobierno, José Luis Rodríguez Zapatero, el presidente de la Junta de Andalucía, Manuel Chaves, y el presidente de la Diputación Provincial de Granada, Antonio Martínez Caler. En la misma sesión, Francisco Ayala es distinguido como Hijo Predilecto. Rodríguez Zapatero resalta de José Saramago su "reivindicación de la utopía de la fraternidad, con una obra literariamente asombrosa, mezclando géneros literarios, haciendo gala de una brillantez estilística que ha encontrado eco en todo el mundo".

En una exposición celebrada en el Círculo de Bellas Artes de Madrid el día 9, se da a conocer una carpeta de obra gráfica del artista portugués David de Almeida sobre textos poéticos de Saramago. Titulada *Poemas posibles*, como el libro del Premio Nobel publicado en 1966, reúne siete grabados del pintor y otros tantos poemas.

Comienza a escribir *Las pequeñas memorias* en febrero, concluyendo el libro en agosto. Se trata de un proyecto concebido y madurado durante más de cuatro

Saramago es nombrado Hijo Adoptivo de Granada en presencia del presidente del Gobierno español, José Luis Rodríguez Zapatero, 3 de febrero de 2006.
Fotografía: M. Povedano. Archivo Fundación José Saramago

lustros consistente en reflejar los recuerdos de niñez hasta la primera adolescencia. Su elaboración coincide con un momento particularmente difícil para el autor en lo que concierne a su salud, que él mismo llamaría *annus horribilis*. La enfermedad se le manifiesta a través de una crisis de hipo: "Lo tenía cada tres segundos. Un horror. Un horror. Los efectos de la medicación fueron lo peor. Me redujeron a un pobre diablo que no podía sostenerse en pie. No tenía ni ganas de

Saramago en la Casa de Fernando Pessoa, Lisboa, 2006.
Fotografía: Kim Manresa. Archivo Fundación José Saramago

comer. Sólo quería dormir para no pensar que estaba tan mal. No sé cómo pude soportarlo. Mis piernas eran como de goma, cada una iba por su lado, a veces me caía al suelo. Me sentía el último de los últimos. Sin energía. Apático. La recuperación ha sido muy lenta. De hecho, estoy bien desde hace tres semanas", confesará en marzo de 2007.

Poniendo en valor su infancia, asegurará más adelante: "Cuando yo me vaya de aquí, nos iremos dos personas, porque me llevaré de la mano al niño que he sido y del que soy consecuencia".

Pronuncia una conferencia en Ávila, organizada por la Obra Social de Caja Ávila en el marco del foro "Los lunes literarios" el 14 de marzo. Unas horas antes, imparte una charla sobre literatura a las internas del Centro Penitenciario Brieva.

La ópera *El disoluto absuelto*, de Azio Corghi, basada en la obra de teatro de Saramago *Don Juan o el disoluto absuelto*, se estrena en el Teatro Nacional de São Carlos (Lisboa) el día 18. La dirección musical es de Marko Letonja y la escénica de Andrea de Rosa, con vestuario y escenografía de Alessandro Ciammarughi.

Con la presencia del autor, se presenta la edición española de *Las intermitencias de la muerte* —traducida por Pilar del Río— en la Fundación César Manrique (Lanzarote) el 18 de abril. En el comentario que compartirá con el público, procurará quitarle hierro a la muerte: "No hay por qué dramatizarla. Nacemos con nuestra muerte. Está todos los días con nosotros. No tiene nombre y cuando lo tenga es cuando tendremos que preocuparnos porque es cuando nos llegará a nosotros". En la sede de la Fundación lanzaroteña, anuncia que está inmerso en su próxima obra, que llevará por título *Las pequeñas memorias* y que será una autobiografía de infancia: "La moraleja que podemos sacar de ese libro es que tenemos que dejarnos llevar por el niño que hemos sido. Ese niño está ahí, siempre ha estado y siempre lo estará".

José Saramago, Lisboa, 2006. Fotografía: Kim Manresa. Archivo Fundación José Saramago

Pilar del Río, José Saramago y Fernando Gómez Aguilera en el acto de presentación de la edición española de *Las intermitencias de la muerte* en la Fundación César Manrique, Lanzarote, 18 de abril de 2006. Fotografía: Adriel Perdomo. Archivo Fundación César Manrique

Entrega el Premio Casaldáliga a la Solidaridad en Barcelona el día 22. En las palabras que dirige al público, critica la hipocresía mundial y se ratifica en que "la mirada verdaderamente humana es la de los pobres", al tiempo que censura la adicción contemporánea al dinero tan frecuente en los países ricos.

Forma parte del jurado de los Premios Internacionales Terenci Moix de Literatura, Cinematografía y Artes Escénicas que se entregan el 23 de abril.

Clausura el seminario "Esclavos del siglo XXI", coordinado por Ignacio Ramonet, en Alicante a comienzos de mayo. Su intervención se desarrolla bajo el título "Por un mundo sin esclavos y sin cadenas". Tras declararse "escéptico profesional", denuncia que, frente a las situaciones de injusticia en el mundo actual, "lo peor es el silencio". Afirma que "vivimos en un mundo hipócrita, injusto y de mentiras sistemáticas", y reclama pensar, asumir responsabilidades, actuar con espíritu crítico y reinventar la democracia, aunque expresa sus dudas de que puede modificarse la situación.

Es miembro del jurado del Premio Reina Sofía de Poesía Iberoamericana, que, reunido el 11 de mayo, reconoce la obra de Antonio Gamoneda.

Le entrega a Ángel Campos Pámpano el VI Premio de Traducción Giovanni Pontiero el día 24 en Barcelona. Se le otorga por su traducción de la antología poética *Nocturno mediodía*, de Sophia de Mello Breyner.

Preside el jurado del Premio Extremadura a la Creación en la modalidad "Mejor Trayectoria Literaria de Autor Iberoamericano". El galardón, fallado el 29 de mayo y entregado a comienzos de septiembre, recaerá en Eduardo Lourenço.

Coincidiendo con el *Bloomsday*, la Universidad Nacional de Irlanda le concede el grado de Doctor *Honoris Causa* el 16 de junio.

Asiste a la reunión de la Academia Europea en Yuste —de la que es miembro—, y a la entrega del Premio Europeo Carlos V, concedido por la Fundación Academia Europea de Yuste a Helmut Kohl, el día 20.

Viaja a Roma a finales de junio.

Abre el curso "Jubileo del aprendizaje: beatos y bibliófilos en la pedagogía de la imagen" el 10 de julio en Potes (Cantabria), organizado por la Universidad Internacional Menéndez Pelayo (UIMP) y dirigido por Francisco Javier López Marcano. Profundiza en la servidumbre contemporánea a la imagen. En una entrevista concedida a propósito de su participación en el curso de la UIMP, señalará: "Siempre se dice que una imagen vale más que mil palabras, pero eso no es cierto. Una imagen tiene límites, el encuadre desprecia lo que está fuera de él. Lo que no vemos en una fotografía puede ayudar a entender lo que está en la imagen". Y denuncia la degradación que sufren los medios de comunicación: "En estos momentos, la audiencia es la reina y por ella es lícito hasta matar a tu abuela. Los medios tienen gran parte de responsabilidad en esto, aunque es necesario preguntar quién mueve sus hilos. Siempre hay detrás un banco o un gobierno. ¿Un periódico independiente? ¿Una radio libre? ¿Una televisión objetiva? Eso no existe. Esta mezcla, la telebasura y los medios dependientes, provocan que la sociedad esté gravemente enferma". Y, afirmado en su relativismo, concluye: "La verdad no existe. Existen verdades prácticas, verdades útiles en un momento determinado".

Se inaugura la biblioteca de su casa en Tías, Lanzarote, en verano, con una fiesta cultural en la que baila María Pagés.

Se desplaza a Turín y a Milán a mediados de septiembre, donde asiste al estreno de la ópera de Azio Corghi *El disoluto absuelto* en el Teatro alla Scala de Milán.

Llega a San Sebastián el día 23 para desempeñar labores de jurado del Festival de cine de la ciudad, presidido por Jean Moreau.
   Durante su estancia en la capital donostiarra, vuelve a reivindicar en los medios "un pacto de no agresión entre el Islam y el Cristianismo", al tiempo que se separa de la Alianza de Civilizaciones promovida por el Gobierno español. Censura la intolerancia que afecta a parte del islamismo y, volviéndose hacia la Historia, recuerda el fanatismo que azotó a la civilización occidental: "Sucede que tenemos mala memoria. Lo

José Saramago en la biblioteca de su casa en Lanzarote, 2006.
Fotografía: Kepa Herrero. Archivo Fundación José Saramago

que ellos hacen ahora es lo que la Inquisición hizo en el pasado, que no era otra cosa
que una organización criminal que quemaba personas por cuestiones religiosas o de
sexo". Y sentencia que "quien mata en nombre de Dios se convierte en un asesino". Con
sus opiniones, interviene en la polémica provocada por un discurso del Papa Benedicto
XVI en el que, a juicio de los musulmanes, se había referido ofensivamente al profeta
Mahoma. Sus declaraciones surgen también en medio del debate abierto en Alemania
y en otros países europeos sobre la libertad de expresión, la autocensura y las presio-
nes de sectores islámicos radicales.

Participa en el VII Congreso Internacional de Ontología celebrado en San Sebastián
entre el 2 y el 6 de octubre. Coordinado por Víctor Gómez Pin bajo el denominador "De
la caverna platónica a Internet: lo real y lo virtual", incorpora una conferencia ex-
traordinaria del escritor titulada "La caverna".

Acepta formar parte del comité asesor de Baketik, un centro de paz impulsado por
los franciscanos de Arantzazu, dirigido por Jonan Fernández, que se inaugurará oficialmente el día 14 en Oñate (Guipúzcoa).
    Saramago defiende el proceso de paz en el País Vasco mediante una salida dialogada
al conflicto: "El alcohol y la violencia emborrachan", aseverará, al tiempo que aporta
su visión sobre el arraigo de la violencia en el ser humano: "La humanidad nunca ha
sido educada para la paz, sino para la guerra y el conflicto. El *otro* siempre es poten-
cialmente el enemigo. Llevamos miles y miles de años en esto. En una conferencia, es-
cuché una vez una frase que tiene sentido: 'El *otro* existe, soy yo', porque también
somos el *otro* del otro".

A través de la Cátedra Libre José Saramago, la Facultad de Filosofía y Humanidades de
la Universidad Católica de Córdoba (Argentina) organiza el II Foro Saramaguiano
de Teoría y Crítica Literarias del 19 al 21 de octubre.

Presenta la traducción francesa de *Ensayo sobre la lucidez*, publicada por su editorial en Francia, Éditions du Seuil, en octubre en París.

Recibe el Premio Dolores Ibárruri el día 25 en Madrid.

Preside el jurado de la primera edición del Premio Luso-Español de Arte y Cultura, instituido por los gobiernos de España y Portugal para intensificar las relaciones culturales y reconocer la labor de individuos o entidades que contribuyan a reforzar los lazos entre los dos países en el ámbito de la creatividad. La distinción recae sobre José Bento. El jurado del concurso está integrado por José Saramago, Álvaro Siza Vieira y José Adriano de Carvalho, por parte de Portugal; y Clara Janés, José Luis Borau y Carlos Hérnandez Pezzi, por España.

Caminho publica *Las pequeñas memorias*, que, en un principio, iba a denominarse *El libro de las tentaciones*. Se conservan veintinueve páginas con notas preparatorias para ese eventual libro, fechadas en julio de 2001 —en el documento hay una referencia de Saramago que dice: "Arranque del libro que nunca existió"—, que coinciden con contenidos desarrollados en *Las pequeñas memorias*. En varias crónicas de *El equipaje del viajero*, trata episodios de su infancia que trasladará a este nuevo título.

En 1998, anticipando la obra y queriendo subrayar su importancia, había reconocido su interés en reconstruir el niño que fue y darle visibilidad, por su alcance vital: "Lo que quiero es recuperar, conocer, reinventar el niño que fui […] pienso que el padre de la persona que soy es ese niño que fui. Están el padre biológico y la madre biológica, pero yo diría que el padre espiritual del hombre que soy es el niño que fui".

Se trata de un proyecto madurado durante un largo periodo de tiempo —más de veinte años— cuya ejecución fue dilatando, que le producirá gran satisfacción personal: "Me da una especie de alegría muy íntima haber escrito este libro por haber dejado constancia en él de algunas personas que, de otra forma, no quedarían en ninguna parte: mi tía Maria Elvira, mi tío Francisco Dinis o mi primo José Dinis". El texto le sirve para exhumar y poner en orden un tiempo germinal de su vida, idealizado, al que nunca renunciaría, como manifestará en una entrevista concedida a Gema Veiga a comienzos de 2007: "Si tú me preguntas qué certezas he traído después de escribir mis memorias, te diré que me he traído una: que, si pudiera, lo viviría todo otra vez, exactamente como lo viví. Y mira que no ha sido una infancia feliz. Pero yo querría repetirlo todo. Todo, todo, todo… Pero, claro, con los mismos: con la abuela, con el abuelo, con los tíos, con los primos, con mi amigo José Dinis… peleándome con sus celos interminables. ¡Se ponía furioso con eso de las chicas! Sí. Esa es la única certeza. Lo viviría todo otra vez. Pondría los pies en los mismos lugares donde los he puesto. Volvería a caer como los niños caen. Volvería a encontrar el primer sapo, a bañarme en el río Almonda de mi aldea, y eso que al ser río de planicie nunca tuvo las aguas del todo límpidas. ¡Pero cuánto me gustaba!".

El lanzamiento de la edición portuguesa de *Las pequeñas memorias* se lleva a cabo en Azinhaga, su pueblo natal, coincidiendo con su 84 cumpleaños, el 16 de noviembre, en un acto popular multitudinario que le llenará de satisfacción y emoción. Así lo recordaría en 2006: "Fui a mi pueblo, en el que nací hace una cantidad de años, a presentar ese pequeño libro de memorias. El pueblo tiene dos mil habitantes y en la presentación estaban, al menos, mil quinientos. Había casas que quedaron sin gente. La idea de presentar un libro de un hombre ya mayor, de 84 años, que había vivido en ese pueblo hace setenta y muchos años, que vivió allí con sus abuelos y sus padres, pero sobre todo con sus abuelos, que andaba sin zapatos… Tal vez son cosas que se podrían olvidar, pero, en mi caso, no olvidar ha sido algo natural. No he querido ni recordar ni olvidar. El pasado es pasado, pero se mantuvo en mi cabeza, en mi memoria. Y, por lo tanto, regresar al pueblo en estas circunstancias y con mil quinientos vecinos, algunos de ellos que no saben ni leer, con muchos chicos corriendo de un lugar a otro, la banda filarmónica y el grupo folklórico bailando, el hecho de que las mujeres limpiaron y encalaron una gran nave industrial e hicieron comida para mil quinientas personas [es un recuerdo inolvidable]".

Imágenes de José Saramago en su pueblo natal, Azinhaga, durante el multitudinario acto de presentación de *Las pequeñas memorias*, noviembre, 2006. Archivo Fundación José Saramago

A propósito del libro, en el que recoge sus recuerdos de infancia hasta los dieciséis años, ha dicho: "Imaginemos que no fuera Premio Nobel, incluso que no fuera escritor, y que por un capricho a estas alturas de mi vida decido ponerme a recordar lo que fui de niño. Eso es el libro. En el fondo, he hecho lo que cualquiera puede hacer. Recordar, con más o menos precisión. En fin, soy escritor y me dieron el Nobel, pero aquel niño no sabía nada de eso y lo que he intentado es no mezclar una cosa con la otra. He intentado ser lo más fiel posible a mi propia memoria, y aunque la memoria no es de fiar, esos recuerdos han estado conmigo toda mi vida".

Portada de *Las pequeñas memorias*, Lisboa, Editorial Caminho, 2006

En la obra —"las memorias pequeñas de cuando fui pequeño, simplemente", como él mismo resume—, renuncia a hacer literatura, para contar con sensibilidad sus recuerdos permanentes de infancia, una época de su vida que marcó su personalidad, como ha confesado: "El libro tiene un epígrafe que viene de un libro que me inventé, *Libro de los consejos*: 'Déjate llevar por el niño que has sido'. Si no hubiera vivido aquella infancia no sería exactamente éste que soy. Algunos puntos significativos de mi forma de ser son los de aquel niño [...] Me quedé siempre muy atado al niño que fui, y ahora me ha sorprendido la cantidad de recuerdos que tenía de aquella época. El libro me ha hecho sufrir un poco. Pero al final también hubo alivio".

Las pequeñas memorias han sido traducidas al alemán, árabe, catalán, español, francés, holandés, húngaro e italiano.

Se hace una lectura teatral a dos voces —José Saramago y Gael García Bernal— de *Las intermitencias de la muerte* en el Teatro Diana de Guadalajara (México) el 29 de noviembre, dentro de los actos de la Feria Internacional del Libro de Guadalajara (FIL), presentándose de este modo la edición española de Alfaguara para América Latina.

Durante la FIL, imparte la conferencia "Un portugués en Andalucía", en el marco de un homenaje tributado a Francisco Ayala, y toma parte en la mesa redonda "El escritor como referente político", acompañado de Nadine Gordimer, Elena Poniatowska y Tomás Eloy Martínez.

El Fondo de Cultura Económica y la Cátedra Alfonso Reyes publican, en México, *El nombre y la cosa*, que recoge tres de sus conferencias pronunciadas en la Cátedra del Tecnológico de Monterrey —"El nombre y la cosa", "El despertar de las democracias ciegas" y "Descubrámonos los unos a los otros"—. En los textos, recoge algunas de sus ideas políticas centrales, denunciando el vaciamiento de la democracia, las desigual-

dades, la vulneración sistemática de los derechos humanos, el poder de las finanzas y los conglomerados empresariales… Censura también el desajuste entre el lenguaje y la realidad de los hechos.

Firma ejemplares del libro en la Librería Rosario Castellanos del Fondo de Cultura Económica en México D.F.

Viaja a Patras (Grecia), Ciudad de la Cultura 2006, para participar en un festival en torno a la infancia y la cultura a mediados de diciembre. Emilio Aragón dirige a la orquesta de Tesalónica, que interpreta, entre otras piezas del compositor, la partitura de *La flor más grande del mundo*. José Saramago y Pilar del Río, junto a la actriz griega Athina Maximou, participan como narradores del cuento.

2007 **Luis** Pastor da a conocer el disco *En esta esquina del tiempo*, en el que se musican poemas de Saramago, el 17 de enero.

Presenta la edición española de *Las pequeñas memorias*, traducida por Pilar del Río, en Madrid el día 25.

Recuerda que recibió educación de una "familia de analfabetos, que [le] inculcaron valores", y asegura que perviven en él los sentimientos de infancia: "Lo que cuento en el libro son recuerdos permanentes que siguen en mí, no son memorias, es algo que acabo de vivir, que acabo de sentir o de experimentar", precisando que se trata de "cosas que están ocurriendo ahora, como la pasión y el arraigo que siento por la naturaleza, por los animales, por el río que pasa, por la ascensión a los árboles o por la caza de renacuajos". Y no duda en remitir su identidad a los orígenes de infancia: "Reviviría el frío, el hambre, y todo lo que sentí entonces porque sería la única forma de volver a ser quien soy".

En su comparecencia ante la prensa, alza la voz para responder que no se puede ser optimista en la época en la que vivimos: "Estamos hundidos en la mierda del mundo y no se puede ser optimista. El que es optimista o es estúpido o es millonario y le importa un pepino lo que ocurra a su alrededor". Una convicción que le conduce a mostrar su desconfianza en la capacidad de la escuela para educar: "Instrucción es trasmitir conocimientos y educación es inculcar valores, y la escuela no puede y no tiene medios para educar".

El Ayuntamiento de Tías, el municipio de Lanzarote donde reside desde 1993, organiza un acto en torno a *Las pequeñas memorias* el 3 de febrero, en el que interviene el escritor y canta Luis Pastor.

Pondrá en relación su aldea natal con Lanzarote en sus declaraciones a los medios: "En mi pueblo no había camellas, como en Lanzarote, pero aquella gente trabajaba tan duro como se trabajaba aquí". Comparando el pasado de ambos lugares, apunta que "en el fondo, estamos hablando de la presencia del hombre, del ser humano en la tierra, en el trabajo, en la pobreza infinita, que aquí también se conoció".

Comienza *El viaje del elefante* en febrero. Escribe unas cuarenta y cinco páginas y luego lo interrumpe por problemas de salud en mayo. No lo reanudará hasta febrero de 2008.

Recibe la distinción de Hijo Predilecto de Andalucía el 28 de febrero, festividad de Andalucía, después de que el Consejo de Gobierno de la Junta hubiera acordado concedérsela el día 13. Desde la Junta, se destaca "su compromiso con el género humano" y el "estilo limpio y de gran hondura alegórica de su escritura", además de su implicación con "la crítica a los aspectos más decadentes de la sociedad actual", que se combina "con la aparición de personajes y de comportamientos excepcionales contracorriente que, según el escritor, son los que hacen que el mundo sea habitable". Saramago muestra su satisfacción por esa vinculación con la tierra de su esposa y manifiesta: "Hoy es como si mi patria se hubiera ensanchado".

De la mano del director artístico de la Godlight Theater Company, se lleva a escena su novela *Ensayo sobre la ceguera* en Nueva York el 7 de marzo.

Es investido Doctor *Honoris Causa* por la Universidad Autónoma de Madrid el día 15, tras haber sido acordado su nombramiento en el Consejo de Gobierno el 6 de octubre de 2006.

En su discurso, se referirá a la importancia de la alegoría en el último ciclo de su obra, iniciado con *Ensayo sobre la ceguera*, advirtiendo que "lo que podría haber sido descrito con las técnicas de la novela realista, pasó a ocultarse por detrás de los velos de la alegoría para así volverse más visible".

Forma parte del jurado de los Premios Internacionales Terenci Moix de Literatura, Cinematografía y Artes Escénicas reunido el 17 de marzo.

Dirigido por Juan Pablo Etcheverry, con música de Emilio Aragón y basado en el cuento homónimo de Saramago, se presenta el corto de animación *La flor más grande del mundo* el día 20 de marzo en La Coruña.

Se pone en escena la pieza de música de cámara *Por el canto se conoce al ave* [*Pelo canto se conhece a ave*] en Helsinki la segunda quincena de marzo. Se trata de un musical sobre Baltasar y Blimunda, a partir de fragmentos procedentes de *Memorial del convento* y de música de Domenico Scarlatti. En la obra, creada y dirigida por Lisbeth Landefort, intervienen, además de una voz recitadora, Elina Mustonen —tocando el clavicordio—, la soprano Sirkka Lampimäki, y la bailarina Lili Dahlberg. El escritor viaja a Finlandia para asistir al estreno el 25 e impartir una conferencia en la Universidad de Helsinki dos días después.

El espectáculo se trasladará a Madrid el 16 de noviembre para celebrar el 85 cumpleaños del Premio Nobel; a Lisboa, el 18 de noviembre; y a Lanzarote, el 13 de enero de 2008.

Concluye la escritura del texto "Las siete palabras del hombre" ["As Sete Palavras do Homem"] en abril. Responde a un encargo de Jordi Savall para acompañar su grabación de la versión orquestal de *Las siete últimas palabras de Cristo en la cruz* de Joseph Haydn, dirigiendo la orquesta Le Concert des Nations. El texto de Saramago, en el que humaniza a un Jesús crucificado que sufre y tiene miedo, se reproduce en la carpetilla que acompaña al

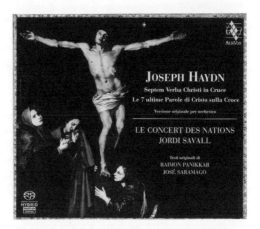

Portada del CD *Las siete últimas palabras de Cristo en la cruz*, de Joseph Haydn, en versión de Jordi Savall, Alia Vox, 2007. Archivo Fundación José Saramago

disco. *Las siete últimas palabras de Cristo en la cruz* es una partitura encargada al compositor vienés por la Hermandad de la Santa Cueva de Cádiz en 1785. En su momento, constituyó un reto, pues se trataba de crear un "oratorio sin palabras", en siete movimientos lentos (sonatas), que sirvieran de contrapunto musical a las palabras leídas de los Evangelios.

La Universidad Autónoma de Barcelona y el Instituto Camões crean la Cátedra José Saramago en mayo, con el propósito de fomentar la cultura, la lengua y la literatura portuguesas en Cataluña, así como la traducción y la investigación.

Forma parte del jurado del Premio Reina Sofía de Poesía Iberoamericana, que, reunido el día 10, reconoce la obra de Blanca Varela.

Viaja a Estambul entre el 14 y el 18 de mayo. Interviene, entre otros lugares, en el Instituto Cervantes.

Asiste al Ciclo Lecciones y Maestros en la sede de la Fundación Santillana, en Santillana del Mar (Cantabria), los días 11, 12 y 13 de junio. Participan, además, Carlos Fuentes y Juan Goytisolo. Con este acto, se inauguran los Cursos de Verano de la Universidad Internacional Menéndez Pelayo en Santander.

Saramago alude a la literatura, pero habla, sobre todo, de cuestiones sociopolíticas. Critica con dureza a la izquierda: "No tenemos leyes de izquierda" asevera, para concluir que "ya no hay gobiernos socialistas, aunque se llamen así los partidos que están en el poder". Valora negativamente el comportamiento de la izquierda contemporánea:

"Antes nos gustaba decir que la derecha era estúpida, pero hoy día no conozco nada más estúpido que la izquierda". Reclama contrarrestar con la protesta a los poderes que determinan el mundo y gritar contra el engaño para cambiar la vida, al tiempo que muestra su temor por la posibilidad de que regrese el fascismo.

Instalado en su pesimismo y escepticismo habituales, además de exponer su convicción de que "nos gobiernan poderes no democráticos", asegura que "caminamos hacia el abismo y tenemos una clara conciencia de ello", y que todos tenemos motivos para decir que "no somos nada más que un montón de rellenos y vacíos", que "vivimos con una terrible mala conciencia", porque "sabemos que no deberíamos vivir así". "El mundo es un horror; la vida, un desastre", asevera. No obstante, advierte que su escepticismo no implica renuncia: "Hay que decir: no estoy de acuerdo. El escepticismo no es resignación. Yo nunca me resignaré".

Se crea notarialmente la Fundación José Saramago en Lisboa en junio, no sólo con el propósito de promover la conservación, estudio y conocimiento de su obra, sino también de intervenir social y culturalmente, de impulsar acciones a favor del medio ambiente y de contribuir a la promoción activa de los derechos humanos.

En una declaración de principios, firmada el 29 de junio de 2007 por su Presidente de Honor, José Saramago, dirigida a los patronos, expone como voluntad: "a) Que la Fundación José Saramago asuma, en sus actividades, como norma de conducta, tanto en la letra como en el espíritu, la Declaración Universal de los Derechos Humanos, firmada en Nueva York el día 10 de diciembre de 1948; b) Que todas las acciones de la Fundación José Saramago estén orientadas a la luz de este documento que, aunque lejos de la perfección, es, aun así, para quien se decide a aplicarlo en las diversas prácticas y necesidades de la vida, como una brújula, que, incluso no sabiendo trazar el camino, siempre apunta al Norte; c) Que en la Fundación José Saramago merezcan especial atención los problemas del medio ambiente y del calentamiento global del planeta, que alcanzarán niveles de tal gravedad que ya amenazan escapar a las medidas correctoras que comienzan a esbozarse en el mundo". Y concluye: "Si bien que, por sí sola, la Fundación José Saramago no podrá resolver ninguno de estos problemas, sí deberá trabajar como si para eso hubiera nacido. Como se ve, no os pido mucho, pero os pido todo".

Unos meses más tarde, la Fundación José Saramago será reconocida oficialmente por el gobierno portugués, tal y como consta en el *Diário da República* de 25 de febrero de 2008.

Sobre el propósito de la institución que lleva su nombre, declararía un mes más tarde: "Dentro de sus funciones está el cuidado de mi obra. Pero, junto a mi esposa, quien la preside, queremos que la Fundación intervenga en la vida. Será una pequeña voz, lo sé, no podrá cambiar nada, también lo sé. Pero queremos que funcione como si hubiese nacido para cambiarlo todo".

La Universidad de Roma Tres crea la Cátedra José Saramago.

Pilar del Río le hace una exhaustiva entrevista en la revista argentina *Contrapunto* —número de julio-septiembre—, en la que el escritor se extiende sobre América del Sur y América Central, cuestiona la denominación Latinoamérica porque "ignora deliberadamente la multiplicidad y la diversidad étnicas que componen el mosaico sudamericano" y se pronuncia sobre el presidente de Venezuela, Hugo Chávez: "Chávez tiene cara de indio y eso es siempre sospechoso. Y como no es un indio obediente, sólo puede ser el indio malo. Chávez es el cimarrón que se escapó y a quien ahora persiguen los matones con sus jaurías. Pero Chávez no es de los que se venden. Hay que darle las gracias al menos por eso".

Asimismo hace consideraciones sobre el orden mundial: "Había que averiguar cómo el *capitalismo autoritario* que nos rige (la expresión es mía) va en cada momento decidiendo sobre lo que más le conviene y cómo reúne y organiza los medios para conseguirlo. Sería una gran equivocación nuestra si pensáramos que ellos se contentan con ganar dinero. El dinero no da todo el poder y ellos quieren todo el poder".

Junto a Laura Restrepo, participa en el encuentro literario "Elogio de la lectura" el 9 de julio en Bogotá, en torno al tema del libro como instrumento de paz. El acto, organizado por la alcaldía de Bogotá, es celebrado en el Teatro Jorge Eliécer Gaitán dentro de las actividades programadas en el contexto del evento Bogotá Capital Mundial del Libro 2007.

José Saramago y Pilar del Río el día de su boda en Castril (Granada), en un acto de renovación de votos, 16 de julio de 2007. Fotos: Agencia EFE

En sus comparecencias ante los medios, opina sobre las circunstancias sociales y políticas de Colombia: "Quizá la posibilidad de que cambie esta situación es que la sociedad civil colombiana intervenga. El primer paso es salir de la aparente apatía en que se encuentra. Moverse, conmoverse. El día en que la tierra colombiana empiece a vomitar sus muertos, esto quizá pueda cambiar. No los vomitará materialmente, claro, sino en el sentido de que los muertos cuenten. Que vomite sus muertos para que los vivos no hagan cuenta de que no está pasando nada".

Como había hecho en Santillana del Mar apenas un mes antes, insiste en criticar a la izquierda: "Hoy no veo nada más estúpido que la izquierda", repetirá, "sufre una especie de tentación maligna, que es la fragmentación. Unos enfrentados a otros, por grupos, por partidos, por opciones. Viven en medio de la confusión porque son conscientes de que el poder se les escapó. Hay una tentación autoritaria en muchos. De los ideales, no queda nada". Resumiendo su filosofía, defiende que "no cambiaremos la vida, si no cambiamos de vida. Hay que perder la paciencia".

Abre una polémica sobre el papel de las mujeres, al sostener que le preocupa cuando alcanzan el poder porque, en ocasiones, pierden rasgos positivos como la objetividad, la solidez y la sensatez, que las diferencian del género masculino. Justificará su juicio aduciendo que "hay tres sexos: femenino, masculino y poder". "El poder cambia a las personas", sentencia.

En una entrevista publicada en *Diário de Notícias* el día 15, declara que, a su juicio, Portugal acabará integrándose en España administrativamente, aunque no culturalmente: "No dejaríamos de hablar portugués, no dejaríamos de escribir en nuestra lengua y, ciertamente, con diez millones de habitantes tendríamos mucho que ganar en desarrollo si adoptamos ese tipo de aproximación y de integración territorial, administrativa y estructural". Sugiere, asimismo, que España debería cambiar su nombre, pasándose a denominar Iberia: "Si España ofende nuestro orgullo, es una cuestión que se puede negociar". Sus palabras alcanzan gran resonancia en la Península Ibérica y generan una encendida polémica, sobre todo en su país.

La Universidad de Granada crea la Cátedra José Saramago.

En un acto de renovación de votos, se casa con Pilar del Río en Castril el 16 de julio.

La Alcaldía Mayor de Bogotá publica el opúsculo *Palabras para un mundo mejor*, en el marco de las actividades organizadas con motivo de la celebración Bogotá Capital Mundial del Libro 2007. Se recogen cuatro textos de Saramago: "De cómo el personaje fue maestro y el autor aprendiz" —discurso pronunciado con ocasión de la recepción del Premio Nobel de Literatura—, "Reivindicación de los derechos humanos", "Nuestro libro de cada día", y "Este mundo de la injusticia globalizada".

José Saramago y el director de cine Fernando Meirelles, Lisboa, 2007. Archivo Fundación José Saramago

El director de cine Fernando Meirelles trabaja en la adaptación cinematográfica de *Ensayo sobre la ceguera*.

Recibe el Premio *Save the Children* en Madrid en septiembre, junto con Graça Machel, Jane Fonda y Anne Sofie Mutter, por su contribución a la defensa de los derechos de la infancia.

Participa en el jurado del Premio Literario José Saramago que recae en Walter Hugo Mãe por su novela *O Remorso de Baltazar Serapião*.

Viaja a Argentina para asistir a la reunión del jurado del Premio Clarín de novela en octubre. Con las Madres y las Abuelas de Mayo, visita el Memorial dedicado a los desaparecidos de la dictadura. Regresa a España el día 10 de noviembre muy debilitado por una neumonía, debiendo ingresar en un hospital de Madrid.

Coincidiendo con su 85 aniversario y con el 25 de *Memorial del convento*, abandona por unas horas el centro hospitalario y asiste a un concierto en su honor celebrado en el Centro Conde Duque el día 16 —día de su cumpleaños— que, bajo el lema "De la música y de la literatura: Domenico Scarlatti y José Saramago", reproduce el espectáculo musical puesto en escena en Helsinki en el mes de marzo. Dos días más tarde, se representa en Lisboa, donde también se organizan actos conmemorativos sin la presencia del homenajeado.

Vista general del montaje de la exposición *José Saramago. La consistencia de los sueños*, Fundación César Manrique, Lanzarote, noviembre, 2007. Fotografía: Adriel Perdomo. Archivo Fundación César Manrique

Con la presencia del ministro de Cultura de España y el embajador de Portugal, la Fundación César Manrique (FCM) inaugura la exposición de gran formato *José Saramago. La consistencia de los sueños*, el 23 de noviembre en Lanzarote, dedicada a su vida y su obra literaria, comisariada por Fernando Gómez Aguilera y producida por la FCM. Apoyada en una

José Saramago, Pilar del Río y Fernando Gómez Aguilera. Fotografía: Adriel Perdomo. Archivo Fundación César Manrique

Fernando Gómez Aguilera, José Saramago y César Antonio Molina, ministro de Cultura de España. Detrás, José Juan Ramírez, presidente de la Fundación César Manrique. Fotografía: Adriel Perdomo. Archivo Fundación César Manrique

fuerte componente multimedia que incorpora soportes digitales y audiovisuales, además de obras de arte de la colección del escritor, recoge inéditos descubiertos durante el periodo preparatorio de la muestra, abundantes manuscritos, primeras ediciones, material documental, agendas personales, periódicos, cuadernos de notas, audiovisuales, traducciones… hasta más de un millar de documentos, constituyendo la muestra más completa realizada sobre el autor portugués.

La Fundación lanzaroteña abre también al público una nueva sala expositiva en Arrecife a la que da el nombre del Premio Nobel. Al acto, que congrega autoridades nacionales y amigos de distintos países, Saramago acude muy debilitado en silla de ruedas. En una comparecencia ante los medios de comunicación, valorará la iniciativa positivamente: "Si yo fuera rey y por un motivo u otro no hubiera sido coronado, la coronación, si la merezco, sería esta exposición".

La muestra itinerará con posterioridad a Portugal y Brasil.

Vistas generales del montaje de la exposición *José Saramago. La consistencia de los sueños*, Fundación César Manrique, Lanzarote, noviembre, 2007. Fotografía: Adriel Perdomo. Archivo Fundación César Manrique

Vista general del montaje de la exposición *José Saramago. La consistencia de los sueños*, Fundación César Manrique, Lanzarote, noviembre, 2007. Fotografía: Adriel Perdomo. Archivo Fundación César Manrique

Detalle de una de las videoproyecciones generadas por ordenador del artista Charles Sandison, expresamente realizadas para la exposición *José Saramago. La consistencia de los sueños*, Lanzarote, 2007. Fotografía: Adriel Perdomo. Archivo Fundación César Manrique

Su obra de teatro *In Nomine Dei*, una crítica a la intolerancia y el fanatismo religiosos, se representa en el Centro Andaluz de Teatro (Sevilla) en el mes de diciembre, dirigida por José Carlos Plaza y producida por el propio CAT. Se llevarán a cabo más de cincuenta puestas en escena en toda Andalucía.

Después de trece años de afrentas y coincidiendo con el 25 aniversario de *Memorial del convento*, el Ayuntamiento de Mafra le concede la Medalla de Mérito Municipal. El escritor acepta la distinción "en nombre del pueblo de Mafra".

Ingresa en un hospital de Lanzarote el 18 de diciembre, aquejado nuevamente de una neumonía de la que no se había recuperado bien. Evolucionará con múltiples y graves complicaciones, hasta el punto de ponerse en peligro su vida. Permanecerá hospitalizado poco más de un mes.

2008 La Asociación de la Prensa de Sevilla le nombra Socio de Honor.

La exposición *José Saramago. La consistencia de los sueños* se clausura en la Fundación César Manrique el 20 de enero. En dos meses, se computaron 40.000 visitas.

Recibe el alta hospitalaria y regresa a casa el día 22 pesando 51 kilos: "Era una sombra", reconocerá. Meses más tarde, en una entrevista de Juan Cruz, rememorará la experiencia límite vivida durante su hospitalización y subrayará la serenidad con que abordó el dramático proceso: "Durante la hospitalización [ocurrida a finales de 2007 y comienzos de 2008], pensé que estaba realmente malo, en un estado deplorable, pero tenía mucha confianza en mis médicos, en los que me cuidaron. Sin embargo, en fin, en mis horas de soledad, que, en el fondo, eran casi todas, aunque Pilar siempre estaba a mi lado, admití como algo bastante natural que no saliera de aquello. O, peor, que saliera para irme al otro lado… Ahora bien, lo que para mí ha sido sorprendente ha sido la serenidad, la tranquilidad con que acepté sin miedo y sin angustias la hipótesis de no sobrevivir a la enfermedad. Y esa serenidad y esa tranquilidad no es que me hayan reconciliado con la idea de la muerte, porque uno no ha de reconciliarse con la idea de la muerte, pero me ha ayudado a contemplar ese hecho como algo natural. Y además, ineluctable, no podía hacer nada contra ella. Puedes armarte de la fuerza que encuentras en ti para no ceder al pánico, al miedo, a la angustia de un posible final, y que además lo estés viviendo…".

Será relativamente frecuente que aluda a su experiencia de la enfermedad en sus intervenciones en la prensa, refiriéndose a sus sensaciones y alucinaciones e interpretándolas: "Durante un tiempo, tal vez unas horas, un día o dos, se me presentó, por ejemplo, una imagen con un fondo negro y cuatro puntos blancos formando un cuadrilátero irregular. Eran brillantes como si fuesen cuerpos celestes en el espacio. Tuve la certeza de que yo era esos cuatro puntos. No fue un efecto de la imaginación. Vi y supe que yo era aquellos cuatro puntos. Y tengo que decir que en absoluto me perturbó. Para ser franco, hasta me apena haberlos dejado de ver. No había trazos fisonómicos, apenas la conciencia de que podía estar reducido a esos cuatro puntos, que la complejidad física y mental del ser humano se podría reducir a esos cuatro puntos que ni siquiera eran regulares. Es una especie de despersonalización extrema. Yo había dejado de ser quien pensaba que era, al mismo tiempo que me reconocía en esos cuatro puntos. Cómo es que eso se produjo, no me pregunten". Asimismo, se referirá a las pesadillas que lo perturbaron en distintos momentos: "Una noche, en la clínica, en medio de las pesadillas más horribles que había tenido en toda mi vida, ocurrió que yo la llamaba a gritos [a Pilar], pero eran gritos dentro de mi cabeza. [Ningún sonido salía de la boca]". Una experiencia de la que procurará pasar página: "He tenido sueños absolutamente terroríficos, las peores pesadillas de mi vida, que olvidaría si pudiera. Nunca las recrearía en público".

Al día siguiente de abandonar el hospital, retoma la escritura de *El viaje del elefante* "con la mayor naturalidad", en sus propias palabras. Los dos primeros días los dedica a la corrección de lo escrito —unas cuarenta páginas— y al tercero ya avanza en la historia. En una entrevista publicada en octubre de 2008 en Brasil, comentará: "Es conocido que pasé por una enfermedad muy grave. Tuve que interrumpir la escritura del libro [*El viaje del elefante*]. Me ingresaron en un hospital, pero veinticuatro horas después de regresar a casa, ya estaba sentado escribiendo. Entre finales de febrero y agosto, no paré. Se puede concluir que retomé mis hábitos de siempre: disciplina, trabajo regular y un poco de obstinación". Un mes más tarde insistiría: "Comencé el libro en febrero de 2007 y, hasta mayo, escribí cerca de 40 páginas. No avancé porque mi salud empeoró. Pero, como ya me había decidido por un cierto tipo de narrativa, [cuando lo retomé] no se produjo ninguna alteración en el estilo […] Es como si hubiese otro que escribiera por mí".

Interrogado sobre si fue la literatura la que lo salvó, responderá: "No. Lo que pasa es que nosotros tenemos siempre esa preocupación de que algo nos salve la vida, de que resuelva las grandes cuestiones y, si fuera posible, las pequeñas. La literatura no nos salva. Para mí, y lo he dicho muchas veces para sorpresa de ciertas personas, escribir es un trabajo. Por consiguiente, vistas así las cosas, a un minero tampoco sería la mina la que le salvaría la vida. Antes al contrario". Su concepción de la escritura como un trabajo, una suerte de práctica laboral obrera, forma parte de sus convicciones profundas y de su alejamiento de cualquier mística romántica: "El proceso creativo no tiene nada que ver con esa parafernalia de la inspiración, de la angustia de la página en blanco, de todo eso… Escribir —o escribir música, pintar…— es un trabajo", sostendría en mayo de 2004. Un trabajo, por otra parte, que afronta con disciplina metódica: "Normalmente no escribo más que cuatro horas por día. En fin, en ocasiones un poco más. Y siempre por la tarde. Me limito a escribir dos páginas diarias. Si, por cualquier cosa, esas dos páginas me cuestan menos trabajo, entonces puedo trabajar tres horas. Y cuando termino las dos páginas, me levanto. En ocasiones, son dos páginas muy laboriosas, que exigen mucho más tiempo. Es una regla mía desde hace muchos años", explicaba en noviembre de 2005.

Se inauguran las actividades de la Fundación José Saramago en Lanzarote con una conversación pública entre el escritor y María Kodama sobre Borges el 1 de marzo. La misma iniciativa será organizada por su Fundación en Lisboa el 20 de junio, bajo el título "¿Y si hablásemos de Borges?".

El Teatro Nacional Dona Maria II, la Fundación José Saramago y la Compañía de Teatro de Almada promueven un homenaje al escritor en Lisboa los días 15 y 16 de marzo, centrado en su relación con el teatro. En la primera jornada, se celebra una mesa redonda sobre el teatro del autor en la que intervienen Joaquim Benite, Carlos Reis, Miguel Real, Filomena Oliveira, João Brites y Carlos Fragateiro. Al día siguiente, se proyectará el documental de Rui Simões titulado *Ensayo sobre el teatro*.

El ministro de Cultura de Portugal, José António Pinto Ribeiro, se desplaza a Lanzarote el 29 de marzo para verse con el escritor.

Forma parte del jurado de los Premios Internacionales Terenci Moix de Literatura, Cinematografía y Artes Escénicas.

Viaja a Lisboa en abril, donde, el día 23, con la presencia del primer ministro de su país, José Sócrates, y de varios ministros de su gobierno se inaugura la exposición *José Saramago. La consistencia de los sueños* [*José Saramago. A Consistência dos Sonhos*],

Vítor Guía, alcalde pedáneo de Azinhaga, José António Pinto Ribeiro, ministro de Cultura de Portugal, José Sócrates, primer ministro de Portugal, y José Saramago en la inauguración de *José Saramago. La consistencia de los sueños* en el Palacio de Ajuda. Lisboa, 23 de abril de 2008.
Fotografía: Nuno Fox

José Saramago y José António Pinto Ribeiro, ministro de Cultura de Portugal, en la rueda de prensa previa a la inauguración de la exposición *José Saramago. La consistencia de los sueños* en el Palacio de Ajuda. Lisboa, 23 de abril de 2008.
Archivo Fundación César Manrique

organizada por el Ministerio de Cultura portugués en la Galería de Pintura del Rey don Luis del Palacio de Ajuda. Permanecerá hasta el 27 de julio, recibiendo 12.594 visitantes.

En la conferencia de prensa previa a la apertura de la muestra, acompañado por el ministro de Cultura, el escritor confiesa su "perplejidad" por el volumen de su trabajo, además de la fuerte impresión que le había causado el planteamiento de la misma: "Es la primera exposición del siglo XXI", señalará.

Durante la inauguración, el primer ministro, subrayará la contribución del novelista a la cultura portuguesa y al propio país: "Estoy aquí con gran placer personal, pero, por encima de todo, estoy aquí también para cumplir un deber y para afirmar públicamente, en nombre del Gobierno portugués, del Estado portugués y tengo la certeza de que interpretando el sentimiento del pueblo portugués, nuestro reconocimiento por todo lo que José Saramago ha hecho a favor del prestigio de la lengua portu-

Vista del montaje de *José Saramago. La consistencia de los sueños* en el Palacio de Ajuda. Lisboa, 23 de abril-27 de julio de 2008.
Fotografía: Nuno Fox

guesa y a favor del prestigio de Portugal. Quiero que él sepa que nos agrada, que lo estimamos y que estamos muy orgullosos de todo lo que hace por la lengua portuguesa y por Portugal […] Es con hombres así con los que se construye la Historia del país […] con los que se construye un país mejor".

Mientras permanece en la ciudad del Tajo, a lo largo de tres meses, continúa escribiendo *El viaje del elefante*.

En una larga entrevista concedida a la revista *Tabu* (Lisboa), aparecida unos días antes de abrirse la exposición en la capital lusa, Saramago se defenderá de las reacciones que su persona suscita en algunos sectores de su país, negando cualquier actitud de arrogancia por su parte: "De arrogante no tengo nada. Rigurosamente nada. Si quieren que les dé unos cuantos ejemplos de escritores arrogantes por el mundo, y en Portugal también, puedo dárselos. No encajo en ese molde. ¿Austero? La austeridad de carácter no es defecto, por el contrario. ¿Duro? ¡Soy un sentimental! ¿Cómo pueden decir que soy duro? Pero, sí, soy realmente duro, seco, tan objetivo como puedo cuando se trata de discutir ideas, opiniones. Que, en conjunto, eso forme una imagen tan negativa que haga que no les guste a las personas… ¿Qué puedo hacer? No se puede gustar a todo el mundo".

El Festival de Cine de Cannes arranca con la película *Blindness* el 14 de mayo, una adaptación de la novela *Ensayo sobre la ceguera* llevada a la pantalla por el director brasileño Fernando Meirelles. Es una coproducción canadiense-brasileña, con un 60% de financiación japonesa y actores estadounidenses, canadienses, brasileños y mexicanos, además de figurantes uruguayos.

Cuatro días más tarde, Meirelles y los productores del filme ofrecen un pase privado en el cine San Jorge (Lisboa) al que asiste José Saramago.

En Brasil, se estrenará en septiembre con el título *Ceguera* [*Cegueira*] y en la capital lusa, el 13 de noviembre, denominándose *Ensayo sobre la ceguera*. En España, *A ciegas* se podrá ver a partir de marzo de 2009.

Forma parte del jurado del Premio Reina Sofía de Poesía Iberoamericana, que, a comienzos de mayo, reconocerá la obra de Pablo García Baena.

Se inaugura la extensión local de la Fundación José Saramago en Azinhaga el 31 de mayo.

Una antigua casa de dos plantas sirve para acoger un pequeño museo y un café-biblioteca. En el piso superior se muestran algunos documentos gráficos y literarios, entre ellos el original de *Las pequeñas memorias*, el libro en que Saramago cuenta su niñez y sus andanzas en la aldea. Particular referencia merece la cama de los abuelos del escritor —citada en varios escritos y en el discurso de recepción del Premio Nobel—, a la que Jerónimo y Josefa se llevaban, para darles calor con sus cuerpos, a los lechones más débiles cuya vida podía peligrar por el frío invernal. En esa cama,

Interior de la extensión local
de la Fundación José Saramago en Azinhaga, 2008.
Archivo Fundación José Saramago

Exterior de la extensión local de la
Fundación José Saramago en Azinhaga,
2008. Archivo Fundación José Saramago

ahora recuperada, durmió cuando era niño José Saramago. La planta baja se destina a uso de biblioteca, librería y cibercafé, un lugar pensado para atender necesidades, sobre todo, de los jóvenes y de quienes, llegados al lugar, deseen saber más de la tierra donde nació el Nobel portugués.

Ese mismo día, su aldea natal se hermana con los municipios de Tías (Lanzarote) y Castril (Granada), reuniéndose así, simbólicamente, tres municipios vinculados a la historia personal del novelista.

Participa en una conversación con María Kodama y Carlos da Veiga Ferreira en torno a Borges programada por su Fundación en la Biblioteca Nacional el 20 de junio.

El 12 de diciembre, se inaugurará un memorial a Jorge Luis Borges en Lisboa con la presencia del Nobel, acompañando a la viuda del escritor argentino.

Unas semanas después, el 10 de julio, la Fundación José Saramago, con la colaboración del Ministerio de Cultura, organiza una sesión de evocación de la obra y la figura de Jorge de Sena, en el Teatro Nacional de São Carlos (Lisboa), en la que toman parte Eduardo Lourenço, Vítor Aguiar e Silva, Jorge Fazenda Lourenço, António Mega Ferreira y José Saramago, moderados por el ministro de Cultura, José António Pinto Ribeiro. Al final, la Fundación ofrece a cada uno de los participantes un estuche cargado de simbolismo. Dentro se guardan unas llaves que encarnan metafóricamente las que deberían abrir las puertas necesarias para que Jorge de Sena (Lisboa, 1919-California, 1978) regresase definitivamente a su país, algo que ocurrirá poco tiempo después.

El 16 de julio, el pleno del Ayuntamiento de Lisboa aprueba la cesión de la Casa de los

Casa de los Bicos, futura sede de la Fundación
José Saramago en Lisboa, 2008

Bicos a la Fundación José Saramago, por 10 años, para instalar allí su sede. Se firma el protocolo de cesión entre el Ayuntamiento y la Fundación al día siguiente.

Regresa, dos días después, de Lisboa a la isla canaria donde reside.

Concluye *El viaje del elefante* en su casa de Lanzarote el 22 de agosto. La obra parte de un episodio histórico localizado en 1551, el regalo de un elefante asiático por parte del rey Juan III de Portugal a su primo el archiduque Maximiliano de Austria. Saramago reinventa el viaje épico que, por tierra y por mar, realiza el paquidermo desde Belém (Lisboa) a Viena. La ironía, el humor y el sarcasmo se amalgaman con la compasión para ofrecer, como el propio autor ha señalado, "una metáfora de la vida humana": "Lo que me llevó a este libro fue el destino del elefante, en el sentido de que, después de morir, le cortaron las patas para colocarlas a la entrada de palacio y poner en ellas los paraguas, los bastones y las sombrillas. Narrado hasta ese momento, no excluyendo ese final, sería una metáfora de la vida humana". Considerará "injusto, humillante, cruel" ese final "tan profano, tan por debajo del nivel de su epopeya": "Me pareció una injusticia enorme: ese elefante que recorrió miles y miles de kilómetros para llegar hasta Viena, sin saber por qué, ese paquidermo majestuoso que fue aplaudido por las gentes de pueblos de toda Europa a lo largo del camino […] que salvó a una niña de ser aplastada, un trayecto tan épico… que le cortaran las patas me pareció injusto, humillante, no se lo merecía. Si eso no hubiera ocurrido, no me hubiera sentido estimulado a escribir el libro". Y pondrá en relación ese sentimiento con el trasfondo de su producción: "La injusticia es uno de los motores de mi obra, el abuso de autoridad sobre el individuo. Y aquí el individuo es el elefante. Todos somos elefantes. Soñamos que gozamos de libre albedrío, pero en lo importante no lo tenemos".

No obstante, el alcance metafísico del relato, no agota la dimensión crítica de la metáfora mediante la cual el escritor, amparado en su célebre pesimismo, censura la estupidez del hombre y carga las tintas contra la Iglesia, la nobleza y el estamento militar, en definitiva, contra el poder, desmitificando las instituciones para subrayar el valor de lo marginal y lo aparentemente menor, girando así el punto de vista histórico. Saramago asume una posición cervantina, crea una gran imagen sobre la vida humana y rinde tributo a la lengua portuguesa, al gusto por el idioma y a la invención narrativa, mientras mantiene el contenido y el tono del libro al margen del grave trance de salud provocado por su enfermedad.

El Partido Comunista Portugués (PCP) le rinde homenaje en la Fiesta del *Avante!* el 6 de septiembre.

Inicia *El cuaderno de Saramago* en el *blog* de su Fundación el 17 de septiembre, donde colgará regularmente sus *posts*. Su primera entrega, dedicada a Lisboa, la titula "Palabras para una ciudad" ["Palavras para uma cidade"] y comienza así: "Removiendo unos cuantos papeles que ya tenían perdida la frescura de la novedad, encontré un artículo sobre Lisboa escrito hace unos cuantos años, y, no me avergüenza confesarlo, me emocioné. Quizá porque no se trata realmente de un artículo, es más bien una carta de amor, de amor a Lisboa. Decidí compartirla con mis lectores y amigos haciéndola pública otra vez, ahora en la página infinita de Internet, y con esta carta inaugurar mi espacio personal en este *blog*".

Imagen de la cabecera del *blog El cuaderno de Saramago*, 2008. Archivo Fundación José Saramago

A propósito del origen de sus entregas en la red, ha confesado: "Me dijeron que habían reservado para mí un espacio en el *blog* [de la Fundación José Saramago] y que tenía que escribir en él lo que fuera, comentarios, reflexiones, simples opiniones sobre esto y aquello, en fin, lo que viniera al caso". El *post* correspondiente al 15 de marzo de 2009 lo titula "Presidenta" y constituye una declaración de intenciones del escritor con respecto a la Fundación que lleva su nombre y del papel decisivo que le atribuye a Pilar del Río, su mujer, en la institución.

Reflexionando sobre los contenidos de su bitácora y sobre la naturaleza de este espacio telemático, manifestará en una entrevista publicada por el diario argentino *Clarín* en junio de 2009: "[No destino] ninguna [idea] en particular [al *blog*]. Los sismógrafos no eligen los terremotos, reaccionan a los que van ocurriendo. El *blog* es eso, un sismógrafo. Aquellos que me han leído saben que pueden encontrarse cada día ante algo totalmente inesperado". Reconoce que estos breves escritos "son hijos de la casualidad, del humor, de las ganas" y concibe su sitio *web* como "un espacio para la reflexión", por lo que tampoco debe extrañar que "ilumine a quien lo escribe".

Su presencia en la Red despierta amplio interés. En diversas entrevistas, se le pregunta su opinión sobre Internet en general y sobre la Red y su aportación al debate de ideas: "Pienso que Internet todavía no ha pasado de la superficie de un deseable debate de ideas. Todo el mundo cree tener ideas y se rechazan las jerarquías del pensamiento, que, querámoslo o no, existen. Así, el resultado es que todo es igual a todo, se confunden campos y el concepto de autoridad. Pero esta confusión es inicial, el caos es un orden por descifrar y también en la Red llegará el día que se sabrá distinguir el trigo de la paja", puntualiza en junio de 2009. Y aprovecha para advertir que "con los *blogs* se está escribiendo más, pero peor".

La traducción inglesa de *Las intermitencias de la muerte* sale al mercado editorial americano en octubre, siendo recibida con buenas críticas en *The New Yorker*, *Washington Post* y *The New York Times*.

Firma el manifiesto "Ayudemos a Cuba", suscrito por Santiago Carrillo, Gregorio Peces Barba, Federico Mayor Zaragoza y Pasqual Maragall el 8 de octubre. Ese mismo día, se celebra una sesión conmemorativa de los diez años de la atribución del Premio Nobel en el Centro de Trabajo Vitória (Lisboa), organizada por el PCP, con la presencia del escritor, Jerónimo de Sousa, Carlos do Carmo y Carmen Santos.

Asiste al preestreno de la película de Meirelles *Ensayo sobre la ceguera* en el Freeport de Alcochete (Setúbal) el 28 de octubre —al día siguiente, se hará otro preestreno en las Azores en el marco del Festival de Cortometrajes Faial Films Fest—. A pesar de sus reticencias a que sus novelas sean llevadas al cine, se muestra complacido con el trabajo del cineasta: "El resultado de la adaptación de Fernando Meirelles es más que satisfactorio. Lo considero hasta brillante. Lo esencial de la historia está allí, como sería de esperar, pero, sobre todo encontré, en la narrativa cinematográfica, el mismo espíritu y el mismo impulso humanístico que me condujeron a escribir el libro".

En el encuentro con los medios en que participa el día 27 en Lisboa a propósito de la película, además de manifestarse sobre el filme, hablará de la crisis económica mundial —que considerará un crimen contra la humanidad—, atribuyendo responsabilidades: "Los caprichos o los crímenes o los delitos de los responsables de esta crisis, que son los grandes financieros y los directores de grandes empresas y de grandes bancos, se van a socorrer con el dinero de todos. Ese dinero, que parece que debería tener otros destinos, ahora se dirigirá a salvar a los Bancos y el gran argumento es éste: sin Bancos esto no funciona. Marx nunca tuvo tanta razón como hoy", señalará.

El viaje del elefante llega a las librerías de Portugal el 6 de noviembre. La traducción en español para España y América Latina (Argentina, Chile, Uruguay, Perú y Ecuador), realizada por Pilar del Río; la versión catalana, responsabilidad de Núria Prats; y la italiana, serán lanzadas el día 16. También este mismo mes, se difundirá el libro en Angola y Mozambique, y aparecerá la edición brasileña.

Portada de *El viaje del elefante*,
Lisboa, Editorial Caminho, 2008

El origen de la historia, según confiesa el autor, está en un viaje a Salzburgo, con ocasión de una conferencia en la Universidad. En la nota final añadida a la edición, Saramago aclara la razón de su interés por el suceso: "Si Gilda Lopes Encarnação no hubiera sido lectora de portugués en la Universidad de Salzburgo, si yo no hubiera sido invitado a hablarles a los alumnos, si Gilda no hubiera organizado una cena en el restaurante El Elefante, este libro no existiría. Fue necesario que los ignotos hados se dieran cita en la ciudad de Mozart para que este escritor pudiera preguntar: '¿Qué figuras son esas?'. Las figuras eran unas pequeñas esculturas de madera puestas en fila, la primera de ellas, de derecha a izquierda, era la Torre de Belém de Lisboa. Venían a continuación representaciones de varios edificios y monumentos europeos que manifiestamente anunciaban un itinerario. Me dijeron que se trataba del viaje de un elefante que, en el siglo XVI, exactamente en 1551, siendo rey Juan III, fue conducido desde Lisboa hasta Viena. Presentí que ahí podía haber una historia y se lo hice saber a Gilda Lopes Encarnação. Ella consideró que sí, o que tal vez, y mostró su disposición para ayudarme a obtener la indispensable información histórica". Luego, completará en la prensa: "Los datos históricos sobre la existencia de este elefante caben en una página. Por lo tanto, este libro es un libro de invención continua".

A su juicio, el relato es "sobre todo, un homenaje a la lengua portuguesa". Y precisará su trabajo con el idioma: "El lenguaje está constituido por sedimentos lingüísticos. Mi impresión es que esta enfermedad trastornó el orden de esos sedimentos: algunos que estaban en el fondo pasaron a la superficie y se volvieron más conscientes. Fue una especie de revelación, como alguien que descubre que sabía más de lo que imaginaba", concluyendo que la obra está escrita "de una manera que es simultáneamente moderna y casi arcaica".

Subraya, asimismo, la relevancia que adquiere el narrador: "Lo que más caracteriza este libro es el tono narrativo, el modo de narrar. El narrador es un personaje más de una historia que no es suya. Siempre defendí la idea de que el narrador no existe. En este libro resuelvo la cuestión, por lo menos la resuelvo para mí, que es lo único que importa. Me considero autor, sí, pero autor-narrador, sin disociación. Lo asumo todo". Una fórmula conectada con su cultivo de la digresión y el zigzagueo, aprendidos en Almeida Garrett: "Esa tendencia a separarme del cuerpo central de la narrativa, a hacer un rodeo, la aprendí en Almeida Garrett. A medida que pasa el tiempo, me doy cuenta cada vez mejor de la influencia que tuvo Garrett en el escritor que yo llegaría a ser. Evidentemente está también toda la importancia del Padre António Vieira, la prosa del

Barroco... [...] La lectura de los *Viajes* tuvo mucha influencia en mí. Además, deberíamos leer más a Garrett. Por ejemplo, los *Discursos parlamentarios* [*Discursos Parlamentares*] son deslumbrantes, tanto en el lenguaje como en la articulación del raciocinio o en lo que concierne a la polémica. Son una lección de portugués de una riqueza inagotable, y poca gente los conoce".

A beneficio de la Fundación José Saramago, la editorial Caminho imprime una edición especial limitada de *El viaje del elefante* que incluye quince ilustraciones de Pedro Proença.

Modo de ler y Portugália Editora publican una edición especial de *Levantado del suelo* ilustrada con 10 pinturas de Armando Alves además de fotografías de Eduardo Nogueira sobre el Alentejo y precedida de una carta de Pilar del Río. Se lanza el día 20 en Lisboa, sumándose a los actos de conmemoración de los diez años de la concesión del Premio Nobel de Literatura al escritor portugués.

Vuela desde Lisboa a Brasil el 22 de noviembre, de donde regresará el 1 de diciembre.
    El viaje del elefante se presentará, por primera vez, en la Academia Brasileña de las Letras (Rio de Janeiro) el día 26, donde es homenajeado, y, la jornada siguiente, en Sesc Pinheiros (São Paulo), después de que el día 3 se hubiera puesto a la venta en librerías. Entrega a la Academia el primer ejemplar de una edición especial numerada del relato protagonizado por Salomón.
    Pronuncia un discurso ante los académicos en la ciudad carioca, en el que defiende la diversidad del portugués puntualizando que "hay lenguas portuguesas y no una sola lengua portuguesa. Esas lenguas son al mismo tiempo iguales y diferentes", a la vez que critica el mal uso del idioma.
    Participa en un debate el viernes 28 en São Paulo, organizado por el periódico *Folha de São Paulo* con ocasión del 50 aniversario de *Ilustrada*, el cuaderno de cultura del diario paulista. El autor de *Todos los nombres* expone su visión negativa del mundo: "La Historia de la humanidad es un desastre continuo. Nunca hubo nada que se pareciese a un momento de paz. Si todavía fuese sólo la guerra en la que las personas se enfrentan o son obligadas

José Saramago y Pilar del Río en la inauguración de la exposición *José Saramago. La consistencia de los sueños* en el Instituto Tomie Ohtake (ITO), junto a Ricardo Ohtake, director general del ITO, y el editor Luiz Schwarcz. São Paulo, 28 de noviembre de 2008. Fotografía: Denise Andrade. Archivo Instituto Tomie Ohtake

José Saramago acompañado del comisario de la exposición *José Saramago. La consistencia de los sueños* y director de la FCM, Fernando Gómez Aguilera, y Antonio Cássio dos Santos, presidente del grupo Mapfre Brasil, durante la inauguración de la muestra en las salas del Instituto Tomie Ohtake. São Paulo, 28 de noviembre de 2008.
Fotografía: Denise Andrade. Archivo Instituto Tomie Ohtake

Vista del montaje de *José Saramago. La consistencia de los sueños* en el Instituto Tomie Ohtake (ITO). São Paulo, 28 de noviembre de 2008-2 de marzo de 2009.
Fotografía: Denise Andrade. Archivo Instituto Tomie Ohtake

a enfrentarse… Pero no sólo es eso. Esta rabia que en el fondo hay en mí, una especie de rabia en ocasiones incontenida, es porque no nos merecemos la vida. No la merecemos. El instinto sirve mejor a los animales que la razón al ser humano". Después de declararse un "comunista hormonal", explica el origen de su vinculación al marxismo: "Desde muy joven tuve consciencia de que el mundo estaba equivocado. No importa aquí cuál fue el grado de mi militancia todos esos años. Lo que importa es que el mundo estaba equivocado y que yo quería hacer cosas para cambiarlo. El espacio ideológico y político en el que esperaba encontrar algo que confirmase esa idea fue, está claro, la izquierda comunista. Para ahí fui y ahí estoy".

Se inaugura la exposición *José Saramago. La consistencia de los sueños* con la presencia del autor en el Instituto Tomie Ohtake de São Paulo el 29 de noviembre. Permanecerá abierta al público hasta el 2 de marzo, recibiendo 60.000 visitantes.

Presenta *El viaje del elefante* en una conversación con Manuel Maria Carrilho y António Mega Ferreira en el Centro Cultural de Belém (Lisboa) el día 3 de diciembre.

Saramago refiere las frágiles y difíciles condiciones de salud en que escribió la obra y se manifiesta sorprendido de que el texto no se impregnase de esas circunstancias especiales, apoyándose, por el contrario, en el humor: "Este libro es divertido, mucho más divertido que cualquier cosa que yo haya hecho hasta ahora", comentará, para sugerir que "podría ser una historia de *Las mil y una noches*".

En una entrevista difundida en noviembre, al hablar sobre la relevancia del diálogo en su último relato, reitera su voluntad de conseguir una "totalidad integradora" en la novela, como siempre ha perseguido: "Las raíces de mi discurso escrito están en el habla de todos los días y en la necesidad que siento de transmitir una sensación de totalidad integradora en la que el diálogo es solamente un elemento del espacio en que transcurre. Soy consciente de que esa totalidad es imposible de alcanzar, pero eso no significa que no lo intente en cada página que escribo […] Soy un novelista que no quiere ni sabría limitarse a contar una historia, por muy interesante que fuese. Necesito mostrar todas las conexiones posibles, las próximas y las distantes, de modo que el lector comprenda que, hablando de un elefante, por ejemplo, hablo de la vida humana. Es la actitud del ensayista. Desde este punto de vista, no veo ninguna contradicción entre la novela y el ensayo".

Interrogado en los días anteriores a la presentación del libro en Lisboa sobre si se siente a gusto en su papel de conciencia crítica, responderá que no le resulta confortable convivir con la imagen de aguafiestas, pero que ver las cosas desde diferentes puntos de vista es un rasgo propio de su personalidad: "No me siento a gusto [con el rol de protestón]. Pero si se me pregunta si me agrada ese papel, digo que sí. Es una expresión de mi manera de ser. No soporto engaños. He contado lo siguiente algunas veces: cuando era pequeño, iba al Teatro de São Carlos y no porque tuviera dinero para pagar la entrada. Mi padre era policía municipal y conocía a los porteros. Yo subía a la parte alta, al gallinero. Me quedó de ello una alegoría que no he olvidado. Para quien estaba en los palcos, era una corona lo que estaba sobre la tribuna real. Pero nosotros, sentados detrás de ella, veíamos otras cosas: primero, que la corona no estaba completa; segundo, que tenía polvo y telas de araña dentro y una colilla republicana puesta allí para protestar. Aquello me quedó para siempre: el otro lado de las cosas. El otro lado de la palabra, de todo lo que nos conduce en una determinada dirección, y que es necesario iluminar para que, si no podemos oponer resistencia, cuando menos tengamos conciencia".

Analiza la crisis económica mundial y manifiesta sus opiniones en los medios en distintas ocasiones.

El diario *Público* (Madrid) inserta un artículo suyo el 17 de octubre, titulado "Crimen (financiero) contra la humanidad", en el que expone sus puntos de vista. Allí se pregunta: "¿Y ahora? ¿Se van a acabar por fin los paraísos fiscales y las cuentas numeradas? ¿Será implacablemente investigado el origen de gigantescos depósitos bancarios, de ingenierías financieras claramente delictivas, de inversiones opacas que, en muchos casos, no son nada más que masivos lavados de dinero negro, de dinero del narcotráfico? Y ya que hablamos de delitos: ¿tendrán los ciudadanos comunes la satisfacción de ver, juzgar y condenar a los responsables directos del terremoto que está sacudiendo nuestras casas, la vida de nuestras familias, o nuestro trabajo? ¿Quién resuelve el problema de los desempleados (no los he contado, pero no dudo de que ya son millones) víctimas del *crash* y qué desempleados seguirán, durante meses o años, malviviendo de míseros subsidios del Estado mientras los grandes ejecutivos y administradores de empresas deliberadamente conducidas a la quiebra gozan de millones y millones de dólares cubiertos por contratos blindados que las autoridades fiscales, pagadas con el dinero de los contribuyentes, fingen ignorar?". Responsabiliza a Estados Unidos de lo ocurrido, acusando a su Gobierno de "complicidad activa" y califica lo sucedido de "crimen contra la humanidad", que merece ser investigado y juzgado: "Lo que está pasando es, en todos los aspectos, un crimen contra la humanidad y desde esta perspectiva debe ser objeto de análisis, ya sea en los foros públicos o en las conciencias. No exagero. Crímenes contra la humanidad no son sólo los genocidios, los etnocidios, los campos de muerte, las torturas, los asesinatos selectivos, las hambres deliberadamente provocadas, las contaminaciones masivas, las humillaciones como método represivo de la identidad de las víctimas. Crimen contra la humanidad es el que los poderes financieros y económicos de Estados Unidos, con la complicidad efectiva o tácita de su gobierno, fríamente han perpetrado contra millones de personas en todo el mundo, amenazadas de perder el dinero que les queda después de, en muchísimos casos (no dudo de que sean millones), haber perdido su única y cuántas veces escasa fuente de rendimiento, es decir, su trabajo. Los criminales son conocidos, tienen nombre y apellidos, se trasladan en limusinas cuando van a jugar al golf, y tan seguros están de sí mismos que ni siquiera piensan en esconderse. Son fáciles de sorprender. ¿Quién se atreve a llevar a este *gang* ante los tribunales? Todos le quedaríamos agradecidos. Sería la señal de que no todo está perdido para las personas honestas".

En otros momentos, se muestra contrario a las ayudas públicas destinadas a la banca para procurar frenar el hundimiento del sistema financiero internacional: "Vemos que todos los gobiernos inyectan miles y miles de millones a los bancos, ¿de dónde sale ese dinero?, ¿no decían que no había dinero para solucionar los problemas básicos del mundo? ¡Jamás se han gastado tanto dinero en nada! Si son los bancos los que tienen problemas, el dinero público, que es nuestro, crece y se multiplica. ¿Por qué no salimos a la calle a denunciarlo?". Y expresa su escepticismo en lo que concierne a la posibilidad de una renovación del capitalismo: "¿Refundar el capitalismo? No. ¿Para qué? Poco puede cambiar sin el poder. No hay una alternativa política en la izquierda para afrontar una renovación profunda en el sistema financiero mundial. Al final, vamos camino de que se repita lo que Lampedusa decía en *El gatopardo*: 'Algo va a cambiar, pero todo quedará igual'. No quedará igual, pero no creo que se vaya más allá de ponerle unos parches al sistema". Por lo que no dudará en concluir que "sería un error pensar que el capitalismo se ha suicidado", pues, en su opinión, "el capitalismo ya tiene la piel dura y además ha aprendido a gestionar sus propias crisis, sobre todo ahora, cuando no se enfrenta a ninguna alternativa política viable. Ha tenido la suprema habilidad de hacer creer que fuera del sistema no hay salvación".

Escribe la primera página de *Caín* [*Caim*] el 6 de diciembre en su casa de Lisboa. Ese mismo día le comentará al periodista Xavier Ayén, que lo entrevista: "Estoy con un nuevo libro, sí. Me han visto ustedes escribiendo la primera página, que ya está acabada. Es una idea que tuve hace tres años y que ahora me ha vuelto con una fuerza tal que no he podido resistirme". Unos días antes, había anunciado en Brasil que comenzaría una nueva narración.

Visita Tentúgal, donde presenta *El viaje del elefante* el día 7. Se le brinda un recital de órgano de tubos, interpretado por Paulo Bernardino y Joana Monteiro y cánticos gregorianos entonados por el Coro de la Inmaculada Concepción, en la Iglesia de la Misericordia. El escritor había contribuido con sus recursos a la restauración del instrumento musical. En las palabras que dirige a los vecinos y a las autoridades señala: "Podrá extrañarles a algunos que un ateo como yo haya ayudado a restaurar este instrumento. No creo en la existencia de un dios, pero no soy mala persona. Creo en las personas, en el altar, en este Cristo muerto, no por lo que pueda significar, sino por la sensibilidad, por el trabajo de la persona que lo hizo. No sé si el Vaticano sabe lo que hay aquí, pero sois vosotros quienes tenéis que defender esta belleza. Lo que está aquí hay que defenderlo porque es obra humana".

Coincidiendo con el décimo aniversario de la recepción del Premio Nobel, el 10 de diciembre, la Fundación José Saramago ofrece un homenaje a las Letras portuguesas en la Casa del Alentejo (Lisboa). Veinticinco escritores, actores y periodistas prestan su voz a autores ya desaparecidos. Saramago lee a Fernando Namora. La Fundación distribuye ese día en la prensa portuguesa un folleto con la Declaración Universal de los Derechos Humanos, en su 60 aniversario. La Casa del Alentejo le rinde tributo con la exposición *José Saramago. Levantado do Chão*.

El día 11, también en la Casa del Alentejo, el juez Baltasar Garzón, en coloquio con el escritor, explica el procesamiento de Pinochet y los actos judiciales que se están llevando a cabo en América contra los crímenes de las dictaduras.

Como hizo en uno de los discursos del Nobel, Saramago denuncia, una vez más, el incumplimiento de los derechos humanos y la pasividad de los gobiernos: "Esta Declaración es letra muerta. Es una cosa que está ahí y que nadie quiere aplicar, ni los gobiernos ni las poblaciones, bastante difíciles de movilizar por la defensa de los derechos humanos". Subraya, pues, su importancia, mientras destaca que "sin derechos humanos no habrá democracia digna de ese nombre": "La Declaración de Derechos Humanos no se cumple, es papel mojado. A pesar de eso, no existe un movimiento internacional capaz de oponerse a los intereses poco claros de nuestros gobiernos. Un cambio de política haría mejorar las cosas, yo no soy fatalista. Pero los medios de comunicación deben denunciar, asumir su parte de responsabilidad en la mejora del planeta […] Las vías de lucha están hoy neutralizadas y hay que revivir el espíritu crítico. El fracaso del capitalismo financiero, hoy tan obvio, debería ayudarnos a la defensa de la dignidad humana por encima de todo".

Presenta la edición española de *El viaje del elefante* en la Casa de América, Madrid, el 16 de diciembre.

En Portugal, se ha impreso ya la quinta edición, habiéndose vendido más de 90.000 ejemplares.

Durante el acto, apunta que la historia de Salomón "se parece mucho a la vida humana porque nosotros tampoco sabemos muy bien adónde nos llevan", y asocia el sentido último de la obra con "lo que pasa después de la muerte", tomando como referencia el destino de Salomón.

Regresa a Lanzarote el 28 de diciembre.

2009 **Durante** el mes de enero, se dedica a escribir *Caín*.

Se traslada de nuevo a Lisboa y participa en un homenaje a Jorge Sampaio a comienzos de febrero.

Aparece la edición española de *El viaje del elefante* para México y Colombia en febrero. También se pone en el mercado la traducción italiana.

Visita las obras de acondicionamiento de la Casa de los Bicos, futura sede de la Fundación que lleva su nombre, el 5 de febrero.

Participa, con Fernando Meirelles, en la presentación de la versión española de la película *A ciegas*, adaptación cinematográfica de *Ensayo sobre la ceguera*, en la Casa de América (Madrid) el día 3.

El filme se estrenará en España el 13 de marzo.

Se inaugura la Casa de la Cultura José Saramago en Albacete el 4 de marzo, con la presencia del ministro de Cultura español.

Vuelve a la isla y concluye *Caín* el día 16 de marzo, tres meses y medio después de haberle dado comienzo. Su publicación se retrasará hasta noviembre.

Forma parte del jurado de los Premios Internacionales Terenci Moix de Literatura, Cinematografía y Artes Escénicas, que se fallan el 25 y se entregan en abril.

Clausura las II Jornadas sobre Legalidad Urbanística organizadas por el Cabildo de Lanzarote el 26 de marzo.

El autor de *Ensayo sobre la lucidez* antepondrá el valor de la tierra al del dinero: "Somos el agua que bebemos y el paisaje que miramos", dirá. Plantea un discurso crítico sobre la corrupción urbanística y el enriquecimiento veloz: "El dinero corrompe y el que llega rápidamente, más". Insta a los lanzaroteños a apartarse de las prácticas ilícitas: "No se tienen que dejar llevar por esta ola sucia, porque los cheques sucios no lo son en sí mismos, sino que ensucian a quien los utiliza", y les invita a implicarse en la protección de la isla: "La obligación es defender el territorio hasta donde podamos".

Su frágil salud le obliga a reingresar en una clínica de Lanzarote el domingo 5 de abril. Permanece hospitalizado quince días.

Mientras permanece ingresado, el día 13 abandona la clínica durante unas horas para participar en el coloquio "Experiencia de un secuestro", con el político colombiano Sigifredo López, secuestrado primero, y liberado ocho años después por las FARC. El acto es organizado conjuntamente por la Fundación César Manrique y la Fundación José Saramago en Arrecife.

Debe recibir en Granada, junto a Darío Fo, el XI Premio Caja Granada de Cooperación Internacional, en los actos previos del Hay Festival Alhambra el 16 de abril, en "reconocimiento del esfuerzo y la dedicación de ambos a la búsqueda de una mayor justicia social en el mundo". Dotado con cincuenta mil euros, la remuneración será destinada a construir el Centro Cultural Siete Soles Siete Lunas en Ribeira Grande (Isla de Santo Antão, Cabo Verde). Saramago, aún internado, no puede asistir a la entrega del premio y envía una grabación.

José Saramago y Sigifredo López durante el coloquio "Experiencia de un secuestro" organizado conjuntamente por la Fundación César Manrique y la Fundación José Saramago, Lanzarote, 13 de abril de 2009. Fotografía: Adriel Perdomo. Archivo Fundación César Manrique

Coincidiendo con el Día del Libro, la Fundación José Saramago y la editorial Caminho publican conjuntamente *El cuaderno* [*O Caderno*], una recopilación de los *posts* diarios que el escritor, desde el 17 de septiembre de 2008 hasta mediados de marzo de 2009, fue colgando en su *blog El cuaderno de Saramago*, incorporado a la página *web* de su Fundación y difundido por Internet.

Forma parte del jurado del Premio Reina Sofía de Poesía Iberoamericana, que, a comienzos de mayo, reconoce la obra de José Emilio Pacheco.

La filóloga Núria Prats recibe el IX Premio de Traducción Giovanni Pontiero por su traducción al catalán de la novela *El viaje del elefante*, en la Facultad de Traducción e Interpretación de la Universidad Autónoma de Barcelona.

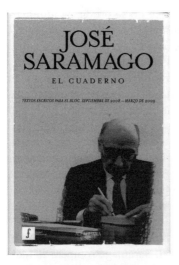

Portada de *El cuaderno*, Madrid,
Editorial Alfaguara, 2009

Integrada en el complejo arquitectónico del Centro Cívico de Feijó, se inaugura la Biblioteca Municipal José Saramago en Almada (Portugal) el 23 de mayo. El equipamiento incorpora un gran mural de catorce mil azulejos creado por Querubim Lapa. Fue a comienzos de junio de 2008 cuando se hizo el anuncio de la atribución del nombre del escritor a la biblioteca, coincidiendo con la visita del Premio Nobel a Almada para asistir a la representación de su pieza teatral *¿Qué haré con este libro?*, escrita para la Compañía de Teatro de Almada y estrenada en 1980.

Se imprime la traducción holandesa de *El viaje del elefante*.

La editorial Einaudi, que habitualmente publica la obra de Saramago en Italia, rechaza *El cuaderno* por las referencias críticas dedicadas al primer ministro italiano, Silvio Berlusconi, propietario asimismo de la empresa editora, en su *post* "Berlusconi & Cía", publicado el 17 de septiembre de 2008. Entre otras cosas, escribe: "Realmente, en la tierra de la Mafia y de la Camorra ¿qué importancia puede tener el hecho probado de que el primer ministro sea un delincuente? En una tierra en que la justicia nunca ha gozado de buena reputación ¿qué más da que el primer ministro consiga que se aprueben leyes a medida de sus intereses, protegiéndose contra cualquier tentativa de castigo a sus desmanes y abusos de autoridad?". Einaudi justifica su decisión de no publicar el libro "porque, entre otras muchas cosas, en el mismo se dice que Berlusconi es un 'delincuente'. Se trate de él o de cualquier otro exponente político, de cualquier segmento o partido, Einaudi defiende la libertad de criticar, pero se niega a hacer suya una acusación que cualquier juzgado condenaría […] Einaudi es propiedad de Berlusconi. Y sería grotesco que esta casa editorial fuera llevada a juicio por difamación por su dueño, con la certeza de que sería condenada".

El Premio Nobel, tras repudiar la práctica de la censura, comenta a los medios: "La verdad es que la situación que se ha creado podría definirse como pintoresca si no fuera por el hecho de que un político acumula tanto poder que hace temer la calidad de la democracia". Y agrega: "Debe de ser duro vivir cuando el poder político y empresarial se reúnen. No envidio la suerte de los italianos, pero al final está en la voluntad de los electores mantener este estado de cosas o cambiarlo". En unas declaraciones al diario *El País*, Saramago precisará: "Lo que digo de él es más o menos lo que todo el mundo piensa, a excepción de sus votantes. Decimos que la democracia es el mejor de los sistemas, y es cierto. Pero su fragilidad resulta enorme. Cuando aparece un señor así, que utiliza los peores métodos y consigue millones de votos, lo que me extraña no es que se alcen voces indignadas que protesten, sino que no se produzca un movimiento social de rechazo por el mero hecho de que arruina el prestigio de su país".

En medio de la polémica, difundirá un breve artículo en *El País* el 6 de junio, titulado "La cosa Berlusconi", en el que se ratifica en sus críticas al primer ministro italiano: "No veo qué otro nombre le podría dar. Una cosa peligrosamente parecida a un ser humano, una cosa que da fiestas, organiza orgías y manda en un país llamado Italia. Esta cosa, esta enfermedad, este virus amenaza con ser la causa de la muerte moral del país de Verdi si un vómito profundo no consigue arrancarlo de la conciencia de los italianos antes de que el veneno acabe corroyéndole las venas y destrozando el corazón de una de las más ricas culturas europeas. Los valores básicos de la convivencia humana son pisoteados todos los días por las patas viscosas de la cosa Berlusconi que, entre sus múltiples talentos, tiene una habilidad funambulesca para abusar de las palabras, pervirtiéndoles la intención y el sentido, como en el caso del Polo de la Libertad, que así se llama el partido con que asaltó el poder".

Finalmente, *El cuaderno* será publicado en Italia por la editorial Bollati Boringhieri.

Como consecuencia de este desencuentro con Einaudi, Saramago romperá su relación con la editorial y, a partir de septiembre, regresará al sello Feltrinelli, su primer editor en lengua italiana.

Viaja a Lisboa el 30 de mayo. Un día después, asiste a la celebración del primer aniversario de la extensión local de la Fundación José Saramago en Azinhaga. Con tal motivo, se inaugura una estatua suya de bronce, de 1,80 m de altura, obra del artista Armando Ferreira, que lo retrata sentado en un banco público con un libro en la mano abierto por una página que dice: "La aldea se llama Azinhaga". La pieza con la que el pueblo natal del escritor lo homenajea se instala en la plaza del pueblo —Largo da Praça— próxima al edificio de la Fundación. La escultura, impulsada por el presidente de la pedanía [Junta de Freguesía] de Azinhaga, Vítor Guía, fue costeada por un grupo de lectores portugueses, cuya comisión coordinó José Miguel Noras, cabeza visible del grupo "Más Saramago".

José Saramago sentado junto a la escultura de bronce instalada en Azinhaga en su homenaje, en el día de su inauguración, 31 de mayo de 2009.
Archivo Fundación José Saramago

Comparte mesa con Manuel Rivas, en un encuentro organizado en La Coruña el 3 de junio por la Fundación

Casares en el marco de la sexta edición de los "Diálogos literarios de Mariñán", que giran en torno al tema "Narrar, recordar".

La Fundación José Saramago promueve una jornada de estudio y homenaje al escritor portugués José Rodrigues Miguéis (1901-1980), dentro del ciclo inaugurado un año antes con Jorge de Sena, en la Casa del Alentejo (Lisboa) el 15 de junio. En el acto, coordinado por el profesor de la Universidad de Brown Onésimo Teotónio de Almeida, intervienen, además del propio Saramago, David Brookshaw, Duarte Barcelos, José Albino Pereira y Teresa Almagro.

Hace la ruta portuguesa recorrida por Salomón en *El viaje del elefante* durante el 18 y el 19 de junio. Acompañado de personal de su Fundación, de algunos amigos y de cinco periodistas, parte en autobús desde Belém (Lisboa) hasta la frontera en Figueira de Castelo Rodrigo, siguiendo un itinerario cuyos hitos fundamentales serían: Constância, Castelo Novo, Sortelha y Cidadelhe.

Apadrina la constitución del patronato de la Fundación Francisco Umbral en Valladolid el 19 de junio. Pronuncia una conferencia en la que elogia la figura del escritor desaparecido, de quien valora "su fina inteligencia para encontrar el detalle", al tiempo que se muestra crítico con la situación del periodismo actual: "Los periódicos están llenos de frivolidad. Todo se trata de un manera frívola, incluso lo más serio". Asimismo, hace un llamamiento a la responsabilidad de los periodistas: "No sé si son conscientes de la enorme trascendencia de su trabajo. Las palabras nunca son inocuas, ni cuando alaban ni cuando condenan".

Umbral había publicado un suelto titulado "Saramago" en su columna "Los placeres y los días" de *El Mundo*, el 26 de octubre de 1994, en el que retrataba al autor portugués con admiración, a la vez que lamentaba que el Nobel le diera la espalda: "Cuando salió en España su primera gran novela, la encontré tan minuciosamente pessoana, tan de Pessoa, que pensé que Saramago (de quien daba muy poca información la editorial) era otro *alter ego* de Pessoa, como el Ricardo Reis objeto del libro. Pero un día me presentaron a Saramago en una televisión: —¿Pero usted no era un álter ego? —Pues ya ve usted que no. Luego he leído toda la obra literaria de este gran maestro, de este último escritor compro-

José Saramago y Francisco Umbral, *c.* 1993.
Archivo Fundación José Saramago

metido, hombre digno y sobrio, hombre grave y sencillo, seco y como justamente indignado, pero cordial, magistral y con toda la madera de un Premio Nobel. Le traje a
un curso mío de El Escorial, sobre 'Los rojos', con los últimos rojos del mundo
(Asturias, Cardenal, Cunhal y por ahí). Saramago tiene magisterio natural, esbeltez de
alma y cuerpo, seriedad de amigo y esa dignidad última que da el ser —todavía— un
escritor comprometido, un escritor de izquierdas, o sea, cuando ya no hay […]
Estocolmo ignora a Portugal por pequeño país, ignoraron a Namora y Torga, ignoran
a Saramago por hombre radical de izquierdas, ignoran Brasil porque más vale no tocar
aquella vasta, dudosa y peligrosa democracia (ver el reciente *Brasil* de John Updike).
Saramago es el penúltimo gran maestro del área latina, un escritor de genio concien-
zudo, de palabra inspirada, de rigor histórico (o mejor contrahistórico). ¿Es que
Saramago no se entera de que ahora somos postmodernos? Hasta el Nobel se ha vuelto
postmoderno".

***El** cuaderno* se presenta en Lisboa el 25 de junio. El acto, transmitido en directo por
Internet y celebrado en una de las salas de Tiara Park Atlantic Hotel, consistió en una
conversación del autor con los periodistas Isabel Coutinho y José Mário Silva.

Tras declararse un bloguero "accidental" y asegurar que afronta con plena libertad
la elección de los temas y la redacción de sus *posts*, relativiza la trascendencia del
medio: "No hay nada de extraordinario en los *blogs*. Siempre se han hecho cosas así
y siempre ha existido una gran necesidad de comunicarse por escrito, por eso no hay
ninguna novedad". Se manifiesta también sobre Internet señalando que "el ochenta o
el noventa por ciento de lo que está allí no tiene ningún interés, no sirve para nada",
pero matizando que quiere "dejar bien claro que el diez o el veinte por ciento restante
es absolutamente extraordinario".

La Academia Brasileña de las Letras le nombra Socio Correspondiente el 9 de julio.

Regresa a Lanzarote el día 12.

Incluye una entrada en su *blog* el día 23 de julio, en la que alude a cinco películas
que le han impresionado de manera particular: "En primer lugar (alguna tendría que
abrir la lista), *La sal de la Tierra*, de Herbert Biberman, que vi en París a finales de
los años 70 y que me conmovió hasta las lágrimas: la historia de la huelga de los mi-
neros chicanos y de sus valientes mujeres me llegó hasta lo más profundo del espíritu.
Cito a continuación *Blade Runner*, de Ridley Scott, vista también en París en un pequeño cine del Quartier Latin poco tiempo después de su estreno mundial y que, en
ese tiempo, no parecía prometer un gran futuro. Sobre *Amarcord*, de Fellini, nadie
nunca ha tenido dudas, ahí hay una obra maestra absoluta, para mí tal vez la mejor película del maestro italiano. Y ahora viene *La regla del juego* de Jean Renoir, que me
deslumbró por el montaje impecable, por la dirección de actores, por el ritmo, por la
finura, por el *tempo*, en definitiva. Y, para terminar, un filme que me acude a la me-

moria como si viniera de la primera noche de la historia de los cuentos al amor de la lumbre, *Don Quijote de la Mancha*, de Pat & Patachon, aquellos sublimes (no exagero) actores daneses que me hicieron reír (tenía entonces seis o siete años) como ningún otro. Ni Chaplin, ni Buster Keaton, ni Harold Lloyd, ni Laurel & Hardy. Quien no haya visto a Pat & Patachon no sabe lo que se ha perdido…".

Harcourt Brace, su editor en Estados Unidos, adquiere los derechos de *El viaje del elefante*. Será publicado en otoño de 2010.

Prologa la traducción española de *El hombre que plantaba árboles*, de Jean Giono, editada por Duomo en agosto. Su texto, titulado "Para los árboles", es también difundido en su *blog* el día 14. Califica la breve narración de Giono como "una indiscutible obra maestra del arte de contar", para añadir que "tal vez sólo con una edad avanzada, como ya entonces era la de Giono, es posible escribir con los colores de lo real físico, como él lo hizo, una historia concebida en lo más secreto de la elaboración de ficción". Y, esgrimiendo su conciencia ecologista, reclama "la aparición de unos cuantos Elzéard Bouffier reales" que planten miles de árboles "antes de que sea demasiado tarde para el mundo".

En la página *web* de su Fundación, el día 27 anuncia la próxima aparición de una nueva novela, *Caín*. Se trata de una narración breve, una *nouvelle* de carácter volteriano, en la que combate la irracionalidad y la crueldad con que se comporta Dios en el Antiguo Testamento, al tiempo que defiende la libertad del individuo frente a la sumisión divina. Plantea una fuerte crítica, alumbrando una obra polémica, atravesada por el humor, la irreverencia y la voluntad de desnudar y combatir mitos religiosos a través del bisturí de la razón. Saramago, que en diversos momentos ha reconocido que "sin Dios" su obra "quedaría incompleta", regresa al tema religioso.

Escribe el último *post* periódico de su bitácora *El cuaderno de Saramago* el 31 de agosto. Titula su entrega "Despedida", al tiempo que comunica que ha iniciado la escritura de un nuevo libro: "Dice el refrán que no hay bien que cien años dure ni mal que perdure, sentencia que le sienta como un guante al trabajo de escritura que acaba aquí y a quien lo hizo. Algo bueno se encontrará en estos textos, y por ellos, sin presunción, me felicito, algo mal habré hecho en otros y por ese defecto me disculpo, pero sólo por no hacerlos mejor, que diferentes, con perdón, no podrían ser. Es conveniente que las despedidas siempre sean breves. No es esto un aria de ópera para poner ahora un interminable *adio, adio*. Adiós, por tanto. ¿Hasta otro día? Sinceramente, no creo. Comencé otro libro y quiero dedicarle todo mi tiempo. Ya se verá por qué, si todo va bien. Mientras tanto, ahí tienen *Caín*". A partir de esta fecha, colgará esporádicamente algunos textos.

Recibe la visita de Mario Vargas Llosa en su casa de Lanzarote el 3 de octubre.

Cinco días más tarde, viaja a Italia para presentar la edición italiana de *El cuaderno*, publicada por Bollati Boringhieri, con un prefacio de Umberto Eco. Lanza el libro en Turín el 9, acompañado de Luca Rastello y Gabriele Vacis. El sábado 10, imparte una conferencia en la Università degli Studi, bajo el lema "Libros contra el poder". Durante esa misma jornada y en las siguientes, participará en tres actos más de difusión de *El cuaderno*: en Alba, dentro del Festival Collisioni, el mismo día 10 por la tarde; en Milán, el lunes 12, en el Teatro Franco Parenti, en compañía de Marco Belpoliti y Marco Travaglio; y en Roma, el miércoles 14, en el Teatro Quirino Vittorio Gassman, con Giacomo Marramao y su traductora Giulia Lanciani. El escritor concede numerosas entrevistas y aprovecha, al igual que en sus intervenciones públicas, para criticar al primer ministro italiano Silvio Berlusconi, a quien juzga "patético y vulgar": "No tengo la menor duda de que Berlusconi quiere reimplantar el fascismo en Italia",

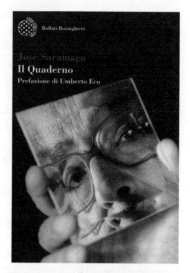

Portada de la edición italiana de *El cuaderno*, Turín, Editorial Bollati Boringhieri, 2009

"no es un fascismo como el de los años treinta, hecho de gestos ridículos como levantar el brazo. Pero tiene otros gestos igualmente ridículos. No será un fascismo de camisas negras, sino de corbatas de Armani". En una conversación con el filósofo Paolo Flores d'Arcais publicada en *Il Fatto Quotidiano*, Saramago acusa al Papa Benedicto XVI de cinismo y sostiene que "a las insolencias reaccionarias de la Iglesia católica hay que responder con la insolencia de la inteligencia viva, del buen sentido, de la palabra responsable". Además de apuntar que "la razón puede ser una moral", insiste en señalar: "No podemos permitir que la verdad sea ofendida todos los días por presuntos representantes de Dios en la Tierra a los que en realidad sólo interesa el poder".

El Ayuntamiento de San Bartolomé (Lanzarote) comunica la creación del I Certamen de Novela de San Bartolomé La Balsa de Piedra, que se fallará en 2010.

Entre el 15 y el 18 de octubre, se le tributa un homenaje en Penafiel (Portugal), en el marco del segundo Festival Escritaria 2009, contándose con su presencia. Además de la proyección de *La flor más grande del mundo* y de *Ensayo sobre la ceguera* y la organización de exposiciones y actividades lúdicas, relacionadas con el Nobel portugués, se desarrollan dos sesiones de reflexión sobre su obra, en la que participan diversos estudiosos. El evento es promovido por Ediciones Cão Menor y el Ayuntamiento de Penafiel.

Entrega la sexta edición del Premio Literario José Saramago 2009, convocado por la Fundación Círculo de Leitores, el día 17 en Penafiel. Recae en el escritor João Tordo, por su novela *Las tres vidas* [*As Três Vidas*].

Portada de la edición española
de *Caín*, Madrid, Editorial
Alfaguara, 2009

Portada de la edición portuguesa de
Caín, Lisboa,
Editorial Caminho, 2009

Se lanza *Caín*, su último libro, el 18 de octubre, en el marco de Escritaria 2009, en Penafiel. Son publicadas al mismo tiempo las ediciones portuguesa (Caminho), brasileña (Companhia das Letras), española (Alfaguara) y catalana (Edicions 62). Caminho pone en circulación 130.000 ejemplares en las dos primeras semanas desde su aparición y una cantidad similar está puesta a la venta en España.

Tomando como hilo conductor el personaje bíblico de Caín, Saramago regresa a la cuestión religiosa, planteando una relectura crítica de diversos episodios del Antiguo Testamento —Torre de Babel, Sodoma y Gomorra, Diluvio universal...— para mostrar el lado más violento, injusto y crudo de Dios, según su concepción. Emplea la razón para contraponerse al mito y confrontar a la religión su talante ilustrado y sus convicciones ateas. Amparado en el humor, fustiga por igual al Dios del Antiguo Testamento y a los hombres, que han construido mediante relatos la imagen de ese ser supremo, cuya existencia, para el escritor, sólo es mental, producto de nuestra cabeza. Caín es presentado como una víctima de Dios y un juguete en sus manos, que procura, de alguna manera, rebelarse y conquistar su libertad. Por su parte, Dios se refleja como un personaje cruel, que "no es de fiar", mientras que la relación de los hombres con la divinidad se dibuja como un fracaso: "La historia de los hombres es la historia de sus desencuentros con dios, ni él nos entiende a nosotros ni nosotros lo entendemos a él", escribe. Saramago parte de que el relato bíblico de Caín es "una historia mal contada", para subrayar luego el propósito que persigue: "En el fondo, el problema no es un Dios que no existe, sino la religión que lo proclama. Denuncio las religiones, todas las religiones, por nocivas para la humanidad".

En sus declaraciones con ocasión de la promoción de su nueva obra, califica a la Biblia como un libro "terrible y sombrío", "un manual de malas costumbres, un catálogo de crueldad y de lo peor de la naturaleza humana". Afirma que escribir este libro, que "es una insurrección, una llamada para que todos se animen a procurar ver lo que está al otro lado de las cosas", constituyó "un ejercicio de libertad". "Siempre he dicho que nunca invento nada. Me limito a levantar las piedras y a mostrar la realidad escondida detrás de ellas", añade. Y precisa que el propósito de su relato no es cargar contra Dios, sino contra la construcción humana de las creencias, porque el bien y el mal están en el cerebro: "No escribo contra Dios, toda vez que él no existe. Es contra las religiones. ¿Para qué sirven las religiones? No sirven para acercar a las personas. Nunca han servido para eso". Sus comentarios desatan una inmediata polémica en su país, y, además de un amplio debate intelectual y mediático, provocan la respuesta de sectores conservadores y de la cúpula eclesiástica, que le acusa de "atroz ignorancia bíblica" y de perseguir una "operación publicitaria". Una vez más, se confirma la repercusión e impacto social de su literatura.

Durante el lanzamiento de *Caín*, anuncia que ha empezado ya su próxima novela, en la que abordará la inexistencia de huelgas entre los obreros que trabajan en la industria armamentística, a la que considera tan relevante, por sus efectos, como los libros sagrados. El 26 de mayo, había colgado en su *blog* una entrega titulada "Armas", en la que se ocupaba del voluminoso negocio del armamento, al margen de la crisis, poniéndolo en relación con el amparo proporcionado por los gobiernos del mundo: "Trabajar en una fábrica de armas es un seguro de vida. Ya sabemos que los ejércitos necesitan armarse, sustituir por armas nuevas y más mortíferas (de eso se trata) los antiguos arsenales que tuvieron su tiempo pero ya no satisfacen las necesidades de la vida moderna. Así, parece evidente que los gobiernos de los países exportadores deberían controlar severamente la producción y la comercialización de las armas que fabrican. Ocurre, sin embargo, que unos no lo hacen y otros miran a otro lado. Hablo de gobiernos porque es difícil creer que, siguiendo el modelo de las instalaciones industriales más o menos ocultas que abastecen el narcotráfico, existan en el mundo fábricas clandestinas de armamento. De este modo, no hay una pistola que, por decirlo así, no vaya tácitamente certificada por el respectivo, aunque invisible, sello oficial. Cuando en un continente como el sudamericano, por ejemplo, se calcula que hay más de 80 millones de armas, es imposible no pensar en la complicidad mal disimulada de los gobiernos, tanto de los exportadores como de los importadores. Se dice que la culpa, por lo menos en parte, es del contrabando a gran escala, olvidando que para hacer contrabando de algo es condición *sine qua non* que ese algo exista. La nada no es materia de contrabando.

"Toda la vida he estado a la espera de ver una huelga de brazos caídos en una fábrica de armamento, inútilmente esperé, porque tal prodigio nunca ocurrió ni ocurrirá. Y era esa mi pobre y única esperanza de que la humanidad todavía fuese capaz de mudar de camino, de rumbo, de destino".

La Facultad de Filosofía y Humanidades de la Universidad Católica de Córdoba (Argentina), a través de la Cátedra Libre José Saramago, organiza el III Foro Saramaguiano de Teoría y Crítica Literarias, entre el 22 y el 24 de octubre, bajo el lema

"José Saramago y la novela europea contemporánea: memoria, voces y escrituras".

Presenta *Caín* en Lisboa, en la Fundación Caixa General de Depósitos-Culturgest, el día 30.

La traducción española de *Caín*, editada por Alfaguara y realizada por Pilar del Río, se da a conocer en una rueda de prensa celebrada en la Casa de América (Madrid) el 2 de noviembre.

El Premio Nobel reconoce que escribe "para desasosegar al lector todo lo que sea posible" y para luchar contra "el aborregamiento de la sociedad". Precisa, además, que "en los terrenos de la fe" no entra porque "la fe se encuentra en unos dominios de la mente muy distintos a los que yo toco", asegura.

Al igual que hizo en su país, adelanta que está ya ocupado en una nueva novela.

El Gobierno de las Islas Baleares convoca el Premio Internacional Jovellanos Resistencia y Libertad por primera vez a comienzos de noviembre, con el propósito de reconocer los valores cívicos de personas, físicas y jurídicas, que se hayan distinguido en la lucha por la libertad y los derechos humanos y, especialmente, a quienes, injustamente, "son o han sido objeto de persecución o sufren o han sufrido detenciones, condenas o castigos debido a su compromiso con la libertad, la tolerancia y la humanidad". Saramago presidirá el jurado de seis miembros, integrado, además, por Federico Mayor Zaragoza, Barbara Probst Salomon, Carlos Castresana, Pedro de Silva Cienfuegos y Basilio Baltasar. El Premio le será otorgado a la activista saharaui Aminatu Haidar en febrero de 2010.

Harvill Secker edita la traducción inglesa de *Las pequeñas memorias* en el Reino Unido, traducidas por Margaret Jull Costa.

En Estados Unidos, aparecerán en abril de 2010.

A esta altura, sus libros se distribuyen en más de cincuenta países y están traducidos a cuarenta y dos idiomas: albanés, alemán, árabe, bengalí, búlgaro, cantonés, catalán, coreano, croata, checo, danés, eslovaco, esloveno, español, esperanto, euskera, finlandés, francés, griego, hebreo, holandés, húngaro, indi, inglés, islandés, italiano, japonés, letón, lituano, mandarín, malayo, noruego, persa (farsi), polaco, rumano, ruso, sardo, serbio, sueco, tailandés, turco y valenciano.

En una entrevista publicada por la revista *Visão* a finales de noviembre de 2008, Silvia Souto Cunha le pregunta al escritor si le faltaba aún algo por vivir. Saramago respondería ratificando el camino recorrido y abrazándose a la vida: "La única cosa que quiero tener todavía es vida. Vida para vivir, vida para vivir con quien vivo, si es posible trabajando. Si hago un balance, operación bastante inútil, en fin, pues cualquier balance hecho por uno mismo es siempre sospechoso… Si miro para atrás, independientemente

José Saramago, noviembre de 2008.
Fotografía: Denise Andrade. Archivo
Instituto Tomie Ohtake

de los triunfos, de las glorias, lo que más me satis-
face es encontrar un individuo consciente, coherente.
Coherente. Nunca cedí a las tentaciones de poder,
nunca me puse una venda. En el fondo, fui y soy una
persona totalmente desprovista de ambición".

Citas de José Saramago

Sí, esa es mi postura, dudar de todo. Si hay algo en mis libros que pueda ser útil para el lector, no es justamente que él termine pensando como pienso yo, sino que logre poner en duda lo que yo digo. Lo mejor es que el lector pierda esa postura de respeto, de acatamiento a lo que está escrito. No hay verdades tan fuertes como para que no puedan ser puestas en duda. Tenemos que darnos cuenta de que nos están contando cuentos. Cuando se escribe la historia de cualquier país, tenemos que saber eso. La realidad profunda es otra. El historiador, muchas veces, es alguien que está transmitiendo una ideología. Si fuera posible reunir en una historia sola todas las historias —además de la historia escrita y oficial—, empezaríamos a tener una idea sobre lo que ha pasado en realidad.

1994

La batalla de los derechos humanos no es de derechas ni de izquierdas. Por el contrario, es algo en lo que gente honesta puede ponerse de acuerdo. ¿Qué es lo que está allí? Son treinta derechos unánimemente reconocidos como derechos efectivos del ser humano. Y no se cumplen.

1994

Los hombres no hemos alcanzado la democracia, sino su espejismo. Esto hay que decirlo en voz alta, y estaría bien que lo dijésemos todos los hombres, en coro: no se puede seguir hablando de democracia en un mundo donde el poder que verdaderamente gobierna, el poder financiero, no es democrático. Todo lo demás son espejismos más o menos reales (los parlamentos, los gobiernos), pero el poder final y último, el poder que determina y decide nuestros destinos no es un poder democrático.

1998

Estoy convencido de que hay que seguir diciendo no, aunque se trate de una voz predicando en el desierto.

1998

Un libro no está sólo formado por personajes, situaciones, lances, peripecias, sorpresas, efectos de estilo y exhibiciones gimnásticas de técnica narrativa: un libro es, sobre todo, lo que en él se puede encontrar e identificar con su autor.

1999

Lo que digo es que, hasta el Evangelio, *fue como si, en todos esos libros, hubiese estado describiendo una estatua. Por consiguiente, la estatua es la superficie de la piedra. Cuando miramos una estatua, no pensamos en la piedra que está detrás de la superficie. Entonces es como si yo, a partir de* Ensayo sobre la ceguera, *hiciera un esfuerzo para pasar al otro lado de la piedra. Eso significa que no es que desconfíe de lo que escribí hasta el* Evangelio, *sino que es como si me diera cuenta, a partir del* Ensayo, *de que mis preocupaciones habían pasado a ser otras. No pienso que voy a escribir libros mejores que antes. No tiene que ver con la calidad, sino con la intención. Es como si yo quisiese pasar al otro lado de la piedra.*

1999

Contemplándome, veo en mí una relación casi orgánica entre vejez, libertad y radicalidad.

2001

Puede que Dios no exista, al menos desde mi punto de vista no existe, pero el factor Dios, eso sí, existe. Es contra el factor Dios que yo escribí. Contra Dios es una guerra que no tiene sentido. Yo no sé dónde está, y no voy a desarrollar una guerra contra un enemigo —suponiendo que es un enemigo— que no sé dónde hallarlo. Pero el factor Dios sí sé dónde está: está aquí (se señala la cabeza).

2001

Por eso digo que la prioridad absoluta tiene que ser el ser humano. Por encima de esa no reconozco ninguna otra prioridad. Parecería idealista, pero sin eso ¿qué puede importarme el universo?

2003

Yo diría, mejor, que soy un comunista libertario. Alguien que defiende la libertad de no aceptar todo lo que venga, sino que asume el compromiso junto con tres preguntas que deben ser nuestras guías en la vida: ¿por qué?, ¿para qué?, ¿para quién? Esas son las tres preguntas básicas y, efectivamente, uno puede aceptar un conjunto de reglas y acatarlas disciplinadamente, pero tiene que mantener la libertad de preguntar: ¿por qué?, ¿para qué?, ¿para quién?

2003

No soy pesimista, es el mundo el que es pésimo. Son los pesimistas los únicos que quieren cambiar el mundo, para los optimistas todo está muy bien. Se debería hacer profesión y militancia del pesimismo.

2005

Al principio, respondía que escribía para que la gente me quisiera. Luego esta respuesta me pareció insuficiente y decidí que escribía porque no me gustaba la idea de tener que morir. Ahora digo, y quizá eso sí sea cierto, que, en el fondo, escribo para comprender.

2007

Esta obra se terminó de imprimir en octubre de 2010 en
Worldcolor Querétaro, S.A. de C.V.
Fracc. Agro Industrial La Cruz
El Marqués, Querétaro
México